디지털 사회 2.0 시대의

기술경영의 이해

Understanding Management of Technology

박태영 지음

한 경 사

디지털 사회 2.0 시대의 기술경영의 이해

저 자 박태영
발 행 일 2020년 8월 30일
발 행 처 **한경사**
발 행 인 이계남
등록사항 제10-1951호 2000년 4월 14일
주 소 서울시 마포구 신수로 59-1 (3층)
전화번호 02_717_7264~5
팩스번호 02_717_7226
홈페이지 hankyungsa.co.kr
이 메 일 hankyungsa@hanmail.net
I S B N 978-89-6844-313-8 93320
가 격 27,000원

|차례|

머리말 7

1판 머리말 9

1부 혁신의 이해

1장 혁신의 중요성 및 정의 15

도입 스토리: 창조적 파괴가 가속화되고 있다

1-1 혁신의 중요성 17

1-2 혁신의 정의 22

2장 혁신 모델의 진화 27

도입 스토리: 루슨트와 시스코가 선택한 혁신 모델: 닫힌 혁신 vs. 열린 혁신

2-1 우연한 발견에 의한 혁신 29

2-2 1세대 선형 모델: 기술주도 모델 30

2-3 2세대 선형 모델: 시장견인 모델 31

2-4 3세대 커플링 모델 33

2-5 4세대 기능적 통합 모델 34

2-6 5세대 시스템 통합 및 네트워킹 모델 36

2-7 개방형 혁신 모델 38

3장 혁신의 원천 43

도입 스토리: 사용자가 혁신의 주체가 되다

3-1 창조성 45

3-2 발명가 48

3-3 사용자 49

3-4 기업 52

3-5 대학 55

3-6 정부 55

3-7 민간비영리기관 56

3-8 협력네트워크를 통한 혁신 58

사례연구: bKash-협력네트워크 활용을 통한 모바일 금융 서비스의 성공 59

4장 혁신의 유형 65
도입 스토리: 비파괴적 창출도 새로운 시장과 성장을 이끌 수 있다
4-1 제품 혁신 대 공정 혁신 67
4-2 급진적 혁신 대 점진적 혁신 68
4-3 경쟁력 강화 혁신 대 경쟁력 파괴 혁신 70
4-4 구조 혁신 대 요소 혁신 71
4-5 존속성 혁신 대 와해성 혁신 73
4-6 간소한 혁신 76
사례연구: 세상 사람들의 이동방식을 바꾼 파괴적 기업 우버 79

5장 혁신의 생명주기와 혁신의 확산 85
도입 스토리: 혁신을 채택하는 이유? 경제적 동인보다 심리적 동인이 더 크다
5-1 혁신의 생명주기 87
5-2 혁신의 생명주기 S곡선의 유용성과 한계 91
5-3 혁신의 확산 92
5-4 혁신 수용자 유형 98
사례연구: 저항 시장에서 혁신의 확산 — 델타 플라스틱 사우스 102

2부 혁신 전략의 수립

6장 기업 내·외부 분석과 전략적 의도 설정 109
도입 스토리: 때로는 '기업이 무엇을 하지 않는지'를 정의하는 것이 유용하다
6-1 기업 전략의 양대 학파 — 합리주의와 점진주의 111
6-2 기업 외부 분석 115
6-3 기업 내부 분석 123
6-4 기업의 전략적 의도 설정 132
사례연구: 위탁 생산업체에서 브랜드기업으로 성장 — 대만기업 HTC 134

7장 지배적 디자인 형성과 시장 진입 전략 141
도입 스토리: 선도자와 카테고리 창조자는 다르다
7-1 지배적 디자인 형성 배경 143
7-2 지배적 디자인 형성 전략 152

7-3 시장 진입 전략 157

사례연구: 어도비는 어떻게 지배적 디자인이 되었나? 전자책 시장도 지배할 수 있을까? 164

8장 협력 전략 171

도입 스토리: 기업과 대학의 협력이 거래 모델에서 관계 모델로 변하다

8-1 독자노선을 택하는 이유 173

8-2 협력의 장점 및 동기 175

8-3 협력의 유형 177

8-4 협력을 성공시키기 위한 노력 184

사례연구: 테슬라 'Gigafactory3'은 협력 또는 독자? 188

3부 혁신 전략의 실행

9장 혁신적 조직과 문화 형성 195

도입 스토리: 혁신적 문화는 달콤함과 불편함이 균형을 이뤄야 한다

9-1 기업 규모와 혁신 197

9-2 조직 구조와 혁신 201

9-3 팀 구조와 혁신 211

9-4 혁신의 글로벌화와 조직 구조 214

9-5 조직 문화와 혁신 217

사례연구: 일렉트로룩스, 혁신의 글로벌화 218

10장 신제품 개발 225

도입 스토리: 신제품 출시 전 대규모 무작위 실험 증가

10-1 신제품의 정의 226

10-2 신제품 개발 과정의 목표 229

10-3 신제품 개발 방법 230

10-4 프로젝트 챔피언 236

10-5 신제품 개발 성공에 영향을 주는 요인 238

사례연구: 구글 글라스, 신제품 개발과 대중의 반응 239

11장 혁신의 보호 활동 245
도입 스토리: 중국 지식재산 (IP) 제도에 대한 세 가지 오해
11-1 영업비밀 247
11-2 특허 248
11-3 상표 253
11-4 저작권 254
11-5 한국의 혁신 보호 활동 255
11-6 혁신 보호 전략의 효과성과 활용 259
사례연구: 랜디 헤트릭과 TRX — 지적재산의 보호 261

12장 기업가정신과 사내 벤처링 267
도입 스토리: 스타트업 투자를 통한 사내 벤처링에 성공하는 법
12-1 기업가정신과 혁신의 관계 269
12-2 기업가정신의 정의 및 중요성 270
12-3 창업의 동기와 성공한 기업가의 특성 272
12-4 신생기업의 유형 276
12-5 사내 벤처 설립 동기 276
12-6 사내 벤처 조직 구조 277
사례연구: 알카텔-루슨트의 사내기업가정신 280

참고문헌 286
찾아보기 297
저자 소개 303

|머리말|

「기술경영의 이해 + 미래기술 트렌드」라는 제목으로 1판이 출간된 지 벌써 6년의 시간이 흘렀습니다. 그동안 이 책으로 공대생, 경영대생, 기타 대학의 학부 학생들을 가르치면서 해마다 부족함을 느꼈지만 저의 게으름 때문에 증보 및 개정을 여태 미루어왔습니다. 너무 늦은 개정으로 독자에게는 매우 미안한 마음이 있지만 한편으로는 오래 묵혀두었던 빚을 탕감한 것처럼 홀가분하기도 합니다. 물론 지금의 증보판이 마음에 쏙 들지는 않지만 계속 붙들고 있을 수는 없기에 이렇게 2판을 내놓게 되었습니다. 독자의 건전한 비평과 의견은 언제나 대환영이며 3판에 좋은 밑거름이 될 것입니다. 오래전, 충남대학교 강의교수로 재직 중이셨던 오세구 교수님께서 오타와 수정이 필요한 부분을 페이지별로 꼼꼼히 의견을 주셔서 이번 증보판에 크게 도움이 되었습니다. 오 교수님께 깊은 감사 말씀 드립니다.

2판이 1판과 다른 점은 다음과 같습니다. 1판에서는 각 장 끝에 사례와 함께 미래기술 트렌드를 실어 그 당시에 다소 생소한 신기술과 그 기술을 통해 창출될 비즈니스 기회를 탐색할 수 있도록 했습니다. 그런데 6년의 시간이 흐르는 동안 '4차 산업혁명'이라는 말이 보통명사화 되었고, 현장에서 관련 기술들의 사업화가 실행되고 있으며, 관련 주제에 대한 전문서적도 많이 출판되었기에 불필요한 내용으로 여겨져서 모두 제거했습니다.

두 번째는, 저자가 교수자이다 보니까 어떻게 하면 3학점 강의를 이론과 이론의 응용을 적절히 조화해서 15주를 효율적으로 커버할 수 있을까에 초점을 두어 변경하였습니다. 우선 1판보다 이론을 보강해서 1.5시간 이상을 커버할 수 있도록 했으며, [더 들어가기]라는 섹션을 두어 시간의 여유에 따라 선택적으로 강의에 포함할 수 있도록 했습니다. 그리고 1판에서 Box로 처리했던 사례를 [미니사례] 섹션으로 대체하여 각 장마다 넣었으며, 과거 Box 사례의 최근 내용을 업데이트하거나 아예 최근 사례로 교체했습니다. 또한 팀 형성이 가능한 3주차부터, 즉 3장부터 각 장 끝에 사례연구와 토론문제를 포함시켜서 팀별 토론을 통한 문제해결 시간을 가질 수 있게 했습니다. 사실 개인적으로 2020년 봄학기에 실시간 온라인 강의로 사례연구 토론을 몇 번 시도하다가 코로나19로 인해 중단하기는 했습니다만, 훌륭한 팀 토론의 결과를 얻을 수 있었습니다. 제가 한 방법은 수업 전 학생들이 사례를 읽어오도록 하고 1시간 15~30분의 시간을 주고 자유롭게 토론을 하여 3-4개 문제에 답을 작성한 PPT를 수업 종료시간 전까지 이메일 또는 학습 게시판에 올리도록 했습니다. 물론, 1판에도 사례가 있었지만 학습 중심의 내용으로 형성되어 있어서 팀 토론의 재료로는 적합하지 않았기 때문에 이 부분을 2판에서는 수정했습니다. 그리고 이론과의 연계성과 응용성이 높은 최신 사례와 토론문제를 선정하고자 노력했습니다. 마지막으로 첫 주의 수강신청 변경과 중간 및 기말 고사 또는 기말과제 발표를 고려하면 12개의 장은 15주를 커버하는 데 전혀 모자람이 없다고 생각됩니다. 한 권의 책을 처음부터 끝까지 남김없이 배웠다는 만족감을 학생들에게 전달할 수 있지 않을까 하는 생각을 해 봅니다.

세 번째는 제목의 변화를 들 수 있습니다. 이 책의 많은 사례가 디지털 기술의 제2혁명과 관련된 것이 많기 때문에 '디지털 사회 2.0 시대'라는 단어를 넣게 되었습니다. 디지털 사회 2.0 시대 변화하는 기업, 소비자, 정치, 교육, 금융 시스템 속에서 지속 가능한 기술혁신을 창출하기 위해 기업은 어떻게 해야 할지 이 책을 통해 고민할 수 있는 기회가 되었으면 좋겠습니다.

마지막으로 각 장의 처음 부분에 [도입 스토리] 섹션을 첨가하여 각 장의 주요 주제의 최근 경향 및 이슈를 소개하고자 했습니다. 이 섹션은 최신의 이론과 현장의 최근 경향을 업데이트하는 데 도움이 될 것이라고 믿습니다.

나름 노력은 했으나, 2판도 여러모로 부끄러운 점이 많습니다. 독자 여러분의 너그러운 이해 부탁드립니다. 물론 질책도 달게 받겠습니다.

2020년 6월 8일
행당동 경영관 연구실에서
박태영

|1판 머리말|

1912년 슘페터가 경제발달에서 기술혁신(technological innovation)의 중요성을 언급하면서 한 국가의 경쟁력 중심에는 기술혁신이 있음을 알게 되었습니다. 그리고 1970년대 일본을 비롯한 아시아 기업들로부터 경제적 위협을 받기 시작한 미국은 경쟁력 증가를 위해 미국국립과학학회를 중심으로 기술경영(Management of Technology, MOT)에 대한 정의 및 교육의 중요성을 강조하였습니다. 한국 역시 2000년 중반 이후부터 경제성장의 정체와 중국과 인도의 경제적 위협 등으로 국가 경쟁력 향상을 위한 노력이 요구되었는데, 교육 차원의 노력으로는 미국 MOT 교육 시스템을 도입한 것이었습니다. MOT 교육은 엔지니어들이 보유한 기술에 경영학적 지식을 결합시켜 단순한 발명(invention)이 아니라 상업화의 결실을 맺을 수 있는 혁신(innovation)을 창출하는 것이 주요 목적입니다.

2007년 지식경제부(현재 산업통상자원부)는 '서울대, 포항공대, 성균관대, 한국기술교육대학교를 최초로 기술경영대학원으로 지정하여 지원하기 시작했습니다. 2010년 지식경제부는 '기술경영 전문인력 양성사업'이라는 과제로 두 번째 지원에 나섰는데, 이때 전문대학원으로 서강대, 한양대, 고려대가, 일반대학원으로는 전남대와 한국기술교육대학교, 서울대, 성균관대, 부경대가 선정되었습니다. 2015년에는 시장 친화적 기술경영 전문인력 양성을 목표로 '한국형 기술경영 전문인력 양성사업'으로 명칭을 변경하여 산업통상자원부가 세 번째 지원에 나섰으며, 현재 고려대, 부경대, 서강대, 성균관대, 울산과학기술원, 한양대, 호서대가 선정되어 운영되고 있습니다.

저자는 2007년부터 한국기술교육대학교 기술경영대학원에서 강의를 시작했고, 2010년 전남대학교 기술경영대학원에 재직하면서 기술경영원론과 기술혁신 전략론 등을 석사과정 학생들에게 가르쳤습니다. 그리고 현재 한양대 융합학부 과정 학생들을 대상으로 기술경영개론이라는 과목을 통해 기술경영의 기초적인 지식을 전달하고 있습니다. 안타깝게도 아직 한양대 경영학과에는 학부생을 대상으로 한 기술경영과목이 공식적으로 제공되고 있지는 않지만 조만간 생길 것으로 기대합니다. 왜냐하면 기술혁신을 빼놓고 기업경영을 설명한다는 것은 이제 완벽하지 않기 때문입니다. 본 교재는 저자가 지금까지 강의했던 자료를 중심으로 구성하였으며, 학부 학생들도 쉽게 이해할 수 있을 정도로 가독력을 높이고자 애썼습니다.

본 교재는 크게 세 파트로 구성되어 있습니다. 첫 번째 파트는 이론에 대한 설명으로 기술경영에서 다루고 있는 수많은 개념과 이론 중에 꼭 알아두어야 할 것 만을 선별하여 간결하게 설명했습니다. 두 번째 파트는 제목에서도 알 수 있듯이 사례를 통해 이론의 이해력을 높이고자 했기 때문에 3장부터 이론 설명이 끝나면 사례를 읽을 수 있도록 했습니다. 사례는 앞서 이야기한 이론을 가능한 많이 설명하는 것으로 선택했고, 한국 기업 사례를 다루고자 노력했습니다. 마지막 파트는 기술경영의 대상인 미래기술 트렌드를 담았습니다. 이와 같은 내용을 담은 이유는 학생들이 미래기술 트렌드를 읽음으로써 사업 기회(business opportunity)를 찾을 수 있기를 바라는 마음에서입니다. 요즘 같이 대학생의 창업을 격려하고 재정적 지원이 풍부한 시기도 없었던 것 같습니다. 이러한 시기적 기회에 편승해서 학생들이 미래 기술에 대한 이해를 통해 사업의 기회를 포착함으로써 창업의 씨앗을 뿌릴 수 있었으면 하는 바람입니다. 또한 학생들에게 각자 생각하는 사업계획을 기말 프로젝트로 제출하고 같이 토론하는 것도 유익한 시간이 될 수 있을 것 같습니다. 혹시 이때 제출한 기말 프로젝트가 5년 후 또는 10년 후 한국의 Facebook, Google이 되지 말라는 법이 어디 있겠습니까? 저자는 본 교재를 활용해서 강의를 듣는 학생들 중에 미래 한국을 이끌어 갈 기업의 CEO가 많이 나왔으면 하는 마음입니다.

본 교재를 활용하여 강의할 수 있는 대상으로는 전공에 상관없이 모든 학부 학생이 가능할 것 같고, 저학년보다는 3, 4학년이 학습효과 측면이나 활용 측면(취업을 앞두었다는 점)에서 더 효과적인 성과를 올릴 수 있을 것입니다. 그렇다고 1, 2학년에게 어렵다는 것은 절대 아니며, 일반인도 쉽게 읽을 수 있는 수준입니다. 또한 학부에서 공학 및 이학을 전공한 기술경영 석사과정 학생들의 첫 학기 기술경영원론 기본 교재로도 충분히 유용합니다. 다만 이론을 심도 있게 다룬 아카데믹 논문과 해외 사례 논문의 활용을 통해 학문적 수위를 높이는 조절은 필요할 것입니다.

사실 본 교재의 출발은 2012년 전남대 출판사를 통해 이루어졌었는데, 그 당시 인쇄본은 여러 면에서 부족함을 느껴 판매를 하지 않았습니다. 이번에는 여러 챕터를 보강했고, 외국 사례의 상당 부분을 한국 사례로 바꾸었으며, 미래기술 트렌드도 새롭게 추가하였습니다. 이전 버전에서 기회가 된다면 많은 부분을 보강하겠다고 약속했었는데 그 약속을 생각보다 빨리 지키게 되어 기쁩니다.

끝으로 고마움을 표시하고 싶은 사람들에 대해 언급하고자 합니다. 첫 번째 버전이 인쇄될 당시 해외 사례를 꼼꼼히 번역해준 전남대 글로벌경영대학원 졸업생 신계인 학생, 출판은 되었지만 판매라는 이름으로 대중에게는 빛을 보지 못했던 책을 읽고도 "공학도인 저도 쉽게 이해할 수 있어서 너무 좋았어요"라고 힘을 실어 주었던 울산과기대에 있는 신종호 박사, 전달하는 손이 무색하지 않게 진심으로 고마워하면서 책을 받던 BIFS 회원들인 전유덕 박사, 지일용 박사, 유지연 박사, 김관영, 김진용, 최원근, 그리고 언제나 믿음으로 큰 버팀목이 되어 주시는 나의 부모님, 이들 모두에게 진심으로 감사의 마음을 전합니다. 여러모로 부끄러운 점이 많은 책이지만 첫걸음이니만큼 독자 여러분의 많은 이해와 조언을 바랍니다.

2014년 4월 8일
행당동 연구실에서박태영

1부

혁신의 이해

1장 ▎혁신의 중요성 및 정의
2장 ▎혁신 모델의 진화
3장 ▎혁신의 원천
4장 ▎혁신의 유형
5장 ▎혁신의 생명주기와 혁신의 확산

1장

혁신의 중요성 및 정의

도입 스토리 창조적 파괴(creative destruction)가 가속화되고 있다

하버드 경영대학원의 교수이자 '파괴적 혁신(disruptive innovation)' 이론으로 유명한 클레이튼 크리스텐슨(Clayton Christensen) 교수와 마크 존슨(Mark Johnson)이 2000년에 창업한 경영전략 컨설팅 회사인 이노사이트(Innosight)는 격년에 한 번씩 S&P 500대 기업의 평균 수명을 조사하여 보고한다. 아래는 2018년도 보고서의 주요 내용을 요약한 것이다.

<그림>에서 보듯이 1965년에는 33년이었던 기업 평균 수명이 2016년에 와서는 24년으로 줄어들고 2027년에는 12년까지 감소될 것으로 예측되었다. 또한 과거 50년 동안 기업 평균 수명 변동은 경제상태에 따라 오르고 내리는 사이클을 이루고 있을 뿐만 아니라 바이오테크, 소셜미디어, 클라우드 컴퓨팅과 같은 신기술 등장에 영향을 받고 있다. 그리고 미래에는 우버(Uber), 에어비앤비(Airbnb)와 같은 높은 기업가치를 가진 '데카콘(decacorn)' 기업과 강도 높은 인수합병(M&A), 사모펀드에 의해 S&P 500대 기업의 변동이 더욱 거세질 것으로 예측되었다.

<그림> S&P 500대 기업의 평균 수명: 7년 단위 평균

S&P 500대 리스트에서 기업들이 사라지는 동향을 다섯 가지로 요약해보면, 첫째, 소매업에서 일어나는 온라인 판매 증대 때문에 빠르게 대응하지 못하는 전통 소매업체들이 밀려나고 있다. 포레스터 리서치(Forrester Research)에 따르면 현재 미국의 전체 소매판매 중에서 온라인이 차지하는 비중은 13%에 해당하며 2022년이 되면 17%까지 증가할 것으로 예측하고 있다. 그런데 전통 소매업체들은 이 변화에 전략적으로 대응하거나 오프라인과 온라인을 효과적으로 통합시키려는 노력이 제대로 되지 않고 있다.

둘째, 디지털 플랫폼의 지배력 증가로 높은 시장가치를 갖는 기업이 에너지, 제약, 금융업체에서 디지털 플랫폼 업체로 변하고 있다. 2000년에 S&P 500대 기업 중 Top4의 시장가치를 갖는 기업은 제너럴일렉트릭(GE), 엑손모바일(ExxonMobil), 화이저(Pfizer), 시티그룹(Citigroup)이었으나, 지금은 디지털 플랫폼 기업인 애플(Apple), 알파벳(Alphabet)/구글(Google), 마이크로소프트(Microsoft), 아마존(Amazon)이 되었다.

셋째, 비즈니스 모델 혁신이 산업 전체에 파괴적 변화를 일으키고 있다. S&P 500대 기업 중에서 금융 서비스, 헬스케어, 통신, 여행, 부동산 산업에 속한 기업들이 가장 큰 이탈률을 보이고 있는데, 이 산업에서 새로운 형태의 비즈니스 모델이 계속 등장하기 때문이다. 특히 우버와 에어비앤비처럼 자산을 소유해서 운영하지 않고 '최소 자산으로 운영하는(asset-light)' 비즈니스 모델이 여러 산업에 확산되고 있다.

넷째, 클린에너지 요구와 기존 화석연료에너지 가격 인하 압력은 에너지 산업의 승자와 패자를 바꾸고 있다. 국제 에너지 기구(International Energy Agency)에 따르면 최초로 재생에너지의 투자금이 새로운 화석연료자원의 투자금을 초과했다고 한다. 또한 세계 경제 포럼(World Economic Forum)에 따른 30개 이상의 국가에서는 지금 태양광 및 풍력 에너지가 화석연료를 기반으로 한 에너지와 동일한 가격 또는 더 싼 가격에 제공되고 있다고 한다. 이 같은 이유로 재생에너지에 적시에 투자하지 못했던 석유 및 가스 회사들이 지난 20년 동안 S&P 500에서 사라지는 것이다.

마지막은 '데카콘(decacorn)' 기업들의 성장으

<표> Top 10 데카콘

기업명	투자 후 가치($B)	국가	시장
Uber	69	미국	공유 운송
ANT Financial	60	중국	금융 서비스
Didi Chuxing	56	중국	공유 운송
Xiaomi	54	중국	스마트폰 및 전자제품제조
Airbnb	31	미국	공유 숙박
Meituan-Dianping	30	중국	배달 서비스
SpaceX	21	미국	우주 및 방위
Palantir Technologies	20	미국	소프트웨어
WeWork	20	미국	부동산
Toutiao	20	중국	뉴스 콘텐츠 플랫폼

로, 향후 몇 년간 엄청난 변화를 몰고 올 것이다. '유니콘'이라는 용어는 약 5년 전에 '기업가치가 10억 달러 또는 1조 원 이상인 비상장 스타트업을 일컫기 위해 만들어졌다. 그때는 유니콘이 매우 드물었지만 현재 유니콘에 해당하는 기업은 275개나 된다. 그래서 '기업가치가 100억 달러 또는 10조 원에 해당하는 비상장 스타트업'을 뜻하는 신조어인 데카콘이 만들어졌으며, S&P 500대에 들어갈 수 있는 기업가치 기준이 60억 달러 이상이기 때문에 데카콘 기업은 이 기준을 넘어선다. 현재 데카콘에 해당하는 기업은 다양한 시장에서 기존 지배기업들을 지속적으로 위협하고 있다.

자료: Antony, S. Viguerie, P., Schwartz, E., and Landeghem, J. (2018). 2018 Corporate Longevity Forecast: Creative Destruction is Accelerating, Innosight. https://www.innosight.com/insight/creative-destruction

1-1 혁신의 중요성

최근 학계에서 거론되는 주제 중 하나가 '대기업의 평균 생존율이 빠른 속도로 줄어들고 있다'는 것이다. 이에 대한 증거로서 포스터(Foster)와 캐플란(Kaplan)의 「창조적 파괴(Creative destruction)」(2001)라는 책에 따르면 1957년 S&P(Standard & Poor's) 500대 기업 목록 중에 1997년까지 살아남은 기업은 74개에 불과하다고 했다.[1] 미국 경영 컨설팅 회사인 이노사이트(Innosight) 는 포스터와 캐플란의 연구를 이어 S&P 500대 기업을 대상으로 평균 생존율 변화를 주기적으로 조사하는데, 2018년 보고서는 1958년에 등록된 S&P 500대 기업의 평균 생존율은 61년, 1965년에는 33년, 2016년에는 24년으로 줄었다고 발표했다.[2] 또 다른 증거로는 2016년 미국 다트머스 대학 교수인 고빈다라잔(Govindarajan)과 시리바스타바(Srivastava)의 연구 결과이다.[3] 이들은 S&P 500 또는 Fortune 500에 오른 기업은 규모가 큰 기업이라 붕괴의 가능성이 높다는 판단하에 1960년부터 2009년까지 미국 주식시장에 상장된 2만 9천6백8십8개 기업으로 표본 수를 늘림으로써 이전 연구자들보다 표본의 편향성을 최소화했다. 그 결과에 따르면 1970년 이전에 상장한 기업은 이후 5년간 생존율이

---

1 Foster, R. and Kaplan, S. (2001). *Creative Destruction: Why Companies That are Build to Last Under-perform the Market – and How to Successfully Transform Them*, Currency, New York.

2 Antony, S. Viguerie, P., Schwartz, E., and Landeghem, J. (2018). *2018 Corporate Longevity Forecast: Creative Destruction is Accelerating*, Innosight, https://www.innosight.com/insight/creative-destruction

3 Govindarajan, V. and Srivastava, Anup (2016). "Strategy when creative destruction accelerates," Working Paper.

더 들어가기

죠셉 슘페터 - 창조적 파괴

죠셉 슘페터(Joseph Schumpeter)는 경제이론 분야에서 매우 중요한 인물로서 혁신이라는 주제에 광범위한 업적을 남겼다. 그는 경제학자로서 눈부신 경력을 가지고 있기도 하지만, 오스트리아 정부에서 재무장관으로도 재직했다. 슘페터의 주장은 간단명료한데, "기업가(entrepreneurs)는 전략적 우위를 얻기 위해 새로운 제품/서비스 또는 그것을 만들기 위한 새로운 공정과 같은 기술혁신(technological innovation)을 추구한다"는 것이다. 그리고 이 기업가가 만든 혁신이 시장에서 한동안 유일하다면 그 기업가는 상당한 돈을 벌 수 있게 되는데, 기업가에게 주어지는 이 혜택을 슘페터는 '독점적 이익(monopoly profits)'이라고 불렀다. 그러나 다른 기업가가 그 혁신을 보고 모방해서 결국 다른 혁신이 출현하고, 더 나아가 수많은 아이디어가 시장에 나오게 되면 독점적 이익은 조금씩 줄어들어 균형점에 도달하게 된다. 그리고 슘페터는 이 사이클이 시장에서 반복된다고 했다. 즉 최초 기업가 또는 다른 사람이 게임의 규칙을 다시 쓸 수 있는 차세대 혁신을 찾아내면 이전에 일어났던 과정이 처음부터 다시 시작된다는 것이다. 슘페터는 이 과정을 '창조적 파괴'라고 했으며, 이 과정에는 새로운 것을 창조해내기 위해 지속적인 탐색이 일어남과 동시에 오래된 규칙은 파괴되고 새로운 규칙이 만들어지는데, 이는 모두 수익의 새로운 원천을 찾기 위한 강력한 동기에 의해서 이루어진다고 했다.

자료: Schumpeter, J. (1950). *Capitalism, Socialism and Democracy*, 3rd edition, Harper and Row, New York.

92%인 반면에 2000년에서 2009년 사이에 상장한 기업은 이후 5년간 생존율이 63%로 줄었고, 1960년 이전에 상장한 기업은 단지 5%만이 2009년 상장목록에 남았다고 한다.

우리는 이즈음에서 다음과 같은 질문을 던져볼 수 있을 것이다. "무수히 많은 기업이 이처럼 빠르게 시장에서 사라지는 이유가 무엇일까? 또는 "많은 기업이 사라지는 속에서도 어떤 기업은 왜 살아남을 수 있던 걸까?" 물론 이러한 질문에 대한 답을 내리는 것이 경영 및 경제학 연구자들의 주된 관심사였고 따라서 지난 수십 년 동안 여러 분야에서 답을 해 왔었다. 저자는 가능한 여러 답 중에서 혁신(innovation)의 관점에서 이야기하고자 한다.

우선, 포스터와 캐플란(2001)과 고빈다라잔과 시리바스타바(2016)는 기업의 평균 생존율이 빠르게 줄어드는 이유는 '창조적 파괴(creative destruction)' 때문이라고 했다. '창조적 파괴'란 오스트리아 경제학자인 슘페터(Schumpeter)에 의해 최초로 소개된 용어로서 '경제 내부에서 지속적으로 일어나는 현상으로 오래된 것은 파괴하고 새로운 것을 창조하는 산업의 진화 과정'으로 정의된다. 즉 창조적 파괴는 산업에서 끊임없이 발생하는 현상이며, 빠른 기술 및 환경 변화로 이전보다 짧은 시간에 발생하고 있는데, 그 현상의 중심에 있는 기업들이 적시에 새로운 것을 만들어내지 못하기 때문에 시장에서 사라지는 것이다. 결국, 기업은 새로운 것(예: 기술, 제품, 공정, 비즈니스 모델, 기업 전략 등 어떤 형태로든)을 만들어낼 수 있을 때 생존율을 높일 수 있기 때문에 '혁신'은 기업의 생존을 좌지우지하는 결정적 요인이 된다.

혁신, 특히 새로운 기술은 산업 내에서 캐스캐이딩 효과를 가져온다.[4] 캐스케이딩 효과(cascading effect)란 마치 폭포수가 위에서 아래로 단계적으로 흘러가듯 새로운 기술로 인해 산업 내에서 연속적인 변화를 일으키는 것을 의미한다. 예를 들어 정보기술을 생각해보면, 이 기술은 수요를 늘리고 가격을 낮추는 캐스캐이딩 효과를 가져온다. 그 과정을 보면 정보기술은 먼저 인터넷 검색, 가격비교사이트 등을 통해 소비자에게 구매정보를 전보다 많이 제공한다. 이 많아진 구매정보는 소비자의 소비 기회와 욕구를 증가시켜 결국 수요를 늘리게 된다. 게다가 제품 및 서비스에 대한 구체적인 정보는 진보된 가격체계를 실현시켜 준다. 스카이스캐너(Skyscanner), 익스피디아(Expedia)와 같은 항공권 검색사이트가 있던 시절과 없던 시절을 비교해보면 잘 알 수 있다. 검색사이트가 없던 시절 소비자는 오로지 여행사 또는 항공사가 제공하는 한 가지 가격에 의존할 수밖에 없었다. 그러나 지금 어떤가? 사전 예약/당일 예약, 고가/저가 항공사, 직항/경유, 비수기/성수기 등 다양한 조건에 따라 소비자 상황에 맞는 가장 적합한 가격대의 항공권을 구매할 수 있게 되었다. 이 글을 읽는 구매력이 낮은 20대 대학생은 조금 고생스럽더라도 저렴한 항공권을 선호하겠지만, 직장에서 왕성하게 일하고 경제력이 높은 40~50대 소비자는 비싸더라도 빠르고 편한 항공권을 선호할 것이다. 그리고 이 두 그룹의 소비자 사이에는 또 수많은 서로 다른 선호도 그룹이 존재할 것인데, 정보기술 덕택에 이 모든 소비자 그룹을 만족시켜주는 항공권 가격체계가 실현된 것이다. 조만간 인공지능(AI) 기술 때문에 소비자 한 명 한 명까지 만족시켜주는 1인 맞춤형 가격체계가 실현될 수 있다. 결론적으로 새로운 기술(혁신)은 항공서비스 산업에서 스카이스캐너나 익스피디아와 같은 새로운 기업을 탄생시키는 역할을 할 뿐만 아니라, 기존 항공사에게 소비자 기호에 맞는 다양한 가격체계를 제공할 수 있는 기술 역량을 구축하라고, 즉 혁신하라고 압력을 넣는다. 결국,

---

4 Bruton, G and White, M. (2011). *Strategic Management of Technology and Innovation*, 2nd edition, South-Western Cengage Learning.

기존 항공사 중 이 같은 압력을 신속히 받아들여 효율적인 가격시스템을 새롭게 구축한 기업만이 살아남아 성공할 수 있는 것이다.

마지막으로 혁신은 개별 기업, 개별 산업을 넘어 글로벌 사회에 중요한 영향을 준다. 앞 사례에서 보았듯이 소비자는 새로운 기술 덕택에 항공권 검색사이트를 통해 전보다 더 합리적인 구매를 할 수 있는 혜택을 누릴 수 있게 되었다. 또한 통신, 교통, 컴퓨터라는 기술 발전 덕택에 기업은 아웃소싱(outsourcing)을 활용해서 비용을 절감하기도 한다. 예를 들어, 선진국의 기업이 생산 과정을 개발도상국에 맡김으로써 개발도상국의 값싼 노동력을 활용하여 원가를 크게 줄일 수 있다. 또한 개발도상국의 기업 역시 고용 창출과 산업화의 기회를 누리는 혜택이 존재한다. 아웃소싱의 영역은 생산 과정뿐만 아니라 컴퓨터 프로그래밍, 의료 MRI 영상 해독, 소득 신고서 작성, 유통, 콜센터 등으로 확대되고 있다. 새로운 기술은 사람의 일상생활에 큰 변화를 가져온다. 2007년 여름 애플에 의해 최초 발매된 스마트폰이 우리에게 주는 혜택을 생각해보자. 스마트폰이 없는 세상을 경험하지 못한 10대부터, 스마트폰 없이 청소년기를 지난 50대인 저자까지 우리 모두 스마트폰이 없는 세상을 상상할 수 없다. 스마트폰의 알람으로 눈을 떠서 기사와 이메일을 읽고, 출퇴근 중에 영화, 드라마, 만화를 보고, 짬짬이 쇼핑, 은행업무, 채팅을 하며, 휴일에는 멀리 떨어진 친구 및 가족과 영상통화를 하고 집에서 음식을 배달시키고, 여행가서 찍은 사진을 포스팅하고, 심지어 영화도 만들어낸다. 스마트폰만 있으면 일주일을 하루같이 보낼 수 있다. 물론 새로운 기술은 부정적인 면도 있다. 스마트폰 덕택에 우리 모두 신종 질병인 '거북목 증후군'을 경험하거나 걱정해야 하고, 엄청난 개인정보가 담긴 스마트폰의 분실 우려 때문에 보험을 들어야만 하고, 때때로 유명한 인터넷 사이트에서 개인정보가 털렸다는 소식을 들어야 한다. 이러한 부작용을 줄이기 위해 사회는 개인정보보호법의 강화라는 형태로 제도에 2차적인 영향을 주기도 한다. 그런데 새로운 기술이 사회 및 제도를 변화시키기도 하지만(pushing) 거꾸로 사회 및 제도가 혁신을 촉구하기도 한다(pulling).[5] 예를 들면 최근 소비자 사이에서 환경보호에 대한 인식이 높아지면서 CO_2 및 기타 유해물질의 배출이 적은 자동차를 원하게 되었고, 이 같은 소비자의 니즈는 강력한 환경규제를 탄생시키고, 자동차 제조업체는 친환경 자동차를 위한 새로운 기술을 의무적으로 만들어내야 하는 압력을 받게 된다. 이처럼 혁신은 기업의 생존과 번영, 기존 산업

---

5 Bruton, G and White, M. (2011). *Strategic Management of Technology and Innovation*, 2nd edition, South-Western Cengage Learning.

미니 사례

인터넷과 MP3의 출현은 음악 산업의 혁신적인 변화를 가져왔다

인터넷과 MP3가 출현하기 전 음악 산업의 구조는 매우 복잡했다. 작곡가와 아티스트들은 음악과 아티스트를 선택하는 A&R스태프(Artists & Repertoire staffs), 스튜디오를 가지고 있는 제작자(production staffs), 음반을 실제 제조하는 음반제조업자, 음반을 유통하고 광고하는 마케터와 유통업자들에게 상당히 의존하고 있었으며, 이들 모두가 서로 연관된 복잡한 네트워크를 구성하고 있었다. 그러나 독일 프라운호퍼의 한 연구소에서 개발한 MPEG(Motion Picture Experts Group) 레벨 3 프로토콜인 MP3는 이렇게 복잡했던 음악 산업의 구조를 완전히 단순화시켜 버렸다. MP3는 보통의 오디오 파일을 효과적으로 압축시킴으로써 속도가 매우 느린 인터넷에서도 빠른 전송이 가능하다. 그리고 각종 오디오 파일을 MP3로 변환시킬 수 있고, MP3 파일을 반대로 변환시키는 프로그램도 존재한다.

이것이 의미하는 바는 무엇일까? 뮤지션들은 더 이상 A&R스태프, 스튜디오 제작자, 음반제조업자, 유통 및 광고업자에게 의존할 필요가 없어졌다는 것이다. 뮤지션들은 이제 CD의 형태든 MP3의 형태든 스스로 제작해서 인터넷 뉴스그룹이나 대화방에 올려놓음으로써 전 세계에 유포시킬 수 있게 되었다. 즉 음악 산업의 진입장벽이 매우 낮아지게 된 것이다.

물론 냅스터(Napster)와 같은 Peer-to-Peer(P2P) 네트워크의 등장으로 개인이 소지한 음악을 무료로 교환할 수 있게 됨에 따라, 기존 음반업체들에게 커다란 위협이 되었고, 그로 인해 법적 소송이 제기되기도 했었다. 결국 2007년 독일에 본사가 있는 다국적 미디어 업체인 베르텔스만(Bertelsmann)이 냅스터를 매입하는 조건으로 1억 3천만 달러를 음반업체에 지불하는 것으로 마무리되었다. 현재 냅스터는 회원가입제의 형태이고 음악을 다운받는 경우 일정 금액을 지불하도록 되어 있다. 이와 유사한 사례가 한국에도 있는데 소리바다가 그것이다. 2009년부터 소리바다는 '버전 6'를 서비스하고 있는데, '버전 6'는 이전 버전과 달리 음원을 무료로 다운받을 수 있는 방법을 제거하여 저작권 침해의 소지를 완전히 없앴다.

그런데 문제는 이러한 소송의 결과로 인해 기존 음반 업체들의 안정과 번영이 보장되지 않았다. 인터넷과 MP3의 등장이라는 변화에 기존 음반회사들이 기회를 잡기보다는 미국에서는 애플(Apple)과 아마존(Amazon)이, 국내에서는 멜론과 지니가 음악 산업에서 새로운 강자로 등장했다. 이들은 모두 기존 음반업체가 아니다. 애플은 컴퓨터 및 스마트폰 제조업체, 아마존은 전자상거래업체, 멜론과 지니는 통신 업체이다. 최근 몇 년 사이 이들이 제공하던 음악 다운로드 서비스는 새로운 비즈니스 모델인 스트리밍(streaming) 서비스로 점차 변화하고 있어 스포티파이(Spotify)와 같이 스트리밍 서비스의 선도업체들과 경쟁을 해야만 했다. 현재 대부분의 업체는 스트리밍 서비스를 제공하고 있다. 스트리밍 서비스는 다운로드와 달리 '소유(own)' 개념이 사라지고, '임차(rent)' 개념의 등장으로 다양한 가격체계와 음악의 큐레이팅이 중요해진다는 변화가 있다. 이러한 변화는 음악 산업뿐만 아니라 영화산업, 컴퓨터게임 산업에도 확산되고 있다.

자료: Joe Tidd와 John Bessant의 "Managing Innovation 5판"에서 Case Study 1.1 "The changing nature of the music industry." 이를 기반으로 수정 및 보완.

의 재탄생, 사회의 진보를 위해 반드시 해야 하는 일이 되었으며, 기업에게는 경쟁우위의 주요 원천이 되었다.

혁신을 통해 쇠퇴해 가는 시장에서 벗어나 새로운 시장을 개척함으로써 새로운 도약기를 맞이한 기업들의 예를 살펴보면 혁신이 기업에 있어서 얼마나 중요한가를 알 수 있다. 그 대표적인 예가 바로 핀란드의 통신회사인 노키아(Nokia)이다. 이 회사는 19세기 초 목재회사로 설립되어 나무를 자르는 장비와 비품, 웰링턴 부츠(Wellington boots)(고무장화로 웰링턴 공작이 최초로 신발제조업자에게 지시해서 만들었다고 해서 웰링턴 부츠로 불림)와 화장실용 휴지 등을 주요 제품으로 생산했었다. 목재산업이 사양길을 맞이했을 때 노키아는 전혀 다른 사업에서 기회를 찾고 혁신을 꾀하였으며, 결국 무선전화기 제조에서 세계적인 명성을 얻게 되었다. 그러나 노키아는 그 명성이 주는 안락함에 빠져 애플보다 일찍 스마트폰을 개발했음에도 불구하고 운영체제 개발 및 시장 대응에 소홀하였다. 그 결과 영원히 지속될 것 같은 노키아의 명성은 빠른 속도로 추락하게 되었으며, 2013년 9월 3일 노키아의 휴대폰 사업 부문은 70억 달러에 마이크로소프트(MS)사에 인수되었다. 이는 아날로그 이동통신 단말기 시절 모토롤라(Motorola)가 세계 시장을 제패하고 있다가 디지털 이동통신 기술이 등장하면서 적시 대응을 하지 못해 시장지배권을 노키아에게 내주고 2011년 구글(google)에, 2014년 다시 레노버(Lenovo)에 인수된 경우와 너무나 유사하다. 과거 노키아의 성공과 최근 노키아의 몰락은 한순간이라도 혁신을 소홀히 하면 어떤 결과가 기업에 주어지는지 확실히 알 수 있게 해주는 사례이다.

1-2 혁신의 정의

"실패는 성공의 어머니"라는 격언으로 우리에게 너무나 잘 알려진 토마스 앨바 에디슨(Thomas Alva Edison)은 혁신을 하는 데 가장 큰 어려움은 기막히게 좋은 아이디를 창조해내는 발명(invention)이 아니라, 그 아이디어를 기술적으로 실현시키고 상업적으로 만들어내는 데 있다고 했다. 이는 결국 발명을 현실 세계에서 필요로 하는 제품 또는 서비스로 변환시키지 못한다면 그것은 혁신이라 할 수 없음을 의미한다. 이런 점에서 그는 발명가이면서 혁신가(innovator)였다고 할 수 있다. 왜냐하면 에디슨은 그의 이름으로 등록된 1천9십3개에 달하는 미국특허를 소유함과 동시에, 1920년대에 약 2백1십6억 달러의 가치를 보유한 연구소를 운영했던 사람이었기 때문이다. 또한 에디슨의 발명품 중에는 다른 과학자들이 이미 발명했던 것들도 있었다. 가장 대표적인 것이 전구인데 전구는 영국 물리학자 조지프 스완 (Joseph Swan) 등 여러 과학자가 만들어낸 것이었다. 하지만 에디슨은 실생활에 폭넓게 사용할 수 있게 했다는 점에 그 차이점이 있다.

우리는 에디슨처럼 혁신과 발명을 구분할 필요가 있다. 발명은 좋은 아이디어를 실생활에서 폭넓게 사용할 수 있도록 변화시키는 긴 과정의 단지 첫 단계에 불과하다. 즉 혁신은 아이디어 또는 발명의 상업적·실용적 응용(commercial and practical application)과 관련된 반면, 발명은 아이디어의 구상이라고 할 수 있다.[6] 이것을 방정식으로 단순하게 표현하면 아래와 같다.

혁신(innovation) = 이론적 구상 + 기술적 발명 + 상업적 활용

위 방정식을 정확히 이해하려면 구성하는 용어를 하나씩 살펴볼 필요가 있는데, 첫 번째 이론적 구상(theoretical conception)이란 새로운 아이디어를 생각해내는 것으로 혁신의 출발점이라 할 수 있다. 이론적 구상은 발명도 혁신도 아닌, 단지 개념, 생각 또는 생각의 집합이다. 두 번째, 구상을 눈에 보이는 새로운 인공물(보통 제품 또는 공정)로 변환시키는 과정을 기술적 발명(technical invention)이라고 한다. 이 과정에서 과학과 기술이 핵심 역할을 맡고 있으며, 발명을 위해 조직 내 여러 분야의 많은 사람이 엄청난 노력을 들이게 된다. 마지막으로 이후의 활동을 상업적 활용(commercial exploitation)이라고 하는데, 이 과정까지 와야 혁신이 완성되었다고 할 수 있다. 이를 통해 알 수 있는 사실은 혁신은 발명에 상당히 의존적이지만, 발명 이후의 상업적 활용 과정이 없이는 혁신이라고 말할 수 없다는 것이다.

발명가와 혁신가의 차이점을 극명하게 드러내주는 예를 살펴보자. 요즘은 재봉틀을 사용하지 않아서 젊은 세대는 잘 모르겠지만 여러분의 어머니, 할머니 또는 재봉에 관심이 있는 분이라면 유명한 재봉틀 브랜드로 싱어(Singer)를 떠올릴 것이다. 그런데 막상 세상에 최초로 재봉틀이라는 것을 선보인 것은 싱어가 아니라 미국 보스톤 출신의 엘리어스 휴이(Elias Howe)였다. 그는 1946년 재봉틀을 발명하고 그의 아이디어를 팔기 위해 영국에 수차례 여행을 하고 그곳에 머무르면서 많은 노력을 기울였으나 실패하고 다시 미국으로 돌아오게 된다. 그 사이 아이작 싱어(Isaac Singer)는 휴이의 특허를 훔쳐서 사업화하는

[6] Trott, P. (2017). *Innovation Management and New Product Development*, 6th edition, Harlow, UK, Pearson Education.

더 들어가기 발명과 혁신의 차이: 발명 사례

가정세제를 만드는 회사의 과학자와 엔지니어가 수개월에 걸쳐서 화장실용 세제를 개발하고 있었다. 마침내 그들은 액체세제를 완성했는데, 변기에 뿌리면 거품이 일면서 쉬익 소리를 낸 후 광채를 내었다. 이 같은 효과는 세제로서 적합하다고 판단했기 때문에 회사는 특허를 내고 추가 연구와 시장조사를 계획했다. 그러나 기술전문가와 시장전문가 양쪽으로부터 얻은 의견 수렴 결과는 추가 연구를 하지 않는 것이 좋겠다는 것이었다. 왜냐하면 사전 시장조사 결과 일부 소비자가 제품을 두려워한다는 피드백이 있었기 때문이다. 그 원인은 제품이 쉬익 소리를 내고 광채를 내는 것이 너무 드라마틱해서 위험하다고 인식해서이다. 게다가 추가 연구 결과 혼합제 형태로 만들면 제품의 유통기한이 짧아진다는 것이 밝혀졌다. 결국, 회사는 프로젝트를 중단하고 제품을 상업화하지 못했다. 바로 이러한 경우가 회사에서 자주 일어나는 발명의 대표적인 형태라 하겠다.

자료: Trott, P. (2017). *Innovation Management and New Product Development*, 6th edition, p. 16, Harlow, UK, Pearson Education.

데 성공했다. 물론 이 사실이 알려져서 싱어는 휴이에게 재봉틀이 팔릴 때마다 일정 부분의 로얄티를 지불해야만 했지만 소비자에게 알려진 브랜드 이름은 휴이가 아니라 싱어였다는 사실이 휴이는 발명가였으나 혁신가로서는 성공하지 못했다는 것을 시사해준다. 또 다른 예는 현대 전신의 아버지로 알고 있는 사무엘 모스(Samuel Morse)이다. 모스 역시 알고 보면 그의 이름을 따서 부르고 있는 부호만 발명했을 뿐이지 전신을 가능하게 한 기술은 다른 사람들이 발명한 것이다. 그러나 그는 다른 발명자들과 달리 명확한 비전과 열정을 가지고 있었기 때문에 다른 이들의 발명을 실생활에 적용하기 위해서 전신의 효과에 대해 다각도로 광고하고 주정부의 재정지원을 얻기 위한 정치적 스킬을 발휘하는 등 각종 노력을 함으로써 최초로 먼 거리에 있는 사람들 간의 의사소통 개념을 미국 대륙에 널리 퍼뜨리는 데 성공을 하였다.

이제 독자는 혁신을 정의하는 데 있어서 '상업적 활용' 과정의 존재가 매우 중요함을 충분히 알 수 있을 것이다. 그런데 이즈음까지 설명을 하면 학생들로부터 항상 나오는 질문이 있다. "상업적으로 성공한 것만을 혁신이라고 하나요?"라는 질문이다. 혁신을 설명하는 방정식을 주의 깊게 본 학생이라면 이 같은 질문은 하지 않았겠지만 우리의 제한된 기억력 때문에 이 같은 질문은 언제든 용서가 된다. 앞서 살펴본 방정식으로 다시 돌아가서 보면 눈치채겠지만 방정식은 '성공적인 상업적 활용'이 아닌 '상업적 활용'을 포함하고 있기 때문에 상업적으로 성공한 것이든 아니든 이론적 구상이 발명의 과정을 거쳐 시장까지 진출했다면 우리는 모두 혁신이라고 부를 수 있다. 다만 시장에서 소비자에게 높은 호응을 받은 성공한 혁신과 그렇지 못한 실패한 혁신이 있을 뿐이다.

혁신을 정의하는 데 있어 "발명이 혁신과 같으냐 다르냐?"만큼이나 논쟁이 되는 것이 "혁신은 반드시 새로운 제품이어야만 하는가?"라는 것이다. 이 질문은 "반드시 새로워야 하는가?"와 "혁신의 결과가 제품이어야만 하는가?"라는 두 가지 질문을 담고 있다. 이에 대한 답을 하기 위해서 먼저 슘페터의 정의를 소개하고자 한다. 슘페터는 혁신을 '새로운 제품'보다 더 포괄적으로 정의했는데, 아래 다섯 가지 형태를 모두 혁신에 포함시켰다.[7]

1. 소비자에게 새로운 제품의 소개 또는 과거보다 품질이 개선된 제품의 소개
2. 산업의 특정 영역에서 새로운 생산 방식의 소개, 그러나 새로운 과학적 발견에 기반 한 방식일 필요는 없으며, 다른 산업에서 이미 응용되었던 것도 상관없음
3. 신시장의 창출
4. 새로운 공급원의 활용
5. 산업의 구조조정을 일으킬 정도의 새로운 형태의 경쟁 방식

한편, 마이클 포터(Michael Porter)는 "혁신은 기술의 향상뿐만 아니라 일하는 방식 및 방법의 진보를 모두 포함한다"고 했다.[8] 포터의 정의는 제품의 변화, 공정의 변화, 마케팅의 새로운 방식, 유통의 새로운 형태 등 혁신의 다양성을 분명히 드러내고 있다. 그리고 포터의 정의는 슘페터가 지적하는 것과 마찬가지로 혁신은 연구개발(Research and Development, R&D)을 통해서만 만들어지는 것이 아니라 마케팅, 유통, 조직 학습 등을 통해서도 발생될 수 있음을 강조하고 있다. 그리고 포터와 슘페터가 사용하는 단어 '새로운(new)'은 '완전히 새로운(totally new)' 것일 필요가 없음을 둘 다 인정했다.

서비스 섹터에서 보통 혁신이라는 용어는 서비스 제품 자체 또는 서비스가 전달되는 방식을 의미하는데, 가장 유용한 서비스 혁신의 정의는 "서비스 또는 서비스를 생산 및 전달하는 방식의 변화뿐만 아니라 아예 새로운 서비스 또는 서비스를 생산 및 전달하는 새로운 방식"이다.[9]

---

7 Schumpeter, J. (1934). *The Theory of Economic Development*, Boston, MA, Harvard University Press.

8 Porter, M. (1990). *The Competitive Advantage of Nations*, Basingstoke, Macmillan.

9 Djellal, F. and Gallouj, F. (2001). "Innovation surveys for service industries: A review," in B. Thuriaux, E. Arnold and C. Couchot (eds) *Innovation and Enterprise Creation: Statistics and Indicators*, p.74.

결론적으로 "혁신은 반드시 새로운 제품이어야 하는가?"라는 질문에 답을 내려보자면 혁신은 반드시 새로울 필요도 없고, 반드시 제품이어야 할 필요도 없다. 우리는 이 같은 예를 스페인의 의류 업체인 자라(ZARA)를 통해 알 수 있다. 의류 산업은 이미 성숙기에 다다른 산업으로 임금이 낮은 개발도상국들로 공장을 옮기는 추세에 있음에도 불구하고 자라는 자국에 공장을 그대로 유지하였다. 그리고 그 회사가 새롭게 도입한 정책은 매우 혁신적이었는데, 첫째, 일반 의류 업체들이 시즌마다 신상품을 내놓던 것을 자라의 경우는 2주마다 신상품을 내놓고 한철 입고 버릴 수 있을 정도로 값싸게 공급하는 패스트 패션(fast fashion)을 선도했다. 둘째, 광고에 전혀 돈을 쓰지 않고 대신 수익의 1%를 새로운 매장을 오픈하는 데 투자하여 88개국의 2천 개 이상의 점포를 가짐으로써 소비자에게 접근성을 높여주었다. 자라의 정책은 유통 및 마케팅 방식의 새로운 접근으로 기존에 존재하지 않은 시장 또는 제품을 창출한 것은 아니지만 혁신이라 부를 수 있는 것이다. 혁신은 그 형태에 따라 다양하게 분류할 수 있는데 그에 대한 내용은 4장에서 자세히 언급할 것이다. 마지막으로 지금까지 알아본 혁신에 대한 개념을 참고로 본 저서에는 다음과 같이 혁신을 정의하고자 한다.

혁신은 새로운(또는 개선된) 제품(또는 서비스)과 제품(또는 서비스)의 생산 및 전달의 새로운 방식을 만들어내기 위한 아이디어 창출, 기술적 발명, 상업적 활용에 관한 모든 활동을 포함한다.

2장

혁신 모델의 진화

도입 스토리 루슨트와 시스코가 선택한 혁신 모델: 닫힌 혁신 vs. 열린 혁신

루슨트 테크놀로지(Lucent Technologies, Inc.)는 1996년 미국 AT&T의 분할로 탄생한 통신 장비 회사로 AT&T의 알짜배기라 할 수 있는 벨연구소(Bell Labs)를 물려받았다. 그 덕택에 루슨트는 통신 장비에 중점을 둔 수많은 연구와 기술을 소유하게 되었다. 그 후 5년간 루슨트는 새로운 상품을 출시해 시장에서 크게 성공했다. 이 와중에 1984년 스탠포드 대학교의 컴퓨터공학 연구원이었던 렌 보삭(Len Bosack)과 샌디 러너(Sandy Lerner) 부부에 의해 세워진 시스코 시스템즈(Cisco Systems, Inc.)는 용케 분발해서 엄청난 기술력을 자랑하는 루슨트를 가끔 앞섰다. 벨연구소(1925년 설립)의 기술은 루슨트를 위해 새로운 상품과 서비스를 만들어냈지만 시스코는 벨연구소와 같이 긴 역사와 명성을 가진 연구소도 없이 혁신성에 있어서 루슨트에 결코 뒤지지 않았다. 2006년 루슨트는 결국 프랑스 통신회사인 알카텔에 합병되었고, 2015년에는 노키아 네트웍스에 합병된다.

루슨트와 시스코는 서로 주요 경쟁자였지만, 이들은 결코 같은 방법으로 혁신하지 않았다. 루슨트는 미래 상품 및 서비스를 창출하기 위해 새로운 재료와 최첨단 기술 및 시스템을 연구하는 데 내부적으로 엄청난 자원을 쏟아 부었고, 이 과정에서 벨연구소가 핵심 역할을 했다. 그러나 시스코는 루슨트와 달리 내부에서 연구하는 대신 다른 무기를 찾아냈다. 먼저, 시스코는 새로운 제품 및 서비스를 상품화하는 스타트업을 면밀히 조사했다. 몇몇 스타트업은 루슨트, AT&T, 노텔(Nortel) 등 유명 통신회사에서 나온 뛰어난 실력자들이 세운 회사였다. 시스코는 이 스타트업에 투자하거나 제휴를 맺어 그 회사들을 자회사로 만들었다. 이 방법으로 시스코는 회사 내부에서 연구를 하지 않고도 뛰어난 결과물을 계속 얻을 수 있었고 지금까지도 통신 장비 시장에서 선두를 지키고 있다. 루슨트가 선택한 혁신 모델은 20세기 수많은 대기업이 선택했던 것으로 닫힌 혁신 모델인 반면 시스코는 21세기에 와서 각광받고 있는 열린 혁신 모델이다. 시스코는 남들보다 먼저 열린 혁신 모델을 수용함으로써 혁신 경쟁력을 높일 수 있던 것이다. 다음의 <표>는 닫힌 혁신과 열린 혁신이 갖는 원칙의 차이를 설명한 것이다.

자료: Chesbrough, H.(2003). *Open Innovation*, Harvard Business Press.

<표> 닫힌 혁신과 열린 혁신의 원칙 차이

닫힌 혁신 원칙	열린 혁신 원칙
우리 분야에서 가장 똑똑한 사람들이 우리를 위해 일한다.	똑똑한 사람 모두가 우리를 위해 일하지 않는다. 우리는 회사 내부는 물론 외부의 똑똑한 사람들과 일할 필요가 있다.
연구개발에서 이익을 얻기 위해 우리는 반드시 스스로 연구하고, 개발하고, 시장에 내놓아야 한다.	외부 연구개발은 중요한 가치를 창조할 수 있다. 내부 연구개발은 그 가치의 일정 부분을 주장하기 위해 필요하다.
만약 우리 스스로 개발한다면, 그것을 첫 번째로 시장에 내놓을 것이다.	우리는 이익을 얻기 위해 꼭 내부적으로 연구할 필요는 없다.
혁신 제품을 최초로 시장에 출시한 회사가 승리할 것이다.	더 나은 사업 모델을 확립하는 것이 첫 번째로 시장에 진입하는 것보다 낫다.
만약 우리가 그 업종에서 가장 좋은 아이디어를 만든다면 우리가 승리할 것이다.	만약 우리가 내부와 외부의 아이디어를 잘 조합한다면 승리할 것이다.
우리의 지적 재산을 통제해 경쟁자들이 우리 아이디어로부터 이익을 내지 못하게 해야 한다.	우리의 지적 재산을 다른 사람들이 사용함으로써 이익을 얻을 수 있고, 우리 사업 모델을 진전시킬 수 있다면 다른 사람의 지적 재산을 구입해야 한다.

지난 수십 년 간 혁신이 어떻게 촉발되고 진행되는지 그 과정을 설명해주는 혁신 모델(models of innovation)이 수많은 혁신연구가에 의해 제시되었다. 이 모델들은 너무나 많고 다양한 관점을 담고 있어 한 눈에 파악하기가 쉽지 않았는데, 로이 로스웰(Roy Rothwell)은 이를 쉽게 정리해주었다. 그는 혁신 모델을 시대별로 파악할 수 있도록 다섯 세대로 분류하고, 각 세대별 혁신 모델의 탄생 배경과 뚜렷이 구분되는 특성을 설명했다. 로스웰이 제시한 혁신 모델의 세대별 변천 과정은 1세대와 2세대에 해당되는 선형 모델(linear model), 3세대 커플링 모델(coupling model), 4세대 기능적 통합 모델(functional integration model), 5세대 시스템 통합 및 네트워킹 모델(system integration and networking model)로 구성된다.[1]

로스웰에 따르면 시대의 변천에 따라 새로운 세대의 혁신 모델이 출현하나, 이는 이전 세대 모델이 사회에서 완전히 사라지거나 교체되는 것을 의미하지 않는다. 시대별로 새로운 모델이 등장하는 이유는 다양한 환경 변화로 인해 시대마다 중요하게 생각하는 관점 또는 태도가 바뀌기 때문이다. 따라서 가장 좋은 혁신 모델이란 혁신이 발생되는 그

[1] Rothwell, R. (1994). "Towards the fifth-generation innovation process," *International Marketing Review*, 11(1): 7-31.

시점의 산업 유형 또는 혁신 유형에 따라 달라지며, 5세대가 가장 나은 방식이고 1세대가 가장 열등한 방식이라는 위계는 절대 존재하지 않음을 명심해야 한다. 우리는 먼저 우연한 발견(serendipity)에 의한 혁신의 허상을 살펴본 후 1950년대부터 1990년대까지의 다섯 가지 유형의 혁신 모델을 살펴볼 뿐만 아니라 21세기에 새롭게 등장한 개방형 혁신 모델(open innovation model)에 대해서도 다루고자 한다.

2-1 우연한 발견에 의한 혁신

여러분은 유레카(Eureka)라는 단어에 대해서 잘 알고 있을 것이다. "유레카"의 어원은 고대 그리스어인 "εὕρηκα heúrēka"("나는 발견했다I have found(it)")에서 유래되었으며, 이 단어가 유명해진 것은 고대 그리스 학자인 아르키메데스(Archimedes) 때문이다. 그는 왕관을 구성하고 있는 금의 순도를 어떻게 측정할까를 고민하던 중 목욕을 하게 되었고, 자신의 몸이 목욕탕 안으로 가라앉을수록 물이 넘치는 것을 관찰하고 순간 측정 방법을 깨닫게 되어 너무 기쁜 나머지 알몸으로 뛰쳐나오면서 소리쳤던 것이 "유레카"이다. 그래서 그 이후부터 유레카는 무언가를 갑자기 뜻하지 않게 발견하게 되는 경우 많이 쓰이게 되었다.

이런 유레카의 순간들은 유명한 과학자 또는 발명가에게서 발견할 수 있다. 예를 들면 아이작 뉴튼(Isac Newton)은 사과나무 아래서 졸고 있다가 떨어지는 사과를 보고 만유인력의 법칙(law of universal gravity)을 발견하였고, 퍼시 쇼(Percy Shaw)는 한밤중에 운전해서 집으로 가던 중 길가 담장 위에 있던 고양이가 자신의 차 헤드라이트를 응시하자 그 빛이 고양이 눈을 통해 다시 쇼에게 반사되는 것을 보고 반사도로표지(road studs)를 발명

반사도로표지를 설치한 야간 도로

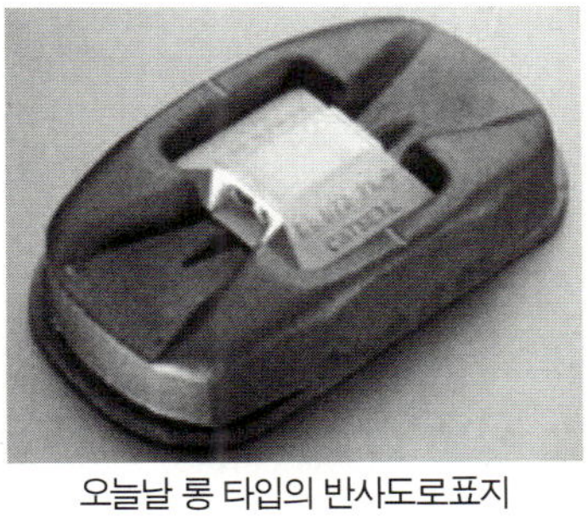
오늘날 롱 타입의 반사도로표지

하였다. 그러나 이러한 역사적인 발견을 자세히 들여다보면 우연에 의한 발견이 아님을 알 수 있다. 발견한 것의 중요성을 인식하기 위해서는 먼저 그 분야의 엄청난 사전 지식이 필요하다. 즉 아무나 그 발견을 할 수 있는 것이 아니라는 것이다. 표면적으로는 우연한 발견처럼 보이지만 사실은 한 분야에 강하게 매료된 사람이 그 분야에 엄청난 노력을 치른 후에 얻게 되는 결과인 것이다. 이는 루이 파스퇴르(Louis Pasteur)가 남긴 명언인 "기회는 준비된 사람에게만 온다"와 일맥상통한다.

2-2 1세대 선형 모델: 기술주도 모델

2차 세계 대전 이후 최초 20년 동안 선진시장경제는 엄청난 속도의 산업팽창을 통해 경제적 성장을 누렸다. 이러한 산업팽창의 뒤에는 신기술(예: 반도체, 제약, 전자계산, 합성물질 등)을 등에 업고 등장한 신산업들과 기존 산업이라 할지라도 진보된 기술의 적용(예: 농산물 생산성과 품질을 높이는 기술들)을 통한 재성장이 있었다. 과학과 기술을 통해 높은 경제성장을 경험한 사회구성원들은 과학과 기술이야말로 사회의 문제점을 해결해주는 중요한 요인으로 인식하게 되었고, 이러한 인식은 정부의 정책에 영향을 미치게 되었다.

따라서 정부는 수요자 측면보다 공급자 측면에서 공공 기술 지원 정책(public technology support policies)을 펼치게 되었다. 그 예로, 대학 및 정부 지원 연구실에 과학적 진보를 증진시키도록 지원하거나, 숙련된 과학기술 인력의 공급을 지원하거나, 또는 기업 연구개발(R&D)에 재정지원을 해주는 방식이 주류를 이루었다. 제조업체들 또한 소비자의 욕구(needs)보다는 신제품을 만드는 데 필요한 R&D와 급증하는 수요를 만족시키기 위한

1세대 선형 모델: 기술주도 모델

그림 2-1

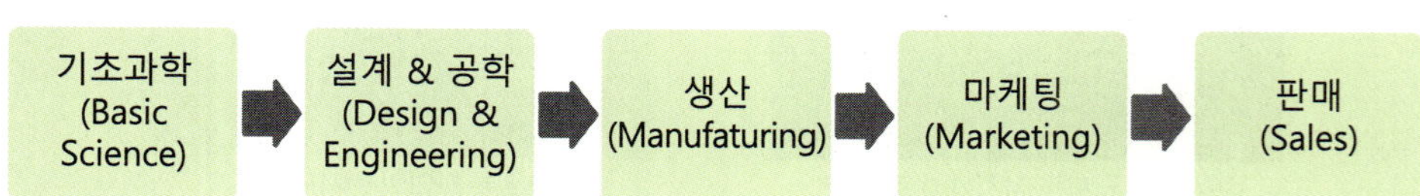

더 들어가기 기술주도 모델의 성공사례

기술주도 모델이 성공했던 대표적인 예로는 레이저(lasers) 기술이 있다. 레이저 기술은 1950년대 집중적으로 연구되었는데, 이 기술은 알베르트 아인슈타인(Albert Einstein), 막스 플랑크(Max Planck), 닐스 보어(Niels Bohr)와 같은 과학자들의 과학적 발견(scientific discovery)을 바탕으로 개발되었다. 1960년에 공학자인 테오도르 메이먼(Theodore Maiman)에 의해 캘리포니아에서 세계 최초로 레이저 장치를 만드는 데 성공했으며, 이후 이 기술은 여러 분야에 응용되었다. 현재, 레이저 기술은 자르고, 구멍을 뚫고, 용접하는 데 활용되며, 측정기기와 의료 및 정보기술에서 혁명을 일으키고 있다.

자료: Österle, H., and Winter, R.(2003). Business Engineering: On The Way to Becoming a Company in the Information Age, Berlin, Springer-Verlag.

생산라인 건설에 주로 신경을 썼다. 따라서 이 세대는 R&D를 많이 할수록 성공적인 신제품을 더 많이 얻을 수 있다고 생각했다.

이러한 상황에서 혁신 과정은 과학자의 과학적 발견(기초과학연구)을 시작으로 해서 공학자들의 설계와 공학기술을 통해 과학적 발견을 신제품 개발의 성공으로 발전시키고, 생산 및 마케팅 과정을 거쳐 최종적으로 시장에 출시되는 일련의 선형 과정(linear process)으로 인식하는 것은 너무나 당연한 일이었다(그림 2-1 참조). 1세대 선형 모델은 과학과 기술의 진보에 의해서 신제품이라는 혁신이 시장에 출현한다는 점에서 기술주도 모델(technology-push model)이라고 부른다. 그러나 이 세대는 생산이 수요에 비해서 턱없이 부족한 때였기 때문에 수요, 즉 시장에 대해서 전혀 주의를 기울이지 않았다는 점과 〈그림 2-1〉과는 사뭇 다른 경로를 거쳐 혁신 과정이 일어날 수 있는 경우를 고려하지 않았다.

2-3 2세대 선형 모델: 시장견인 모델

1960년대 중반에서 1970년대 초반까지 이전 시기와 마찬가지로 제조업체의 산출량은 계속해서 늘어났고, 제조 생산성도 증가했으며, 국가 번영 수준도 전반적으로 높게 유지했으나, 여러 나라에서 제조업의 고용이 정체되거나 고용 증가율이 감소되었다. 또한 기업

2세대 선형 모델: 시장견인 모델

그림 2-2

들은 성장을 강조함에 따라 다각화 수준이 높아졌고, 일정 수준의 규모의 경제를 확보하는 것이 중요해지면서 산업집중도 역시 증가했다. 이 시기 공급과 수요가 어느 정도 균형을 이루기 시작해서 만들면 팔리는 세상이 더 이상 아니었다.

따라서 기업 간 경쟁이 심화되었고, 기업은 신제품 창출 및 관련 기술의 팽창에 투자하기보다는 합리적 기술 개선에 투자하기 시작했다. 또한 대기업들은 시장점유율 증대를 위해 경쟁할 때 마케팅에 대한 전략적 강조를 키웠다. 결국, 혁신 과정에 대한 인식은 수요 측면의 요인, 즉 시장을 강조하는 쪽으로 변화하기 시작했으며, 이러한 이유 때문에 2세대 선형 모델을 시장견인 모델(market pull model)이라고 한다. 〈그림 2-2〉에서 보듯이 2세대 모델은 시장(니즈)이 R&D의 방향을 지시하는 아이디어의 원천으로 작용하고 있으며, 1세대 선형 모델에서는 선도적 역할을 했던 R&D가 2세대 선형 모델에서는 시장 니즈에 응답하는 역할만 하고 있다.

한편, 2세대 모델은 태생적으로 문제를 안고 있다. 기업들이 미래를 준비하기 위해서는 시장의 수요와 관계없이 잠재성이 높은 기술을 찾기 위한 장기 R&D를 해야만 한다는 사실을 무시했다. 또한 이미 성숙기에 도달한 기존 제품군의 소비자 요구사항에 맞춰 조금씩 변화를 주는 기술 점진주의 체제(regime of technological incrementalism)에 갇힐 수 있다.[2] 만약 기업이 계속 시장만을 중요하게 여긴다면 향후 발생 가능한 급진적인 기술 및 시장 변화에 대응할 수 있는 능력을 완전히 잃어버릴 수 있다는 것이 2세대 모델의 주요 단점이다. 그럼에도 불구하고 빠르게 변하는 소비재 산업에서는 시장과 소비자의 역할이 매우 강력하고 효과적이기 때문에 2세대 선형 모델이 여전히 빛을 발휘할 수 있다.

---

2 Hayes, R. and Abernathy, W.J. (1980). "Managing our way to economic decline," *Harvard Business Review*, July-August Issue.

2-4 3세대 커플링 모델

1970년대 두 번의 오일쇼크로 인해 세계경제는 높은 인플레이션과 함께 생산 감소와 구조적 실업(structural unemployment)(자동화 및 산업재편 등 경제구조 변화 때문에 발생하는 실업)으로 스태그플레이션(stagflation)(인플레이션과 불황이 동시에 나타나는 현상)을 겪게 되었다. 이 같은 상황에서 기업은 부채를 정리하고 경영을 합리화하는 전략을 선택했고, 전략의 초점은 원가 통제와 원가 절감이었다. 이 기간 동안 기업은 과거의 실패를 반복하지 않기 위해 성공한 혁신의 토대가 무엇인지 이해하기 위해서 여러 분야와 여러 나라를 대상으로 다각도로 실증 분석이 이루어졌다. 그리고 이를 바탕으로 성공적 혁신 과정을 모델화하려는 노력이 최초로 이루어졌다. 실증 분석 결과들이 알려준 사실은 한쪽에는 기술역량이 다른 한쪽에는 시장니즈가 있지만 둘 사이에 상호작용이 보편적으로 일어나기 때문에 1세대 기술주도 모델 또는 2세대 시장견인 모델은 오히려 극단적이고 이례적이라는 것이다.[3] 따라서 앞의 두 모델을 결합한(coupling) 3세대 모델을 제시하게 되었다.

3세대 커플링 모델은 외부의 시장, 과학 및 기술 환경과 내부의 기업역량이 결합해서 혁신을 창출한다는 것을 강조하고 있으며, 1세대와 2세대 선형 모델과 달리 고정된 출발점이 없다. 〈그림 2-3〉의 한 가운데 기업의 기능인 R&D, 생산, 마케팅 및 판매가 자리 잡고 있으며, 이 기능들은 여전히 순차적으로 발생할 수 있지만 의사소통의 흐름은 반드시 선형일 필요가 없고, 과정 간에 피드백 루프가 존재한다. 또한 외부의 시장과 기술 환경은 R&D와 마케팅뿐만 아니라 기업 내부의 모든 기능과 상호 연결되어 있어서 필요할 때마다 영향을 주고받는다. 따라서 3세대 모델에서는 R&D가 아닌 생산부서에서 혁신이 시작될 수 있다. 실제 생산부서에 설계개선의 필요성을 제기하는 경우가 많고, 이는 다른 원재료의 소개나 새로운 원재료를 위한 R&D를 끌어내며 결국, 시장 니즈와 최신 기술을 고려해서 제품의 아이디어를 창출하고, 그에 맞는 R&D가 일어나고, 생산 및 마케팅 과정을 거쳐 시장에 제품을 출시하게 된다.

---

3 Mowery, D.C. and Rogenberg, N. (1979). "The influence of market demand upon innovation: A critical review of some recent empirical studies," *Research Policy*, 8(2): 102-153.

3세대 커플링 모델

그림 2-3

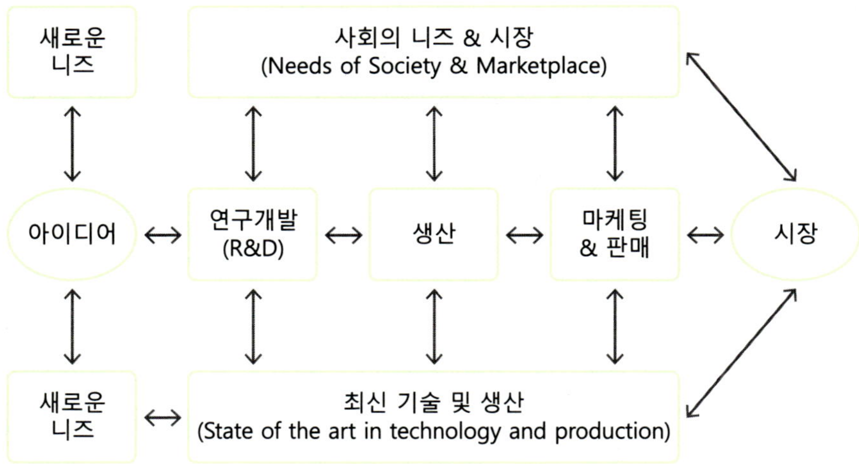

2-5 4세대 기능적 통합 모델

1980년대 초 핵심사업 또는 핵심기술에 집중했던 기업들과 함께 세계경제는 회복되기 시작했다. 이 시기에는 기술축적에 대한 전략적 중요성이 증대되었고, IT기반 제조설비의 출현으로 생산전략이 새롭게 각광받기 시작했다. 또한 글로벌 전략(global strategy)의 개념이 출현하였고, 기업들 간 수많은 전략적 제휴가 정부의 격려와 지원 속에서 급속히 증가했다. 그래서 대기업이든 혁신적인 소기업이든 외부 네트워킹 활동에 매우 적극적이었다. 그리고 제품 수명주기가 점차 짧아져 제품 개발 속도가 선두기업과의 경쟁에 중요한 요소로 대두되었다.[4] 이 기간의 가장 두드러진 특징은 세계 시장에서 일본 기업들이 보여준 놀라운 성과였다. 일본 기업들은 기술모방을 넘어서 JIT(Just In Time) 시스템을 통해 주요 공급업체들과 긴밀한 관계를 맺고, 효율적이고 품질 지향적인 생산 과정과 서구 기업보다 빠르고 효율적인 신제품 개발 시스템을 구축했다.

[4] Dumaine, B. (1989). "How managers can succeed through speed," *Fortune*, 13(February).

4세대 기능적 통합 모델: 니산의 신제품 개발 과정

그림 2-4

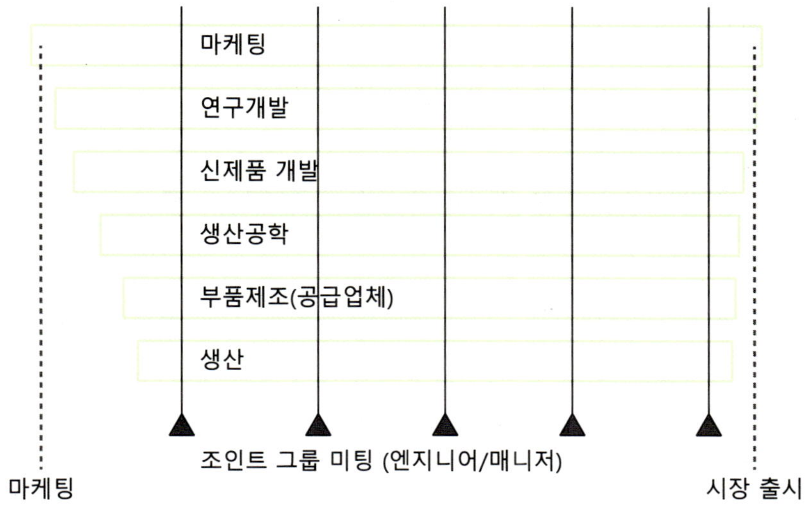

자료: Graves, A.(1987). "Comparative trends automotive research and development," *DRC Discussion Paper* No.54, Science Policy Research Unit, Sussex University, Brighton, Sussex.

일본 선도 기업들은 혁신에 있어서 독특한 특성 두 가지를 보여주는데, 그것은 통합(integration)과 병렬개발(parallel development)이며, 이는 4세대 모델의 핵심이 된다. 즉 혁신적인 일본 기업들은 공급업체를 신제품 개발 과정 초기부터 투입시키고, 신제품 개발 과정에 관여하고 있는 기업 내 모든 부서의 활동을 순차적으로가 아니라 병렬적으로 통합시켰다. 이와 같은 4세대 모델은 일본 니산(Nissan)의 예를 통해 〈그림 2-4〉에 잘 묘사되었다. 앞서 말했듯이 이 시기에는 제품 수명주기가 지속적으로 짧아지는 탓에 어떤 식으로든 제품 개발 시간을 줄일 필요가 있기 때문에 기업 내부 기능들을 통합시키는 것은 물론이고 중요한 외부 기능 또한 내부로 통합시키는 것이 필요하다. 그림에서 보듯이 니산은 주요 외부자원인 부품 공급업체를 기업 내부 신제품 개발에 완전히 통합시켰음을 보여주고 있다. 또한 그림에서 보듯이 마케팅, 연구개발, 신제품 개발, 생산공학, 부품제조 및 생산까지 전 기능이 겹쳐짐을 알 수 있는데, 이는 이전 모델에 비해 신제품 개발 시간을 대폭 단축할 수 있게 한다. 물론 기능들의 중첩현상으로 인한 혼란을 막기 위해서는 모든 기능의 책임자들이 모인 조인트 그룹 미팅을 통해 중요한 이슈의 해결과 신속한 의사결정이 이루어지도록 해야 한다.

3세대 모델이 서구기업의 혁신 모델을 대표한다면 4세대 모델은 일본 기업의 혁신 모델을 대표한다. 많은 서구 선도 기업이 4세대 혁신 모델의 주요 특성을 마스터하기 위해 한동안 고군분투했었다.

2-6 5세대 시스템 통합 및 네트워킹 모델

1980년대 동안 확립된 많은 전략 트렌드는 이후로도 계속되었고 그중 일부는 중요성이 더욱 강화되었다. 선도 기업은 여전히 기술 축적에 전념했고, 전략적 네트워킹과 시장 출시 속도(speed to market)의 중요성도 계속되었다. 기업들은 제품과 생산이 통합된 전략을 구축하려 노력했고, 높은 유연성과 융통성이 요구되었으며, 제품 전략은 품질과 성능을 더욱 강조했다. 또한 새롭게 등장한 환경과 관련된 규제 이슈를 해결할 수 있어야 했다. 세계경제는 1980년대 중반 빠른 성장 이후 불안정해지기 시작했으며, 실업 및 사업 실패율이 증가하고, 많은 기업이 수익 유지를 힘겨워했다. 1980년대 말과 1990년 초 가장 매력적이었던 기업 전략은 제품 개발 속도였다. 빠른 혁신기업(fast innovator)이 된다는 것은 기술변화율이 높고 제품 수명이 짧은 분야에서 특히 기업 경쟁력을 결정하는 중요한 요소였다. 이는 4세대 혁신 모델이 잘 나타내고 있다.

신제품 또는 신모델을 최초로 시장에 출시하는 기업은 높은 시장점유율, 높은 학습효과, 독점적 이익, 높은 소비자 만족과 같은 경쟁우위를 확보할 수 있고, 이를 통해 소비자에게 경제적 혜택을 많이 제공할 수 있다. 반면 신제품 시장 출시가 늦은 기업은 시장점유율과 수익성의 축소라는 불이익을 얻게 되고, 특히 제품 수명이 짧을수록 이 불이익은 더 커진다. 게다가 시장경쟁 강도와 제품 수명주기는 이전 세대보다 훨씬 가속화되고 있어 제품 개발 속도를 통제할 수 있는 능력, 즉 빠른 제품 개발 속도는 더욱 더 중요한 기업의 핵심역량(core competence)이 되었다. 문제는 개발 속도가 높아지면 비용이 증가하기 때문에 비용 투입 대비 적정 개발속도를 확보하는 효율성(efficiency)이 개발 속도만큼 중요했다.

로스웰에 따르면 개발 속도와 효율성이라는 두 역량을 모두 가지고 있는 혁신적 선도 기업은 4세대 혁신 모델의 병렬적(parallel)이고 통합적(integrated)인 특성에 시스템 통합(system integration) 및 네트워킹(networking) 특성을 더한 5세대 혁신 모델로 향하고 있다고 한다. 5세대 혁신 모델은 기본적으로 4세대 혁신 모델을 기반으로 정보통신기술(information and communication technology, ICT)을 적극 수용하여 조직 내·외부의 시스템 통합과 네트워킹을 더욱 강화시킨 확장된 버전이라 할 수 있다. 로스웰이 제시한 5세대 혁신 모델의 특성을 기본 전략과 주요 활성화 요소 관점에서 설명하면 〈표 2-1〉과 같다.

로스웰이 제시한 5세대 혁신 모델은 〈그림 2-5〉와 같이 혁신 과정을 기업 내부(internal)와 외부(external)의 많은 이해관계자 속에서 노하우가 축적되는 과정 또는 학습의 과정으로 묘사하고 있다.

로스웰의 5세대 모델은 혁신 전 과정에서 기업 외부 조직들과의 다양한 협력 관계를 강조하고 내부학습뿐만 아니라 외부학습을 촉진하고 적극적으로 수용한다는 점에서 2000년대에 등장한 개방형 혁신(open innovation) 모델과 유사한 면이 있다. 다음에는 개방형 혁신 모델을 좀 더 자세히 살펴보고자 한다.

표 2-1 5세대 시스템 통합 및 네트워킹 혁신 모델의 특성

기본 전략 요소	주요 활성화 요소
• 시간기반전략(빠르고, 효율적 제품 개발) • 품질 및 비가격 요소를 강조한 제품 개발 • 기업의 유연성과 대응성을 강조 • 전략의 중심에 소비자 강조 • 주요 공급업체와 전략적 통합 • 수평적 기술 협력을 위한 전략 • e-데이터 프로세싱 전략 • 전사적 품질 관리 전략	• 조직과 시스템 통합의 증대: 수평적/통합적 제품 개발 과정, 제품 개발에 공급업체 조기 참여, 제품 개발에 선도 소비자의 참여, 수평적 기술협력 구축 • 신속하고 효과적 의사결정을 위한 평평하고 유연한 조직 구조 구축: 하급 관리자의 권한 증대, 제품 챔피언(product champions)과 프로젝트 리더의 권한 증대 • 내부 데이터베이스 구축: 효과적인 데이터 공유 시스템, 제품 개발 매트릭스, 컴퓨터 기반 휴리스틱, 전문가 시스템(expert system), 3D-CAD(computer-aided design) 시스템과 시뮬레이션 모델링 기법을 활용한 제품 개발, 제품 개발의 유연성과 제품 생산 가능성 강화를 위한 CAD/CAE(computer-aided engineering) 시스템 연결 • 효과적인 외부 데이터 연결: 연결된 CAD시스템을 활용하여 공급업체와 공동 개발, CAD를 소비자 인터페이스로 활용, R&D 협력자들과 효과적인 데이터 연결

자료: Rothwell, R.(1994). "Towards the fifth-generation innovation process," *International Marketing Review*, 11(1): 7-31.

5세대 시스템 통합 및 네트워킹 모델: 노하우 축정 과정으로서의 혁신

그림 2-5

내부학습(Internal learning)
- 연구개발
- 시험을 통한 학습
- 생산을 통한 학습
- 실패를 통한 학습
- 수직적 통합 기업의 부품(장비) 활용을 통한 학습
- 교차 프로젝트를 통한 학습

외부학습(External learning)
- 공급업체로부터(함께) 학습
- 선도 사용자로부터(함께) 학습
- 수평적 파트너십을 통한 학습
- 과학과 기술 인프라로부터(함께) 학습
- 문헌으로부터 학습
- 경쟁자의 행동으로부터 학습
- 리버스 엔지니어링(Reverse engineering)을 통한 학습
- 인수(acquisition)를 통한 학습
- 소비자의 시제품 활용 결과를 통한 학습
- 정비를 통한 / 결점을 통한 학습

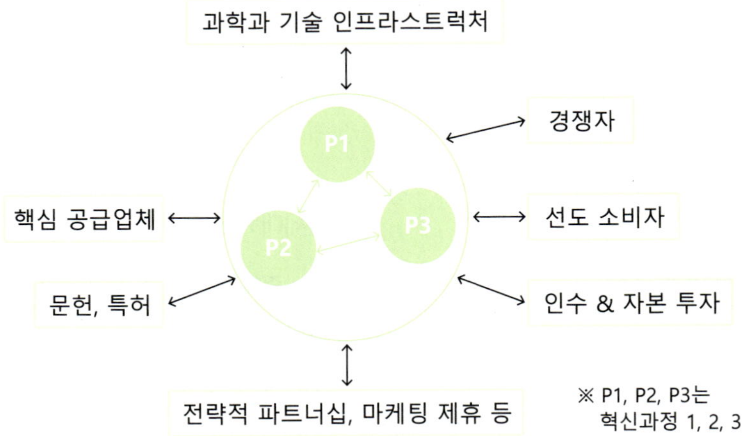

자료: Rothwell, R. and Dodgson, M.(1992). "European technology policy evolution: Convergence towards SMEs and regional technology transfer, *Technovation*, 12(4):223-238.

2-7 개방형 혁신 모델

개방형 혁신(open innovation, OI)이라는 개념은 2003년 헨리 체스브로(Henry Chesbrough)가 출간한 책에서 처음 소개된 이후 급속히 확산되었다.[5] 체스브로는 "좋은 아이디어가 많음에도 선도 기업의 혁신 능력이 현저하게 감소하는 이유가 무엇일까?"라는 질문에 답하기

5 Chesbrough, H. (2003). *Open Innovation*, Harvard Business Press.

위해 연구를 시작했고 그 결과 새로운 아이디어를 시장으로 가져가는 방법이 근본적으로 변했다고 주장했다. 즉 '닫힌 혁신(closed innovation)'에서 '열린 혁신(open innovation)'으로 바뀌었기 때문이라는 것이다. '닫힌 혁신'이란 기업이 모든 것을 자급자족해야 함을 의미한다. 기업 스스로 아이디어를 만들고, 그것을 개발해 시장에 내놓아야 하며, 판매하고, 서비스를 제공하고, 자금을 융통하고, 지원하는 일련의 과정 모두가 내부에서 이루어져야 한다. 물론, 이러한 데는 그럴만한 이유가 있었는데, 전쟁의 여파로 과학기술에 기반을 둔 기업들은 경쟁기업(전쟁 중에는 교전국)의 아이디어 및 기술 도난을 걱정했고, 특정 분야에서 독점적 지식 확보는 이익(전쟁 중에는 승패)에 결정적 역할을 했기 때문이다. 이 방식은 20세기에는 매우 효과적이었으나, 20세기 후반부터는 오히려 부작용을 이끈 침식 요인들이 아래와 같이 나타났다.

1. 육성된 대졸자와 대학원생의 폭발적 증가로 숙련된 인력의 가용성이 높아졌고, 고도로 훈련된 인력의 이동률이 증가했기 때문에 선도 기업의 혁신성이 다른 기업으로 이전될 가능성이 높아졌다.
2. 벤처 캐피탈 시장의 발전으로 선도 기업에서 나온 과학자/공학자들의 창업이 전보다 훨씬 쉬워졌기 때문에 선도 기업이 아닌 스타트업이 더 혁신적일 수 있다.
3. 선도 기업의 선반 위에 놓인 아이디어는 내부에서 상용화하기 전에 인력의 이동과 자금 조달의 수월성 때문에 외부에서 먼저 상용화할 가능성이 커졌다.
4. 외부 공급자들이 제공하는 부품 및 재료 등이 선도 기업 내부에서 만든 것과 비슷하거나 더 뛰어나서 선도 기업보다 혁신적인 제품을 상용화할 가능성이 증대되었다.

위와 같은 침식 요인 때문에 풍부하고 다양한 연구 정보를 외부로부터 활용할 수 있는 가능성이 높아졌다. 기본적으로 닫힌 환경 — 기업이 아이디어를 원하면 스스로 아이디어를 만들어야 했던 환경 — 이던 것이 열린 환경 또는 개방된 환경 — 기업이 아이디어를 원하면 내부뿐만 아니라 외부에서도 구할 수 있고, 외부에서 아이디어를 원하면 기업이 내부에서 만들어 줄 수도 있는 환경 — 으로 변화되었다.

〈그림 2-6〉은 닫힌 혁신과 열린 혁신의 차이점을 연구, 개발, 상용화 과정별로 묘사한 것이다. 20세기를 지배했던 혁신 과정은 왼쪽의 닫힌 혁신 모델로 연구개발 프로젝트의 시작에서 상용화까지 모두 회사 경계선(연두색 선) 내에서 이루어진다. 이 모델의 장점은 연구 과정을 통해 아이디어를 자세히 조사하고 가치 없는 R&D 프로젝트를 잘 골라냄

닫힌 혁신(왼쪽) vs. 열린 혁신(오른쪽)

그림 2-6

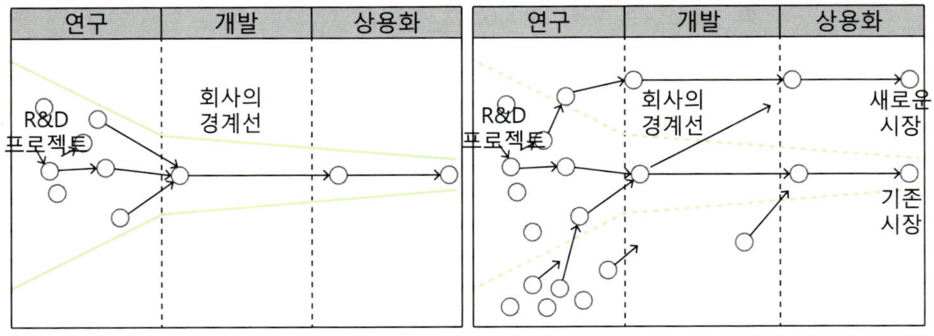

자료: Chesbrough, H.(2003). *Open Innovation*, Harvard Business Press.

으로써 최고의 가치를 가진 프로젝트만 살아남아 상용화의 성공 가능성을 높일 수 있다는 것이다. 그러나 앞서 설명한 네 가지 침식 요인에 의한 영향으로 닫힌 혁신은 점차 열린 혁신으로 바뀌게 되었다. 그림에서 보듯이 둘의 가장 큰 차이는 회사 경계선이 닫힌 혁신은 실선이나 열린 혁신은 점선으로 이루어졌다는 것이다. 즉 열린 혁신에서는 아이디어 및 지식이 회사 경계선 밖으로 유출되기도 하고 내부로 유입되기도 한다. 열린 혁신 모델에서는 유연한 회사 경계선을 통해 닫힌 혁신 모델 때보다 더 많은 기회를 잡을 수 있게 되었다.

열린 혁신 모델에서 아이디어 및 지식의 유입 및 유출을 어떻게 하는지 좀 더 자세히 살펴보기로 하자. 회사가 외부로부터 아이디어 및 지식을 구하여 자신의 비즈니스 모델에 적용하는 것을 밖으로 열린 혁신(outside-in OI)이라고 하며, 그 예로 외부 특허를 구매(라이선싱 인)하는 것이다. 반면 회사가 자신의 아이디어 및 지식을 외부에서 활용할 수 있도록 의도적으로 방출하는 것을 안으로 열린 혁신(inside-in OI)이라고 하며, 대표적인 예로 내부 특허를 판매(라이선싱 아웃)하는 것이다. 또한 가치 생산이 가능한 아이디어 및 지식의 풀(pool)을 만들어 필요에 따라 위의 두 가지 방식을 함께 활용하는 결합형 열린 혁신(coupled OI)이 있으며, 예로는 두 기업이 각자 가진 특허를 서로 교환하여 새로운 제품 및 서비스를 개발하는 것이다. 이 세 가지 방식은 외부 파트너가 하나 또는 여럿인지, 기업인지 개인인지에 따라, 또는 기업의 비즈니스 모델의 변화 가능성 여부에 따라 여러 형태가 있을 수 있는데 〈표 2-2〉는 그것을 정리해 놓은 것이다.

표 2-2 열린 혁신의 세 가지 방식

외부 파트너 / OI방식	기업(하나)	기업(여럿)/비즈니스 모델 변화 ×	기업(다수)/비즈니스 모델 변화 ○	일반인 (다수)
밖으로 열린 OI	배타적 사용을 위해 다른 기업으로부터 IP를 구매(예: 특허 라이선싱 인)	제품 개발을 위해 여러 기업으로부터 IP를 구매(예: MS의 Xbox)	새로운 비즈니스 개발을 위해 다수 기업으로부터 IP를 구매(예: Apple의 iPod와 iTunes 스토어)	일반인들의 아이디어를 초청(예: 크라우드소싱)
안으로 열린 OI	내부적으로 필요 없는 IP를 다른 기업에 판매(예: 배타적인 특허 라이선싱 아웃, 기업 인큐베이터)	자사 제품의 활용도를 높이기 위해 여러 기업에 IP를 이전(예: CD플레이어 제조업체들에게 비 배타적으로 CD 특허를 라이선싱 아웃)	새로운 비즈니스 개발을 위해 자사 IP를 다수 기업이 이용할 수 있도록 함(예: IBM 과 Linux)	알려진 예제가 없음
결합형 OI	자사 제품 및 서비스를 위해서 두 기업의 IP를 서로 주고받음(예: 소니와 필립스가 CD를 개발)	자사 제품을 위한 새로운 기회를 모색하기 위해 여러 기업이 협력(예: 게임 콘솔 제조업체와 게임 콘텐츠 업체의 협력)	특정 기업이 소유하는 것이 아니라 참여한 모든 기업에 가치가 돌아가는 혁신을 끌어내기 위한 협력(예: 오픈소스 소프트웨어)	제품 개선을 위해 일반인들과 협력(예: 레고의 마인드스톰)

자료: Vamjaverbeke, W. and Chesbrough, H.(2014). "A classification of open innovation and open business models," in edited by Chesbrough, H., Wim Vanhaverbeke, W., and West, J., *New Frontier In Open Innovation* pp. 50~70, Oxford University Press.

미니 사례

마이크로소프트: Xbox를 위한 밖으로 열린 OI

마이크로소프트(MS)는 1999년 초부터 Xbox 게임 콘솔 사업을 시작했다. 이는 TV가 데이터 처리 및 통신 능력을 갖게 되면서 PC를 대체하고 MS의 주력상품인 윈도우 OS도 사라지게 할 거라는 위협에 대한 대응이었다. 빌게이츠는 MS는 방구석에 자리 잡고 있는 PC도 중요하지만 거실에서 게임하는 Xbox 둘 다 필요하다고 했다. 이 프로젝트는 빌게이츠와 그의 팀에서 나온 하향식(top-down) 의견과 회사 내부 게임마니아 직원들로부터 나온 상향식(bottom-up) 의견의 결합이었다.

그러나 MS는 게임 콘솔을 만들기 위한 핵심 요소인 오디오 및 그래픽 칩을 설계할 능력이 없었다. 게다가 전자기기를 설계 및 제조한 경험도 일천했다. 따라서 게임부서는 수익성이 있다 해도 직접 공급할 수 있는 것이 별로 없었다. 매우 경쟁적이고 다른 지배기업이 있는 이 시장에 MS가 성공적으로 진입하기 위해서는 많은 공급업체와 연합을 구성해야만 했다. 또한 선택된 공급 파트너는 제품 성능을 빠르게 높이고 가격을 공격적으로 낮출 수 있어야만 했다. 소니가 먼저 이와 같은 방식을 보여주었는데, 지난 5년간 공급된 부품을 결합시키고 디자인을 단순화시킴으로써 450달러였던 가격

미니 사례

마이크로소프트: Xbox를 위한 밖으로 열린 이 <계속>

을 80달러까지 낮추었다. 그리고 플레이스테이션 2(PlayStation 2)가 출시되었을 때 그래픽 속도는 이전 버전보다 600배 향상되었다.

MS가 유일하게 기술적으로 유리한 패가 있었는데 그것은 DirectX라고 부르는 소프트웨어였다. PC는 프로세서 속도, 메모리 크기, 주변기기에 따라 매우 다양한데, DirectX는 소프트웨어와 하드웨어 스펙과 상관없이 둘 사이의 인터페이스를 책임져준다. 그리고 DirectX는 어떤 형태의 믹스든 걱정 없이 컴퓨터가 확보한 모든 부가 장치(add-on gear)를 게임개발자가 사용할 수 있도록 해준다. 따라서 게임개발자들은 새로운 버전의 게임기기가 출시되어도 그 게임기기에 대한 프로그래밍 기술을 따로 배울 필요가 없다.

MS팀은 모든 주요 PC 공급업체에 일일이 찾아가서 프로젝트에 파트너로 참가해줄 것을 제안했다. 전통적으로 게임 콘솔 기기는 적자였고 대부분의 돈은 게임 콘텐츠에서 얻기 때문에 어느 누구도 그 사업이 매력적이라고 생각하지 않았다. 그래서 MS는 기기에 대해 모든 책임을 지기로 하고, 다만, 생산은 기존 하도급업체인 싱가포르의 플렉스트로닉스(Flextronics)에 맡겼다. 이 프로젝트 성공의 핵심은 MS 내·외부의 게임 설계자의 지원이었다. 생생한 그래픽칩 제조업체인 엔비디아(Nvidia)의 선택조차도 게임 설계자의 선호도에 의해 영향을 받았다.

Xbox 출시 시기는 원래 2000년 말로 잡혔으나, 그때까지 신규진입자로서 시장에 파급력을 줄 수 있을 정도의 성능을 만들어내지 못해서 할 수 없이 엔비디아가 새로운 그래픽 칩과 더 큰 저장용량을 제공할 수 있을 때까지 연기했다.

MS는 비즈니스 및 디자인 구상, 자금 조달, 스타일링, 핵심 소프트웨어만 제공했다. 모든 핵심 부품과 생산은 하도급에 맡겼다. MS는 게임 콘솔 기기는 상당한 손실을 보고 판매했고, 실제 수입은 자사의 게임 콘텐츠와 제3자들이 만든 게임으로부터 받는 7달러의 라이선스 금액에서 얻었다. 이 사업은 모든 것이 잘 진행된다 하더라도 9억 달러의 손실을 볼 것으로 예측되었다.

마침내 Xbox는 2001년 11월에 출시되었고 18개월 후 소니의 플레이스테이션 2가, 6개월 후 닌텐도의 게임큐브(GameCube)가 출시되었다. Xbox는 즉각적인 성공을 거두었고 2004년 중반까지 1천4백만 대가 팔렸다. 결국, MS는 게임 콘솔 시장에서 만만찮은 존재가 되었으며, 이는 오늘날까지 이어졌다. 2003년 Xbox 360이 출시되었고, 소니와 닌텐도와 시장에서 'Top3' 자리를 놓고 겨루고 있다. 2014년 기준 연간 소니는 1천8백만 대, 닌텐도는 1천6백만 대, MS는 1천1백만 대를 판매하고 있다.

자료: Takahashi, D.(2002). *Opening the Xbox: Inside Microsoft's Plan to Unleash an Entertainment Revolution*, Roseville, CA, Prima Publishing.

3장

혁신의 원천

도입 스토리 사용자가 혁신의 주체가 되다

상품의 사용자인 우리는 기존 상품의 문제점을 발견하거나 새로운 상품이 나오길 바랄 때 '누군가'가 이것을 해줘야 한다고 생각한다. 그리고 그 '누군가'는 사용자인 우리가 아니라 생산자의 역할이라고 생각해 왔다. 그러나 이제 기업 사용자(자사 상품 생산을 위해 필요한 장비 및 부품을 구매·사용하는 기업)와 개인 사용자 모두 여러 분야에서 빈번하게 제품을 개발하거나 수정하는 현상이 일고 있다. 또한 사용자 혁신의 중요성을 보여주는 실증 결과도 나타나고 있다. 에릭 폰

<표> 사용자 혁신에 관한 연구 결과

구분	조사된 사용자의 종류와 수	사용자 혁신률	선행연구 출처
산업재			
인쇄회로 CAD S/W	PC-CAD회의 참여한 사용자 기업의 136명의 참석자	24.3%	Urban and von Hippel (1988)
배관장비	74개 배관 장비 업체의 직원들	36%	Herstatt and von Hippel (1992)
도서관 정보 시스템	OPAC 정보시스템을 사용하는 102개 호주 도서관의 직원들	26%	Morrison et al. (2000)
외과 수술 장비	독일의 대학병원에서 근무하는 261명의 외과 수술의	22%	Lüthje (2003)
아파치 OS서버 보안관련 S/W	131명의 고급 아파치 사용자(웹마스터들)	19.1%	Franke and von Hippel (2003)
소비재			
아웃도어제품	153명의 아웃도어 제품 우편 판매 상품 안내서 수령자	9.8%	Lüthje (2004)
극한스포츠 관련 장비	197명의 네 가지 서로 다른 극한 스포츠(extreme sports) 클럽의 멤버	37.8%	Franke and Shah (2003)
산악자전거 장비	특정 지역의 291명의 산악자전거인	19.2%	Lüthje et al. (2002)

히펠(Eric von Hippel)은 그의 저서 「혁신의 민주화(Democratizing Innovation)」에서 사용자 혁신에 관한 선행연구를 검토하여 얼마나 자주 그리고 다양한 분야에서 사용자 혁신이 이루어지고 있는지를 보여 주었다(표 참고).

앞의 <표>에서 보듯이 기업 사용자 또는 개인 사용자들이 자신의 사용을 위해 스스로 제품을 개발하거나 수정하는 빈도(사용자 혁신율)가 약 10~40%에 이른다. 그리고 산업재로부터 소비재에 이르기까지 다양한 분야에서 사용자 혁신이 나타나고 있으며, 산업재는 혁신의 주체가 주로 기업 사용자이고 소비재는 개인 소비자였다.

자료: von Hippel, E.(2005). *Democratizing Innovation*, MIT Press.

우리는 이 장에서 혁신을 만들어내는 다양한 주체에 대해 살펴볼 것이다. 혁신의 주체는 개인일 수도 조직일 수도 있다. 개인의 경우는 혼자 활동하는 발명가나 사용하는 상품의 문제를 스스로 개선하려는 사용자들이 있다. 조직의 경우는 연구 활동을 하는 기업, 대학, 정부, 민간 비영리 단체 등이 있다. 이들 중에서 혁신의 핵심 주체는 기업이라 할 수 있는데, 기업은 혁신하기에 어떤 개인이나 조직보다 적합하다. 왜냐하면 기업은 개인보다 상대적으로 자원이 풍부한데다 특정한 목적을 향해 자원을 결집시킬 수 있는 경영시스템까지 갖추고 있기 때문이다. 또한 기업은 다른 어떤 혁신 주체보다 차별화된 신제품 및 신서비스를 개발해야 할 인센티브가 크기 때문이다. 1장에서 보았듯이 혁신을 하지 않으면 기업은 생존에 위협을 느끼게 되며, 혁신 특히, 파괴적 혁신(disruptive innovation)에 성공했을 때 얻게 되는 보상은 상상을 초월한다.

기업이 가장 중요한 혁신의 원천이라고 할 수 있지만, 혁신은 언제나 오직 한 주체를 통해 이루어지는 것은 아니다. 여러 혁신 주체로부터 발생한 지식과 자원을 활용할 수 있는 네트워크를 형성하는 것이 기술 진보의 가장 강력한 수단이 된다. 따라서 이 장에서는 개인 및 여러 유형의 조직이 개별적으로 혁신을 창출하는 내용도 살펴보겠지만 여러 주체의 협력을 통해 혁신을 창출하는 내용도 간략하게 언급하고자 한다(혁신을 위한 협력 전략은 8장에서 자세히 다룰 것이다). 이 모든 것에 앞서, 혁신의 출발인 새로운 아이디어의 창출이라는 활동의 근원이 되는 창조성(creativity)에 대해 먼저 설명하고자 한다.

3-1 창조성

새롭고 유용한 아이디어를 만들어내는 능력을 우리는 창조성(creativity)이라고 하는데, 이를 정의하면 '새롭고 유용한 작품을 생산하는 능력'이다. 창조성을 측정할 때 중요하게 고려되는 점이 '새로움(novelty)의 정도'라 할 수 있는데, 새로움의 정도는 이전 제품과의 차이와 사용자의 과거 경험과의 차이 정도에 의해 결정된다.[1] 예를 들면 제품을 만든 사람한테는 그 제품이 새로울 수 있지만 다수의 다른 사람한테는 새롭지 않을 수 있는데, 이런 경우를 재발명(reinvention)이라고 한다. 또한 어떤 제품은 특정 나라의 사용자에게는 새롭지만 다른 나라 사용자에게는 새롭지 않을 수 있다. 따라서 가장 창조적인 제품은 제조업체에게도, 그 지역의 사용자에게도, 다른 지역의 사용자에게도 새로워야만 한다.

창조성은 개인 창조성(individual creativity)과 조직 창조성(organizational creativity) 이렇게 두 가지 유형이 존재한다. 개인 창조성은 개인이 가진 지적 역량, 지식, 사고방식, 성격, 동기부여, 환경에 영향을 받는다.[2] 창조적 사고를 위해 가장 중요한 지적 역량은 독특한 방식으로 문제를 바라보는 능력, 추구해야 할 아이디어와 그렇지 않은 아이디어를 구분하는 분석능력, 자신의 아이디어를 다른 사람에게 명확히 설명하고 가치 있는 아이디어임을 설득시킬 수 있는 능력이다. 창조성에 대한 지식의 효과는 양날의 검과 같다. 지식이 너무 일천하면 창조를 할 수 없고, 지식이 너무 많으면 기존 논리와 패러다임에 매몰되어서 새로운 해결책을 만들어내지 못한다. 따라서 중간 수준의 지식을 가진 사람이 많은 지식을 가진 사람보다 더 창조적일 수 있다.[3] 가장 창조적인 사람은 새로운 방식으로 사고하는 것을 선호한다. 또한 창조적인 사람의 성격은 자신의 능력에 확신을 갖는 자기 효능감(self-efficacy), 모호함에 대한 관용, 장애를 기꺼이 극복하려는 의지, 합리적 위험을 수용하는 능력이 높다.[4] 그리고 내재적 동기(intrinsic motivation)가 창조성을 높

---

1 Boden, M. (1992). *The Creative Mind: Myths and Mechanisms*, New York, Basic Books.

2 Sternberg, R. and Lubart, T. (1999). "The concept of creativity: Prospects and Paradigms," in edited by Sternberg, R., *Handbook of Creativity*, pp. 3-16, Cambridge University Press.

3 Frensch, P. and Sternberg, R. (1989). "Expertise and intelligent thinking: When is it worse to know better?" in edited by Sternberg, R. *Advanced in the Psychology of Human Intelligence*, pp.157-158, Erlbaum.

4 Lubart, T. (1994). *Product-Centered Self-Evaluation and The Creative Process*, Doctoral Dissertation, Yale University Press.

이는 작용을 한다.[5] 즉 진짜로 좋아하는 일을 즐길 때 좀 더 창조적이라는 것이다. 마지막으로 개인의 창조성을 충분히 활용하기 위해서는 창조적 아이디어에 대한 충분한 지원과 보상이 제공되는 업무 환경이 조성되어야 한다.

조직 창조성은 조직 내에 있는 개인 창조성 정도와 개인들이 상호작용 및 행동 방식을 형성하는 조직 내 사회화 과정에 따라 달라진다.[6] 그리고 조직 창조성의 총합은 그 조직에 속한 개인의 창조성을 단순 합산한 것이 아니라 조직의 구조, 관례, 제도 등에 따라 개인 창조성의 단순 합보다 클 수도 적을 수도 있다. 연구 결과 조직 창조성을 육성하기 위해서는 창조성의 장애물을 피하는 것이 최선이라고 하는데, 이와 관련해서 오랫동안 연구를 수행한 테레사 애머빌(Teresa Amabile)은 창조성 장애물을 피하는 방법을 아래와 같이 제시하고 있다.

1. 도전하기에 적합한 사람들끼리 팀을 구성해주어야 한다. 그러나 현실에서는 프로젝트에 어울리지 않는 사람들이 배치되거나 다양성을 충분히 갖지 못할 때가 많다.
2. 팀이 부여받은 도전을 해결하기에 충분한 자율성과 수단을 주어야 한다. 그러나 도전을 스스로 선택하는 자유는 제외된다.
3. 모호하거나 잘못 정의된 문제가 팀 토론의 출발점이 되어야 한다. 이 같은 문제는 자주 성공한 혁신의 출발점이 되었다.
4. 프로젝트 전략은 반드시 구성원과 함께 토의를 통해 개발되어야 한다. 왜냐하면 그렇게 함으로써 구성원들은 자신이 수용한 것과 자신이 설정한 방향에 자신감을 가질 수 있기 때문이다.
5. 프로젝트팀에 가용한 자원(시간, 공간, 자금)을 충분히 주도록 한다. 물론 어느 정도의 시간 압박은 긍정적일 수 있지만 경영진이 정한 비현실적 일정은 불신을 낳고 팀원들의 번아웃(burnout) 증상을 일으켜 조직창조성이 급격히 저하될 수 있다.
6. 다양한 배경과 기술을 가진 구성원들로 팀을 구축하고(알리안츠의 미니사례를 통해 그 중요성을 잘 알 수 있음), 목표 성취를 통해 얻게 되는 흥분 또는 신명남을 팀원 모두 공유하고, 모든 팀원의 공헌이 인정될 수 있는 분위기를 조성해야 한다.
7. 관리·격려는 시기적절하고 적합한 방식으로 이루어져야 한다. 예를 들어 경영진이

---

5 Amabile, T. (1983). *The Social Psychology of Creativity*, Springer-Verlag.

6 Woodman, R., Sawyer, J. and Griffin, R. (1993). "Toward a theory of organizational creativity," *Academy of Management Review*, 18: 293-321.

팀 제안서에 응답하는 데 너무 오래 걸린다면 팀 동기부여에 부정적인 영향을 줄 것이다.

8. 조직 내 다른 부서의 지지를 보장해야 한다. 특히 시간의 압박 속에서 일하는 혁신 팀은 더욱 그렇다. 마찬가지로 프로젝트 팀은 조직 내부 정치에서도 자유로워야 한다.

미니 사례

알리안츠의 팀 다양성을 통한 성공적인 상품 개발

알리안츠(Allianz)는 독일에서 가장 큰 보험회사이다. 구트버렛(Gutberlet) 박사는 프라이빗 고객을 책임지고 있는 알리안츠 이사회 구성원이며 동시에 몬디알(Modial) 이사회의 회원이기도 하다. 몬디알은 보험회사에 제기된 불평을 해결해주는 콜센터를 운영하고 있는 B2B서비스 제공업체이다. 양쪽 회사의 이사회 구성원인 구트버렛 박사는 보험회사의 시각에 몬디알의 서비스 철학을 합친 아이디어를 냈으며, 이 아이디어는 독일 시장에 폭풍을 몰고 온 혁신적 신상품이 되었고 캐피탈 매거진(Capital Magazine)이라는 잡지로부터 혁신 상까지 받게 되었다.

이 신제품의 공식적 이름은 '알리안츠의 주택 및 가정 응급 보험'으로 자동차 고장 서비스와 거의 유사한 개념이다. 기존의 주택보험은 수도관이 터지는 문제가 발생되면 이를 해결하는 데 드는 비용만 지불해준다. 수도관을 고칠 사람을 구하는 일은 여전히 소비자에게 남겨진다는 문제가 있었다. 알리안츠의 신제품은 수리비용을 제공할 뿐만 아니라 한 달에 약 5유로를 추가로 납입하면 몬디알 핫라인을 이용해서 자격을 갖춘 기술자를 구해 빠른 수리가 이루어질 수 있도록 해준다.

몬디알의 이사회 구성원인 스테믹(Stemig)은 알리안츠 신제품 개발 프로젝트 관리자로 임명되었다. 프로젝트 팀은 알리안츠와 몬디알 회사뿐만 아니라 용역관리 회사인 아게미스(Agemis)의 직원들로 구성된 교차기능팀(cross-functional team)을 형성했다. 2003년 7월 첫 미팅이 있었고 2004년 4월에 신제품이 최초로 소개되었다. 8개월 만에 출시되었음에도 불구하고 알리안츠와 몬디알 사이에서 이루어진 브레인스토밍(brainstorming)에서 나온 최초의 아이디어를 시험하고 개선하기 위해 엄청난 양의 시장조사가 이루어졌다. 400개 이상의 인터뷰 결과와 포커스 그룹을 통해 핵심제품 특성이 정의되었는데, 최종제품은 난방고장, 배관고장, 말벌 집 제거, 긴급 보모, 긴급 애완동물 돌봄이, 여권 같은 중요 서류 복사 저장 서비스가 포함되었다. 양 기업의 네트워크와 여러 부서를 대표하는 직원들이 포함된 교차기능팀 덕택에 신제품 개발 기간 동안 예상치 못한 수많은 문제를 빠르게 해결할 수 있었다.

알리안츠는 이 신제품의 첫해 판매 목표를 2만 5천에 두었는데 실제 두 배 이상 넘게 팔렸고 그 덕택에 알리안츠는 보수적인 보험시장에서 혁신적인 기업으로 명성을 구축할 수 있었다.

자료: Goffin, K. and Mitchell, R.(2017). *Innovation Management: Effective Strategy and Implementation*, 3rd edition, p.162, London, UK, Palgrave.

위에서 언급한 것 외에도 창조성을 방해하는 요인으로, 너무 강한 기업 문화(추종적 cults),[7] 획일화 압력 또는 선민의식(elitism), 권위주의적 리더십을 통한 집단사고의 강화[8] 등이 있다.

3-2 발명가

여러분은 '발명가(inventor)'하면 어떤 이미지가 떠오르는가? 유별나고, 고집스럽고, 때로는 기괴스럽기까지 한 이미지가 떠오를 것이다. 그렇다면 궁금해진다. 보통 사람들보다 창조적인 것을 만들어내는 데 더 뛰어난 발명가는 공통적인 특성이 있는 것일까? 과거 10년 동안 성공한 발명가들의 살펴본 결과 다음과 같은 특성을 가지고 있음을 알게 되었다.

1. 발명가들은 자신의 발명 분야에서 기본적인 툴(tools)과 작용방식(operations)에 대해서 완벽하게 알고 있는 것은 기본이고, 둘 또는 세 개의 다른 분야에 동시에 관심을 가짐으로써, 하나의 현상에 대해 서로 다른 관점을 부여할 수 있는 능력이 있다.
2. 발명가들은 일단 호기심이 많고 해결책보다는 문제에 관심이 더 많다.
3. 발명가들은 선행 연구에서 이루어진 가정(assumptions)에 항상 의문을 품는다.
4. 발명가들은 모든 지식을 하나로 통합시키는 데 매우 능통하며, 지엽적(local)인 해결책을 찾기보다는 포괄적(global) 해결책을 더 추구한다. 그래서 그들은 타고난 박학다식한 사람들(generalists)이다.

다른 학자들은 발명가가 되기 위해서는 위와 같은 성격을 타고날 필요는 없다고 주장한다. 즉 발명가는 타고난 것이 아니라 만들어지는 것이라는 것이다. 발명가가 타고난 것이든 노력에 의한 것이든 이에 대한 논쟁보다는 1장에서 말했듯이 발명과 혁신은 다르다는 것이 더 중요하다. 그렇기 때문에 발명가(inventor)와 혁신가(innovator) 역시 다르다. 많

---

7 Nemeth, C. (1997). "Managing innovation: When less is more," *California Management Review*, 40(1): 59-74.

8 Heyes, N. (2002). *Managing Teams: A Strategy for Success*, London, Thompson Learning.

은 발명가가 평생을 바쳐 여러 발명품을 소개했지만, 다수는 자신의 발명품에 대해 특허를 내거나 상업화하는 것에 관심도 없고, 상업화를 할 수 있는 기업가적(entrepreneurial) 특성을 동시에 갖는 경우도 드물다. 알렉산더 그래함 벨(Alexander Graham Bell), 토마스 에디슨(Thomas Edison), 앨버트 아인스타인(Albert Einstein), 벤자민 프랭클린(Benjamin Franklin)은 발명가적 특성과 기업가적 특성을 모두 가졌기 때문에 그들은 발명가이면서 혁신가라 할 수 있다.[9] 그러나 그들이 발명가로써 그친다 하더라도 혁신의 첫 단추인 창조적인 아이디어를 발생시키는 데 주요 공헌을 한 사람이기 때문에 혁신의 주요 원천이 되는 것이다.

3-3 사용자

혁신은 종종 사용자(users)가 충족되지 않은 자신의 니즈(needs)를 해결함으로써 발생하기도 한다. 왜냐하면 사용자는 제조업체보다 무엇이 불편하고 충족되지 않는지에 대해 훨씬 많이 이해하고 있고, 그것들을 충족시키기 위한 방안을 찾는 데 더 적극적일 수 있기 때문이다.

사용자로부터 혁신적인 제품이 나온 두 가지 예를 들어 보기로 하자. 여러분은 픽업트럭(pick up truck)에 대해 잘 알 것이다. 이 트럭은 자동차 도시인 디트로이트(Detroit)에서 시작된 것이 아니다. 자동차에 대해서는 전혀 모르는 농장 및 주택농가에서 그들의 편의성을 위해 탄생한 것이다. 그들은 그 당시 보편적으로 사용했던 가족용 세단에서 뒷좌석과 지붕을 떼어 뒤에 짐을 실을 수 있는 공간을 만들고 뒷좌석 공간과 앞좌석 간에 새로운 철판 조각들을 덧댄 시제품을 만듦으로써 픽업트럭의 초기 모델을 완성하였다. 나중에 이것을 본 자동차 회사가 그 아이디어를 취해 현재의 픽업트럭을 탄생시킨 것이다. 만약 사용자인 농부들이 자신의 편의성을 위해 가족용 세단의 개조과정이 없었다면 픽업트럭은 세상에 나오는 데 좀 더 많은 시간이 필요했을 것이다.

또 다른 예는 오스토미백(ostomy bag)이다. 이것은 의료장치의 하나로써 정상적으로 배변이나 소변을 볼 수 없는 환자들의 피부에 접착제를 사용하여 붙여 놓고 배변 및 소변을 받아내는 일종의 주머니이다. 그러나 이것은 의료기기 및 장치 제조회사에서 고안해

---

[9] Khan, B. and Sokoloff, K. (1993). "Schemes of practical utility: Entrepreneurship and Innovation among 'Great Inventors' in the United States, 1790-1865," *Journal of Economic History*, 53(2): 289-307.

낸 것이 아니라 덴마크의 엘리스 소렌센(Elise Sorensen)이라는 간호사가 위암 환자였던 여동생을 위해 스스로 만들어낸 것이다. 그녀가 만들어낸 배변 주머니로 인해 여동생이 집 안에만 갇혀있지 않아도 되는 것을 보고 플라스틱 제조업체에 찾아가서 자신의 아이디어를 상품화시킬 것을 제안했으나, 아무도 관심을 보이지 않았다. 다만 간호사를 부인으로 두었던 한센(Aage Louis-Hansen)이 부인의 설득을 통해 세계 최초로 1회용 오스토미백을 1955년에 생산하였고, 2년이 지난 1957년 기대했던 것 이상으로 날개 돋친 듯이 팔리게 되자, 특허를 낸 후 지금의 콜로플라스트(Coloplast)가 설립되었다. 2019년 기준 콜로플라스트에는 약 1만 2천 명의 종업원이 일하고 있으며, 65개국에서 영업을 하는 글로벌 기업이 되었다.

평생 사용자 혁신을 연구한 에릭 폰 히펠(Eric von Hippel)에 따르면 위 두 사례에서처럼 사용자에 의해 개발되거나 수정된 상품 또는 상업적으로 가장 가치 있는 상품은 '선도 사용자(lead user)'의 특성을 가진 사용자에 의해 만들어졌다. 즉 자신의 자동차에서 과감히 뒷좌석을 떼어내고 앞좌석과 뒷좌석 사이에 철판을 댄 최초의 농부와 위암 환자인 동생을 둔 간호사 엘리스 소렌센은 선도 사용자의 특성을 가진 사용자였던 것이다. 선도 사용자는 일반 사용자와 확연히 다른 다음 두 가지 특성이 있다.[10]

1. 선도 사용자는 중요한 시장 트렌드에서 선두적인 위치에 있으며, 그 결과 선도 사용자의 현재 니즈는 시간이 지나면 다수 사용자의 니즈가 된다.
2. 선도 사용자는 자신의 니즈를 해소시키는 해결책을 통해 상대적으로 높은 수준의 효용을 얻는다고 예상하기 때문에 혁신에 참여한다. 즉 많은 투자를 한다.

따라서 기업은 사용자의 미래 니즈를 파악하기 위해 선도 사용자를 적극적으로 활용하기도 하는데, 선도 사용자의 니즈에만 집중하는 것은 실패할 수 있으니 조심할 필요가 있다. 왜냐하면 위에서 언급했듯이 선도 사용자의 현재 니즈는 기업의 주류 시장에서는 당장 받아들여지기 어려운 극단적 니즈일 수 있고 선도 사용자의 니즈가 언제 주류 시장의 니즈로 바뀔지는 예상하기가 쉽지 않기 때문이다.

폰 히펠은 혁신의 한 원천으로서의 선도 사용자의 역할에 중점을 두어 연구했으나 창업가로서의 사용자 역할은 간과한 면이 있었다. 즉 대다수의 선도 사용자는 자신의 필요를 해결하는 것에서 만족을 느끼지 생산자가 되어서 경제적 이익을 추구하겠다는 동기는

---

10 von Hippel, E. (2005). *Democratizing Innovation*, MIT Press.

약하다는 것이었다. 그러나 최근 사용자는 혁신의 원천으로서만이 아니라 창업가로서의 역할도 증가하고 있음을 보여주고 있다('더 들어가기' 참고).

더 들어가기

사용자 창업의 증대

사용자 창업(user entrepreneurship)이란 개인 또는 개인집단이 자신이 사용할 목적으로 혁신적인 제품 및 서비스를 만들고 나중에 그 상품을 상업화하기 위해 회사를 설립하는 것을 의미한다. 사용자 창업은 기업을 창업한 사용자의 유형에 따라 세 가지로 분류된다. 첫째, 전문 사용자 창업(professional user entrepreneurship)은 창업가가 이전 직장 또는 사업장에서 사용할 목적으로 만든 혁신을 기반으로 창업한 경우이다. 둘째, 최종 사용자 창업(end user entrepreneurship)은 창업가가 개인적 용도로 활용할 목적으로 만든 혁신을 기반으로 창업한 경우이다. 마지막으로, 전문 사용자와 최종 사용자의 혼합형 창업(hybrid professional/end user entrepreneurship)은 앞의 두 가지 유형의 사용자 특성을 모두 갖는 것이다. 예를 들면 엘리스 소렌센과 같이 직장에서도 집에서도 환자를 돌보아야 하는 상황에서는 전문 사용자인 동시에 최종 사용자로서 혼합형 창업이라 할 수 있다.

카프만 기업 서베이(Kauffman Firm Survey, KFS)는 2004년에 창업한 4,928개 미국 기업을 추적하여 매년 설문조사를 하는데, 이 중 2004년부터 2009년까지 생존한 기업(2,408개)만을 대상으로 조사한 결과 사용자 창업이 상당 부분을 차지하고 있었다. 즉 총 스타트업(2,408개) 중에서 11.9%(286개)가 사용자에 의해 창업되었고, 첫해부터 R&D를 수행한 스타트업(혁신 기업)은 전체 중 22.5%(542개)를 차지하는데, 그중 5분의 1에 해당하는 22.3%(121개)는 사용자 창업으로 상당수의 사용자 창업이 혁신성도 높음을 알 수 있었다. 사용자 창업 유형별 분포는 아래 <표>와 같은데, 전문 사용자 창업의 비중이 다른 유형에 비해 높음을 알 수 있다.

<표> 미국 사용자 창업 유형별 분포

구분	전문 사용자 창업	최종 사용자 창업	혼합형 사용자 창업	첫해 R&D를 수행한 기업*	전체 표본
기업 수	142개	91개	53개	542개(121개)	2,408개
전체 표본 대비 %	5.9%	3.8%	2.2%	22.5%(5%)	100%

*( ) 안의 숫자는 첫해 R&D를 수행한 총사용자 창업 수와 전체 표본 대비 %

자료: Shah, S., Smith, S., Reedy, E.(2012). "Who are user entrepreneurs? Findings on innovation, founder characteristics, and firm characteristics(The Kauffman Firm Survey)", available at SSRN: https://ssrn.com/abstract=2018517 or http://dx.doi.org/10.2139/ssrn.2018517

3-4 기업

현대 기업들의 생존과 성장을 위해서는 지속적으로 새롭고 차별화된 제품 및 서비스를 소개해야 하며, 그러기 위해서는 혁신이 필수적이다. 왜 그래야 하는지에 대해서는 1장 1-1절 '혁신의 중요성'을 다시 살펴보기 바란다. 기업에서 가장 확실한 혁신의 원천은 연구개발이다. 그렇다면 기업의 연구개발 활동의 유형과 그 범위는 어떻게 될까? 연구개발이라는 단어는 연구(research)와 개발(development)이라는 두 단어의 조합으로 구성되어 있다. 첫 번째 단어인 연구는 기초연구(basic research)와 응용연구(applied research)로 구분된다. 기초연구는 즉각적으로 상업화를 시키겠다는 생각이나 의지 없이 특정 분야의 이해를 증진시킬 목적으로 행해진다. 따라서 기초연구는 과학 지식을 발전시키는데 의미가 있으며, 그 과학지식은 상업화될 수도, 되지 않을 수도 있고, 상업화가 되더라도 오랜 시간이 걸린다. 반면 응용연구는 구체적인 니즈를 충족시키는 특정 주제의 이해 증진을 목적으로 한다. 그래서 응용연구는 전형적으로 상업화하겠다는 목적이 분명하다. 두 번째 단어인 개발은 연구를 통해 축적된 지식(knowledge)을 유용한 장치(devices), 물질(materials), 공정(processes)에 적용하는 것을 말한다. 따라서 연구개발의 범위는 초기의 탐색(exploration) 활동부터 상업화의 구체적 실행까지를 모두 포함한다.[11]

2장에서 살펴보았듯이 개방형 혁신의 등장으로 기업은 조직 내 연구개발(in-house R&D)에 그치는 것이 아니라 아래와 같이 다양한 원천으로부터 혁신을 위한 정보 및 아이디어를 흡수하고 그들과 연계 및 협력하고 있다.

1. 기초연구를 비롯한 조직 내 연구개발
2. 소비자 또는 잠재적 사용자와의 연계
3. 경쟁자, 보완자, 공급자를 포함한 기업 외부 네트워크와의 연계
4. 대학 및 정부 출연 연구소와 같은 과학기술의 외부 원천과의 연계

소비자와의 연계를 통해 소비자의 불만을 줄이고 더불어 기상천외한 신제품을 출시하여 성공한 사례가 있어 소개하고자 한다. 사례 대상은 중국 기업인 하이얼(Haier)이다.

---

[11] Schilling, M. (2017). *Strategic Management of Technological Innovation*, 5th edition, p.26, New York, McGraw-Hill.

중국 시골마을에서는 걸핏하면 세탁기가 고장 나고 고쳐도 금세 또 고장 나서 농부들은 "무슨 제품을 이따위로 만드냐"면서 세탁기 제조회사에 대한 불만이 많았다. 그런데 이유를 살펴보니 농부들이 세탁기에 빨래만 하는 것이 아니라 감자를 넣고 세탁을 한 탓에 야채 찌꺼기가 제대로 빠져나오지 못해 고장을 발생시켰던 것이다. 대부분의 가전회사 수리기사는 농부들에게 "세탁기는 빨래를 하는 것이지 채소를 씻는 것이 아니다"라고 당부만 하고 "무식한 농부들"이라고 치부했다. 하지만 하이얼은 달랐다. 농부들의 태도는 여전할 테니, 그들의 상황에 맞추어 세탁기를 생산하라는 지시가 떨어졌다. 그래서 배수관을 넓히고 필터의 구멍을 크게 만들어 야채도 씻을 수 있는 세탁기를 만들었다. 게다가 중국 감자 생산 농가가 약 1억 명에 달한다는 사실을 파악하고, 1998년 감자 전용 세탁기를 출시하여 큰 성공을 거두게 되었다.[12]

기업은 소비자, 공급자, 보완자, 심지어 경쟁자와도 제휴를 형성하여 혁신 프로젝트를 같이 수행하거나 혁신을 위해 정보 및 자원을 교환하기도 한다. 이 같은 활동을 혁신을 위한 협력 전략으로 총칭할 수 있는데, 이는 제휴, 공동연구, 라이선싱 계약, 연구개발 용역계약, 조인트벤처 등 다양한 형태로 이루어진다. 기업을 중심으로 한 혁신을 위한 협력 전략에 대해서는 8장에서 자세히 다룰 것이다. 여기서는 다소 생소한 용어인 보완자(complementors)에 대해 설명하고 관련 사례를 소개하고자 한다.

보완자란 DVD 플레이어 장치를 위한 DVD 영화 콘텐츠 또는 음악스트리밍 서비스를 위한 음악 콘텐츠와 같은 보완재를 생산하는 조직 및 개인집단을 의미한다. 어떤 경우에는 특정 제품군에서 기업이 서로 격렬한 경쟁자가 되지만, 때로는 그 제품군 또는 보완제품군에서 협력 개발을 하기도 한다. 이 예로 마이크로소프트(MS)사는 비디오게임 제품군에서 락스타 게임즈(Rockstar Games)의 경쟁자이지만, Xbox 기기를 위한 게임 콘텐츠로 라이선싱 계약을 통해 락스타 게임즈로부터 많은 게임을 공급받고 있다. 이 경우 락스타 게임즈는 MS에게 경쟁자인 동시에 보완자가 되는 것이다.

이 같은 상황은 기업 간 관계를 더욱 복잡하게 만들었고, 보완자가 강력한 경쟁자로 나서기 위해 다른 경쟁자에게 보완제품 공급을 거절함으로써 관계의 균형이 쉽게 깨지기도 한다. 한마디로 경쟁자와 보완자 역할 사이의 적절한 균형 유지가 쉽지 않으며, 기업은 이를 잘 관리해야 할 의무가 있는데, 이를 슬기롭게 관리한 구글의 사례를 설명하고자 한다. 2011년 구글은 모토로라 스마트폰 사업부(Motorola Mobility)를 인수했다. 이

12 시인이 보는 경제: 야채세탁기, 감자세탁기, 이투데이 뉴스, 2013년 8월 19일자.

때 구글 안드로이드 운영 시스템을 사용하던 스마트폰 제조업체들(예: 삼성, HTC 등)은 구글이 모토로라에 더 유리하게 자사 소프트웨어를 공급할지 모른다는 생각에 촉각을 곤두세웠다. 그리고 분석가들은 삼성과 HTC는 향후 MS 모바일 운영 시스템을 기반으로 한 스마트폰을 더 많이 개발할 것이라고 예측했다. 이 당시, 구글은 삼성과 HTC에 모바일 운영 시스템을 제공하고 삼성과 HTC는 운영 시스템을 담을 하드웨어를 제공함으로써 경쟁관계보다는 보완관계가 더 컸으나, 스마트폰을 제조할 수 있는 모토로라를 구글이 인수하면서 보완관계보다는 경쟁관계의 비중이 더 커질 수 있다는 우려가 있었다. 구글은 보완자인 삼성과 HTC의 노여움과 탈퇴를 피하기 위해서 인수한 모토로라 사업부는 분리·운영할 것이고 모토로라에 어떤 이점도 제공하지 않겠다는 성명을 발표했다. 또한 안드로이드 기반의 차세대 스마트폰을 만들겠다고 한다면 어떤 회사가 되었던 공평한 기회를 제공하겠다고 약속함으로써 보완관계를 해치는 일은 없게 되었다. 사실 구글 모토로라 인수에 대한 우려는 그 당시 과대평가된 것으로, 2015년 모토로라 스마트폰 사업부는 레노버(Lenovo)에 다시 매각됨으로써 구글의 스마트폰 제조업체로서의 꿈은 보류상태이다.[13]

기업은 과학기술 정보를 위해 다양한 외부 원천을 활용할 필요가 있는데, 그렇다고 해서 외부 원천의 활용이 내부 연구개발 활동을 대체할 수 있음을 의미하는 것은 아니다. 내부 원천과 외부 원천의 활용은 상호 보완관계에 있다. 연구 결과에 따르면 내부 연구개발을 열심히 한 기업일수록 외부 협력네트워크의 최다 사용자가 된다고 하였다. 그 이유는 내부 연구개발 활동이 기업의 흡수능력(absorptive capacity)을 발달시키는 데 도움을 주고 이 흡수 능력이 높을수록 외부로부터 획득된 정보를 더 잘 소화하고 활용할 수 있기 때문이다.[14]

---

13 "Supercharging Android: Google to acquire Motorola Mobility," ***Google Press Release***, August 15, 2011; Efrati, A. and Anti, SE. "Google's 12.5$ billion gamble: Web giant pays big for Motorola's phone business, patents, risks alienating allies," ***Wall Street Journal***, August 16, 2011.

14 Cohen, W. and Levinthal, D. (1990). "Absorptive capacity: A new perspective on learning and innovation," ***Administrative Science Quarterly***, 35(1): 128-152.

3-5 대학

보편적으로 대학은 대학 자체의 연구기금이 넉넉하지 않기 때문에 정부의 재정지원에 상당부분 의존하는 국가연구개발 사업에 참여하여 혁신을 발생시키는 경우가 많다. 따라서 국가연구개발 사업 정책에 따라 대학의 연구 동기부여 수준, 연구 성과, 파급효과 등이 달라진다. 그 대표적인 예로 미국의 베이돌법안(Bayh-Dole Act)이 있다.

미국이 1980년 베이돌법안(Bayh-Dole Act)을 채택한 이후 대학은 교수들에게 적극적으로 국가연구개발 사업에 참여하여 혁신적인 성과를 많이 내도록 촉구하였다. 왜냐하면 베이돌법안 이전에는 미국연방정부가 지원하는 연구개발의 성과물은 모두 연방정부에 귀속되었으나, 이후에는 대학이 소유권을 행사할 수 있도록 변화되었기 때문이다. 만약 대학 내 교수가 매우 상업성이 높은 연구 성과물을 만들어내고, 이를 기업에 이전한다면 교수를 포함한 대학은 상당한 기술료(royalty)를 획득할 수 있게 된다. 이는 대학뿐만 아니라 대학 내 참여 교수 모두에게 이익이 되며, 기술이전을 받은 기업 입장에서도 연구개발 비용 및 실패에 대한 위험을 줄일 수 있다는 점에서 이롭다. 이러한 이유로 미국 대학들은 대학 내 유용한 연구 성과물을 기업에 효과적으로 이전시키기 위해서 기술이전사무소(Technology Transfer Offices, TLO)를 설립하여 활용하고 있다.

한국의 경우도 미국의 사례를 적용하여 2000년부터 "기술이전촉진법"(2007년 "기술의 이전 및 사업화 촉진에 관한 법률"로 변경)을 시행하여 대학 내에 미국의 TLO와 같은 기술이전 및 사업화 전담기관을 설립할 수 있도록 하였다. 여전히 대학의 연구 성과물로부터 수익이 직접 발생되는 부분은 상대적으로 작지만, 대학은 오래 전부터 출판과 연구 결과를 통해 혁신에 많은 공헌을 하고 있다.

3-6 정부

정부는 기업이나 대학과 같은 조직과 달리 직접 연구개발 활동을 하기보다 다양한 형태로 연구개발 활동을 지원한다. 정부의 지원 중 가장 흔한 형태는 정부가 출연하여 연구소를 설립하고 국가과학기술을 선도할 수 있도록 지원하는 것이다. 두 번째는 사이언스파크(science park) 또는 테크노파크(technopark)와 같은 '지역클러스터'를 형성시켜 그 지역의 혁신 활동이 활발히 일어날 수 있도록 재정 및 세제 지원을 하는 형태가 있다. 세 번째는 대학을 포함한 공공 및 사립 연구기관에 연구 활동을 위한 보조금을 지급하는 것이다.

미국의 경우 1950년대와 1960년대 연구개발비를 가장 많이 제공한 기관은 바로 정부였다. 1964년 정부가 제공한 연구개발비는 총연구개발비의 66.5%를 차지했다. 그러나 이후 정부 연구개발비는 급격히 떨어지는데, 2015년 그 수치는 총연구개발비의 31.2%까지 감소했다. 그 원인은 정부 연구개발비의 절대량이 줄어들어서가 아니라 민간에서 투자한 연구개발비가 급격히 증가했기 때문이다. 2015년 민간이 투자한 연구개발비는 총연구개발비의 64.2%에 이른다(그림 3-1 (a) 참고).[15]

한국의 경우도 미국과 유사하게 1980년 이전에는 정부의 연구개발 재원이 지배적이다가 1980년대 중반부터 민간재원이 급격히 증가하는 형태를 보인다. 한국은 제1차 경제개발5개년 계획이 시행되던 이듬해인 1963년부터 공식적인 연구개발 투자(약 12억 원)가 시작되었다. 1970년 정부의 연구개발 재원이 총 연구개발비의 70.3%를 차지하고 민간 재원이 29.7%에 불과했으나,[16] 2016년에는 정부의 재원이 23.6%로 감소하고 민간 재원은 75.4%로 증가하였다(그림 3-1 (b) 참고).[17]

3-7 민간비영리기관

민간비영리기관에는 비영리를 목적으로 한 민간연구기관을 비롯해서 비영리병원, 민간재단, 각종 전문가협회, 학회 및 산업협회, 무역협회 등이 포함된다. 이 단체들은 매우 다양한 방식으로 혁신 활동에 공헌한다. 스스로 연구개발을 수행하고, 다른 기관에 연구개발 자금을 지원하는 두 가지 방식을 다 취하는 기관도 있고, 스스로 연구개발은 하지 않고 자금만 지원하는 기관도 있으며, 반대로 스스로 연구개발만 하는 기관도 있다. 대표적인 미국의 민간비영리기관으로는 하워드 휴 의학연구소(The Howard Hughes Medical Institute), 마요재단(The Mayo Foundation), 메모리얼 슬론-케터링 암 센터(The Memorial Sloan

15 KISTEP (2017). 『KISTEP 통계 Brief』, 21호.

16 신태영 (2002), 『연구개발투자와 지식축적량의 국제비교』, 과학기술정책연구원.

17 KISTEP (2017). 『KISTEP 통계 Brief』, 21호.

재원별 연구개발비 비중 및 변화 추이

그림 3-1

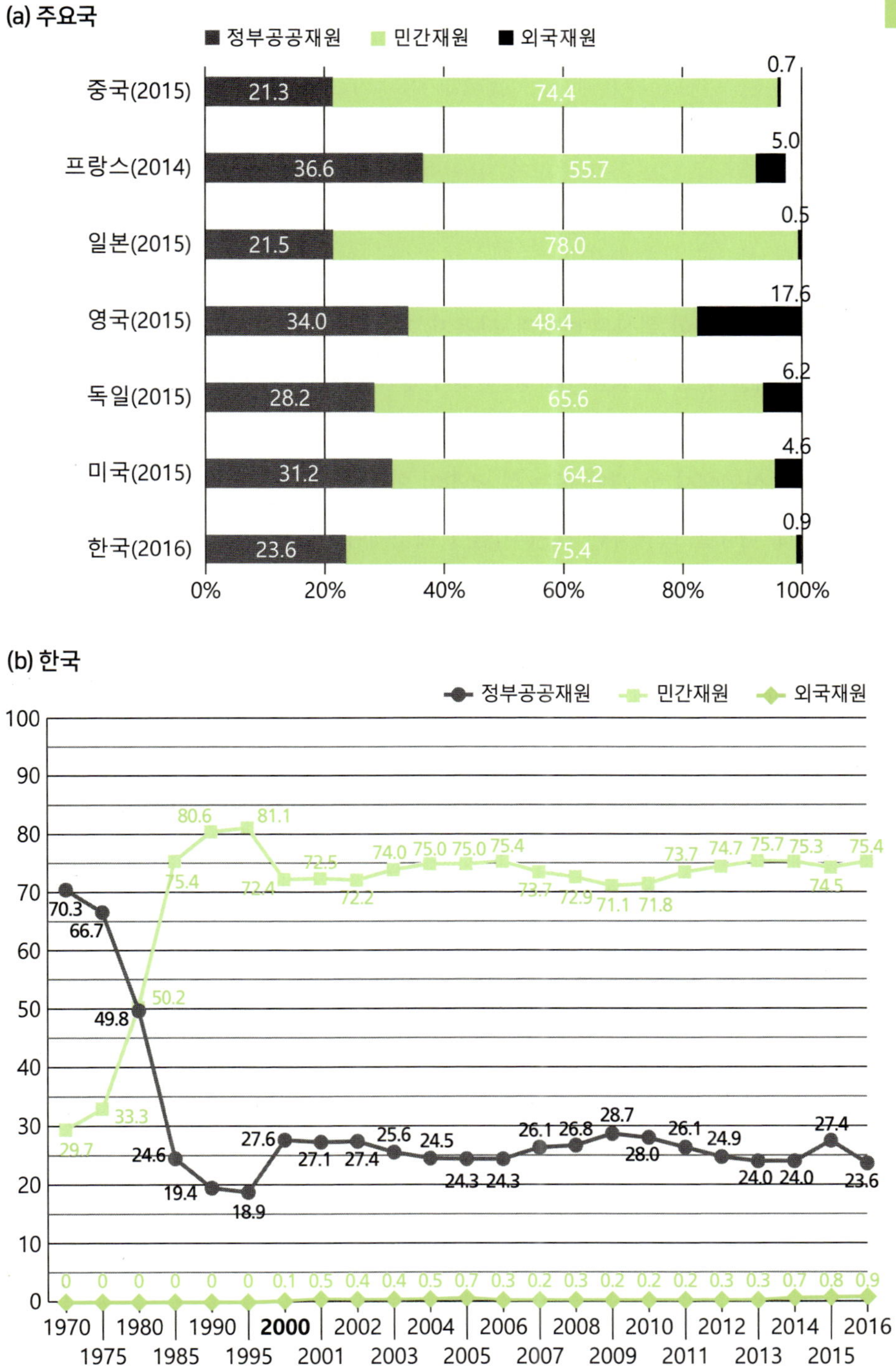

※ 2000년까지는 5년마다의 수치이고, 2000년 이후는 1년마다의 수치임에 주의.

자료: 신태영(2002). 『연구개발투자와 지식축적량의 국제비교』, 과학기술정책연구원; 한국과학기술기획평가원, 교육과학기술부(2010). 『2010 연구개발 활동조사 보고서』; KISTEP(2017). 『KISTEP 통계 Brief』, 21호.

Kettering Cancer Center), 세마텍(SEMATECH)과 랜드코퍼레이션(RAND Cooperation)이 있다. 한국의 민간비영리기관으로는 한국고등교육재단(1974년 설립), 목암생명과학연구소(1984년 설립) 등이 있다.

3-8 협력네트워크를 통한 혁신

앞서 언급했듯이 혁신은 발명가, 사용자, 기업, 대학, 정부, 민간비영리기관 등이 개별적으로 발생시킬 수도 있지만 이들 중 몇몇이 협력했을 때 개별 주체가 생산하는 단순 합보다 큰 시너지를 발생시킬 수 있다. 특히 하이테크 산업에서 공동연구의 중요성이 크다. 왜냐하면 그 산업에서 한 개인 또는 한 조직이 의미심장한 혁신을 만들어내는 데 필요한 모든 자원과 역량을 소유하는 것이 어렵기 때문이다.[18] 그런데 기업이 협력 관계를 구축하면 기업 간 정보 및 자원의 통로 역할을 하는 수많은 경로로 구성된 네트워크(network)를 만들 수 있다. 그리고 네트워크 안에 있는 기업들은 개별 기업이 소유한 것보다 더 많은 정보를 제공받음으로써 기업 혼자서 성취할 수 있는 것보다 훨씬 많은 것을 얻게 된다.[19] 그래서 기업 간 네트워크(inter-firm networks)는 혁신의 매우 중요한 엔진이 된다. 그리고 네트워크 구조는 네트워크를 통과하는 정보 및 자원의 흐름에 영향을 줄 수 있다. 예를 들면 한 쌍의 기업 사이에 흐르는 정보의 경로가 많을수록, 즉 네트워크의 밀도가 높을수록 정보의 확산이 매우 빠르고 광범위하다.[20] 반대로 네트워크 밀도가 낮으면 정보의 확산이 상대적으로 느리고 덜 광범위하다.

---

18 Hagedoorn, J. (2002). "Inter-firm R&D partnerships: An overview of major trends and patterns since 1960," *Research Policy*, 31(4): 477-492.

19 Rosenkopf, L. and Almeida, P. (2003). "Overcoming local search through alliances and mobility," *Management Science*, 49(6): 683-837.

20 Schilling, M. "The global technology collaboration network: Structure, trends and implications," New York University Working Paper.

더 들어가기 협력네트워크에서 지식중개인의 역할

앤드류 하게든(Andrew Hargadon)과 로버트 서튼(Robert Sutton)에 따르면 협력네트워크 안에서 두드러지게 중심 역할을 하는 기업(사람)들이 있는데, 이들을 지식중개인(knowledge brokers)이라 했다. 그들에 따르면 지식중개인이란 어떤 분야의 정보가 다른 분야에 유용하게 활용될 수 있다면 그 분야로 이전시키는 역할을 하는 기업 또는 개인을 의미한다. 그들은 새롭고 수익을 창출할 수 있는 방식으로 기존 정보를 활용한다. 하게든과 서튼은 미국 공학자이자 발명가인 로버트 풀턴(Robert Fulton)의 사례를 소개했는데, 풀턴은 광산에서 사용하는 증기엔진을 관찰한 후 보트를 추진하는 데 사용할 수 있겠다 생각하고, 실제 상업적으로 성공한 최초의 증기선을 개발했다.

기업 간 네트워크에서 지식중개인은 그들이 없었다면 연결되지 않았을 기업집단을 연결시키는 역할을 한다. 또한 지식중개인은 서로 다른 두 개의 지식 네트워크 사이에서 교량 역할을 함으로써 두 네트워크에서 소유한 지식으로부터 매우 독특한 결합을 발견할 수 있게 된다. 이 덕택에 지식중개인은 혁신을 창출하는 데 이례적으로 왕성한 역할을 한다.

지식중개인은 단 하나의 기술만으로는 돌파구를 만들지 못하나 기존 기술의 결합을 통해 생성되는 잠재적 시너지는 잘 활용할 수 있다. 이 때문에 처음에는 지식중개인의 잠재력에 한계가 있는 것처럼 보이지만 대부분의 혁신은 완전히 새로운 것을 발견하는 것이 아니라 알려진 개념과 물질의 새로운 형태의 재조합의 결과인 경우가 많기 때문에 그렇게만 볼 필요는 없다. 그래서 지식중개인의 전문성은 특정 과학 분야에 있는 것이 아니라 기대하지 않은 방식으로 문제를 해결할 여러 대안을 인지하고 잡아내는 능력에 있다.

자료: Hargadon, A. and Sutton, R.(2000). "Building an innovation factory," *Harvard Business Review*, May-June Issue: 157-166.

[사례연구] bKash: 협력네트워크 활용을 통한 모바일 금융 서비스의 성공

bKash는 방글라데시계 미국인인 카말 콰디르(Kamal Quadir)에 의해 설립된 모바일 금융 서비스(mobile financial services, MFS) 기업으로 은행 거래를 할 수 없는 방글라데시 최하위층 사람을 목표로 했다. 2017년 기준 bKash를 이용하는 소비자는 2천 6백만 명으로 모바일 금융 서비스 업계의 선도자가 되었다. 그러나 여기까지 오는 데는 통신사업자, 은행, 비정부기구(NGO), 규제기관들과의 밀접한 협력을 해야 했고, 그 과정에서 야기되는 많은 문제를 해결해야 했는데, 본 사례는 이를 중심으로 설명하고자 한다.

카말 콰디르: 혁신가

bKash의 창업자인 콰디르는 오하이오 오벌린 대학(Oberlin College)에서 스튜디어 아트와 경제학을 공부하고 MIT에서 MBA 학위를 받았는데, 그는 거시경제의 역학관계도 잘 알았을 뿐 아니라 도시-시골 격차를 활용한 사업 감각도 뛰어났다. 2002년 MBA

를 마친 후 그는 이베이(eBay)와 유사한 플랫폼인 CellBazaar를 창업했다. 이 플랫폼은 컴퓨터 대신 스마트폰으로 판매자와 구매자를 찾는 것으로 방글라데시에 있는 사람이면 누구든 스마트폰만 있으면 자신의 물건을 포스팅 하고 다른 사람들은 그것을 검색할 수 있었다. CellBazaar는 한동안 잘 운영되었고 창업 후 5년 만에 사용자가 4백5십만 명이나 되었다. 그러나 얼마 되지 않아 문제에 봉착하게 되는데, 그것은 방글라데시에는 효율적이고 보편적인 지불 시스템이 없다는 것이었다. 이 나라는 은행 계좌도 적고 신용 또는 직불 카드도 매우 적었다. 따라서 효율적인 디지털 결제를 할 수 있도록 하는 것이 가장 큰 문제였다. 방글라데시 남서지역에 있는 제소르(Jessore)에서 자란 콰디르는 개발이 낙후된 지역 사람들이 매일같이 겪어야 하고 기회까지 제한하는 후진적 인프라 문제에 대해 잘 알고 있었다. 그래서 그는 미화 15달러만 있으면 모바일 폰에 접속하는 권한을 가난한 사람들에게 부여해주고 싶었다.

BRAC: 파트너

세계에서 가장 큰 비정부기구(NGO)인 BRAC은 방글라데시가 독립하고 1년 후인 1972년에 파즐 하산 아베드 경(Sir Fazle Hasan Abed)에 의해 시작되었다. 사회발전에 초점을 둔 BRAC은 희망을 주는 사회를 만들기 위해 많은 서비스를 제공하고 있다. 2017년 기준 BRAC은 5백 3십만 명에게 소액금융(microfinance)을 제공했고, 방글라데시 인구 1억 3천 8백만 명에게 서비스를 공급하고 있다. 2001년 BRAC은 상업은행인 BRAC Bank를 설립하여 중소기업을 위한 자금조달을 시작했다. 2008년 1월 콰디르와 그의 형인 이퀴발(Iqbal)은 BRAC의 창업자인 아베드 경을 만났고 모바일 결제 플랫폼을 위해 BRAC이 무엇을 제공할 수 있을지 생각해보라는 제안을 받았다. 2개월 후 콰디르는 세계에서 가장 성공한 모바일 화폐 솔루션인 M-Pesa를 배우기 위해 케냐를 방문했다. 2008년 9월 BRAC의 아베드 경은 콰디르에게 BRAC Bank 경영진을 소개해줬다.

한편 콰디르와 그의 형은 케냐에서 M-Pesa의 출시를 주도했던 닉 휴(Nick Hughes)와 벤처캐피탈 회사 Grey Ghost Ventures의 이사인 애런 고어(Arun Gore)와 함께 Money in Motion USA를 설립했다. 마침내 2010년 2월 BRAC Bank와 Money in Motion은 bKash라는 조인트벤처를 만들었다. bKash는 전자결제 플랫폼을 제공하도록 설계되었으며, 단기적으로는 저소득층을 위한 금융 서비스의 접근성 증대를 목표로 했다. Bikash(bKash)는 벵갈어로 성장, 번영, 만개한의 뜻을 가지고 있다.

빈곤층을 위한 디지털화: 규제기관

2009년 아티르 라만(Atiur Rahman) 박사는 중앙은행의 10번째 은행장으로 임명되었다. 그는 마르크스주의 교육을 받은 사람으로 빈곤을 줄이는 데 매우 열정적인 경제학자였다. 출근 첫날 수상으로부터 '가난한 사람을 위해 일해 달라'는 문자 메시지를 받는 등 라만 박사는 정부의 지지를 받고 있었다. 그는 시간낭비하지 않고 중앙은행의 주요 목표 중 하나를 '포용적 금융(financial inclusion)'으로 삼았다. 전문가에 따르면 방글라데시는 규제기관의 강한 지지 덕택에 포용적 금융 혁신이 가능할 것으로 예상했다. 그러나 진짜 문제는 "보편적으로 은행들이 가난한 사람에게 관심이 없다"는 것이다. 예를 들어 인도 정부는 MFS(모바일 금융 서비스)를 제공하기 위해 은행을 활용하고자 했는데, 진행속도가 너무나 느렸다고 한다. 대중에게 기초적인 금융 서비스를 제공하는 것도 쉽지 않다는 것을 방글라데시 중앙은행은 잘 알고 있었다. 그래서 디지털 금융 서비스에 초점을 둔 외곬수가 필요했다. 이 같은 상황을 고려한 중앙은행은 디지털 금융 서비스를 목적으로 설계된 독립된 조직을 허용하는 것이 가치가 있다고 판단했다. 마침내 보수적이고 신중한 입장을 취해왔던 중앙은행은 bKash에게 사업을 승인했는데, 물론 bKash가 조금이라도 이상하다고 판단되면 중앙은행은 즉각 간섭할 수 있다고 했다.

케냐, 필리핀은 MFS를 위해 통신사업자들이 선봉에 섰지만 방글라데시는 은행이 주도했다. 중앙은행이 MFS를 감독하고 규제할 필요성을 인식했기 때문이다. 거기에는 두 가지 요소가 작용했다. 첫째는 예금자의 자금과 자금 공급의 안전성 확보이다. 즉 소비자 보호 관점에서 일반인의 돈이 디지털 시스템 내로 들어오는 것이기 때문에 중앙은행은 소비자에게 그 돈이 안전하다는 확신을 줄 필요가 있었다. 둘째는 통화정책과 관련된 것으로 이자율과 같은 통화정책 수단의 효과성을 확실히 하기 위해서는 얼마의 돈이 은행으로 유입되고 유출되는지를 중앙은행이 파악할 필요가 있었다. 가난한 사람을 위한 포용적 금융을 현실화시키기 위해 중앙은행은 처음부터 실험을 허용하고 시장체제에 맡기는 것에 열성적이었다. 그래서 중앙은행은 MFS 사업자의 재량을 상당히 허용한 느슨한 가이드라인을 제공했고 중앙은행은 bKash를 포함하여 28개 서로 다른 단체에 MFS 사업 허가증을 부여했다. 드디어 전 세계로부터 존경을 받는 일련의 혁신이 방글라데시에서 시작된 것이다.

bKash: 사업모델

bKash는 은행에 예금하지 않는 사람들을 상대로 MFS를 제공하는 것으로 시작했다. 최초 문제는 가장 값싼 단말기(미화 15달러 수준)를 사용해서 MFS 서비스에 접근할 수 있는 단순한 인터페이스를 어떻게 만들 것인가이었다. 사실 가장 쉬운 방법은 스마트폰용의 앱(application)을 만들면 되었지만 스마트폰을 구매할 수 있는 사람들은 빈곤한 계층이 아니라 부유한 계층이기 때문에 bKash의 원래 의도에 맞지 않았다. bKash는 단문메시지시서비스(SMS)에 기초한 거래를 피하기 위해 무진장 노력했다. 이유는 SMS를 교환할 때마다 사용자는 자신의 가상계좌에서 많은 양의 수수료가 차감되었고, 게다가 SMS는 모든 거래로그를 저장하기 때문에 개인신분번호(personal identification number, PIN)를 훔치는 것과 같은 사생활 침해를 발생시킬 수 있기 때문이었다.

콰디르는 SMS 대신 비구조화 부가 서비스 데이터(Unstructured Supplementary Service Data, USSD)라는 기술을 선택했다. 이 방법은 SMS 기반 시스템이 갖는 단점 없이 핸드폰을 이용해서 돈을 보내고 받을 수 있었다. 또한 USSD는 기능이 단순한 핸드폰이든 아니든 상관없이 모든 핸드폰으로 가능했다. 그리고 단말기 유형 또는 어느 통신운영자이든 상관없이 USSD가 사용될 수 있다는 점 때문에 다른 나라보다 방글라데시에서 모바일 화폐 보급이 더 빨랐다. USSD의 최고 장점은 보안이 매우 높다는 것이다. USSD하에서는 PIN의 비밀이 철저히 보호되기 때문에, 예를 들어 누군가 핸드폰을 훔쳐 핸드폰 주인으로 가장해서 돈을 지불하거나 송금하는 일이 일어날 수가 없는 것이다.

bKash는 펀다모(Fundamo)라는 회사를 발견했는데, 이 회사는 20개국 이상에서 확장력이 높은 금융 플랫폼을 설치한 남아프리카 금융 소프트웨어 기업이다. 이 회사 덕택에 bKash는 핸드폰 유형이나 통신운영업체가 누구든 상관없이 모두 수용할 수 있는 높은 융통성을 가지면서 동시에 글로벌 보안 표준을 달성하는 플랫폼을 사용자에게 제공할 수 있었다.

또 다른 도전은 bKash를 사용하도록 소비자를 어떻게 유인할 것인가였다. 처음에 소비자는 bKash의 필요성도 몰랐고, 서비스를 이해하지도 신용할 수도 없었다. 따라서 전국에 걸쳐있는 수백만 명의 은행거래를 할 수 없는 사람들에게 도달하기 위해서 그들을 설득할 수 있는 지원프로그램이 필요했다. 처음에 빌 앤 멜린다 게이츠 재단으로부터 재정보조를 받아서 전국에 소액금융을 받는 자영업자 회원을 많이 가지고 있는 BRAC과 함께 에이전트 모집 프로그램을 실행했다. 그 결과 bKash 5천 명의 에이전트를 모집했는데, 이들은 좋은 마케팅 기술을 가진 소규모 소매업체들이었다. bKash의 소비자는 일단 소매업체인 에이전트에 접촉을 해서 자신의 핸드폰 계좌에서 현금을 주고 전자화폐로 교환했다. 이 최초 지원프로그램을 통해서 콰디르는 모바일 화폐도 유통될 수 있는 소비재로 생각

<표 1> MFS 경쟁사별 시장점유율

	bKash	Rocket	mCash	UCash	MYCash	Others
시장점유율(2015년)	58%	16.6%	8.5%	7.7%	3%	6.1%

해야 된다는 것을 깨닫고 유통업체를 찾기 시작했다. 다음해에 bKash는 수백 개의 에이전트를 관리할 경험 많은 유통업체를 연합하여 공격적으로 모바일 화폐 유통에 매진했다. 유통사들은 수익의 새로운 원천에 목말라 있었고 콰디르는 빠르게 성장할 수 있는 비전을 가지고 있었기 때문에 그들은 쉽게 협력할 수 있었다. 2016년경 bKash의 에이전트 네트워크는 약 1십 6만 개까지 성장했으며 bKash 에이전트는 방글라데시에서 흔한 환경이 되었다.

콰디르는 bKash는 계좌를 개설하는 데 가능한 간단하고 비용이 들지 않도록 했다. 그리고 공격적인 유인 전략을 채택했는데, 홍보와 인식증대 캠페인을 위해 각종 미디어 수단을 사용했다. 계좌 개설을 위해 소비자는 국적 식별 가능한 서류, 사진, 핸드폰, 개설 양식을 가지고 가까운 지역의 bKash 에이전트 중 아무데나 방문하면 된다. 개설 과정은 중앙은행이 요구하는 고객확인(Know Your Customer, KYC)서를 작성하고, 다각도로 정보를 확인하고, 마지막으로 중앙은행으로부터 위임받아 bKash 직원이 계좌 개설을 승인하게 된다. 이 과정은 3일이 걸린다. 계좌가 활성화되면 소비자는 가상계좌에서 쉽게 지불금액 수준을 올리거나, 돈을 인출하거나, 다른 bKash 계좌 주인으로부터 현금을 받을 수 있다. 그리고 bKash는 은행과 달리 가입 과정이 매우 빠르고 쉬우며, 투명한 가격체계를 가지고 있어서 비용이 높은 은행의 전통 시스템으로는 bKash와 같은 디지털 시스템과는 가격 경쟁에서 열등할 수밖에 없다. 규제기관의 지지와 서민 수준에서 이용 가능한 탄탄한 유통 시스템 덕택에 bKash 사용자는 급등했으며 "bKash"라는 말은 마치 "구글"과 같은 단어가 되었다. 2013년 말 bKash는 1천 1백만 계좌가 개설되었고, 이 숫자는 2016년 말까지 2천 6백만으로 증대되었다. 또한 2015년 기준 bKash는 방글라데시 MFS의 시장점유율 58%를 차지했다(표 1 참조).

소규모 거래만 집중했던 bKash의 수익 모델은 매우 달랐다. 이 회사의 소득 대부분은 에이전트로부터 현금을 인출할 때 소비자가 지불하는 수수료에서 나왔고(표 2 참고) 서비스 수익의 77%는 에이전트와 유통사가 공유했다. 은행 주도 모델은 bKash가 통신네트워크 사용료를 통신사에게 지불해야 함을 의미하는데, 그래서 수익의 7%를 통신사가 가져간다. 나머지 수익의 16%는 마케팅, 기술, 에이전트 모집 등 운영 활동을 위해 사용한다. 전반적으로 마진은 작아 보이나

<표 2> bKash의 가격구조

거래 유형	비용
계좌 개설	무료
에이전트에 현금 상환 (cash-in)	무료
에이전트로부터 현금 인출 (cash-out)	1.85% 고정수수료
소비자-소비자 송금	미화 기준 0.06$ (2016년 12월 환율기준)
청구서와 상품 지불 (고객 수수료)	무료
상품 지불(상품 비용)	1.3% ~ 1.8%
기업-소비자 지불금 (기업 수수료)	0.50% (절충 가능함)

거래 규모가 커서 생존 가능하다.

규모 확장에 따른 비즈니스 모델 조정: 도전

bKash가 방글라데시 전역으로 퍼지면서 전국에 있는 현금을 물리적으로 이동하는 것이 문제가 되었다. 보통 도시에서 시골에 현금을 보내는데, 도시 에이전트는 도시에 거주하는 고객으로부터 현금을 받고 시골 에이전트는 시골에 거주하는 고객에게 현금을 지불한다. 이때 도시 에이전트들은 은행에 현금을 보관할 필요가 생기고 시골 에이전트는 현금을 받을 필요가 생긴다. 그런데 기존 규정에 따르면 현금의 보관은 BRAC Bank만을 이용할 수 있고, 이 은행은 전국에 100개 지점밖에 없다. 그러다 보니 에이전트는 현금을 가져오기 위해 자기 거주지로부터 멀리 떨어진 BRAC Bank까지 여행을 해야만 하는 비효율성이 발생했고 게다가 보안의 위험도 발생했다. 현금 이동의 보안을 위해 추가적 비용을 지불해야 하고 이는 저렴한 서비스를 제공하겠다는 논리를 퇴색시켰다. 이를 인식한 중앙은행은 규정을 변경하여 모든 에이전트는 BRAC Bank뿐만 아니라 어떤 은행에게나 돈을 맡길 수 있도록 허가했다. 이 덕택으로 여러 은행에 돈을 보관함으로써 한 은행의 유동성 문제가 발생했을 때 고객이 돈을 찾을 수 없는 위험을 줄일 수 있게 되었다.

기술 부문에서도 새로운 이슈가 발생했는데, bKash가 성장하자 엄청나게 커진 규모를 수용하여 매끄럽게 운영할 수 있고 새롭고 혁신적인 제품 및 서비스를 제공할 수 있는 새로운 플랫폼이 필요했다. 이때 기술파트너인 펀다모가 다국적 기업인 비자(Visa)에게 인수되면서 bKash와 같은, 가난한 고객을 위한 기술 개발 동기가 줄어들었다. bKash는 새로운 기술 파트너가 필요했고 2016년 중국 대기업인 화웨이(Huawei)와 파트너십을 체결했다. 또한 bKash는 점차 싼 스마트폰이 보편화되자 앱 개발 노력을 준비하기 시작해서 2016년 샌프란시스코에 기반을 둔, 애플의 최초 마우스를 설계하고 많은 다른 혁신적 제품 설계로 유명한 IDEO와 협력하여 앱 설계를 시작했다. bKash의 또 다른 기회로는 방글라데시에서의 노동집약적인 의류 산업의 성장이다. 대부분 의류공장은 몇 천 명의 노동자에게 월급을 현금으로 지불하기 위해서 하루 공장문을 닫는다고 한다. 이 문제는 bKash 플랫폼이 제공하는 월급 지불 솔루션을 통해 해결할 수 있을 것이다. 방글라데시는 세계적으로 큰 노동 수출국 중 하나이기 때문에 외국송금 시장의 잠재력이 크다. bKash는 이 시장에 들어가기 위해 2016년 4월 세계 각지에서 방글라데시에 쉽게 송금할 수 있도록 웨스턴 유니온(Western Union)과 마스터카드(Master Card)와 협력했다.

[토론 문제]

1. bKash가 초기 방글라데시에서 모바일 금융 서비스라는 혁신을 이루는 데 주요 어려움은 무엇이었는가? 이 어려움을 bKash는 어떻게 해결했는가?
2. bKash의 규모가 확대됨에 따라 그들의 어려움은 초기와 달리 어떻게 변했는가? 새롭게 형성된 도전을 극복하기 위해 bKash는 무엇을 했는가?
3. 향후 bKash 앞에 펼쳐질 기회는 무엇이 있을까? 그리고 그 기회를 실현하기 위해 bKash는 어떤 변화가 필요한가?

자료: Mahmood, I., Dieleman, M., and Banu, N.(2017). "bKash: Financial technology innovation for emerging markets," Harvard Business Publishing.

4장

혁신의 유형

도입 스토리 비파괴적 창출도 새로운 시장과 성장을 이끌 수 있다.

여러분은 2000년대 초반 전략경영 패러다임의 변화를 선도한 김위찬과 르네 마보안(Renée Mauborgne)의 책 「블루오션전략(Blue Ocean Strategy)」을 기억할 것이다. 그 책은 100년 이상 동안 30개 산업에서 실행된 150개 전략의 연구 결과를 바탕으로 레드오션 전략(red ocean strategy)으로 부르는 시장 경쟁적 움직임(market competing moves)과 블루오션 전략으로 부르는 시장 창출적 움직임(market creating moves)을 구분하는 개념 차이와 그에 내재된 패턴을 제시했었다. 즉 전략경영의 핵심적 분석 틀은 경쟁 전략 관점(경쟁이 치열한 레드오션에서 살아남는 방법)에서 바라보지 말고 시장 창출 관점(블루 오션을 찾아 새로운 성장의 기회를 포착하는 방법)으로 바꾸어야 된다고 주장했었다.

그런데 이들이 최근 새로운 책 「블루오션 쉬프트(Blue Ocean Shift)」를 출판했고, 이 책에서 아주 흥미로운 이야기를 전하고 있다. 그들의 주장에 따르면 혁신이 반드시 파괴적일 필요가 없을 뿐 아니라 사실은 기존의 것을 파괴하지 않고 새로운 시장을 창출함으로써 오히려 기존의 것과 상생하면서도 시장을 키워나갈 수 있다고 했다. 비파괴적 창출에 대한 사례로 몇 가지를 들고 있는데, 첫 번째 사례는 미국 어린이를 위한 텔레비전 교육프로그램인 '세서미 스트리트(Sesame Street)'이다. 이 프로그램은 유치원, 도서관, 잠잘 때 부모가 읽어주는 동화 등의 산업을 파괴하지도 대체하지도 않았고 오히려 이전까지 미미했던 미취학 아동을 위한 '에듀테인먼트(edutainment)(TV방송, 책, 소프트웨어 등을 비롯한 교육적 오락물)'라는 새로운 시장을 창출했다고 한다.

두 번째 사례는 '라이프코칭'이다. 25년 전 만해도 이 산업은 존재하지도 않았지만 현재 이 산업의 연간 매출은 20억 달러가 넘는다. 라이프코칭 산업은 새로운 일자리 수만 개가 창출되었지만 그렇다고 기존 일자리를 파괴하지도 않았다. 오히려 사람들이 개인적으로나 직업적으로 더 나은 삶을 영위하고자 라이프코치를 찾게 되면서 새로운 수요를 창출한 것이다.

마지막 사례는 그라민 은행(Grameen Bank)의 무담보 소액 대출(micro-financing)을 들고 있다. 전 세계적으로 30억 명 이상은 하루에 고작 몇 달러로 살아간다. 따라서 이들은 사업 자금을 구할 수가 없어 빈곤의 악순환에서 벗어나지 못했다. 그런데 1983년 그라민 은행이 무담보 소액 대출을 제공하면서 빈민들이 사업을 하거나 농사를 지어 빚을 조금씩 갚아 빈곤에서 탈출할 수 있도록 했다. 사실 그 당시만 해도 기존 은행들은 가난한 사람들이 차용자로 부적합하다고 판단하고 그들을 완전히 무시했었다. 그러나 이제 소액 금융은 수십 억 달러 규모에 달하는 산업이 되었고 앞으로도 괄목할만한 성장이 기대되고 있다. 소액 금융을 통해 성공한 사람들은 더 큰 사업을 할 것이고 이는 기존 은행의 대출시장을 대체하기보다 확장시키는 역할을 할 것이다. 그라민 은행의 소액 금융은 가난한 사람들을 대상으로 그들에 맞게 적용한 제품 및 서비스를 제공하는 간소한 혁신(frugal innovation)의 한 사례이기도 하다. 간소한 혁신에 대해서는 이 장의 마지막에서 자세히 설명하고 있다.

자료: 김위찬, 르네 마보안(2017). 「블루오션 시프트(Blue Ocean Shift)」, p.68-70, 비즈니스북스.

기술혁신은 그 특성에 따라 급진적 혁신 또는 점진적 혁신, 제품 혁신 또는 공정 혁신, 이외 수많은 형태의 혁신을 구분 짓는 데 많은 작업이 이루어져왔다. 과연 이러한 작업이 기술혁신의 다양한 특성을 단순히 이해하는 것 이외 어떤 의미가 있는 것일까? 이 질문에 먼저 답을 해보자면 혁신의 유형이 다르다는 것은 그 혁신을 발생시키는 기반 지식, 방법, 원천이 다름을 의미한다. 다시 말해서 혁신의 유형에 따라 산업의 경쟁자와 소비자에게 주는 영향도 다르고 그들에게 대응해야 할 기업의 전략 또한 달라져야 한다는 것이다. 예를 들면, 제품 혁신은 소비자와 경쟁자 모두 기능, 품질, 또는 디자인이 새로워진 신제품을 통해 경험하게 된다. 그러나 공정 혁신은 제품이 아닌 생산 공정을 새롭게 해서 원가 절감의 효과를 얻기 때문에 소비자는 제품 자체보다는 저렴한 제품 가격을 통해 경험하게 된다. 한편 경쟁자는 공정 혁신 기업의 가격경쟁력 위협을 경험하게 된다. 따라서 이 두 혁신에서 마케팅 포인트는 완전히 달라져야 한다. 제품 혁신은 제품의 품질, 기능, 디자인 등의 새로움, 뛰어남, 더 나은 혜택을 알릴 필요가 있지만, 공정 혁신은 주로 가격경쟁력에 초점을 두어야 할 것이다. 이러한 이유 때문에 우리는 다양한 혁신의 유형을 파악할 필요성이 있는 것이다.

본 장에서는 가장 보편적으로 상반되게 구분 짓는 다섯 가지 혁신 유형, (1) 제품 혁신(product innovation) 대 공정 혁신(process innovation), (2) 급진적 혁신(radical innovation) 대 점진적 혁신(incremental innovation), (3) 경쟁력 강화 혁신(competence-enhancing) 대 경쟁력 파괴 혁신(competence-destroying), (4) 구조 혁신(architectural innovation) 대 요소 혁신(component innovation), (5) 존속성 혁신(sustainable innovation) 대 와해성 혁신(disruptive innovation)에 대해서 먼저 설명하고 최근 큰 관심을 끌고 있는 간소한 혁신(frugal innovation)에 대해 살펴보도록 하겠다.

4-1 제품 혁신 대 공정 혁신

제품 혁신은 기업이 제공하는 제품(product)이나 서비스(service)를 조금이라도 변화시켜 시장에 새롭게 출시한 경우로 기업의 신제품 및 신서비스가 다 여기에 해당된다. 예를 들면 외장 개조(facelift)를 한 현대 2020년형 그랜저 또는 현대 넥쏘 수소차 등이 있다. 반면에 공정 혁신은 비용을 절감하거나 고품질의 제품을 생산하기 위해서 기업의 생산 또는 서비스 운영에 적용한 새로운 방식을 말한다.[1] 예를 들어 바이오테크놀로지 기업이 질병과 관련된 유전자(genes)를 빨리 찾아내기 위해 유전알고리즘(genetic algorithm)을 적용한 경우 또는 전자제품 제조 공장에서 생산효율을 높이기 위해 적용한 모듈러 생산 방식(modular production system, MPS)이 있다.

앞서 잠깐 언급했듯이 공정 혁신은 제품 혁신과 달리 최종소비자의 눈에 띄지 않기 때문에 신데렐라 활동(cinderella activity)이라고 부르기도 한다.[2] 그러나 공정 혁신을 통해 일어난 변화는 원가 절감이라는 결과로 나타나기 때문에 최종소비자의 이목은 끌지 못하겠지만 기업은 확실히 주목해야 할 사안이다. 특히 기업이 속한 산업이 덜 경쟁적이고 제품의 차별화 정도가 낮은 경우 공정 혁신을 하는 경향이 높고 이를 통해 비용우위(cost leadership)를 확보하는 경우가 많다. 반면에 기업이 속한 산업이 매우 경쟁적이고 제품의 차별화가 높은 경우 제품 혁신을 추구하는 성향이 높다.

한편 제품 혁신과 공정 혁신은 별개로 발생되는 것이 아니라 때때로 서로 영향을 준다.[3] 예를 들면 PC보다 빠르고 더 많은 기능이 장착되어 있는 워크스테이션(workstations)의 개발은 제품 혁신으로 간주되는데, 이 워크스테이션을 활용하여 많은 제조업체는 CAM(computer aided manufacturing)이라는 공정 혁신을 만들어낼 수 있었다. 반대로 공정 혁신이 제품 혁신을 유도하기도 하는데, 그 예로 광석을 특수 처리해서 금속재료를 만드는 야금 공정의 혁신은 자전거 체인이라는 제품 혁신을 일으켰다. 그리고 한 기업의 제품 혁신은 동시에 다른 기업의 공정 혁신이 되기도 한다. 미국의 UPS(United Parcel Service)는

---

1 Reichstein, T. and Salter, A. (2006). "Investigation the sources of process innovation among UK manufacturing firms," *Industrial and Corporate Change*, 15(4): 653-682.

2 Trott, P. (2017). *Innovation Management and New Product Development*, 6th edition, p.168, Harlow, UK, Pearson.

3 Schilling, M. (2017). *Strategic Management of Technological Innovation*, 5th edition, p.48, New York, McGraw-Hill.

효율적인 배송 시스템을 만들 수 있도록 기업고객을 도와주는 역할을 한다. 이 경우 새로운 배송 시스템은 UPS에게는 제품 혁신이지만 UPS의 고객사에게는 공정 혁신이 된다. 결론적으로 둘 중에 '어떤 혁신에 더 집중해야 된다'라거나 '더 낫다'라고 이야기할 수는 없는 것이며, 상호 촉진시킬 수 있는 혁신을 발생시키는 것이 가장 좋을 것이다.

4-2 급진적 혁신 대 점진적 혁신

급진적 혁신과 점진적 혁신을 구분하는 기준은 기존 혁신을 출발점으로 했을 때 새로운 혁신이 출발점에서 얼마나 멀리 떨어져 있는가이다.[4] 즉 급진적 혁신은 기존 혁신보다 훨씬 새롭고 다른 것을 의미하며, 반대로 점진적 혁신은 기존 혁신을 기반으로 한 작은 변화를 의미한다. 예를 들면 이전에 대중적이지 않았던 개념 및 기술을 도입한 현대의 '수소자동차 넥쏘'는 급진적 혁신이지만, 기존에 가지고 있던 개념 및 기술을 활용하여 외장을 개조한 현대의 '2020년 형 그랜저'는 점진적 혁신이라 부른다.

급진적 혁신은 새로운 지식을 담고 있기 때문에 생산자와 소비자는 혁신에 대한 경험 또는 친숙도뿐만 아니라 혁신에 대한 유용성과 신뢰성에 대한 판단도 매우 다르다.[5] 혁신에 대한 경험 또는 친숙도가 낮을수록 그 혁신에 대해 더 많은 위험을 느끼게 된다. 그렇기 때문에 급진성(radicalness)은 위험의 정도에 따라서 정의된다. 즉 혁신에 대해서 기업이 느끼는 위험도가 높을수록 그 혁신의 급진성은 높아진다. 예를 들면 3세대 무선통신은 이전 무선통신에서 없던 화상 전화와 인터넷 서비스가 가능했다. 그리고 이러한 서비스를 제공하기 위해서는 대용량 대역폭이 필요했고, 그것을 실현시키기 위해서 기업은 새로운 네트워크 장비와 인프라스트럭처에 엄청난 양의 투자를 해야만 했다. 또한 고용량 메모리, 화상통화를 위한 디스플레이, 파워효율을 높인 배터리를 장착한 단말기도 개발해야 했다. 게다가 소비자가 이 서비스에 대해 얼마나 가치를 인정해줄지도 의문이었다. 따라서 그 당시 3세대 무선통신이라는 혁신은 위험이 높은 급진적 혁신이었다. 이 같은 급

---

4 Duchesneau, T., Cohn, S., and Dutton, J. (1979). A Study of Innovation in Manufacturing: Determinants, *Processes and Methodological Issues*, Vol. 1, Social Science Research Institute, University of Maine.

5 Dewar, R. and Dutton, J. (1986). "The adoption of radical and incremental innovations: An empirical analysis," *Management Science*, 32(11): 1422-1433.

진적 혁신의 수용 여부를 결정할 때 경영자들은 그 혁신의 실현가능성(feasibility), 신뢰성(reliability), 비용(cost), 수요(demand)를 포함한 다양한 위험을 동시에 평가해야만 한다

급진성의 정도는 시간에 따라 변하고 대상에 따라서도 다르게 인식할 수 있다.[6] 한때 급진적이라고 간주되었던 혁신은 시간이 흐르면서 관련 지식들이 보편화되면서 점진적 혁신으로 변화된다. 스마트폰, 디지털 카메라가 처음 소개되었을 때 기업과 소비자 모두 급진적 혁신으로 간주했다. 그러나 지금은 어느 누구도 이 제품을 급진적이라고 하지 않는다. 지금은 작은 변화를 담은 점진적 혁신 제품들이 지속적으로 출시되고 있을 뿐이다. 한편 동일한 혁신에 대해 기업에 따라 급진성의 정도를 다르게 인식할 수 있는데, 그 대표적인 예로 소니와 코닥이 있다. 소니는 디지털 카메라를 출시하기 전에 전자제품을 제조하는 회사라 디지털 리코딩 및 그래픽 기술에 높은 전문성을 가지고 있었다. 반면에 코닥은 오랫동안 화학적 사진기술(chemical photography), 즉 아날로그 카메라에 경쟁력을 가지고 있었지 디지털 기술에는 문외한이었다. 이 같은 상황에서 소니와 코닥이 비슷한 시기에 디지털 카메라를 출시했다고는 하나 코닥은 소니에 비해 이 혁신을 훨씬 더 급진적이라 인식했을 것이고 더 많은 어려움이 따랐을 것이다. 이 때문인지 코닥은 결국 디지털 기술에 적응하는 데 실패하고 시장에서 사라지게 되었다.

앞서 언급했듯이 급진적 혁신은 새로운 지식 및 자원을 기반으로 하는 반면 점진적 혁신은 기존 지식 및 자원을 기반으로 한다. 따라서 점진적 혁신에 대해서 현존 기업이 신규 진입자 보다 나은 위치에 있게 되는데, 그 이유는 현존 기업은 보유한 기존 지식 및 자원이 신규 진입자 보다 풍부하여 지식 및 자원의 활용 역량이 더 뛰어나기 때문이다. 반면 급진적 혁신에 대해서는 신규 진입자가 현존 기업보다 더 유리하다. 왜냐하면 현존 기업과 달리 신규 진입자는 이전 지식을 새로운 지식으로 바꾸는 노력이 필요 없기 때문이다. 게다가 현존 기업은 기존 제품을 파괴하는 급진적 혁신에 투자할 동기가 신규 진입자에 비해 월등히 낮아 신규 진입자들이 급진적 혁신에 더 적극적일 수밖에 없다.

[6] Schilling, M. (2017). *Strategic Management of Technological Innovation*, 5th edition, p.49, New York, McGraw-Hill.

4-3 경쟁력 강화 혁신 대 경쟁력 파괴 혁신

경쟁력 강화 혁신(competence-enhancing innovation)은 기업이 기존에 가지고 있는 경쟁력을 바탕으로 만들어낸 경우를 말한다. 인텔의 마이크로프로세서는 286, 386, 486, pentium 시리즈, core 2 시리즈, core i 시리즈 등으로 진화해왔다. 인텔의 새로운 마이크로프로세서는 이전 버전을 만드는 데 바탕이 되었던 지식을 활용해서 가치를 더 증대시키고 경쟁력을 지속적으로 활용해왔는데 이것이 경쟁력 강화 혁신의 대표적인 예라 할 수 있다.

반면 기업의 기존 경쟁력에 기반하지도 않고 오히려 기존 경쟁력을 진부하게 만들어 버리는 혁신을 우리는 경쟁력 파괴 혁신(competence-destroying innovation)이라고 부른다. 1960년대부터 1970년대 초까지 수학자 또는 엔지니어들은 계산자(slide rule) 없이는 어떤 일도 할 수 없었다. 그 당시 계산자는 교량의 구조적인 특성에서부터 비행기 연료 사용까지 모든 것을 계산하는 데 사용되었다. 1950년대부터 1960년대 동안 Keuffel & Esser(K&E)는 미국 최고의 계산자 제조업체로 군림했었다. 그러나 1970년대 초 휴대용 전자계산기가 소개되면서 계산자는 수집가들이나 찾는 물건이 되어버렸고 박물관에서나 볼 수 있게 되었다. K&E는 전자관련 지식을 보유하고 있지 않았기 때문에 새롭게 등장한 '휴대용 전자계산기'라는 혁신에 전혀 대응할 수 없었고 그들의 경쟁력은 하루아침에 진부하기 짝이 없는 것이 되어 버렸다. 결국 1976년 K&E는 시장에서 철수하고 만다.[7]

이 예에서 보듯이 휴대용 전자계산기라는 혁신은 K&E의 입장에서 보면 경쟁력 파괴 혁신이 되는 것이다. 그러나 이 동일한 혁신이 휴대용 전자계산기를 최초로 개발한 텍사스인스트루먼트(Texas Instrument)의 입장에서 보면 자사의 경쟁력인 집적회로(integrated circuit, IC)를 활용해서 만들었기 때문에 경쟁력 강화 혁신이라고 할 수 있다. 마찬가지로 앞서 예를 들었던 '디지털 카메라' 혁신은 소니의 입장에서 보면 디지털 기술이라는 기존 경쟁력을 확장 활용한 것이기 때문에 경쟁력 강화 혁신이지만 코닥의 입장에서 보면 아날로그 기술이라는 기존 경쟁력을 쓸모없게 만들었기 때문에 경쟁력 파괴 혁신이 된다.

---

7 Scuria-Fontana, C. (1990). "The slide rule today: Respect for the past, history of the slide rule," *Mechanical Engineering-CIME*, p122-124.

4-4 구조 혁신 대 요소 혁신

대부분의 제품과 서비스는 계층적으로 중첩된 시스템 구조를 갖는다. 다시 말해서 한 제품 및 서비스는 여러 요소(components)로 구성된 하나의 시스템(system)이고 이 시스템을 구성한 각 요소는 더 작은 요소들로 구성된 시스템이 되는데, 이 과정은 더 이상 쪼갤

더 들어가기 구조 지식과 요소 지식에 따른 혁신 유형 구분

구조 혁신과 요소 혁신에 대한 정의와 관련해서 핸더슨(Henderson)과 클락(Clark)의 공헌이 지대한데, 그들은 기술 지식(technological knowledge)을 요소 지식(knowledge of component)과 요소 지식들을 연결하는 구조 지식(architectural knowledge)이라는 두 차원으로 구분하고 이에 따라 아래 그림처럼 네 가지 혁신을 정의했다.

그들에 따르면 점진적 혁신은 기존 요소 지식을 개선하고 구조 지식은 그대로인 경우인 반면, 급진적 혁신은 기존 요소 지식이 새로운 요소 지식으로 교체되었을 뿐만 아니라 구조 지식도 변화되었음을 의미한다. 한편 요소 혁신은 요소 지식만 새롭게 교체되었지 구조 지식은 그대로인 경우이고, 구조 혁신은 구조 지식은 바뀌었지만 요소 지식은 기존 것 그대로 개선만 했음을 의미한다.

또한, 그들의 주장에 따르면 구조 지식은 시간이 흐름에 따라 의사소통 채널, 정보처리 과정, 문제 해결 방식 등 기업 조직 내에 깊숙이 스며드는 특성을 갖는다. 이 같은 특성의 진짜 문제는 새로운 구조 혁신이 등장했을 때 기존 기업들이 자주 실패한다는 것이다. 그 이유는 기존 기업들은 조직 내에 스며든 과거 구조 지식에 의존하는 경향이 커서 새로운 구조 지식에 적응하기 어렵기 때문이다. 따라서 기업은 새로운 구조 지식에 빠르게 적응할 수 있는 조직 및 학습 관리가 항상 요구된다.

<그림> 핸더슨과 클락에 따른 네 가지 혁신 유형

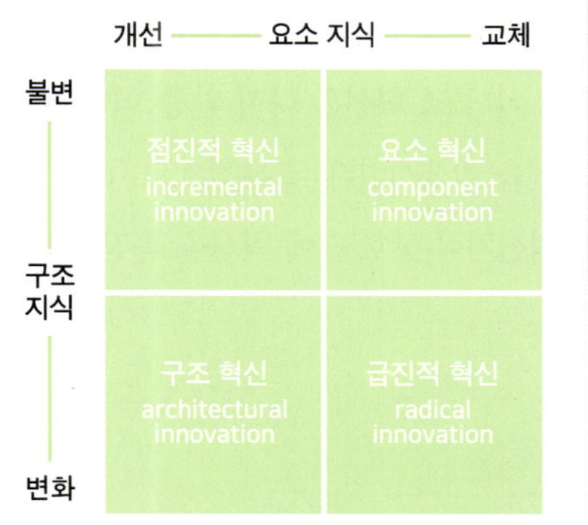

자료: Henderson, R. and Clark, K.(1990). "Architectural innovation: the reconfiguration of existing product and the failure of established firms," *Administrative Science Quarterly*, 35(1): 9-30.

수 없는 요소에 도달할 때까지 계속될 수 있다.[8] 예를 들면 자전거는 프레임, 핸들, 타이어, 안장, 브레이크 등의 요소들로 구성된 하나의 시스템인데, 이 중 한 요소인 안장은 다시 금속과 플라스틱 프레임, 충전재, 나일론 커버 등으로 구성된 시스템이라고 할 수 있다. 즉 연구자의 분석 수준에 따라 요소가 시스템이 될 수도 시스템이 요소가 될 수도 있음을 알아 둘 필요가 있다.

요소와 시스템의 구분이 중요한 이유는 이 구분을 기반으로 구조 혁신(architectural innovation)과 요소 혁신(component innovation)에 대한 정의를 내릴 수 있기 때문이다. 구조 혁신이란 시스템을 구성하는 요소들 간의 결합 방식, 즉 구조 전반에는 엄청난 영향을 주지만 개별 요소는 그대로인 경우를 말한다. 반면 요소 혁신은 하나 또는 그 이상의 요소는 크게 변하지만 구조 전반은 그대로인 경우를 의미한다.[9]

자전거의 역사적 변화 과정을 통해 구조 혁신과 요소 혁신 간의 차이점을 살펴보자. 1800년대 자전거는 매우 큰 앞바퀴를 가지고 있었다. 그 이유는 그 당시에는 자전거 페달을 밟아서 앞바퀴가 돌아간 거리만큼이 이동거리가 되므로 앞바퀴의 지름이 클수록 더 많이 이동할 수 있었기 때문이다. 20세기에 들어와서 금속공학이 발달하면서 사람이 쉽게 자전거를 움직일 수 있도록 도와주는 체인과 톱니바퀴가 개발되었다. 그리고 이전의 큰 앞바퀴 자전거 구조는 사라지고 앞·뒤 동일한 크기의 바퀴를 갖는 자전거 구조로 바뀌게 되었다. 그리고 큰 앞바퀴가 했던 역할을 기어가 대신 맡아서 하게 되었다. 또한 바퀴가 작아지면서 충격을 흡수하는 바퀴살까지 짧아져서 짧아진 바퀴살을 대신해서 완충 역할을 해줄 수 있는 서스펜션 시스템과 공기 타이어가 개발되었다. 이 예를 보면 자전거는 20세기 금속공학의 발달로 요소 혁신인 체인과 톱니바퀴가 개발되었고 이 덕택에 이전보다 작고 앞·뒤 동일한 크기의 바퀴와 짧아진 바퀴살과 같은 구조 혁신이 일어났다. 그리고 이 구조 혁신은 다시 완충 역할을 해주는 서스펜션 시스템과 공기 타이어라는 요소 혁신을 발생시켰다. 결론적으로 구조 혁신과 요소 혁신은 서로 다르지만 제품 혁신과 공정 혁신처럼 상호 간에 혁신을 촉진하는 역할을 하고 있음을 알 수 있다.

---

8 Simon, H. (1962). "The architecture of complexity," *Proceedings of American Philosophical Society*, 106: 467-482.

9 Henderson, R. and Clark, K. (1990). "Architectural innovation: the reconfiguration of existing product and the failure of established firms," *Administrative Science Quarterly*, 35(1): 9-30.

4-5 존속성 혁신 대 와해성 혁신

와해성 기술 또는 혁신의 개념은 하버드대 교수인 클레이튼 크리스텐슨(Clayton Christensen)에 의해 소개되었다.[10] 그는 존속성 기술(sustainable technology)과 대별되는 개념으로 와해성 기술(disruptive technology)을 설명했다. 존속성 기술이란 불연속적이거나 급진적일 수도 있지만 대부분은 점진적인 성향을 지닌다고 설명했다. 모든 존속성 기술의 공통점은 주류 시장에서의 주 고객이 일반적으로 평가하고 기대하는 수준에 따라 기존 제품의 성능을 향상시켜 준다는 것이다. 반면 와해성 기술은 일반적으로 주류 시장의 기존 제품에서는 제 기능을 다하지 못하지만 소수의 기존 고객이나 새로운 고객으로부터 높은 가치를 부여받는 특성이 있다. 또한 와해성 기술에 기반한 제품은 전형적으로 더 싸고, 더 단순하고, 더 작고, 더 편리하다. 존속성 기술과 와해성 기술의 대표적인 예로는 백화점과 할인판매점, 메인프레임 컴퓨터와 개인용 컴퓨터(PC), 장거리용 대형 모터사이클과 비포장도로용 소형 모터사이클 등이 있다.

크리스텐슨 교수는 그의 저서 「혁신기업의 딜레마(The Innovator's Dilemma: When New Technologies Cause Great Firms to Fail)」에서 밝혔듯이 고도의 존속성 기술이 선도 기업을 실패로 몰아간 적은 거의 없지만 와해성 기술은 선도 기업을 실패로 몰아간 사례가 많다고 했다.[11] 그 이유는 선도 기업은 주 고객의 기대 수준을 계속해서 만족시키기 위해 존속성 기술 개선에 매달리는 성향을 띄고, 이 성향은 작지만 파괴력 있는 신규시장, 즉 와해성 기술을 기반으로 한 시장을 간과하게 만들기 때문이다. 와해성 기술이 주류 시장을 지배할 즈음되면 선도 기업은 이미 시장을 빼겨버린 상태가 되고 만다는 것이다. 이처럼 와해성 기술의 등장으로 선도 기업이 시장에서 실패하는 상황을 줄이기 위해 크리슨텐슨 교수는 와해성 기술의 네 가지 원칙을 소개하고, 각 원칙에 선도 기업들이 어떻게 대비해야 하는가를 제시했다.[12]

---

10 Bower, J. and Christensen, C. (1995). "Disruptive technologies: Catching the wave," *Harvard Business Review*, January-February Issue.

11 Christensen, C. (1997). *The Innovator's Dilemma: When New Technologies Cause Great Firms to Fail*, p30~31, Harvard Business School Press.

12 Christensen, C. (1997). *The Innovator's Dilemma: When New Technologies Cause Great Firms to Fail*, p.35~42, Harvard Business School Press.

1. 와해성 기술의 제1원칙: 선도 기업의 주 고객(투자자)은 낮은 이윤을 내는 와해성 기술투자를 원하지 않는다. 따라서 선도 기업은 고객과 독립된 사업단위를 구축하여 와해성 기술에 성공할 필요가 있다. 왜냐하면 기존 고객으로부터 자유로운 조직은 '와해성 기술 제품을 원하는 다른 고객집단'이라는 방패막이를 가질 수 있기 때문이다.
2. 와해성 기술의 제2원칙: 와해성 기술은 완전히 새로운 시장을 형성한다. 따라서 선도 기업은 처음부터 거대한 시장은 없다는 것을 인정하고, 소규모 시장을 가볍게 여기지 말아야 한다. 즉 와해성 시장 규모에 적합한 소규모 조직을 구축하여 와해성 기술을 상품화할 책임을 부여하도록 한다.
3. 와해성 기술의 제3원칙: 와해성 기술에 관한 시장예측은 항상 부정적이다. 이 말은 와해성 기술 시장은 사전에 예측할 수 없기 때문에 합리적인 시장전략으로 성공할 수 없다는 뜻이기도 하다. 그러므로 선도 기업은 완전히 새로운 '발견과 시행착오의 기획', 즉 '암중모색적인 마케팅 전략'을 구사할 필요가 있다. 즉 시행착오와 실패를 두려워하지 말고 그 경험을 기반으로 의도적 전략(deliberate strategy)을 고수하기보다 창발적 전략(emergent strategy)을 추구할 필요가 있다.[13]
4. 와해성 기술의 제4원칙: 와해성 기술은 결국 기존 주력 시장에서 파괴적인 경쟁력을 갖게 된다. 와해성 기술은 현 시점에서는 비웃음을 살 정도의 저급 기술인데 시간이 흐르면서 엄청난 경쟁력을 갖게 된다. 따라서 선도 기업은 시장의 경쟁기반이 변화하는 지점을 정확히 포착할 수 있는 능력이 있어야 한다.

여러분은 PC 디스크 드라이브 산업에서의 경쟁 기반 변화 사례[14]를 통해 와해성 기술의 제4원칙을 좀 더 실감할 수 있을 것이다. 이 산업에서 최초 경쟁기반은 '저장용량'이었고 5.25인치 드라이브가 시장을 지배했다. 그러나 시간이 지나면서 5.25인치 드라이브는 소비자가 요구하는 저장용량의 3배 이상을 공급할 수 있게 되었다. 그러자 소비자는 '저장용량'을 더 이상 중요하게 생각지 않고 '크기'라는 새로운 요구를 주장하기 시작했다. 이렇게 경쟁기반이 저장용량에서 크기로 바뀌게 되자 5.25인치는 3.5인치 드라이브에 승자

---

13 Christensen, M., Allworth, J. and Dillon, K. (2012). *How Will You Measure Your Life?*, p. 70~71, HaperCollins.

14 Christensen, C. (1997). *The Innovator's Dilemma: When New Technologies Cause Great Firms to Fail*, p.239~244, Harvard Business School Press.

더 들어가기

존속성/와해성 기술의 발달과 소비자 요구 수준

아래 그림에서 보듯이 존속성 기술은 t_1 시점에서 소개된 뒤 시간이 흐름에 따라 제품 성능이 빠르게 개선됨을 알 수 있다. 즉 t_1시점에서 제품성능이 L_3 수준에 불과했으나 t_3가 되면 L_1까지 증가하게 된다. 그런데 L_1수준의 성능은 고사양과 저사양 소비자 요구를 모두 초과하는 수준이다. 게다가 고사양과 저사양 소비자 요구는 둘 다 존속성 기술의 발달에 비해 느리다(고사양과 저사양 소비자 요구 발달을 표시한 점선의 기울기가 존속성 기술 발달의 기울기보다 낮다).

한편, 와해성 기술은 t_2시점에 소개되지만 제품 성능 수준은 저사양 소비자 요구에도 미치지 못할 정도로 낮다. 그러나 와해성 기술의 제품 성능이 L_2까지 올라오면 이때부터 저사양 소비자에게 호소력을 갖기 시작하면서 이 새로운 기술은 기존 시장을 와해시키고, 상당수의 소비자가 존속성 기술에서 와해성 기술로 이동한다. 그리고 기존 기업들은 한참 후까지 와해성 기술의 위협을 인지하지 못한 채 저사양 시장을 신규 진입자들에게 내주고 마진이 높은 위쪽(고사양 시장)으로 이동하려 한다. 문제는 기존 기업들이 지속적으로 존속성 기술을 발달시키는 데는 한계가 있다는 것이다. 왜냐하면 그림에서 보듯이 존속성 기술의 발달은 소비자 요구 발달에 비해 너무 빠르게 성장해서 기존 기업은 소비자가 요구하는 것 이상을 제공하려 하고 그러다 보니 소비자가 기꺼이 지불할 수 있는 금액을 초과하는 가격을 제시함으로써 소비자의 선택에서 멀어질 수 있기 때문이다.

<그림> 시장수요의 궤적 대 기술 향상

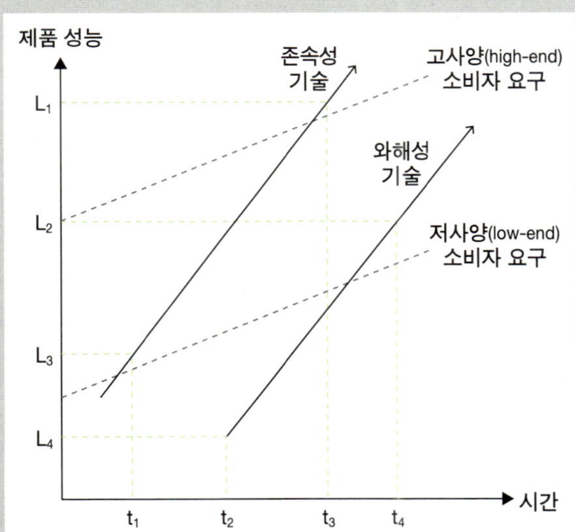

자료: Christensen, C.(1997). *The Innovator's Dilemma: When New Technologies Cause Great Firms to Fail*, p.32-33, Harvard Business School Press.

의 자리를 내줄 수밖에 없었다. 이후로도 이 산업의 경쟁기반은 두 번 더 변경되는데, 크기 이후 충격방지 기능 및 긴 평균 고장주기 등과 같은 '신뢰성'으로 변경되었다가 이마저 초과 충족되자 마지막에는 '가격' 경쟁기반으로 변화되었다. 이처럼 하나의 속성(저장, 크기, 신뢰성, 가격)의 성능 수준이 달성되면 고객은 이 속성을 계속해서 향상시키는 데 돈을 추가적으로 지불하려 하지 않는다. 따라서 특정 속성의 성능초과는 아직 시장수요가 충족되지 못한 속성 쪽으로 경쟁기반을 이동시키는 경향이 있다.

4-6 간소한 혁신

간소한 혁신(frugal innovation)은 '임시방편적 대안'이라는 뜻을 가진 힌두어 '주가드(juggad)'로 불리기도 하고 BOP 혁신(bottom of pyramid innovation), 포용적 혁신(inclusive innovation), 촉매적 혁신(catalytic innovation), 또는 역혁신(reverse innovation)과 같이 매우 다양한 이름으로 불리고 있다. 그러나 이 모든 용어는 공통적으로 BOP(하루 소득이 미화 2.5달러 이하인 계층, 즉 소득 피라미드의 최하위 계층으로 전 세계에 약 3십억 명이 존재함)에 해당되는 소비자 또는 가난한 소비자를 대상으로 하며, 다른 소득 계층이 제공받고 있는 제품 및 서비스를 적정기술을 활용하여 BOP 계층 및 가난한 사람들에게도 제공하고자 하는 것이 공통된 목적이다. 이 같은 목적을 달성하기 위해서는 나비 라쥬(Navi Radjou)와 자이딥 프라부(Jaideep Prabhu)가 자신의 책 「간소한 혁신」[15] 에서 말했듯이 제품 및 서비스의 생산 원가와 복잡성을 줄이는 과정이 필수적이다. 즉 간소한 혁신은 최소한의 자원을 사용해 저렴하면서도 상품성 있는 제품을 만드는 것으로 종종 제품 및 서비스에서 필수적이지 않은 기능들을 모두 제거하는 과정으로 나타난다. 라쥬와 프라부는 역경과 결핍이 혁신의 최고의 원료가 되며, 대세 기술이 아닌 적정기술(appropriate technology)의 중요성을 강조하면서 간소한 혁신을 성공시키기 위해서는 아래와 같이 여섯 가지 원칙을 지켜야 한다고 주장했다.

1. 역경 속에서 기회를 발견하고 결핍을 기회로 바꿔라(Find opportunities in a context of adversity and transform constraints into opportunities).

---

15 Radjou, N. and Prabhu, J. (2015). *Frugal Innovation: How to Do More with Less*, The Economist.

미니 사례 간소한 혁신과 역혁신 사례

간소한 혁신의 대표적인 예로는 점토로 만든 냉장고 '미티쿨(Miticool)(미티는 힌두어로 땅이라는 뜻임)'이 있다. 이것은 인도의 도예가 만수크 프라자파티(Mansukh Prajapati) 가 2001년 지진으로 파괴된 마을에서 사람들이 냉장고 대신 깨진 질그릇을 사용하는 것을 보고 미티쿨을 발명해 팔기 시작했고 점차 수요가 늘어 해외 수출까지 하게 된 사례다. 미티쿨의 원리는 윗부분의 용기에 물을 부으면 물이 점토로 된 벽면을 타고 흘러내려오면서 증발해 냉장고 안의 온도를 섭씨 8도까지 낮추는 것이다. 이 냉장고는 전기도 필요 없고 자연 분해되어 오지에서도 사용할 수 있는데다 값이 미화 5십 달러밖에 되지 않는다. 미티쿨 덕택에 프라자파티는 미국 경제지인 포브스에서 인도에서 가장 영향력 있는 벤처 사업가로 선정되기도 했다.

간소한 혁신의 다른 예로는 인도의 다국적 엔지니어링 회사인 KPIT Technologies의 레볼로(Revolo)이다. KPIT는 2010년 플러그인 방식의 저가형 하이브리드 자동차 시스템인 레볼로를 출시했다. 레볼로 키트를 가솔린 자동차에 설치하면 연료 효율이 높은 고성능 하이브리드 자동차로 바꿀 수 있다. 충전식 배터리와 전동기, 도르래가 포함된 레볼로 키트는 정비공이 6시간 만에 대부분 기종의 자동차에 설치할 수 있다. 레볼로를 발명한 공학자인 테자스 크샤트리아(Tejas Kshatriya)는 2008년 뭄바이에서 교통 체증에 갇혔을 때 아이디어를 얻었다고 한다. 그래서 레볼로는 가다 서다를 반복하는 도심 교통 상황에서 가장 효과적인데, 이는 브레이크가 작동할 때 발생한 운동에너지를 차후에 사용할 수 있도록 저장해 두기 때문이다. 레볼로는 연료 효율을 35% 이상 향상시키고, 온실가스 배출량을 30% 가까이 감축하는데다가 그 가격은 미화 1천3백~3천2백5십 달러 정도로서 다른 하이브리드 자동차보다 약 80%가 저렴하다.

이번에는 간소화 혁신을 통해 개발도상국에서 선진국으로 전파된 역혁신 사례를 소개하고자 한다. 2000년대 초 GE 헬스케어가 처음 인도에 진출할 당시 내세운 초음파 심전도기의 주력상품은 프리미엄급이었다. 한국 돈으로 약 3백만~1천만 원에 이르는 제품을 만들어 대대적인 판매 활동을 시작했지만 대실패였다. 경쟁사인 인도 업체 BPL 헬스케어와의 경쟁에서 여지없이 패배했다. 놀란 GE 헬스케어 측은 조사팀을 보내 그 원인을 분석했다. 그 결과 인도인 25명 중 1명꼴로 심장질환을 앓고 있어 질환의 조기 발견을 위해서는 초음파 심전도기기가 매우 절실했지만 인도인 대부분은 가난해서 초음파 심전도기기를 설치한 큰 병원은 갈 수 없었고, 대신 검사비용과 치료비가 싼 인근 작은 병원을 찾고 있었다. 게다가 인도는 땅이 넓어 작은 병원조차도 쉽게 도달할 수 있는 거리가 아닌

자료: Miticool 홈페이지.

자료: KPIT Technologies 홈페이지.

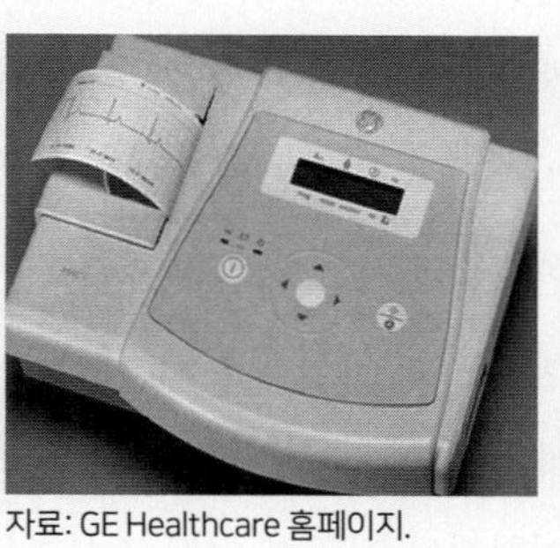
자료: GE Healthcare 홈페이지.

미니 사례

간소한 혁신과 역혁신 사례 <계속>

경우가 많아 급한 경우 병원 의사가 환자 집을 방문할 수밖에 없는 경우도 잦았다. 이 사실을 안 GE 헬스케어에서는 인도시장에 맞는 중저가형의 휴대용 초음파 심전도기 'MAC400'을 출시했다. 이 제품은 사양을 최소화해 가격을 낮추었고, 무게를 1.3kg 정도로 줄이고 어깨 끈을 매달아 손쉽게 휴대가 가능하게 했다. 또한 사용법도 쉽게 만들어 붉은 색과 녹색 버튼만 누르면 작동이 가능하도록 했다. 그 결과 인도인을 대상으로 한 심전도 진단 비용이 당초 한화 약 2만 1천원에서 한화 1천6십3원으로 대폭 인하되었다. 결국 이 중저가 휴대용 초음파 진단기기의 수요는 폭발적으로 늘어나기 시작했고, 인도뿐만 아니라 아시아는 물론 전 세계로 퍼져나갔다.

자료: 한국일보, "더 검소하게 더 유연하게 인도의 '주가드'에 주목하다," 2015년 11월 8일자 기사.

2. 적은 비용으로 더 많은 것을 하라(Do more with less).
3. 유연하게 사고하고 행동하라(Think and act with agility).
4. 단순함을 추구하라(Aim for simplicity).
5. 주류가 아닌 비주류(소외계층)를 포함시켜라(Involve the marginal population).
6. 마음이 시키는 대로 하라(Follow your heart).

앞서 이야기했듯이 간소한 혁신의 주 대상이 낮은 소득 계층이다보니 다국적 기업의 개발도상국 진입 전략으로 많이 활용되었다. 최근에는 개발도상국의 소득이 증대되는 한편 선진국은 저성장 시대의 장기화로 인해 '가격 대비 성능(가성비)'이 구매의 중요한 기준이 되었다. 따라서 저비용으로 새로운 가치를 생산하는 간소한 혁신은 개발도상국뿐만 아니라 선진국에서도 각광받는 시대가 된 것이다. 또한 과거에는 선진국에서 만들어진 제품 및 서비스를 적정기술(지역적 조건에 맞추어서 새롭게 만든 것으로 더 적은 자원을 사용하며, 유지하기 더 쉽고, 환경에 더 적은 영향을 미치는 기술)을 활용해서 간소화시킨 제품을 개발도상국 소비자에게 공급했다면, 지금은 개발도상국에서 만들어진 제품 및 서비스가 폭발적 인기를 얻어 선진국으로 확산되는 역혁신(reverse innovation)이 일어나기도 한다. '역(거꾸로)'라는 용어가 붙은 이유는 대부분의 혁신은 선진국에서 시작되어 개발도상국으로 확산되는 데 간소화 혁신의 과정을 겪은 제품 및 서비스는 거꾸로 개발도상국에서 시작되어 선진국으로 확산되기 때문이다. 앞선 미니사례를 읽어보면 간소한 혁신과 역혁신이 정확히 어떤 것을 일컫는지 좀 더 실감할 수 있을 것이다.

[사례연구] 세상 사람들의 이동방식을 바꾼 파괴적 기업 우버

우버(Uber)는 2013년 한국에 승차 공유 서비스(ride sharing service)를 제공하는 '우버엑스(X)'로 진출했다가 서울시의 고발로 사업을 접었다. 2019년 한국 SKT모빌리티와 업무 협약을 맺고 외국인 택시호출서비스로 한국 시장 문을 다시 두드렸다. 한국은 규제로 인해 승차 공유 서비스의 제공은 보편적이지 않으나 우버와 같은 시스템을 적용한 택시 호출 서비스는 매우 인기가 높다. 택시 승강장에서 택시를 기다리는 한국인은 이제 나이가 많은 사람밖에 없을 것이다. 대부분의 소비자는 앱(예: 카카오 택시)을 사용해서 자신이 있는 곳으로 택시를 호출하는 것이 보편적인 방법이 되었다. 이처럼 세상 사람들이 이동하는 방식을 완전히 바꾸어 놓은 우버에 대해서 자세히 알아보자.

우버의 탄생

우버의 아이디어는 공동 창업자인 트라비스 캘러닉(Travis Kalanick)과 개릿 캠프(Garrett Camp)가 2008년 파리를 방문했을 때 시작되었다. 그들은 눈 속에서 택시 잡는 것이 너무 어려웠고 거기서 영감을 얻어 택시 호출 문제를 해결하는 스마트폰 앱을 구상했다. 샌프란시스코로 돌아온 캠프는 먼저 'UberCab.com'이라는 도메인 이름을 산 뒤 캘러닉을 설득해서 그 회사를 운영토록 했다. 그래서 2010년 샌프란시스코와 실리콘 밸리 임원을 대상으로 한 '프라이빗 고급 카 서비스(private luxury car service)를 제공하는 UberCab 사업이 시작되었다. 사업 시작한 지 몇 개월 되지 않아, 캘리포니아 공공시설위원회(Public Utilities Commission)와 샌프란시스코 시영교통국(Municipal Transportation Agency) 양쪽으로부터 정지명령(cease-and-desist)(행정기관이 부당경쟁·노동행위에 내리는 명령)을 받게 된다. 내용인즉, 택시 면허 없이 운영되는 우버는 모든 광고와 운영을 즉각적으로 중지하거나 또는 계속 운영한다면 하루당 1천 달러의 벌금 또는 90일 수감을 택해야 한다는 것이다. 캘러닉은 우버가 택시 사업이 아니라 단순히 기사와 승객을 연결시켜주는 소프트웨어 플랫폼을 제공하는 사업이라고 생각했기 때문에 회사 이름을 UberCab에서 Uber로 바꿨다.

몇 개월 후 우버의 사업 여세는 커져 승객과 운전사를 지속적으로 끌어 모았고 투자자들도 몰렸다. 2011년 2월 우버는 1천 1백만 달러 투자를 받았고, 이후 몇 년간 멘로 벤처스(Menlo Ventures), 구글 벤처스(Google Ventures), 피델리티(Fidelity), 블랙록(BlackRock)과 같은 세간의 이목을 끄는 기업들로부터 추가 투자금을 받았다. 2013년 5월 우버는 3억 3천 3백만 달러의 가치를, 2014년 여름에는 1백8십억 이상의 가치를, 2015년 말에는 5백1십억의 가치를 갖는 업체가 되었다.

우버 서비스 작동 방식

우버의 서비스는 고객이 사용하기 매우 쉽다. 우버를 사용하려면 스마트폰에서 앱을 다운로드해서 계정을 만들고 자신의 신용카드 정보를 넣기만 하면 된다. 이렇게 호출할 준비가 되면 스마트폰에서 우버 앱을 열고 호출버튼을 누르면 된다. 앱은 고객 근처에 있는 운행 가능한 기사를 스마트폰 화면에 보여주며, 보통 몇 초 내에 기사가 응답하고, 고객을 향해 출발한다. 기사가 고객에게 갈 때 고객은 지도상에서 기사가 오는 것을 볼 수 있고 앱은 기사의 이름과 지금까지의 평판 점수를 보여준다. 만약 기사의 평판점수가 낮으면 고객은 그 기사의 응답을 거절할 수 있으며, 필요에 따라서 고객은 기사와 전화 또는 문자로 의사소통도 가능하다(기사의 실제번호는 비밀). 기사가 승객을 실으면 기사는 내장된 GPS시스템의 안내에 따라 목적지까지 운전한다. 목적지에 도착하면 현금이 오고갈 필요 없이 요금은 자동으로 소비자의 계정에서 차감된다. 운행이 완료되면 소비자에게 이메일 영수증이 도착하며, 이때 고객은 기사의 평판점수를 매기도록 권유받는다. 우버의 가격은 GPS에 의해 측정된 운행 거리와 시간에 의해 결정된다.

혼잡시간, 악천후, 특별한 날과 같이 승객 수가 최고조인 시간 동안에 우버는 '할증(surge pricing)' 조치를 취해 모든 운행 가격을 보통 때보다 1.5배에서 7배까지 올린다. 가격상승 뒤에 있는 정밀한 알고리즘은 수수께끼이긴 하지만 우버는 수요가 공급을 초과할 때마다 자동적으로 할증이 발효된다고 한다. 그리고 할증이 발효될 때 고객은 앱에서 '할증' 공지를 볼 수 있고, 고객이 차를 호출하기 전에 정확히 얼마의 금액이 오르는지도 알 수 있게 해준다. 우버가 가져가는 수수료는 요금 액에 관계없이 균일한 비율로 부가하는데, 보통 20%이다.

기사 입장에서 우버 시스템은 앞서 이야기한 고객 입장의 반대이다. 고객이 차를 호출했을 때 근처에 있는 기사는 응답할 선택권이 있으며, 평판점수가 낮은 승객의 호출은 거절할 권한도 있다. 기사는 필요 시 전화 또는 문자로 고객과 소통할 수 있다(고객의 실제번호는 비밀). 우버 기사의 앱은 추가적 기능을 가지고 있는데, 승객을 발견하기 쉬운 장소를 시각화해주는 '히트 맵(heat maps)이 있으며, 수익 아이콘 기능은 기사가 벌어들인 전체 소득과 수수료를 뺀 실제소득을 분리해서 보여준다. 피드백 아이콘도 있는데, 이건 승객이 남긴 메시지를 포함해 기사의 평판 점수를 보여준다. 우버 샌프란시스코 본부는 '갓 뷰(god view)'라는 소프트웨어를 우버 경영자들에게 제공하는 데, 이것은 도시 내에 있는 우버 차량 전부를 실시간으로 보여줄 뿐만 아니라 잠재적 고객의 위치도 보여준다. 우버는 복잡한 데이터 분석을 활용해서 기사들에게 고객을 태우는 데 최고의 장소를 알려준다. 그리고 우버는 이 부분에 엄청난 노력을 쏟는데, 최고의 효율성을 갖는 알고리즘을 만들어내기 위해 원자물리학에서부터 계산생물학 분야의 박사들로 구성된 대규모 데이터 사이언스 팀을 활용하고 있다.

우버 기사 활용 모델

우버 기사는 정규 근로자가 아니라 독립된 계약 근로자이다. 따라서 그들은 의료혜택, 퇴직, 장애, 휴가, 실업 및 상해급여 등을 받지 않고 승객을 태워줘서 벌어들인 금액만을 받게 된다. 우버는 모든 요금에 대해 고정 비율로 수수료를 받고 있는데, 2015년 인상되었다. 도시와 상황에 따라 총 요금의 20%에서 30%를 수수료로 떼고 있고 나머지는 기사의 몫이다. 우버는 차량을 소유하지 않는 대신 자차를 운전하는 기사들을 위해서 위탁 및 파견 시스템을 제공한다.

우버블랙(UberBlack) 서비스는 개인 리무진 서비스 비용보다는 낮으나 택시 서비스보다는 40%에서 100% 더 비싸다. 우버블랙의 경우 기존 리무진 서비스 네트워크에 있는 리무진 기사들이 우버 시스템에 등록하는데, 우버블랙은 이들에 의존해서 운영되고 있다. 미국은 리무진 기업의 수가 증가하고 있는데(20~40% 증가한 것으로 추정됨), 이 기업에 속한 기사들은 모두 우버 시스템에 등록할 수 있다. 우버블랙의 기사가 되기 위해서는 상업용 면허증과 상업용 자동차 보험증을 가지고 있는 전문 운전자여야 한다. 그들의 차량은 우버가 제시하는 기준에 맞아야 하며, 운전기록이 깨끗해야 하고, 주와 연방 수준 양쪽에서 신원조회를 받아야 한다.

2013년 우버엑스가 소개되었는데, 이는 우버블랙보다 저렴한 서비스로 비전문 운전자들이 개인 차량을 활용해서 우버 플랫폼에 등록할 수 있도록 했다. 보통 우버엑스는 일반 택시요금보다 10% 절약된다. 우버엑스의 기사가 되기 위한 조건은 우버블랙 기사보다 덜 엄격하다. 우버엑스 기사의 조건으로 나이는 21살 이상이어야 하고, 운전면허증이 있어야 하며, 상업적 목적으로 차량을 사용할 수 있는 자동차 보험을 소지해야 한다. 물론 운전기록은 깨끗해야 하고, 신원조회를 받아야 하며, 개인 차량은 문 네 개짜리 중 또는 대형이어야 하고 상태가 좋아야 한다. 우버엑스 기사는 아이폰(iPhone)을 가지고 있어야 하는데, 없으면 회사가 일주일에 10달러를 받고 대여를 해준다. 2015년경 우버는 새로운 서비스 옵션인 우버엑스엘(UberXL)을 소개했다. 우버엑스엘의 요금은 우버엑스 수준이나 여섯 명의 승객을 태울 수 있는 큰 차량을 원하는 경우에 제공되고, 우버에스유브(UberSUV)는 우버블랙 서비스를 원하나 SUV차량을 원하는 경우에 제공된다.

우버의 기사는 근무시간을 스스로 정할 수 있는데다 소득도 괜찮은 수준이며, 요금이 지불될 때마다 자동으로 해당 기사에게 입금되어 믿을 수 있고, 시스템에서 불량 고객의 서비스를 유예시킬 수 있는 권한도 있다. 게다가 우버는 종종 기사에게 상여금을 지급하는데 특히 첫해 운전자에게 지급한다. 또한 자신의 차량이 없음에도 불구하고 우버 기사가 되고 싶은 경우를 위해 우버는 필요한 차량을 구매할 수 있도록 유리한 대출 조건을 제공하기도 한다.

경쟁

우버는 택시 산업과 직접적인 경쟁자이다. 미국에서 대부분의 택시는 메달리온(medallion)이라 불리는 면허증이 있어야 운행이 가능하다. 몇몇 도시는 이 메달리온 시스템을 통해 운행 가능한 택시 숫자를 통제한다. 예를 들어 뉴욕은 인구가 엄청나게 증가했음에도 불구하고 몇십 년 동안 택시 숫자가 그대로였다. 샌프란시스코 역시 인구가 증가하고 있음에도 불구하고 메달리온 발급 숫자의 상한선을 정해놓았다. 반면 워싱턴DC와 같은 도시는 면허증을 획득하고 규정에 맞게 운영하는 한 모두에게 택시를 운행할 권리를 부여했다. 규정상 길거리에서 부를 수 있고 호출해서 차량이 즉시 배차되는 것은 오직 택시밖에 없다. 따라서 택시는 대여차량과 구분될 수 있도록 외양을 다르게 하고, 서비스 중인지 아닌지를 고객이 알 수 있도록 표시해야 한다. 그리고 택시 요금은 운행 시간과 거리를 기준으로 정하고 택시미터기를 통해 가격이 매겨진다.

택시에 대한 불만은 차고 넘쳤는데, 안전벨트 고장 또는 뜯겨진 좌석과 같이 차량 점검상태가 불량하거나 불결한 경우가 많다. 어떤 택시는 신용카드를 받지만 그렇지 않은 택시도 많고, 택시 운전사들은 운전 중에 전화를 하며 심지어 문자를 보내기도 한다. 또한 차량에 GPS가 장착되어 있지 않아 고객이 목적지 방향을 알려줘야 하고, 어떤 택시는 음악과 광고를 너무 크게 틀기도 한다. 게다가 택시를 잡기 위해서는 보통 도로에 서서 차량에 근접해서 불러야만 하는데, 이건 완전 복불복인 셈이다.

게다가 택시 기사가 되는 것이 규제 때문에 쉬운 일이 아니다. 앞서 말했듯이 몇몇 도시는 메달리온 숫자에 상한선을 두고 있어 치솟는 면허증 가격에 택시 기사가 되는 것도 된 후에도 힘들다. 예를 들어 뉴욕은 이 가격이 급등하여 2013년 최고치에 도달했는데 2백 개 메달리온의 경매 가격이 2억 달러에 달했다. 비싼 면허증 외에도 런던의 경우 택시 면허증을 따려면 인간 지도처럼 거리를 속속들이 알아야 하는 '소양시험(knowledge test)'에 통과해야 한다. 사실 요즘 같이 GPS가 흔한 세상에서 이 같은 시험은 진부함에도 불구하고 계속 요구됨에 따라 어려움이 가중되고 있다. 어떤 경우는 이 시험에 통과하는데 4년씩 걸리기도 한다. 몇몇 운전자들은 자신 소유의 메달리온을 갖고 있지만 가격이 너무 비싸서 대다수는 차량을 소유한 기업이 메달리온을 구매해서 운전자들에게 대여해준다. 뉴욕 메달리온 소유자들은 일일 또는 일주일 단위로 메달리온 차량을 대여해주는데, 종종 하루에 2 교대로 대여시켜서 수익을 두 배로 올리기도 한다. 뉴욕과 같은 도시에서 독립 계약자로 일하는 경우 메달리온 차량을 대여하는 데 1년에 7만 5천 달러를 지불해야 하는데, 보통 정규 근로(하루 8시간 근무)를 했을 경우 택시 운전자의 연 평균 소득은 2만 7천 달러에서 4만 1천 달러이다. 게다가 운전자는 회사에 대여료로 1교대 기준 1백3십 달러를 지불해야만 한다. 따라서 뉴욕의 택시 위원회 위원이 언급한 것처럼 "택시 산업은 메달리온 소유자가 독식하는 산업이 되었고 실제 일하는 운전자들은 엄청나게 짠 임금밖에 받지 못하는 상황이 되었다." 이 같은 상황에서 몇몇 택시 기사들이 우버로 이탈하는 것은 놀라운 일이 아니다(표 1 참조).

우버는 대여차량(livery vehicle)(리무진 및 검정색

<표 1> 우버 vs. 택시 및 개인기사의 시간당 평균 소득 비교

도시명	우버 운전사	택시운전사/개인기사
보스톤	$ 20.29	$ 12.92
시카고	$ 16.20	$ 11.87
워싱턴 DC	$ 17.79	$ 13.10
로스앤젤레스	$ 17.11	$ 13.12
뉴욕	$ 30.25	$ 15.17
샌프란시스코	$ 25.77	$ 13.72
20개 지역 서베이 결과 평균	$ 19.19	$ 12.90

타운 카와 같은 임대 차량) 서비스와도 경쟁 관계이다. 미국에서 대여차량 서비스는 주정부에 의해 규제받는다. 대부분 도시에서 택시와 달리 대여차량은 거리에서 잡을 수 없으며 승차 요청에 즉각적으로 대응할 수도 없다. 대신 그들은 적어도 1시간 전에 미리 배정되어야만 한다. 전형적인 리무진 운전사는 한 시간에 11달러에서 12달러를 번다. 가끔 리무진 운전자는 자신의 차량을 갖고 리무진 회사와 독립적 계약자로 일하기도 하고, 리무진 회사가 고용된 운전자에게 차량을 제공하기도 한다.

우버는 또한 리프트(Lyft)와 사이드카(Sidecar)와 같은 다른 승차 공유 서비스 기업들과 경쟁을 하고 있다. 그리고 이들은 엄청난 기세로 성장하고 있다.

문제점

우버가 사업을 시작한 지 몇 개월 지나지 않아 규제기관, 정치가, 택시산업계 모두 우버를 반대하기 시작했다. 2015년이 최고의 격전시기로, 네덜란드와 한국은 우버를 금지하거나 불법 택시 서비스로 규정했으며, 우버가 운행되는 다른 나라는 택시 기사들이 승차 공유 서비스의 규제에 실패한 정부에 항의를 위해 자주 파업을 단행했다. 이 파업은 때때로 폭력으로 분출되어 여론에 불을 지피고 글로벌 뉴스를 장식하기도 했다. 사실 우버의 승차 공유사업의 합법성은 이렇다 저렇다 이야기할 수가 없다. 왜냐하면 택시와 리무진 산업을 규정하는 법은 존재하지만 우버 서비스는 그들과 비교할 수 없는 독특한 특성을 갖고 있기 때문이다. 그 차이의 핵심은 기술이다. 규제기관도 정부도 전혀 예상치 못한 것으로 우버 네트워크는 전례 없는 파괴력을 보여주었다. 또한 대부분의 법은 광범위한 규모로 실시간 승차 공유를 조정할 수 있는 소프트웨어가 존재하기 이전에 만들어졌으며, 대부분의 규제는 승객이 자신의 스마트폰에서 차량을 호출할 수 있다는 것을 규제기관이 생각할 수 없을 때 만들어졌다. 그리고 우버의 주요 비평 중 하나인 비전문 운전자의 활용으로 시민의 목숨을 위험에 빠뜨린다는 것이다. 우버엑스 운전자들은 비전문가이기 때문에 일부 사실이지만 진짜로 그런지는 확신할 수 없다. 그리고 우버 측에 따르면 택시산업보다 신원조회를 더욱 까다롭게 한다고 주장하는 데다 택시회사마다 운전사를 검열하는 방식이 다르기 때문에 우버가 정말 시민을 위험에 빠뜨리고 있는지는 확실치 않다(표 2 참조).

이처럼 규제기관과 택시 산업과의 충돌 이외에도

<표 2> 산업별 운전자 요건 참조 — 미국

산업	요건
우버	최소연령 21세; 2000년 이후 차량(몇몇 도시는 2005년 이후 차량); 신원조회 통과
택시	최소연령 21세; 응시요금 지불; 신원조회 통과; 지문 확보
버스	최소연령 22세; 신원조회 통과; 3주 훈련 프로그램 완료
대형트럭	최소연령 21세; 상업용 면허증; 신체검사 통과; 민간 트럭 운전 학교 또는 3-6개월 트럭 운전 코스 완료
택배트럭	신체검사 통과; 수동변속기 사용 가능; 상업용 면허증
우편배달 자전거	75파운드 들어 올리는 능력; 고등학교 졸업장

우버는 앞서 설명한 '할증모델(surge pricing model)'에 대해 지속적인 비평을 듣고 있다. 우버의 할증모델과 같은 다이나믹 가격설정(dynamic pricing)은 사실 새로운 개념이 아니다. 호텔, 항공, 극장, 나이트 클럽 등에서 다 이 모델을 쓰고 있는데, 우버는 몇몇 특별한 상황에서 세간의 부정적인 이목을 끌게 되었다. 예를 들면 2013년 겨울 대서양 연안에 눈보라가 쳤을 때 우버의 할증이 자동 실행되어 고객의 분노를 사게 되었다. 특히 코메디언인 제리 사인펠드(Jerry Seinfield)의 부인인 제시카(Jessica)가 415달러의 우버 영수증을 인스타그램에 올리면서 사건이 더욱 커졌다. 이후 우버는 눈보라와 같이 긴급 상황에서는 정상가격의 2.8배 이상은 절대 올리지 않겠다고 맹세하기도 했는데 2014년 호주 시드니 인질극 때 한 번 더 우버의 알고리즘이 할증을 자동 처리해버림으로써 우버는 공개적으로 사과하고 환불하는 일이 벌어졌다.

게다가 우버는 새르운 시장에 진입할 때 그 지역의 규제를 무시한 채, 승인을 기다리지도 않고 서비스를 바로 시작하는 지나치게 공격적인 시장 전술을 펼치는 것에도 욕을 먹고 있다. 한번은 우버가 일제히 대량으로 차량을 호출하고 취소함으로써 경쟁자의 서비스를 고의로 느리게 만들려했던 시도를 들킨 적이 있었다. 나중에 사과를 했지만 우버는 매우 잔인한 경쟁전술가로 악명을 갖게 되었다. 위의 문제들을 우버는 어떻게 해결할 수 있을지 큰 과제가 아닐 수 없다.

[토론 문제]

1. 우버는 매우 파괴적(disruptive)인 기업이라 불리는데, 그 이유는 지금까지 없던 새로운 가치를 제안했기 때문일 것이다. 우버는 승객 관점에서, 운전자 관점에서, 택시 산업과 리무진 산업 관점에서 어떤 종류의 새로운 가치를 제안한 것일까?
2. 우버의 경쟁자는 누구이고 각 경쟁자와 비교해서 우버가 갖는 경쟁 우위와 열위는 무엇일까? 우버의 경쟁열위를 해결하기 위해서는 어떻게 해야 할까?
3. 위의 내용은 2015년까지의 내용으로 이후 규제, 산업, 여론 등에 많은 변화가 있었을 것으로 예상된다. 최근 변화까지 고려했을 때 여전히 해결되지 않는 주요 문제점은 무엇이고 어떻게 해결할 수 있을까?

자료: Moon, Y. M.(2017). "Uber: Changing the way the world moves," Harvard Business School Publishing.

TECH NOLOGY MANAGE MENT

5장

혁신의 생명주기와 혁신의 확산

도입 스토리 혁신을 채택하는 이유? 경제적 동인보다 심리적 동인이 더 크다

혁신 연구자들은 혁신 자체에 주로 신경을 쓰고 소비자가 어떤 동기로 혁신을 채택 및 거절하는지에 대해서는 신경을 덜 쓰는 경향이 있다. 혁신을 만들어내는 일도 중요하지만 소비자가 채택하지 않으면 그 혁신은 시장에서 생존할 수가 없다. 따라서 혁신은 만든 사람(조직)으로부터 소비자 손으로 전달되는 과정이 중요다. 이 같은 이유 때문에 이 과정을 통신 분야 용어를 빌려 '라스트 마일(last mile)(최종 사용자에게 통신 서비스를 제공하는 통신 네트워크의 마지막 구간을 의미함)'이라고 부르는데, 이 과정은 언제나 도전적이다. 그리고 심리 요인이 이 과정에 크게 작용한다.

혁신자, 정책입안자, 기업가는 오랫동안 소비자는 사리사욕을 극대화하고, 가치(효용)를 잘 인지하며, 진보적이고, 냉정하며, 효용을 극대화시키는 셈법도 잘 아는 것으로 생각했다. 그러나 급성장하고 있는 행동경제학(Behavioural Economics) 분야의 연구 결과는 위와 같은 생각에 상당한 결함이 있다고 주장한다. 즉 사람들은 생산적인 소비 행위 또는 유용한 제품이라고 인정되는 선택을 꺼리기도 하는데, 그 이유는 편향된 신념, 선택의 복잡성, 자기통제 실패, 인지적 실수 때문이다. 실제 의사결정을 이끄는 것은 경제적 요인보다 심리적 요인이 훨씬 많이 작용한다. 이 같은 주장을 뒷받침하는 예를 들어보면 아래와 같다.

캐나다 학습 채권(Canada Learning Bond, CLB)은 저소득 계층 자녀들의 고등교육을 위해 미리 저축을 시작할 수 있도록 캐나다 정부가 제공하는 보조금이다. 순수 경제적 관점에서 바라보면 CLB는 프로그램에 가입한 저소득 계층 가족을 위해 교육비용으로 '공짜 돈(free money)' 500달러를 보내주기 때문에 가입률이 100%여야만 한다. 그러나 2011년 말 가입률은 단지 16~19%였다. 관계자들은 처음에 저조한 가입률의 이유로 프로그램의 낮은 인식 수준을 탓했다. 그러나 전혀 다른 이유가 있었다. 즉 가입조건이 되는 가족들 중에 상당수가 은행계좌가 없어서 프로그램 자체를 등록할 수 없었기 때문이었다. 다른 이유는 응시 양식이 너무나 복잡하거나 프로그램 담당 직원과 소통하는 데 불편함을 느낄 정도로 언어 문제가 있었기 때문이었다. 만약 프로그램 관계자가 저조한 CLB 가입률의 주요 원인을 계속해서 프로그램의 낮은 인식 수준으로 보고 홍보에 엄청난 비용을 쏟았다면 CLB 등록률의 개선은 전혀 이루어지지 않았을 것이다.

컬럼비아 경영대 교수인 에릭 존슨(Eric Johnson)과 동료는 유럽 여러 나라를 대상으로 장기기증(organ donation) 동의율에 대한 연구를 했다. 그들은 매우 흥미로운 사실을 발견했는데, 4~27%와 같이 극단적으로 낮은 동의율을 보이는 국가 그룹과 85~99.98%와 같이 지나치게 높은 동의율을 보이는 국가 그룹은 있지만 중간대 동의율을 나타내는 나라는 없다는 것이었다. 연구자들이 '퍼스트 마일(first mile)(위의 라스트 마일에 반대되는 개념으로 활용)'에 해당되는 장기이식 인프라스트럭처, 장기기증 프로그램 비용, 경제적 및 교육 수준, 종교와 같은 변수를 통제했음에도 불구하고 동의율의 차이는 여전히 크고 원인 모를 상태였다. 동의율의 극단적 차이는 '디폴트 상정(default assumption)' 때문이었음이 나중에 밝혀졌다. 예를 들면 17%의 동의율을 가진 영국은 디폴트 상정을 다음과 같이 하고 있었다. 장기기증 프로그램에 참여하기 위해서는 스스로 양식을 채우고 등록해야 하며 일단 등록하면 반드시 프로그램에 참여해야 한다. 반면 99.98%의 동의율을 보인 오스트리아의 디폴트 상정은 전혀 달랐다. 즉 스스로 장기기증 하지 않겠다는 양식을 채우고 장기기증 등록소에서 자신의 이름을 빼 달라는 청원을 하지 않는 한 오스트리아 모든 국민은 장기기증 프로그램에 참여하는 것으로 간주했다. 이 예를 통해 알 수 있는 사실은 '모든 사람이 기증한다'라는 디폴트 상정은 (이는 사회규범을 나타내기도 하는데) '그렇게 하는 것이 타당하다'라는 시그널을 사회구성원에게 주고 있었고, 사회구성원은 그렇게 하는 것이 더 가치 있다고 생각한다는 것이다. 한편으로는 인간은 본질적으로 게을러서 디폴트에서 벗어나기 위해 치러야 하는 노력의 대가(장기기증 거절 양식을 채우고 청원을 하는 노력)를 노력하지 않아서 생기는 문제(장기기증 하고 싶지 않은데 장기기증을 해야 하는 상황)보다 지금 당장 더 크게 인식한다는 것이다. 정리해보자면 영국은 '모두 장기기증 하지 않는다'로 정하고 할 사람만 추가적인 노력을 해서 참여하는 반면 오스트리아는 '모두 장기기증을 하겠다'고 정하고, 하지 않을 사람만 추가적인 노력을 해서 장기기증 프로그램에 빠지는 형태이다. 결국 상반된 장기기증 의사결정이 일관성 있는 합리적 근거 없이 '추가적 노력은 너무 귀찮다'는 공통된 심리적 요인을 기반으로 하고 있다. 그렇다면 영국의 저조한 장기기증 동의율을 높이기 위해서는 장기기증의 중요성에 대한 교육 및 홍보에 투자할 필요가 없다. 그저 디폴트 상정을 오스트리아처럼 바꾸기만 하면 되는 것이다. 물론 영국의 사회구성원이 '모든 사람이 기증하는 것이 더 타당하다'라는 것을 보편적으로 받아들일 수 있어야겠지만 말이다.

자료: Soman, D. (Fall, 2014). "The innovator's challenge: Understanding the psychology of adoption," *Rotman Management*, University of Toronto.

생명체이든 비생명체이든 진화 및 발전하는 것은 대부분 '생명주기(life cycle)'라는 것을 갖게 된다. 따라서 발달과정을 겪는 신기술, 신제품, 신공정, 신서비스, 신 비즈니스 모델 등을 포함하는 혁신 또한 생명주기를 갖는다. 그리고 혁신의 생명주기는 성능 개선율(improvement rate of performance)과 혁신 채택률(adoption rate of innovation) 이렇게 두 가지 방식으로 표현될 수 있다. 성능 개선율에 따라 생명주기를 표현한 것을 '혁신의 생명주기(life cycle of innovation)'라 하고 혁신 채택률에 따라 생명주기를 표현한 것을 '혁신의 확산(diffusion of innovation)'이라고 한다. 성능 개선율과 혁신 채택률은 상호 영향을 주는데, 성능이 개선되면 빠른 채택이 이루어지고 채택률이 높으면 추가투자가 일어나 성능이 더 개선된다. 둘 다 동일한 S곡선을 갖지만 기본적으로 서로 다른 과정이다.

먼저 성능 개선율에 따라 생명주기를 표현한 혁신의 생명주기 S곡선이 어떤 모습을 띠고 있는지 확인한 후 S곡선의 유용성과 한계를 살펴볼 것이다. 그리고 혁신 채택률에 따라 생명주기를 표현한 혁신의 확산에 대해 구성요소별로 자세히 검토하고 혁신성(innovativeness)에 따라 분류한 혁신 수용자 유형별 특성을 설명할 것이다.

5-1 혁신의 생명주기

혁신의 성능이 노력, 예를 들면 투자액, 투자시간에 따라 얼마나 개선되는지를 실제 그래프에 표시를 해보면 S곡선(S-curve)을 띠게 된다.[1] 혁신이 처음 발생되었을 때는 그 혁신에 대한 이해도 부족하고, 성능을 개선하기 위한 방법을 찾는 데도 상당한 노력을 쏟아야 해서 처음에는 혁신의 성능이 매우 천천히 개선된다. 또한 새로운 혁신이 이전 혁신과 매우 다르면 그 혁신의 진보성, 잠재력을 평가할 수 있는 일상적 방법이 존재하지 않고, 새로운 혁신이 적법하다고 인정될 때까지는 다른 연구자들을 끌어들이는 것 또한 어렵기 때문에 성능의 개선율은 상대적으로 낮다.[2] 그러나 연구자들 또는 기업들이 그 혁신에 대해 이전보다 더 많이 이해하기 시작하면 성능을 개선하는 데 박차가 가해질 것이다. 그리고 그 혁신이 노력할만한 가치가 있다는 정당성을 얻게 되면 다른 개발자들을 끌어들이게 되고, 혁신을 평가하는 측정도구 역시 개발된다. 게다가, 단위당 노력 대비 가장 크게 성능을 개선할 수 있는 것에 연구를 집중하게 되면서 성능의 개선율은 급격히 증가하게 된다. 하지만 이 개선율은 영원히 증가하지 않는다. 특정 시점이 되면 혁신은 태생적으로 갖게 되는 성장의 한계에 부딪히게 되어 성능 한 단위를 개선시키는 데 드는 비용(노력)이 점차 증가해서 나중에 S곡선은 평평해진다. 그래서 〈그림 5-1〉처럼 노력 대비 혁신의 성능은 정규형 S곡선을 그리게 되는 것이다.

혁신의 S곡선은 X축의 '노력'을 '시간'으로 대체해서 시간 대비 성능을 표현하기도 하는

---

1 Foster, R. (1986). *Innovation: The Attackers' Advantage*, New York, Summit Books.

2 Garud, R. and Rappa, M. (1994). "A socio-cognitive model of technology evolution: The case of cochlear implants," *Organization Science*, 5(3): 344-362.

혁신의 생명주기 S곡선

그림 5-1

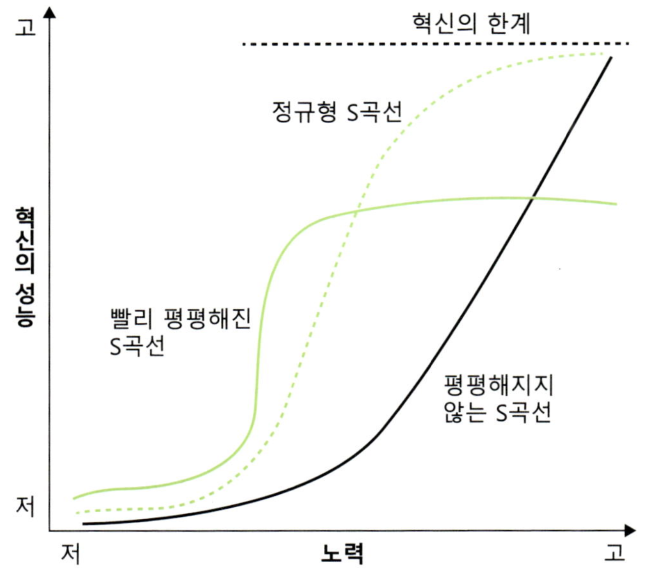

데, 이때 주의할 필요가 있다. 왜냐하면 투입된 노력이 시간에 대해 일정하지 않다면 표시된 S곡선은 시간과 성능 간의 관계를 제대로 표현하지 못할 수 있기 때문이다. 즉 노력이 시간에 대해 상대적으로 일정하다면 노력 대비 성능을 표현한 것과 동일한 특성의 곡선을 갖게 되지만 투입된 노력의 양이 시간에 따라 감소하거나 증가한다면 정규형 S곡선보다 더 일찍 평평한 모양을 갖거나 전혀 평평해지지 않을 수도 있다. 예를 들면 인텔은 1971년 4004 모델을 시작으로 중앙처리장치(Central Processing Unit, CPU)를 시장에 최초로 소개하였고, 40년이 넘은 지금에도 CPU의 성능을 나타내는 트랜지스터 밀도는 엄청난 속도로 증가하고 있다. 따라서 CPU 혁신의 생명주기는 정규형 S곡선을 띄기보다는 아직까지도 평평해지지 않는 S곡선을 갖고 있다고 봐야 할 것이다. 일찍이 인텔의 공동창업자인 고든 무어(Gordon Moore)는 18개월마다 집적회로의 트랜지스터 밀도가 2배씩 증가한다는 사실을 관찰해 세상에 알렸다. 이를 우리는 '무어의 법칙(Moor's law)'이라고 부른다. 전문가의 전망에 따르면 CPU의 경우 시간에 따른 성능 개선율은 올해인 2020년 즈음에서 감소될 전망이라고 한다. 그 전까지는 〈그림 5-2〉처럼 가파른 곡선을 보이고 있다.

보통의 경우 혁신은 각자 가진 성장의 한계치에 도달하게 되는데 종종 그러기 전에 생명주기가 끝나버리기도 한다. 이 같은 현상은 동일한 시장을 대상으로 하지만 이전과 전

연도별 인텔 CPU 칩당 트랜지스터 숫자 증가 추이(1970~2020)

그림 5-2

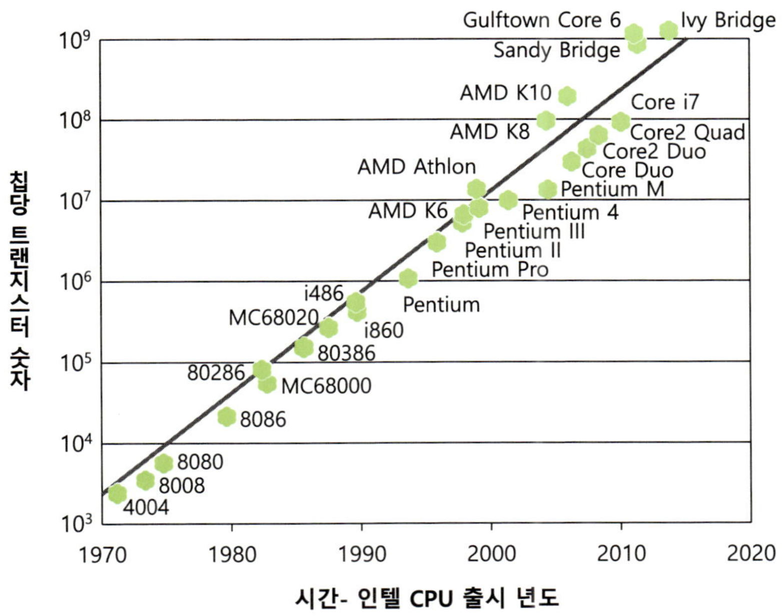

자료: König, K. and Ostendorf, A. (2015). Optically Induced Nanostructures: Biomedical and Technical Applications, p.27, Saarbrücken, Germany, De Gruyter.

혀 다른 지식을 기반으로 하는 불연속성(discontinuity)을 갖는 혁신에 의해 발생된다.[3] 예를 들면 필름 카메라가 디지털 카메라로 대체되거나, 카세트 플레이어가 CD 플레이어로 다시 MP3 플레이어로 최근에는 온라인 스트리밍 서비스로 대체되는 사례가 여기에 해당된다.

초기에 불연속 혁신의 성능은 종종 기존 혁신보다 낮고, 투입한 노력 대비 돌아오는 수익도 적기 때문에 기업들은 기존 혁신을 불연속 혁신으로 바꾸려 들지 않는다. 그러나 기존 혁신보다 불연속 혁신의 노력 대비 성능개선도(기울기)가 더 높거나(그림 5-3의 왼쪽 참조), 기존 혁신보다 불연속 혁신의 성장 한계가 더 높다면(그림 5-3의 오른쪽 참조) 불연속 혁신이 노력 대비 더 많은 수익을 내고 더 오래 생존할 수 있기 때문에 기업들은 불연속 혁신을 채택하게 된다. 그리고 종국에는 불연속 혁신이 기존 혁신을 대체하게 된다. 이

3 Foster, R. (1986). *Innovation: The Attackers' Advantage*, New York, Summit Books.

불연속 혁신과 기존 혁신 간의 S곡선 차이

그림 5-3

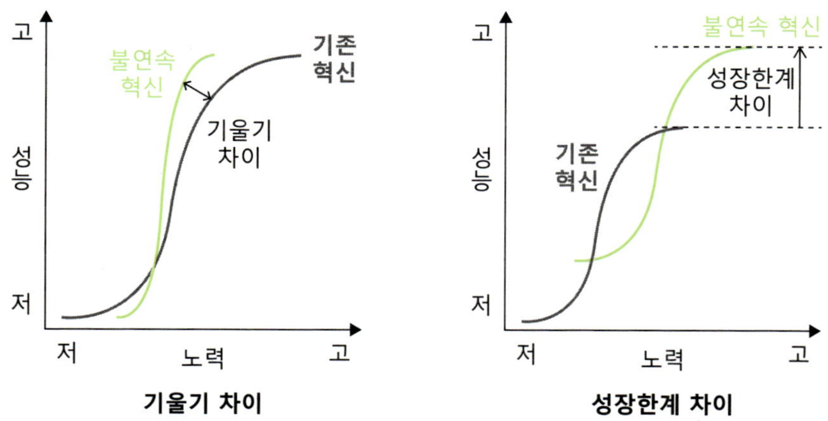

자료: Schilling, M. (2017). *Strategic Management of Technological Innovation*, 5th edition, p. 55, McGraw-Hill Education

러한 이유로 시장에 새롭게 진입하는 기업은 불연속 혁신을 선택하는 전략을 사용한다. 한국 기업 역시 아날로그 TV에서는 세계 시장에서 두각을 나타내지 못했지만 디지털 TV라는 불연속 혁신이 출현했을 때 이를 재빨리 채택하여 진출함으로써 세계 시장을 선도할 수 있게 되었다.

한편 기존 지배 기업에게는 불연속 혁신으로 갈아탈지 아니면 기존 혁신을 더욱 개선시켜 S곡선을 오래 끌고 갈지를 선택해야 하는 어려운 과제가 주어진다. 자본력이 탄탄하다면 기존 혁신과 불연속 혁신을 모두 끌고 가다가 불연속 혁신이 시장을 지배할 기미가 보일 때 재빨리 갈아타는 것이 현명할 것이다. 그러나 그 과정에서 기존 혁신에서 나오는 수익을 일부 포기하고 불연속 혁신에 투자해야만 한다는 것이 기존 지배 기업들의 경영관리 관행상 쉬운 일이 아니다. 분명 기존 혁신을 담당하는 부서와 불연속 혁신을 담당하는 부서 간에 이해관계가 충돌될 것이다. 기존 혁신 부서는 "왜 잘 나가는 사업을 망가뜨리느냐?" "투자하는 불연속 혁신이 과연 성공을 보장할 수 있느냐?"라는 이야기를 할 테고 불연속 혁신 부서는 "그 성공이 언제까지 가겠느냐?" "선행 투자가 필요하다"라는 말로 서로 대립할 것이기 때문이다. 그리고 언제나 기존 지배 기업들은 정량적인 성과에 의해 평가를 하고, 그 평가 결과를 기반으로 사업을 투자하는 경향이 강하기 때문에 초기에 낮은 성과를 보이는 불연속 혁신에 선뜻 투자하는 것은 쉬운 일이 아니다.

5-2 혁신의 생명주기 S곡선의 유용성과 한계

연구에 따르면 경영자들은 언제 자사의 혁신이 한계에 도달할지, 기존 혁신을 버리고 새로운 혁신으로 갈아탈지 말지, 갈아탄다면 언제 해야 할지 등을 예측하는 도구로 혁신의 생명주기 S곡선을 활용한다.[4] 즉 기업은 혁신에 대한 개별기업의 투자액과 성능 데이터 또는 산업 평균 투자액과 산업 평균 성능 데이터를 수집 및 활용하여 S곡선을 도출할 수 있다. 그리고 이 S곡선은 앞서 언급한 예측 질문에 답을 줌으로써 매우 유용한 면이 있지만 치명적인 한계도 존재한다. 따라서 혁신의 생명주기 S곡선은 처방적(prescriptive) 도구로 여기고 참고할 뿐이지 맹신할 필요는 없다. 아래는 S곡선의 한계점에 대한 내용이다.

첫째, 혁신의 진정한 성장 한계를 미리 안다는 것은 불가능하고 무엇이 혁신의 한계가 될지에 대해서는 기업마다 의견이 상당히 다르다.

둘째, 한번 생성된 S곡선은 변경 불가능한 것이 아니다. 기업의 연구개발 및 투자 노력의 정도에 따라서, 시장 니즈의 예기치 않은 변화에 따라서, 부품 및 보완기술의 더딘 발전 또는 빠른 발전에 의해서도 혁신의 생명 주기는 짧아질 수도 길어질 수도 있다.[5]

셋째, 새로운 혁신으로 갈아타는 것이 기업에 이익이 되는지 아닌지는 S곡선에 의해 결정되는 것이 아니라 다음 네 가지 요인에 의해 결정된다.

1. 새로운 혁신이 제공하는 이점
2. 새로운 혁신이 기업의 현 역량과 일치하는 정도, 즉 새로운 혁신으로 갈아탈 때 요구되는 노력의 양과 거기에 맞는 경쟁력을 개발하는 데 걸리는 시간의 양
3. 새로운 혁신이 기업의 보완자산 획득 능력과 조응되는 정도(예: 핵심 보완 자산이 부족하거나 기존 기술과 양립할 수 있는 제품 판매를 통해 상당한 수익을 올릴 수 있는 상황)
4. 새로운 혁신의 기대되는 확산률

혁신의 생명주기 S곡선을 지나치게 맹신하는 기업은 새로운 혁신으로 변경해야 할 시점을 너무 빨리 또는 너무 느리게 택하는 결과를 가져올 수 있다. 이를 잘 보여주는 사례

---

4 Becker, E. (1983). "Putting the s-curve concept to work," *Research Management*, 26(5): 31-33.

5 Christensen, C. (1999). *Innovation and the General Manager*, New York: McGraw-Hill/Irwin.

로 과거 디스크 드라이브 산업에서 IBM의 실수를 들 수 있다. 저장매체인 디스크 드라이브의 성능은 기록밀도로 측정되는데, 1979년 IBM은 페라이트-산화물 기반(ferrite-oxide-based) 디스크 드라이브의 기록밀도는 이미 한계에 도달했다고 판단했다. 그래서 IBM은 페라이트-산화물 기반 디스크 드라이브 기술을 버리고 재빨리 새로운 혁신인 박막(thin-film) 기술로 전환했다. 그러나 일본 기업인 히타치, 후지쯔는 계속해서 페라이트-산화물 기반 기술을 지속 발전시켰고, 결국 IBM이 생각했던 기록밀도의 한계치를 8배나 확장시켰다. 게다가 박막기술이 페라이트-산화물기반 기술의 기록밀도를 따라잡은 것은 1985년 이후였고, 얼마 안 되어 1990년대 초에 자기저항헤드(magnetoresistive head)라는 새로운 기술이 출현하게 되었다. 그리고 페라이트-산화물 기반 기술은 1990년대 초반까지 지속되었다. 즉 IBM은 너무 일찍 기존 기술을 버리고 새로운 기술로 갈아타면서 기존 기술로부터 한동안 얻을 수 있는 수익을 놓치게 된 것이다.

5-3 혁신의 확산

확산(diffusion)이라는 개념이 처음 소개된 것은 19세기 말 프랑스 사회학자이며 사회심리학자인 가브리엘 타르드(Gabriel Tarde)에 의해서다. 그는 새로운 아이디어의 채택률(adoption rate)을 시간에 따라 관찰하였다. 관찰 결과에 따르면 처음에는 새로운 아이디어를 쉽게 접할 수 있는 고급신분의 소수 사람이 채택하지만, 그 다음에는 다수의 하급신분 사람들이 채택하고, 더 시간이 지나면 채택률이 완화되는 S곡선을 그린다고 주장했다. 이후 새로운 아이디어를 포함한 혁신의 확산에 가장 영향력 있는 연구를 했던 학자는 미국의 농촌사회학자인 에버렛 로저스(Everett Rogers)였다. 그는 1962년 508개가 넘는 확산 연구를 토대로 개인 및 조직 사이에서 혁신이 채택되는 과정과 특성을 설명하는 확산이론을 구축했다.[6]

로저스 교수는 확산이란 "어떤 혁신이 시간 속에서 사회 시스템 내에 있는 구성원들 간에 특정 경로를 통해 의사소통되는 과정"이라고 정의하였다. 이 같은 정의에 따르면 확산 연구 또는 확산 캠페인 및 프로그램에서 네 가지 요소, 즉 혁신(innovation), 의사소통

---

[6] Rogers, E. (2003). *Diffusion of Innovation*, 5th Edition, Free Press.

경로(communication channel), 시간(time), 사회 시스템(social system)은 매우 중요한 구성 요소이다. 첫 번째 핵심 요소인 혁신은 "혁신을 채택하는 개인 또는 조직에 의해 새롭다고 인식되는 아이디어, 관행, 사물"을 의미한다. 그리고 혁신의 특성이 어떻게 인식되는가에 따라 혁신 채택률은 상당히 다르게 나타나는데 아래는 혁신의 채택률에 영향을 주는 다섯 가지 특징을 설명하고 있다.

1. 상대적 우위(relative advantage): 대체 가능한 아이디어보다 훨씬 낫다고 인식되는 정도를 의미한다. 상대적 우위가 크게 인식될수록 혁신의 채택 속도는 더 빨라진다. 그리고 객관적 이점을 많이 가지고 있는 것이 중요한 것이 아니라 혁신 수용자들이 유익하다고 인식할 수 있는가 없는가가 중요하다. 즉 객관적으로 좋은 기능을 새롭게 추가했다 하더라도 잠재적 수용자가 이전 제품보다 유익하다고 인식하지 못하면 채택속도는 더딜 수밖에 없다.
2. 양립성(compatability): 잠재적 수용자들의 혁신을 기존 가치, 과거 경험, 니즈와 일관성이 있다고 인식되는 정도를 의미한다. 사회 시스템의 가치 및 규범과 양립할 수 없는 아이디어는 양립할 수 있는 것보다 빠르게 채택되지 않는다. 양립할 수 없는 혁신의 예는 무슬림 및 기독교 국가와 같이 가족계획을 반대하는 종교적 믿음을 가진 나라에서 피임기구의 사용이 있다.
3. 복잡성(complexity): 혁신을 이해하고 사용하는 데 어렵다고 인식하는 정도를 의미한다. 어떤 혁신은 사회 시스템 대부분의 구성원이 쉽게 이해하지만 다른 혁신은 좀 더 복잡해서 채택의 속도가 느려진다. 이해가 좀 더 쉬운 혁신은 그렇지 않은 혁신보다 더 빠르게 채택된다.
4. 시험가능성(trialability): 일부 소비자 기반을 대상으로 시험할 수 있는 정도를 의미한다. 분리 시험(공짜 샘플, 시험 운전, 스키 시연, 소비가전 전시회 등을 포함함)이 가능한 새로운 아이디어는 일반적으로 그렇지 않은 혁신보다 좀 더 빠르게 채택된다. 예를 들면 리안(Ryan)과 그로스(Gross)는 처음에 일부 농부를 대상으로 하이브리드 옥수수 종자 시험을 했고 결국 아이오와 농부 전체가 하이브리드 종자를 채택했다. 만약 일부 농부를 대상으로 새로운 종자를 시험하지 않았다면 채택률은 훨씬 느렸을 것이다. 그럼에도 불구하고 아이오와 농부 100%가 자신의 옥수수 밭에 하이브리드 종자를 심게 만드는 데는 여러 해 동안 시험을 거쳐야만 했다. 시험이 가능한 혁신은 실천을 통해서 배울(learn by doing) 수 있기 때문에 그 혁신의 채택을 고려하는 개인에게 불확실성을 줄여준다.

미니 사례

컴퓨터 자판 — 쿼티 vs. 드보락

컴퓨터 자판의 가장 보편적 형태는 쿼티(Qwerty)이다. 그러나 쿼티가 가장 효율적이지는 않다. 1936년 어거스트 드보락(August Dvorak) 박사가 쿼티의 대안으로 자신의 이름을 딴 드보락 자판을 소개했지만 현재 거의 알려지지 않았다.

쿼티와 드보락 양 자판의 설계 차이점을 살펴보자. 쿼티는 사실 타자를 치는 속도를 늦출 목적으로 설계되었다. 그 이유는 쿼티는 기계식 타자기용으로 빠르게 치는 와중에 레버를 함께 치게 되고 그러면 레버가 서로 엉켜서 레버를 뒤로 젖혀야만 하고, 그때마다 손에 잉크가 묻는 번거로움이 있었기 때문이다. 이 문제를 최소하기 위해서 단어들 중에서 가장 흔히 나오는 글자 순서를 검토해서 의도적으로 자주 연속되는 글자를 동시에 누르지 않아도 되는 곳에 함께 배열을 했다(예: e와 r). 레버가 엉키는 문제는 해결되었으나 타자 속도는 상대적으로 느려졌다. 이 같은 배열 결과 자판의 키가 Qwerty 순으로 되어 있어서 '쿼티'로 명명하게 된 것이다.

드보락 교수는 미국 공학자로서 타자 속도를 높일 목적으로 타자치는 과정을 분석했다. 그는 대부분의 사람이 오른손잡이라는 사실을 이용하여 키보드상에 글자들이 어떻게 분포될 수 있는지 고려했다. 따라서 자판의 오른쪽에 좀 더 자주 등장하는 글자들을 위치시킴으로써 작업의 약 55%는 자판의 오른쪽에 배치했다. 자판의 가운데 줄은 가장 보편적인 글자를 배치했으며, 덜 자주 나타나는 글자는 힘센 손가락에서 멀리 떨어진 곳에 위치시켰다. 이처럼 드보락 자판 설계 뒤에는 훌륭한 아이디어가 있었다. 수많은 컴퓨터 제조업체가 터치

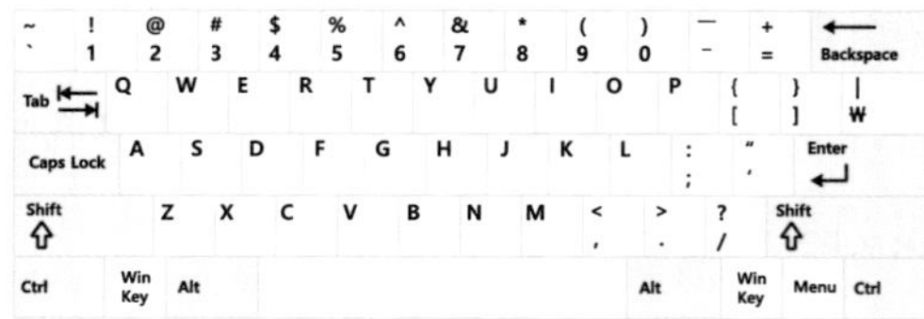

쿼티 자판

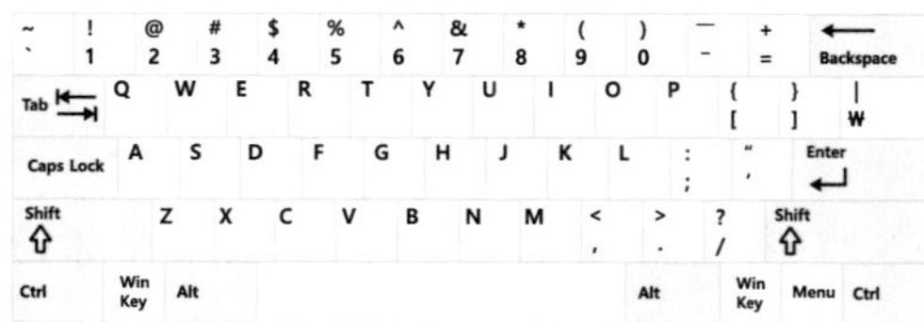

드보락 자판

스크린을 위한 옵션으로 드보락을 제공하고, 반복성 긴장 장애(repetitive strain injury) 수준을 감소시킬 수 있다는 것을 알고 있음에도 불구하고 드보락은 폭넓게 채택되지 못했다.

드보락 자판의 혁신 실패는 혁신의 확산을 통해서 좀 더 쉽게 이해할 수 있다. 훈련된 타자수는 드보락 자판에서 훨씬 더 빨리 칠 수 있다 하더라도 그 장치의 상대적 우위(relative advantage)는 높지 않다. 또한 드보락 자판은 혁신의 관찰가능성(observability)과 시험성(trialability)이 낮다. 그 이유는 드보락 사용을 위해 시간을 들여 학습할 때까지 잠재적 사용자가 드보락 자판이 주는 이점을 인지할 수 없기 때문이다. 마지막으로 노력한 만큼 기대에 못 미칠 위험(risk)이 높으며, 자판의 복잡성(complexity)은 쿼티와 유사할지 모르지만 사용자 입장에서 현재의 작업 방식과의 양립성(compatability)이 낮다.

자료: Rogers, E. (2003). *Diffusion of Innovation*, 5th Edition, p. 8-11, Free Press.

5. 관찰가능성(observability): 혁신의 결과가 다른 사람 눈에 보이는 정도를 의미한다. 개인이 혁신의 결과를 보는 것이 쉬우면 쉬울수록 채택할 가능성이 높아진다. 가시성은 혁신 수용자들의 친구 또는 이웃들이 혁신에 대한 평가 정보를 수용자로부터 듣기를 원하기 때문에 혁신에 대한 동료 평가를 자극시킨다. 관찰가능성이 높은 제품으로는 세컨 자동차, 위성 TV, SUV 차량 등이 있으며, 반대로 관찰가능성이 낮은 제품으로는 예방의약품, 라돈 검사서비스, 세무작성 소프트웨어 등이 있다.

두 번째 핵심 요소는 의사소통 경로(communication channel)로 어떤 한 사람으로부터 다른 사람에게 메시지가 전달되는 수단으로 정의된다. 대중 매체(mass media)가 혁신에 대한 지식을 만드는 데 좀 더 효과적이지만 사람 간의 경로(interpersonal channel)는 혁신에 대한 태도를 형성 및 변화시키고 결국 혁신의 채택 또는 거절을 결정하는 데 훨씬 효과적이다. 대부분의 사람은 과학적 연구에 기초해서 혁신을 평가하기보다 혁신을 채택한 가까운 동료의 주관적인 평가에 의존하는 경우가 많다. 그래서 그 가까운 동료가 롤모델이 되고 다른 사람들은 그들의 혁신 행동을 모방하는 경향이 있다. 한편 혁신을 소통할 때 이종선호(heterophily)가 어느 정도 존재한다는 독특한 특성이 있다. 이종선호란 상호작용하는 둘 또는 그 이상의 개인이 신념, 종교, 사회신분 등과 같은 속성이 다른 정도를 의미한다. 이종선호의 반대말은 동종선호(homophily)로, 상호작용하는 둘 또는 그 이상의 개인 속성이 유사한 정도이다. 대부분의 소통은 동종선호적인 사람들 간에 일어나고 이 같은 상황이 효과적인 소통을 이끌지만, 동질적인 사람들 간에는 새로운 정보가 교환되지 않기 때문에 혁신의 확산이 일어날 수가 없다 . 따라서 확산은 의사소통 과정 안에 있는 두 참여자 간에 이종선호가 어느 정도 필요하다.

세 번째 핵심 요소는 시간(time)인데, 시간은 (1) 혁신-의사결정 과정(innovation-decision process), (2) 혁신성(innovativeness), (3) 혁신의 채택률(innovation's rate of adoption)과 관련된다. 혁신-의사결정 과정은 총 다섯 단계로 이루어진다. 〈그림 5-4〉에서 보듯이 첫 단계는 지식(knowledge)의 획득으로 개인이 혁신에 노출되고 어떻게 그 혁신이 작용하는지 이해하는 과정이다. 두 번째 단계는 설득(persuasion)의 과정으로 개인이 그 혁신에 대해 호의적 또는 비호적인 태도(attitude)를 형성하는 것이다. 세 번째 단계가 되면 개인은 혁신의 채택 또는 거절을 선택하는 의사결정(decision)에 관여하게 된다. 네 번째 단계는 실행(implementation)의 과정으로 개인이 혁신을 사용할 때 일어난다. 마지막 단계는 확인(confirmation)으로 이미 결정한 의사결정을 강화시키기 위해 일어난다. 그런데 이 단계에서 혁신에 대해 기존에 가지고 있는 메시지와 상충되는 무엇인가에 노출되면 전에 내렸던

혁신-의사결정 과정 5단계

그림 5-4

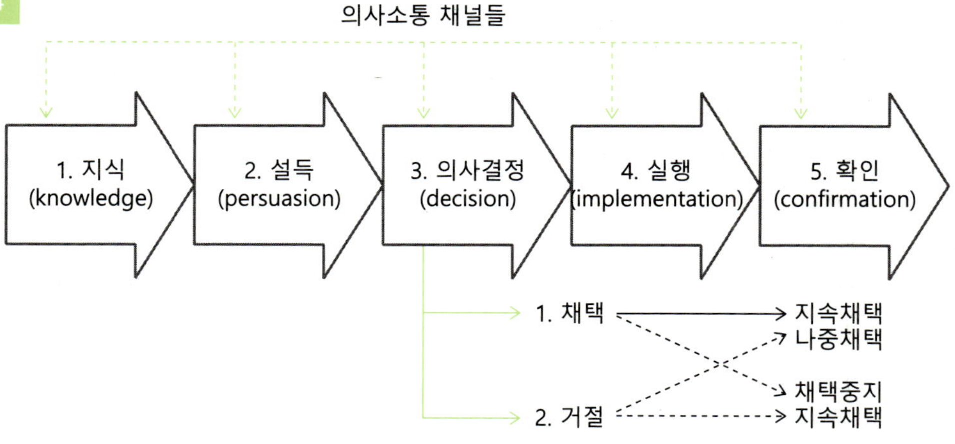

자료: Rogers, E. (2003). *Diffusion of Innovation*, 5th Edition, p.20, Free Press.

의사결정을 바꿀 수도 있다. 즉 혁신을 채택했다가도 그 혁신에 대한 나쁜 정보를 접하게 되면 채택한 것을 중지할 수도 있다는 것이다. 물론 반대되는 상황도 일어날 수 있다(그림 5-4 참조). 혁신-의사결정 과정에서 개인들은 혁신의 기대결과에 대한 불확실성을 줄이기 위해 여러 단계에서 정보를 구한다. 둘째, 혁신성은 개인 또는 수용자들이 사회 시스템의 다른 구성원들보다 상대적으로 일찍 혁신을 채택하는 정도이다. 혁신성에 따라 한 사회 시스템의 구성원을 다섯 개의 그룹으로 분류할 수 있는데, 혁신자(innovators), 조기 수용자(early adopters), 조기 다수자(early majority), 후기 다수자(late majority), 느림보(laggards)가 있다. 다섯 가지 유형의 혁신 수용자에 대해서는 다음 섹션에서 좀 더 자세히 설명할 것이다. 셋째, 채택률은 사회 시스템의 구성원에 의해 채택되는 혁신의 상대적 속도를 의미한다.

네 번째 핵심 요소는 사회 시스템(social system)으로 공통된 목표를 달성하기 위해 문제해결에 함께 참여하는 상호 관련된 일련의 구성단위로 정의된다. 확산은 사회 시스템 내에서 발생하는데, 시스템의 구조(structure), 규범(norms), 여론 주도성(opinion leadership), 변화 대리인(change agents) 등이 확산에 영향을 미친다. 사회 구조는 시스템 내에 있는 구성원 간에 양식화된 사회적 관계를 의미하며, 공식적 구조(formal structure) 외에 사회구성원이 연결된 대인관계 네트워크에 존재하는 비공식적 구조(informal structure)가 있다. 사회 구조는 의사소통 구조(communication structure)를 나타내기도 하며, 이 구조는 혁신의 확산을 용이하게 하거나 방해하기도 한다. 사회 구조의 한 단면인 규범은 사회 시스템 구성원이 갖고 있는 기존 행동 패턴을 의미하며, 여론 주도성은 다른 사람의 태도 또는 공공연한 행동에 비공식적으로 영향을 줄 수 있는 정도를 말하고, 변화 대리인은 바람직한 방향으로 고객의 혁신-의사결정에 영향을 시도하는 개인을 말한다. 그리고 이들은 모두 혁신의 확산에 긍정적 또는 부정적 영향을 줄 수 있다.

앞서 살펴본 혁신의 생명주기와 달리 혁신의 확산 곡선은 Y축이 '혁신의 성능'이 아니라 '혁신의 누적 채택률'이 된다. 그러나 곡선의 형태는 혁신의 생명주기와 마찬가지로 S형태를 띤다(그림 5-5 참조). 그 이유는 혁신이 시장에 소개되었을 때 처음에는 낯설기 때문에 수용의 속도가 느려 완만한 기울기로 곡선이 시작되지만 혁신에 대한 이해도가 높아지고 대중 시장에서 인기를 얻게 되면 수용 속도는 가속화되어 가파른 곡선을 그리게 된다. 그러나 최종단계에서는 시장이 포화되면서 새로운 채택은 줄어들게 되고 S곡선은 평평해진다. 4장에서 살펴본 계산자와 전자계산기의 사례를 보면 잘 이해될 것이다. 처음에

혁신의 확산 — S곡선

그림 5-5

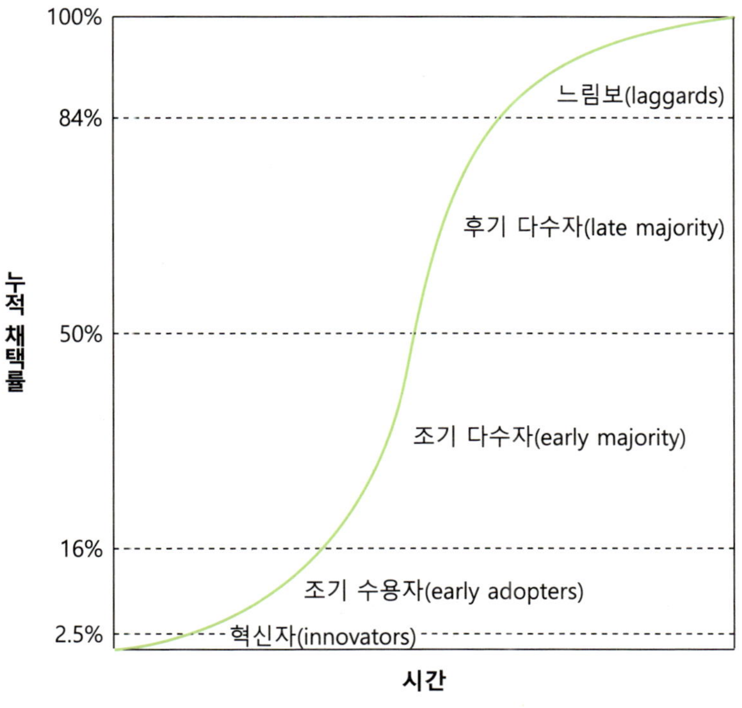

자료: Rogers, E. (2003). *Diffusion of Innovation*, 5th Edition, p.273, Free Press.

전자계산기가 소개되었을 때 대다수 사람은 익숙한 계산자의 사용을 유지했고 과학자와 공학자와 같은 소수 전문가(혁신자와 조기 수용자)만이 전자계산기를 채택했다. 시간이 흐르면서 회계사, 상인들(조기 다수자)이 쓰기 시작했고 나중에는 학생과 일반 대중(후기 다수자)까지 쓰게 되면서 전자계산기는 보편화되었다. 결국에는 전자계산기 시장은 포화되고 새로운 채택이 줄어들면서 성장의 한계에 부딪히게 되었다.[7]

5-4 혁신 수용자 유형

사회 시스템 내에 있는 모든 구성원이 동시에 혁신을 채택하지 않는다는 것은 가브리엘 타르드에 의해 알려진 사실이다. 에버렛 로저스(Everett Rogers)는 이 사실을 정량적인 방법으로 확인해주었다. 로저스 외에 제프리 무어(Geoffrey Moore)도 혁신성(innovativeness)을 기반으로 혁신 수용자를 다섯 가지 유형 — 혁신자, 조기 수용자, 조기 다수자, 후기 다수자, 느림보 — 으로 구분했으며, 개인이 다섯 가지 유형 중 하나에 속할 가능성을 그래프로 표현하면 종 모양의 곡선(bell curve)(정규분포)을 이룬다고 했다(그림 5-6 참조). 또한 두 연구자에 따르면 확산은 혁신자에서 시작해서 조기 수용자, 조기 다수자, 후기 다수자, 느림보의 순으로 이루어진다고 했다. 한편 두 연구자의 주장에 차이가 존재하는데, 로저스는 한 유형에서 다른 유형으로의 전이가 부드럽게 진행된다고 한 반면 무어는 조기 수용자와 조기 다수자 사이에 상당한 틈(gap)이 있다고 주장했다. 무어는 이 틈을 '캐즘(chasm)'이라고 불렀고 기업은 이 틈을 극복하는 데 몹시 힘들어 한다고 했다.

로저스와 무어가 분류한 혁신 수용자 유형별 특성을 살펴보면 다음과 같다. 혁신자(innovators)들은 혁신을 채택한 최초 2.5%에 해당되는 사람들로 구매 행동이 매우 모험적(adventurous)이고 범세계적(cosmopolite)인 경향이 있다. 혁신자가 되기 위해서는 몇 가지 선행조건이 필요한데, 우선 재무적 유동성이 높아 혁신 수용의 실패로 발생한 손실을 쉽게 보전할 수 있어야 한다. 그리고 복잡한 기술 지식을 이해 및 응용할 줄 알아야 하며, 혁신을 수용했을 때 발생되는 높은 불확실성에 잘 대응할 수 있어야 한다. 혁신자는 지역사회의 다른 구성원들에게 존경을 받지는 못하지만, 시스템 밖에 있는 새로운 생각을 시

---

[7] Brown, R. (1991). "Managing the 's' curves of innovation," *Journal of Consumer Marketing* 7(2): 189-202.

혁신 수용자의 유형

그림 5-6

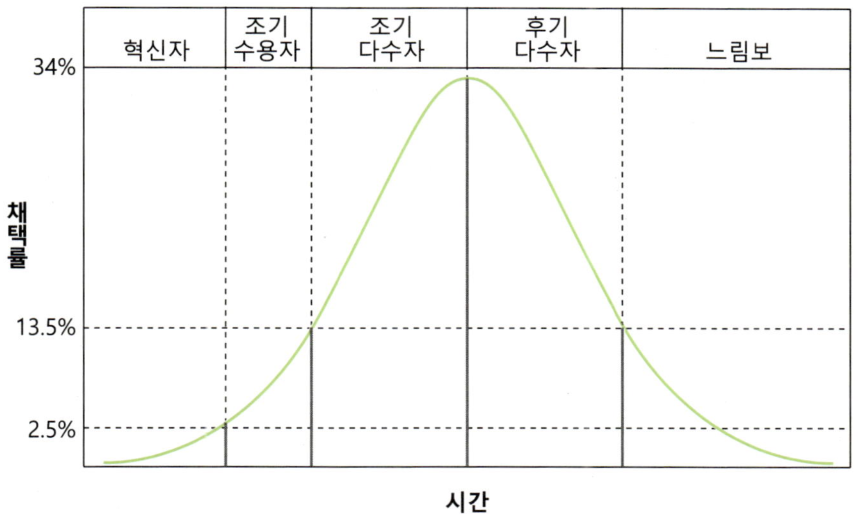

자료: Rogers, E. (2003). *Diffusion of Innovation*, 5th Edition, p.281, Free Press. ; Moore, G. (2006). *Crossing the Chasm: Marketing and Selling High-Tech Products to Mainstream Customers*, Revised version, Harper Business.

스템 내로 유입시킨다는 점에서 혁신 확산에 매우 중요한 역할을 한다. 이러한 이유로 혁신자는 시스템 안으로 혁신을 불러들이는 게이트키핑(gatekeeping)(여기서는 혁신을 취사 선택하는 과정을 의미함) 역할을 하는 사람으로 간주된다.

조기 수용자(early adopters)는 다음으로 혁신을 채택하는 13.5%에 해당되는 부류로 혁신자보다 지역사회 시스템에 잘 섞이는 경향이 있다. 혁신자는 범세계적인 특성을 갖는 반면 조기 수용자는 국지적(localities) 특성이 있다. 또한 조기 수용자는 동료들에게 존경을 받고, 성공의 화신으로 간주되기 때문에 혁신 수용자 유형 중에서 가장 높은 여론 주도(opinion leadership)성을 보유한다. 그래서 사람들은 혁신을 채택하기 전에 '상담을 받아야 할 대상'으로 조기 수용자를 지목하고 있어, 조기 수용자는 확산의 속도를 높이는 '지역 선교사'로서의 역할도 한다. 그리고 조기 수용자의 혁신성 수준은 평균에 비해 극단적으로 높지 않기 때문에 사회 시스템의 다른 구성원들에게 롤 모델이 되어 '임계 수용치(critical mass)'를 촉발시키는 데도 도움이 된다. 어떤 의미에서 조기 수용자는 그들이 혁신을 채택하는 순간 '그 혁신 괜찮다'라는 승인 도장을 찍는 것과 같은 역할을 한다.

조기 다수자(early majority)는 다음으로 혁신을 채택하는 34%에 해당되는 그룹으로 수용에 걸리는 시간이 혁신자와 조기 수용자보다 훨씬 오래 걸린다. 그들은 동료들과 자주

더 들어가기

제프리 무어의 수정된 혁신 수용 곡선과 캐즘

무어는 로저스와 달리 새로운 혁신이 혁신자부터 조기 수용자 그리고 느림보까지 순조롭게 이동된다고 생각하지 않았다. 무어는 아래 그림에서 보듯이 모든 혁신 수용자 그룹 간에는 '균열(crack)' 또는 '틈(gap)'이 존재하며, 그 중에서도 조기 수용자와 조기 다수자 그룹 사이에 가장 깊은 균열, 즉 '캐즘(chasm)'이 존재한다고 했다. 균열 또는 틈은 두 그룹 간의 분절을 상징하며, 이 분절은 이전 그룹과 동일한 방식으로 다음 그룹의 혁신 수용을 얻어내기 어려움을 뜻한다. 무어는 특히 하이테크 산업에 초점을 두었고 조기 수용자와 조기 다수자 그룹 사이에 존재하는 캐즘을 극복하는 방법을 고심했다.

<그림> 수정된 혁신 수용 곡선

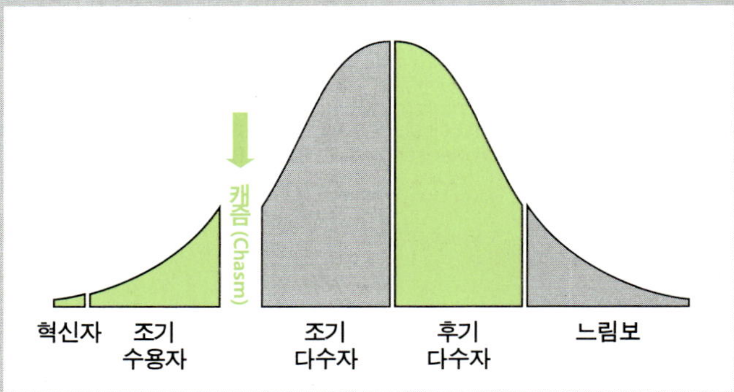

상호작용을 하지만 사회 시스템 내에서 좀처럼 여론을 주도하는 지위를 얻지는 못한다. 조기 다수자는 확산 과정에서 대인관계 네트워크를 통해 조기 수용자와 후기 다수자를 상호 연결시켜주는 역할을 한다. 또한 그들은 혁신을 완전히 채택하기 전에 한참을 숙고하는 경향이 있다.

후기 다수자(late majority)는 조기 다수자 다음으로 혁신을 채택하는 34%에 해당하는 자들로 사회 시스템 대다수가 혁신을 수용하기 전까지 채택 결정을 하지 않으며, 많은 의구심과 조심성을 가지고 혁신에 접근한다. 이들이 혁신을 채택하는 주요 원인은 경제적 필요성과 동료의 압력 때문이다. 또한 후기 다수자는 상대적으로 재원이 부족하기 때문에 혁신의 불확실성이 제거되지 않는 한 혁신 수용을 꺼려한다.

더 들어가기 **제프리 무어의 수정된 혁신 수용 곡선과 캐즘 <계속>**

무어는 혁신자와 조기 수용자 그룹 간에 존재하는 균열의 원인은 막 시장에 나타난 혁신이 혁신자에게는 흥미롭지만 새롭고 중요한 혜택으로 변화되지 않음으로써 조기 수용자의 관심을 끌지 못하기 때문이라고 했다. 앞서 언급한 균열과 동일한 강도로 조기 다수자와 후기 다수자 사이에도 틈이 존재한다. 그 이유는 조기 다수자보다 상대적으로 기술역량이 처지는 후기 다수자가 쉽게 사용할 수 있도록 혁신을 수정하지 않았기 때문이다. 그리고 조기 수용자와 조기 다수자 그룹 사이에 존재하는 큰 균열, 즉 캐즘의 주요 원인은 양 그룹의 성향 차이와 상반됨 때문이다. 조기 수용자가 구매하는 것은 일종의 '변화'이며, 구 혁신과 비교해서 새로운 혁신이 급진적 불연속성(radical discontinuity)이길 바라고, 혁신에 저항하기보다 받아들이고, 혁신이 동반하는 제품의 오류와 결함도 잘 참아낸다. 반면 조기 다수자가 구매하고 싶은 것은 '변화'가 아니라 '생산성 향상'이며, 불연속성을 최소화하길 원하고, 혁명(revolution)이 아닌 진화(evolution)를 원하며, 혁신으로 인한 제품의 오류와 결함을 용납하지 못한다. 이처럼 두 그룹 간의 성향 차이가 너무 크고 상반되기 때문에 조기 수용자는 조기 다수자의 적합한 참조 및 상담 그룹이 될 수가 없는데다 조기 다수자는 적합한 참조인과 상담하지 않고는 절대 혁신을 수용하지 않는 특성이 있다. 이러한 이유 때문에 혁신이 조기 수용자에서 조기 다수자로 넘어가지 못하고 캐즘에 빠져 허우적거리게 되는 것이다.

결론적으로 무어는 혁신 수용자 그룹 사이에 존재하는 균열의 원인을 규명함으로써 하이테크 산업에서 '캐즘 마케팅'이라는 새로운 접근법을 만드는 데 큰 공헌을 하였다.

자료: Moore, G. (2006). *Crossing the Chasm: Marketing and Selling High-Tech Products to Mainstream Customers*, p.12~16, Revised version, Harper Business.

느림보(laggards)는 혁신을 채택하는 마지막 16%에 해당되는 사람들로 여론 주도성은 전혀 없으며 수용자 유형 중에서 가장 높은 수준의 국지적 성향을 갖는다. 느림보의 대다수는 사회 시스템 내에서 고립된 사람들이며, 그들의 혁신 수용 기준은 과거 경험이고, 전통적 가치를 가진 사람들과 상호작용을 많이 한다. 이들은 혁신과 변화 대리인에 대해 강한 의심을 품으며, 혁신을 채택하는 의사결정 과정이 상대적으로 길고, 항상 혁신에 저항한다. 그들의 관점에서 보면 혁신에 저항하는 것은 매우 합리적이다. 왜냐하면 그들의 불안정한 경제적 상황으로 혁신을 수용하는 결정을 극도로 신중하게 할 수밖에 없기 때문이다.

혁신 수용자들의 유형별 특성을 파악하는 것이 중요한 이유는 기업이 새로운 기술을 시장에 내놓았을 때 그 기술을 채택하는 주요 수용자의 유형이 시간에 따라 달라지기 때문이다. 즉 기업은 기간별 주요 수용자의 특성을 고려하여 거기에 맞는 전략이 필요한 것이다.

[사례연구] 저항 시장에서 혁신의 확산 — 델타 플라스틱 사우스

2014년 1월 델타 플라스틱 사우스(Delta Plastic of the South)(이하 델타)의 소유주인 두 톰슨(Dhu Thomson)과 CEO인 숀 화이트리(Sean Whiteley)는 미국 아칸소주 리틀록 본사에서 마주 앉아 최근 출시한 소프트웨어(S/W) '파이프 플래너(Pipe Planner)'(이하 PP)의 미래를 숙고하고 있었다.

PP는 면화, 대두, 곡물 등 줄뿌림 작물에 물을 대기 위해 플라스틱 배관 또는 폴리에스테르 파이프(이하 폴리 파이프)를 사용하는 농부들에게 도움을 준다. 이 S/W는 어떤 지역이든 그 지역에 맞추어서 적합한 파이프 사이즈는 무엇인지, 파이프에 구멍은 어떻게 뚫어야 하는지, 물 대는 시간은 얼마가 적당한지 등을 계산해서 농부의 관개비용(irrigation cost)을 25%까지 줄여준다. 또한 PP는 물 사용량을 25~50%까지 절약시킬 수 있는데, 최근 델타의 주요 시장이 되는 삼각주 지역에서 꾸준히 수자원이 줄어드는 것을 고려한다면 이는 매우 중요한 장점이다. 게다가 델타는 이 S/W를 개발하기 위해 2백만 달러, 즉 회사 연간 총매출의 약 5%를 투자했다. 그러나 PP는 2십만 에이커 이하의 판매실적으로 기대에 전혀 못 미치고 있으며, 계속되는 개발과 소프트웨어 업그레이드 및 지원을 위해 추가적 재원이 필요하다. 또한 구매 증가를 위해 가격까지 내렸음에도 불구하고 농부들의 수용 속도는 여전히 느리다.

톰슨과 화이트리는 어떤 결정을 해야 할까? PP를 위해 계속해서 돈과 자원을 투자해야 할까? 그렇게 한다면 농부들의 PP 수용을 증진시키기 위해 구체적으로 무엇을 해야 할까? 이 사례는 신제품이 시장에 출시된 후 시장(사용자)의 채택률을 높이기 위해 어떤 전략이 필요한지를 생각하는 데 도움이 될 것이다.

델타의 역사 및 주요 사업에 대해서

델타는 1992년 미국 아칸소주 스터트거트(Stuttgart)에서 블로운 필름(blown film) 생산과 농업용 배관 재활용 사업으로 출발했다. 버려진 농업용 플라스틱을 재활용하기 위해서는 세정 기계류들이 필요했기 때문에 애벌세정 기계, 내부 세정시스템 및 기타 기계류를 설치하기 위해 1994년 델타는 일시적으로 운영을 중단했다. 1995년 12월이 되어서야 새로운 재활용 설비들이 가동하기 시작했지만 공정 및 장비의 추가 설치에 비용이 과다 지출되어 파산직전까지 가게 되었다. 결국 1996년 두 톰슨과 메리 엘렌 톰슨(Mary Ellen Thompson)이 델타를 인수했으며, 인수 후 2년 동안 약 2백만 달러의 적자를 낳았지만 3년부터 수익이 나기 시작했다.

톰슨이 인수했을 때 델타는 약 3~4백만 파운드의 '폴리튜브(Polytube)(델타의 제품명)'를 수거하고, 약 9백만 파운드의 폴리튜브를 매년 생산하고 재활용하였다. 스터트거트 공장은 두 개의 블로운 필름 생산라인(몇 년 후 8개 라인으로 성장)이 있었고 여기서 폴리튜브를 생산했는데 나중에 이 생산라인은 리틀록(Little Rock)으로 이전했다. 2014년 기준 스터트거트 공장은 세 개의 세정 라인과 네 개의 압출 라인을 구비하여 약 2억 파운드어치의 폐플라스틱을 재활용하고, 리틀록 공장은 '폴리튜브'와 '레볼루션 백(Revolution Bag)(쓰레

기통용 비닐봉투를 일컫는 델타의 제품명)'을 생산하는 21개의 최신 블로운 필름 라인을 운영하고 있다.

톰슨은 델타를 인수하기 전 18년간 은행에서 일했으며, 열정적인 야외 활동가이고, 아칸소 자연 보호 평의회 회장으로서 국가의 천연자원을 보호하기 위해 애쓰는 사람이다. 또한 그는 델타에게 가장 중요한 것은 수익성임을 이해하고 있지만, 그 수익이 수익 자체를 위한 것이 되어서는 안 된다는 것도 잘 알고 있다. 이 같은 가치를 기반으로 한 경영 방식은 농부들을 대하는 델타의 태도에서 잘 드러난다. 예를 들면 델타는 폴리 튜브를 유통업체에 팔고 끝내는 것이 아니라 제품에 대한 농부의 경험을 향상시키고 제품의 효율성을 높이기 위해 PP와 같은 S/W 개발을 위해 노력하는 것을 보면 알 수 있다.

델타는 미국 남부 6개주(미주리, 아칸소, 미시시피, 루이지애나, 테네시, 켄터키)에서 활동하고 있으며 종업원 수는 275명 이상이 된다. 델타는 관개용 폴리 파이프 시장에서 가장 큰 시장점유율을 가지고 있으며, 대부분의 폴리 파이프 판매는 가로 300마일 세로 500마일의 삼각주 지역에서 발생하고 있다. 델타의 주요 시장은 지표면 관개(surface irrigation)인데 삼각주에서 폴리 파이프를 사용하는 절반 이상이 여기에 해당된다(다음 표 참조).

리틀록에 있는 제조공장은 델타의 플라스틱 브랜드인 '폴리튜브'를 다양한 규격으로 생산한다. 일단 생산되면 폴리튜브는 삼각주 지역에 있는 유통센터 또는 농부에게 직접 판매하는 농업센터 또는 조합과 같은 유통기관에 출하한다. 평균적으로 폴리튜브 단위

<표> 2013년 아칸소, 미시시피, 미주리, 루이지애나 관개 현황

구분	아칸소	미시시피	미주리	루이지애나
스프링쿨러 시스템 관개농지(acre)	1,207,773	530,478	588,721	261,854
최저유량 관개농지(acre)	28,785	21,166	64,160	5,993
중력시스템 관개 농지(acre)	4,296,734	1,265,091	760,732	969,325
고랑-폴리 파이프	2,027,590	951,872	527,007	397,459
고랑-다른 파이프	280,258	56,074	36,076	56,566
고랑-개방된 도랑/지하수로	234,011	110,128	35,004	35,577
침수-폴리 파이프	257,961	61,981	37,651	10,733
침수-다른 파이프	257,211	32,900	41,412	48,995
침수-개방된 도랑/지하수로 등	1,239,703	52,136	83,582	419,995
관개 농장 수	4,212	1,842	2,569	2,130
1-49 에이커	810	532	1,196	731
50-1999 에이커	2,509	1,026	1,208	1,283
2000 에이커 이상	893	285	165	116
미국 총 관개농지 대비 %	8.7	3.0	2.1	1.9
주별 관개 농지가 많은 순위	3	9	14	17

포장은 약 1,320피트이고, 이는 20~40에이커에 물을 댈 수 있으며, 보통 1년은 사용할 수 있다. 농부들은 유통업체에서 폴리튜브를 구매한 뒤, 농지에 쭉 풀어 놓고, 충적층 지하수(alluvial aquifer)에 있는 우물과 같은 수원을 끌어다 놓는다. 그리고 작물에 관개하기 적당한 간격으로 튜브에 구멍을 뚫는다. 다 사용한 후에 튜브는 폐기하는데 보통 델타를 통해 재활용된다. 즉 농부들은 농지에서 폴리튜브를 거두어 농지의 지정된 위치에 두거나 델타가 관리하는 근처 전달 장소에 놓아두면 델타가 수거해 간다.

델타는 덤프 트레일러와 폐튜브를 적재 및 이동시킬 수 있는 특수 장치가 부착된 40대의 차량을 운영하고 있다. 차량 운영은 델타가 농부들과 직접 소통할 수 있는 기회를 제공하는데, 이는 폐튜브 수거 장소에 폴리튜브 브랜드를 광고할 수 있는 수단이 된다. 그래서 판매 및 마케팅은 생산운영 전략과 통합되어 있다. 그러나 전략의 중심은 생산운영에 있으며, 그렇게 하는 것이 판매증진에 도움이 된다. 고객 서비스는 델타 트럭 운전사에게 중요한데, 그 이유는 운전사의 가장 가까운 접촉점이 바로 최종소비자이기 때문이다. 이것 외에도 델타는 지역 출판물, 예를 들면 델타 농장 신문(Delta Farm Press)과 같은 곳에 광고를 한다. 그러나 주요 마케팅 수단은 도로 표지판과 삼각주를 횡단하는 폐튜브 수거 차량에 붙어 있는 광고판이다.

델타의 핵심 경쟁력은 폐플라스틱을 깨끗이 하는 것과 그것을 재생산 할 수 있도록 소비자 사용후 수지(post-consumer resin, PCR)를 재추출하는 것이다. 델타 트럭은 폐폴리튜브를 수거장소에서 스터트거트로 운송하는데, 스터트거트에는 미국과 독일 기술이 결합된 최신식 재활용 센터가 있다. 그곳에서 폐플라스틱은 알갱이로 재 추출된 후 세 차례 세정과정을 거쳐 깨끗하게 만든다. 이 알갱이들은 트럭에 실려 리틀록에 있는 제조 공장으로 옮겨지고 그 곳에서 천연수지와 섞어 다른 제품을 만든다.

이처럼 델타는 플라스틱 제조, 폐플라스틱 운송, 폐플라스틱 재활용이라는 세 개의 사업으로 뚜렷이 구분되어 있지만, 이 세 사업은 상호 호혜적으로 강화시키는 역할을 한다. 세 사업은 혁신적인 폐쇄 루프 생산과 재활용 시스템을 통해 소비자에게 높은 가치와 지속 가능한 해결책을 제공해주고 미래 세대를 위한 환경보호를 지지한다.

PHAUCET

PHAUCET은 S/W로 폴리 파이프가 농지에 물을 고르게 댈 수 있는 환경 설정을 위해 파이프 지름, 압력, 구멍 크기, 고랑 간격, 파이프 고도, 줄 길이, 관개 시스템의 유량속도 등의 데이터를 사용한다. 이 입력 데이터를 기반으로 프로그램은 파이프의 길이에 따라 구멍 크기를 다르게 결정한다. 이 S/W를 사용하면 과잉 또는 과소 관수를 줄일 수 있고, 물을 끌어올리는 비용을 낮출 수 있으며, 영양제 및 화학제의 손실 및 유출도 줄여준다. PHAUCET를 퍼뜨리는 방식은 주마다 매우 달랐다. 예를 들면 미주리의 경우는 미국자연자원보호청(Natural Resources Conservation Service, NRCS)과 프로그램 개발자가 주도하고 군 농촌지도소(county extension agent)는 전혀 참여하지 않은 반면 아칸소는 농촌지도소가 주도적으로 참여했다.

PHAUCET은 공짜로 사용할 수 있었고 NRCS와 군 농촌지도소를 통해 유포되었지만 2014년까지 널리 채택되지는 않았다. 델타는 삼각주(약 7백3십만 에이커) 지역에서 지표면 관개를 하는 총 에이커의 3% 이하만이 PHAUCET을 사용하고 있다고 추정했다. 그러나 지역마다 다른 추정치를 제시하고 있는데, 미시시피 주립 대학 농업공학자인 라일 프링글(Lyle Pringle)은 2013년 동안 미시시피주 고랑-관개(furrow-irrigated) 토지의 약 11%가 PAHUCET을 사용했다고 발표했다. 반면 미주리 대학에 있는 조 헹글러(Joe Henggeler)는 미주리 고랑-관개자의 28%가 PHAUCET을 활용한다고 보고했다.

델타의 관개 전문가인 필 태커(Phil Tacker)는 PHAUCET이 가지고 있는 주요 문제점을 보고했는데,

그 내용은 다음과 같다. "PHAUCET은 훌륭한 프로그램이지만 사용하기가 쉽지 않아 엄청난 학습노력이 요구된다. 그래서 농부들이 프로그램을 설치하고 현장에서 PHAUCET을 운영하는 데 필요한 데이터를 수집하기 위해서는 자주 NRCS의 기술자와 농촌지도사의 도움이 필요하다. 이 같이 기술적 도움을 필요로 하는데다 NRCS는 예산이 부족하고, 농촌 지도사는 이미 일손이 부족한 상황이기 때문에 PHAUCET의 수용은 제한적일 수밖에 없다. 기본적으로 농부들을 도와줄 충분한 인력이 없다는 것이 문제다."

2011년 델타 회장인 톰슨은 PHAUCET의 문제점을 델타의 기회로 바라보았다. 즉 농부들의 S/W 사용 경험을 개선시키면 폭넓은 수용이 이루어질 것으로 기대했다. 그래서 델타는 사용자 친화적이고 기능적인 프로그램인 '파이프 플래너(PP)'를 만들기 시작했다.

파이프 플래너

관개 전문가인 태커와 크리스 데클레크(Chris DeClerk)는 PHAUCET의 최초 개발자와 여러 이해관계자와 함께 PHAUCET의 안정성, 특성, 인터페이스를 개선하기 위해 노력했다. 델타는 이를 위해 연간 매출의 약 5%에 해당하는 2백만 달러를 투자했다. PP는 토양 유형, 파이프 길이, 고랑 간격 및 방향, 파이프의 고도 변화, 우물에서 방출되는 물의 양과 같은 입력 데이터를 필요로 한다. PP는 데이터 입력이 지도를 통해 모두 이루어지는데, 예를 들면 우물 위치, 고랑 길이 및 방향과 같은 모든 입력 변수는 스크린상의 지도에서 해당 장소 이미지만 끌어다 놓으면 해당 변수가 자동 입력된다. 이 정보로부터 PP는 폴리튜브의 유형과 크기, 관개튜브에 있는 구멍의 숫자와 크기를 추정할 수 있고 효과적인 관수를 위해 요구되는 시간까지도 계산해낸다. 최근 출시되는 대다수의 트랙터는 고도 변화를 기록하기 때문에 트랙터의 GPS를 통해서 고도 데이터를 추출해서 PP로 업로드가 가능하다. 일단 설치하면 입력 데이터는 농지가 바뀌지 않는 한 바꿀 필요가 없다. PP의 초기 가격은 에이커당 6 달러로 책정했는데 톰슨은 이 투자를 통해서 농부와 델타 양쪽 모두 재무적 이익을 볼 것으로 기대했기 때문에 높은 수요를 예측했다. 보수적으로 예측해도 시간에서 25%, 연료에서 25%를 절약할 수 있다고 생각했다. 최근 몇 년간 연료 비용의 변동성이 높았던 것을 고려하면 연료에서 절약은 중요한 이점이 된다. 그러나 얼마나 절약할 수 있는가를 일괄적으로 정량화해서 제시하기 어렵다는 것이 문제이다. 왜냐하면 관개 양식의 복잡성과 다른 요인들의 영향으로 농장마다 절약의 정도가 다를 수 있기 때문이다.

파이프 플래너의 수용

PP는 PHAUCET과 달리 최종 사용자가 기술자, 컨설턴트 또는 정부직원이 아니라 농부들이라는 생각을 가지고 개발되었다. 따라서 델타는 사용자의 인터페이스를 단순화 시키고 필요한 데이터를 입력하기 쉽게 만들어야 한다고 믿었다. 한편 등록상표가 붙은 PP는 델타로부터 구매할 수 있고, 미국농무부(U.S. Department of Agriculture, USDA)가 만든 PHAUCET은 지역 농촌지도소에서 구할 수 있다. 그리고 농촌지도사는 두 S/W 모두 관개 튜브에 내는 구멍의 정확한 수치와 규격을 계산하는 데 똑같이 잘 만들어진 프로그램이고 약 25%의 물 사용을 줄이는 효과가 있다고 홍보했다.

최초 사용자들에게 좋은 결과를 주기 위해서는 주요 측정치와 프로그램 입력 데이터를 처음부터 정확히 넣어주어야 한다. 그래서 이와 관련된 최초 기술적 문제를 해결해주는 것이 무엇보다 중요했다. 그런데 델타는 제한된 인력을 가지고 있었고, 대중 매체를 통한 광고도 없이 대부분 구전, 특히 조기 수용자(early adopters)의 구전에 의존하는 마케팅 전략을 펼쳤다. 태커와 데클레크는 농한기에 지역사회를 돌아다니면서 농부들에게 PP와 관련된 새로운 기술을 가르쳐주고 PP의 이점을 설명했다. 이 같은 활동은 커피숍 또는 레스토랑등에서 이루어졌고 시간이 지나면서 농부들을 도와줄 수 있는 일련의 지역사회 전문가를 형성시킬 수 있었다.

5백 에이커 이상의 농지를 가진 대규모 농장들은 컨설턴트를 통해 다른 관리 서비스를 사용하고 있었기 때문에 PP의 채택률을 높이기 위해 델타는 컨설턴트들과 함께 일했다. 그리고 델타는 PP를 컨설턴트들이 제공하는 다른 서비스와 묶어 판매할 수 있게 했다. 또한 다른 가격 모델을 제시했는데, 농장규모별 차등화한 1회 고정 수수료(1회 고정수수료는 5백 에이커 이하 농장 1천5백 달러부터 5천 에이커 이상의 농장 7천5백 달러까지 차등화)와 소액의 연간 갱신료를 합친 형태이다.

태커와 데클레르크는 PP의 채택률을 높이기 위해서는 사용자 인터페이스의 단순화와 비용 절감 이상의 것이 필요하다는 것을 깨닫기 시작했다. 게다가 농부들은 비용에 대해 불평했는데, 이유는 PP는 PHAUCET보다 사용하기 훨씬 편하지만 PHAUCET은 여전히 공짜로 이용 가능하기 때문이었다. 몇몇 농부들은 델타가 파는 폴리튜브 구매를 위해 돈을 지불하는 것은 맞지만 폴리튜브를 관리하는 S/W인 PP를 위해 돈을 추가 지불하는 것은 맞지 않다고 생각했다.

그래서 델타는 농부들이 농사를 위해 투입하는 다양한 비용을 분석했다. 작물 가격은 2000년대 초반 이후로 꾸준했다 감소했다 증가했다 등 불규칙적이었다. 그러나 다른 투입 비용들은 빠르게 떨어지지 않았다. 몇몇 농부들은 농지 임대료 및 농지 구입비용으로 2014년에 적자를 내었다. 농부들은 또한 시장에서 불안정한 지위(농부는 모든 생활필수품을 소매 값을 구입해야 하지만 그들이 생산한 곡물은 도매 값으로 팔아야 하는 상황)를 갖고 있기 때문에 지나칠 만큼 검소한 성향이 있다. 그러나 물에 대해서는 항상 크게 걱정하지 않는다. 왜냐하면 농부들은 관개 설비, 펌프와 스프링클러 시스템을 작동시키기 위한 에너지에 대해서는 지불하지만 물 관리법(water law)에 따라 그들이 끌어다 쓰는 충적층 지하수에 대해서는 돈을 지불하지 않기 때문이다. 따라서 PP를 통해 물을 절약할 수 있다는 혜택은 크게 동기부여가 되지 않을 수 있다.

2014년 기준 2십만에 좀 못 미치는 농지가 PP를 사용하고 있다. 톰슨은 PP S/W 마케팅이 힘겨운 투쟁의 성격을 가지고 있음을 다음과 같이 묘사했다. "우리는 우리가 할 수 있는 한 미국농무부, 미국자연자원보호청, 대학, 농부 등 모든 사람에게 PP를 알려주고 설명했다. 그러나 전혀 소용이 없었다. 우리는 PP 판매를 위해 열심히 일했지만 농장들은 많은 정부보조를 받고 있는데다 농부들은 변화를 싫어한다."

[토론 문제]

1. 왜 델타는 '파이프 플래너(PP)'라는 S/W를 개발했는가? 즉 어떤 환경적, 기술적, 시장적 요인들이 델타로 하여금 PP를 개발토록 했는가?
2. PP를 마케팅하는 과정에서 델타가 직면한 주요 문제점은 무엇인가?
3. PP를 혁신의 다섯 가지 특성(상대적 우위, 양립성, 복잡성, 시험가능성, 관찰가능성)을 기준으로 평가한다면 어떻게 대답하겠는가?
4. 여러분이 델타의 회장 톰슨이라면 PP의 미래를 위해 무엇을 하겠는가? 그 이유는 무엇인가?

자료: Hyatt, D. (2017). "Delta Plastics of the South: Product innovation in a resistant market," Harvard Business School Publishing.

2부

혁신 전략의 수립

6장 ❙ 기업 내·외부 분석과 전략적 의도 설정

7장 ❙ 지배적 디자인 형성과 시장 진입 전략

8장 ❙ 협력 전략

TECHNOLOGY MANAGEMENT

6장 기업 내·외부 분석과 전략적 의도 설정

도입 스토리 때로는 '기업이 무엇을 하지 않는지'를 정의하는 것이 유용하다

투자자와 종업원은 기업이 무엇을 대표하고 무엇으로 수익을 낼지 알기 원한다. 기업의 존재 이유를 담은 '미션(mission)'—예를 들어 BMW의 미션은 "우리는 사람들에게 이동(movement)에 대한 영감을 제공하는 데 최고의 기업이다"—은 종업원에게 기업의 방향을 제공해주는데, 이것은 마치 비즈니스 모델이 투자자에게 기업의 전망 및 행보에 대한 필수 정보를 알려주는 것과 같다.

그런데 이 정반대의 경우, 즉 반 전략(anti-strategy) 또는 반 정체성(anti-identity)도 똑같이 소비자, 종업원, 투자자들과의 소통에 유용하다. 이 소통 방식은 위기에 도움이 된다. 예를 들면 금융 붕괴로 인해 은행에 대한 불신이 사상 최고조였을 때 신용조합과 공제조합들은 "우리는 은행이 아닙니다"라는 메시지를 통해 그들의 신뢰성과 견고함에 대한 시그널을 보냈다. 이 같은 방법은 전략 또는 정체성이 아직 발달되지 않았거나, 전략 및 정체성이 변할 필요가 있는 경우 유용하다. 우버의 대표들 역시 강력한 비즈니스 모델을 정착시키는 데 꽤 시간이 걸렸는데, "우리는 택시 회사가 아니다"라는 메시지를 통해서 우버의 정체성을 제공하려 했다.

이 같은 접근법의 유용성에 대해 한 독일 기업 사례를 통해 좀 더 살펴보고자 한다. 1985년 두 명의 학생이 부모의 거실에서 창업한 독일 스타트업 무스터만(Musterman, 가명)은 현재 4천억 달러 매출을 내는 독일 최고 전기통신 및 전자 유통업체가 되었고, 유럽 시장에서도 선도 기업으로 자리매김을 했다. 이 기업은 몇 번의 변화가 있었고 당연히 변화 때마다 새로운 비즈니스 모델, 새로운 경쟁력, 새로운 고객기반, 새로운 성공 매트릭스가 요구되었다. 그러나 리더십은 한 번도 변하지 않았고 두 명의 창업자가 계속해서 사업을 운영했다.

연구자는 창업자와 종업원 모두와 인터뷰를 진행했는데, '기업이 하고 있지 않는 것'에 대해 얼마나 자주 정의를 내리고 있었는지를 알고 놀랐다. 예를 들면 "창업 초기부터 우리는 투자자를 원하지 않았다는 것을 알았다. 우리는 대기업(conglomerate)이 되기를 원하지 않았다"고 창업자 중 한 명이 말했는데 이 말은 여러 명의 종업원에게서 다음과 같이 반복되었다. "나는 우리가 다른 대기업 같지 않아서 … 그리고 피터(창업자 중 한 명)가 관료주의적 기업으로 만들지 않아서 좋았어요." 반 정체성은 종업원 핸드북에서도 발견되는데, "기업 뒤에 금융계 요술쟁이 또는 투자자는 없으며, 오직 두 명의 창업자만 있을 뿐이다"라는 내용이 담겨 있다. 창업자와의 인터뷰에서 발견되는 또 다른 반 정체성은 "우리의 고객은 숫자가 아니다. 우리는 고객의 이름을 안다"였으며, 이 내용은 많은 종업원에게서도 다음과 같이 반복되었다. "우리는 고객을 위해 특별히 애를 쓰며, 우리를 위해 고객을 이용하려 하지 않습니다. 관계가 중요하기 때문이지요." 또한 기술과 관련된 반 정체성은 공동 창업자 중 한 명의 인용을 통해 알 수 있는데, "우리가 가장 기술적으로 진보된 기업이 아니었다는 것은 분명합니다." 이 내용 역시 종업원들에게서 다음과 같이 들을 수 있었다. "우리는 이미 존재했던 기술을 활용했어요. … 우리는 기술자가 아니고 어떤 기술도 주도하지 않았어요. 그리고 우리는 어떤 특허도 없어요."

이 기업의 사례에 따르면 반 정체성은 다음 두 가지 혜택을 준다. 첫째, 다음 번 전략적 움직임을 설계할 때 경영진의 재량권이 커진다. 구체적인 정체성과 전략으로 제한하는 대신에 반 정체성 덕택에 무스터만은 판매에서부터, 생산, 전문 유통, 마지막에는 일반 유통까지 변화할 수 있었다. 조직 밖의 구경꾼에게는 터무니없어 보이는 것이 무스터만 경영진, 종업원, 산업분석가에게는 완벽히 논리적이었다. 즉 무스터만의 최초 변신(판매업체에서 라이선스 제품 생산업체로의 변화)은 "기술자가 되는 것을 원하지 않는다"라는 논리가 그대로 반영된 결과이다. 그리고 두 번째 변신(라이선스 제품 생산업체에서 전문 유통업체를 거쳐 일반 유통업체로의 변화)은 "평범한 것을 제공하는 익명의 대기업이 되기를 원하지 않는다"라는 논리가 반영된 것이다. 이 기업의 전략적 방향의 뿌리는 명확하거나, 사전에 정의된 목표 및 미션에 있지 않았고 대신 그들이 되고 싶지 않았던 것에 대한 거절에 있었다.

두 번째 혜택은 급격한 변화를 뒤쫓는 경영진, 관리자, 종업원들에게 '정신적 지주' 역할을 한다는 것이다. 이 기업은 지금 부동액과 커피머신을 팔고 있는데, 통신 업체로 시작했던 그들로서는 현재 상황이 상상하기 힘들었을 것이다. 그러나 앞서 보았듯이 그들의 반 정체성은 "우리는 평범한 유통기업이 되기를 원하지 않는다" 였기 때문에 현 상황은 지극히 논리적인 결과라고 조직구성원 모두 받아들일 수 있는 것이다. 결국, 반 정체성은 무스터만의 핵심이 되었고, 사업의 변동은 잦았지만 반 정체성 덕택에 조직구성원은 본질을 잃어버렸다고 결코 느끼지 않았다.

마지막으로 우버의 예("우리는 택시업체가 아니다")처럼 산업 경계가 모호해지는 상황에서 기존 기업이 당면하게 되는 '변화 저항성'을 감소시키는 데 반 정체성은 큰 도움이 된다.

자료: Rauch, M. Stanske, S. and Canato, A.(2020). "The power of defining what your company isn't", *Harvard Business Review Digital Article*, January 27.

기업이 혁신 전략을 수립하기 위해 첫 번째로 해야 할 일이 무엇일까? 그것은 자신의 현 위치를 평가하고 미래를 위한 전략적 방향을 정의하는 일일 것이다. 따라서 이번 장에서는 기업의 현 위치를 파악하고 미래 방향을 설정하는 데 도움을 주는 몇 가지 분석적 도구(tools)를 검토할 것이다. 이 도구들은 다음과 같은 것을 밝혀내는 데 도움을 준다.

1. 복잡하고, 끊임없이 변하는 외부 환경을 분석하여 기업의 기회 및 위협요소를 밝히는 데 도움을 준다.
2. 기업 내부 환경을 분석하여 기업의 강점과 약점을 밝히는 데 도움을 준다.

3. 기업의 자원 중 지속 가능한 경쟁우위(sustainable competitive advantage)가 무엇인지를 알아내는 데 도움을 준다.
4. 기업의 핵심역량(core competence)을 파악하고, 이 핵심역량들이 어떤 종류의 가치(value)를 고객에게 제시하는지, 경영자는 이 가치를 어떻게 발전시킬지 알아내는 데 도움을 준다.
5. 기업의 장기 목표를 달성하기 위해 개발 및 취득할 필요가 있는 자원과 역량이 무엇인지 밝히는 데 도움을 준다.

혁신 전략은 기업의 현 경쟁적 위치를 활용 및 강화시킬 뿐만 아니라 미래 발전을 위한 방향도 제시할 수 있어야 한다. 그래서 혁신 전략 수립을 위해 맨 먼저 할 일은 기업의 현 위치(기회, 위협, 강점, 약점)를 정확히 평가하는 것이다. 다음으로 기업의 기존 자원 및 역량과 전략적 의도를 성취하는 데 필요한 자원 및 역량 간의 차이를 표현한 '전략적 의도(strategic intention)'를 갖는 필요가 있는데,[1] 그 이유는 여기에 기업이 향후 나아가야 할 방향을 담고 있기 때문이다.

우리는 전략적 분석을 위한 몇 가지 기초적인 도구를 언급하기 전에 기업 전략의 발달사를 먼저 살펴보고자 한다. 그 이유는 혁신 전략과 기업 전략(corporate strategy)은 경쟁우위(competitive advantage)를 확보한다는 공통된 목표가 있으며, 5포스 분석(five-force analysis), 일반 환경 분석(general environment analysis 또는 PESTEL analysis), 핵심역량 분석(core competence analysis), 가치사슬 분석(value chain analysis) 등 동일한 전략적 분석 도구를 사용하고 있기 때문이다. 기업 전략의 양대 학파 발달사를 통해 혁신 전략의 이론적 배경 지식의 폭을 넓히기 바란다.

6-1 기업 전략의 양대 학파 — 합리주의와 점진주의

기업 전략에 대한 개념은 1960년대 처음 등장한 이후 여러 학파와 이론 간에 논쟁이 있어 왔다. 여러 학파 중 가장 영향력 있는 학파로 합리주의학파(rationalist)와 점진주의학파(incrementalist)를 꼽을 수 있다. 합리주의학파의 대표학자는 '전략경영의 아버지'로 알

---

[1] Hamel, G. and Prahalad, C. (1991). "Strategic intent," *Harvard Business Review*, May-June: 64~76.

려진 이고르 앤소프(Igor Ansoff)이고, 점진주의학파의 대표학자는 헨리 민츠버그(Henry Mintzberg)이다.[2]

합리주의학파는 군대로부터 영향을 많이 받았는데, 그들에 따르면 전략은 원칙적으로 세 단계로 구성된다고 하였다. 첫 번째 단계는 주변 환경을 묘사하고, 이해하고, 분석한다. 이는 군대의 정찰 과정과 유사하다. 두 번째 단계는 분석 결과를 고려해서 행동방침을 결정한다. 세 번째 단계는 결정한 행동방침을 수행한다. 이 세 단계는 '평가(appraise) → 결정(determine) → 실천(act)'이라는 합리적 행동(rational action)의 선형 모델(linear model)로 표현될 수 있다.

합리주의 접근법은 마이클 포터(Michael Porter)에 의해 개척되었다고 해도 과언이 아니다.[3] 그는 기술의 진보로부터 발생되는 경쟁적 위협과 기회의 특성을 정확히 파악해서 기업들이 스스로 경쟁에 대항할 수 있는 위치(position)를 마련하기 위해 기업 고유의 기술개발 및 보호의 중요성을 강조하였다. 따라서 포터가 제시한 외부의 기회와 위협을 파악하는 데 유용한 5포스 분석, 기업 고유의 특성(강점과 약점)을 파악하는 데 적합한 가치사슬 분석은 모두 합리주의 접근법에 해당된다. 또한 기업 외부의 기회와 위협, 기업 내부의 강점과 약점 모두를 파악할 수 있도록 만든 도구로써, 누가 창시자인지 여전히 불분명하지만(스탠포드대학 연구소를 이끌고 있는 앨버트 험프리(Albert Humphrey)가 창시자라고 주장하는 학자도 있지만 본인이 아니라고 함) 산업 및 학계에서 널리 사용되는 SWOT 분석(strength-weakness-opportunity-threat analysis) 역시 합리주의 접근법이다.

한편, 존 케이(John Kay)가 지적한 것처럼 합리주의학파의 군대적 비유는 오해의 소지가 있을 수 있다.[4] 왜냐하면 기업의 목적은 군대와 다르기 때문이다. 즉 기업은 경쟁자보다 고객을 더 만족시키기 위해 차별화되는 경쟁력을 구축하는 것이 목표이지 군대처럼 많은 자원을 쏟아 부어 적(경쟁기업)을 파괴하는 것이 목표가 아니다. 경쟁기업에 대한 지나친 집중은 대규모 자원을 쏟아 부어 독점력(monopoly power) 구축을 강조하는 전략을 낳게 되고, 이는 결국 수익성 있는 틈새시장과 고객 니즈를 만족시킬 수 있는 기회를 희생시켜야 한다. 합리주의학파의 또 다른 문제점으로는 두 가지 이유 때문에 경영자 및 전

---

2 Ansoff, I. (1965). "The firm of the future," Harvard Business Review, Sept-Oct: 162~178; Mintzberg, H. (1987). "Crafting strategy," *Harvard Business Review*, July-August: 66-75.

3 Tidd, J. and Bessant, J. (2013). *Managing Innovation: Integrating Technological, Market and Organizational Change*, 5th edition, p.170, Wiley, West Sussex, UK.

4 Kay, J. (1993). *Foundations of Corporate Success: How Business Strategies Add Value*, Oxford University Press, Oxford.

문가들이 기업의 실제 상황을 정확하게 평가하기 어렵다는 것이다. 첫 번째 이유는 외부 환경이 경쟁자, 소비자, 규제기관 등을 포함하여 너무 '복잡할(complex)' 뿐만 아니라 기술, 경제, 사회, 정치 등 환경이 너무 '빠르게 변하기(fast-changing)' 때문이다. 따라서 경영자와 전문가들은 미래를 예측하는 것은 물론이고 현재의 본질적인 특성을 이해하는 것도 어렵다. 두 번째 이유는 경영자들은 기업 내부 사정에 대한 지식이 불완전하기 때문에 기업의 강점과 약점을 객관적으로 정확히 파악하기가 어렵기 때문이다.

반면, 점진주의학파는 불확실성의 상황을 고려했을 때 복잡성과 변화를 완전히 이해한다는 것은 불가능하다고 주장한다. 즉 현재를 이해하고 미래를 예측하는 우리의 능력은 어쩔 수 없이 제한적임을 의미한다. 이 같은 이유로 성공적인 기업 경영자뿐만 아니라 성공한 기술자, 의사, 정치가들은 일반적으로 합리주의학파가 옹호하는 전략을 따르는 대신에 환경에 대한 강점과 약점, 미래의 변화율 및 변화방향에 대해 기업은 매우 불완전한 지식만을 갖고 있음을 명확하게 인정하는 점진주의학파의 전략을 선택한다. 따라서 점진주의학파를 따르는 경우 의식적으로 새로운 정보를 수집하고 새로운 이해를 통해서 항상 기존 전략을 조정할 준비가 되어 있어야 한다. 점진주의학파 관점에서 가장 효율적인 전략수립 절차는 다음과 같다.

1. 명시된 목표를 향해 신중한 대책 또는 변화를 만들어라.
2. 대책 또는 변화의 효과를 측정하고 평가하라.
3. 필요하다면 목표를 조정하고 다음 대책 또는 변화를 결정하라.

위와 같은 일련의 행동은 '점진주의(incrementalism),' '시행착오법(trial and error),' '길고 짧은 것은 대봐야 안다(suck it and see),' '혼란을 통한 학습(muddling through and learning)'과 같은 여러 명칭으로 표현된다.

이와 같은 접근법의 가장 대표적인 예로 의사들이 환자를 치료하는 방식을 볼 수 있다. 환자가 최초 방문하면 의사는 환자의 증세를 물어보고 진단을 하고 치료를 한다. 그 첫 방문으로 치료가 되지 않는 경우 다시 증세를 확인하고 진단을 내리고 변화된 치료를 실시하며, 환자가 치료될 때까지 이러한 과정을 반복한다. 합리주의 접근처럼 처음부터 철저한 분석을 통해 최고의 치료법을 제시하는 것이 아니다. 이는 제품 및 공정 혁신의 과정에서도 동일하게 적용될 수 있다. 신제품 및 신공정을 위한 설계가 나오면 그것을 개발하고, 시험하고, 시험 결과가 목표치를 달성하지 못하면 설계를 조정해서 재시험 과정을 거친다. 성공적인 시험 결과가 나와 생산 및 운영에 들어갈 수 있을 때까지 이 과정이 반복된다.

1. 증세 → 진단 → 치료 → 진단 → 조정 치료 → 완치(환자 치료 과정)
2. 설계 → 개발 → 시험 → 설계 조정 → 재시험 → 생산/운영(제품 및 공정 혁신 과정)

사실 합리주의 접근법은 오랫동안 현장에서 지배적인 도구로 활용되어 왔고, 수많은 경영대학에서 가르쳐 왔다. 그러나 합리주의 접근법은 새로운 지식과 학습을 통해서 끊임없는 조정 과정을 강조하는 점진주의 접근법보다 덜 효과적인 것으로 알려졌다.[5] 왜냐하면 합리주의 접근법은 신기술이 산업의 경계를 변화시키고, 신제품을 개발하고, 진입장벽을 이동시킴으로써 게임의 룰(rule of game)을 바꿀 수 있는 힘이 있음을 과소평가했기 때문이다. 또한 합리주의 접근법은 경영진이 기업 외부의 중요한 변화를 알아내고, 예측할 뿐만 아니라 기업 내 조직의 관행과 경쟁력을 급진적으로 변화시킬 수 있는 능력이 있다고 과대평가하는 경향이 있기 때문이다.

그렇다면 이러한 두 학파 간의 논쟁이 경영자에게 어떤 시사점을 주는 것일까? 두 가지 시사점이 존재한다. 첫째는 경영자는 전략 수립 시 풍부한 경험과 예리한 분석 능력뿐만 아니라 복잡성과 변화를 효과적으로 다루는 법까지 갖추고 있어야 한다는 것이다. 다음은 전략 수립 과정에서 명심해야 할 사항이다.

1. 불확실성을 고려하여 가능한 미래 동향이 주는 다양한 의미를 탐색하라.
2. 전략 수립 시 폭넓은 참여를 권장하고 비공식적 의사소통 채널을 열어 놓아라.
3. 정보의 다양한 원천, 논쟁, 회의적 태도 모두를 활용하라.
4. 새로운 증거(종종 예상치 못한)가 나오면 그에 맞추어 전략을 변화시키도록 하라.

둘째는 성공적인 경영 관행은 결코 완벽하게 복제할 수 없다는 것이다. 이 복잡한 세상에서 아무리 꼼꼼한 관리자와 엄격한 경영학자라 하더라도 성공한 경영 관행의 실제 사례의 구성요소를 모두 평가하는 것은 고사하고 규명하는 것도 어렵다. 게다가 성공한 경영 관행을 재생산하는 상황은 기업, 국가, 산업, 물리적 조건, 기술지식 상태, 조직의 기술 문화 규범 등 원래 기업의 상황과 너무나 다르다는 것이다. 결론적으로 성공한 경영

---

5 Tidd, J. and Bessant, J. (2013). *Managing Innovation: Integrating Technological, Market and Organizational Change*, 5th edition, p.170, Wiley, West Sussex, UK.

관행을 쉽게 응용할 수 있는 비결은 존재하지 않는다.

결론적으로 경영자들은 전략을 제시하기 전에 주변 환경을 철저하게 분석하고 분석 결과를 바탕으로 완벽한 전략을 세우는 합리주의 접근법에 매우 익숙해져 있다. 그러나 변화와 불확실성이 항상 주변에 도사리고 있기 때문에 변화 상황에 맞게 대응하는 능력의 중요성을 주장하는 점진주의 접근법에도 익숙해져야 한다. 또한 경영자는 다른 기업의 경험을 철저히 분석해서 내 것으로 만들려는 합리주의 경향이 있는데 타사의 경험이 그대로 자사에 적용 가능한지, 그 정보는 확실한지, 동일한 효과가 날지 등에 의문을 가져야 한다. 이러한 의문의 과정이 합리주의 접근법의 약점을 보완해주는 점진주의 접근법이라 할 수 있다. 한마디로 성공적인 전략 수립을 위해서는 합리주의와 점진주의 접근법 둘 다 필요한 것이다.

6-2 기업 외부 분석

6-2-1 포터의 5포스 분석

포터의 5포스 분석은 산업의 매력도(attractiveness) 평가와 더불어 기업을 둘러싼 기회와 위협 요소를 규명하는 데 사용된다. 산업의 매력도를 평가할 경우는 특정 산업이 전반적으로 수익성이 있는지 없는지에 대한 것을 알아내는 것이 목적이고 산업 수준에 초점을 맞추어 산업에 속한 경쟁자들을 동일하게 취급한다. 그러나 기회와 위협을 규명하는 경우는 특정 기업의 관점에서 분석하는 것으로 외부 요소들이 그 기업에 주는 영향을 경쟁자와 비교해서 알아낸다.[6]

예를 들어 할인소매업을 '산업 수준'에서 분석한다고 하자. 이럴 경우 분석의 결과는 높은 가격경쟁과 차별화의 어려움으로 인해 할인소매산업의 매력도는 '낮다'라는 결론에 이를 것이다. 그러나 만약 '이마트'라는 특정 기업 관점에서 할인소매업을 분석한다면 이마트가 경쟁자와 비교했을 때보다 선진화된 물류시스템 보유, 공급자와 구매자 모두로부터 갖고 있는 높은 협상력, 좋은 입지 등으로 인해 이마트가 '경쟁자보다 높은 수익을 낼

---

[6] Schilling, M. (2017). *Strategic Management of Technological Innovation*, 5th edition, p. 112, McGraw-Hill Education, New York.

포터의 5포스 분석

그림 6-1

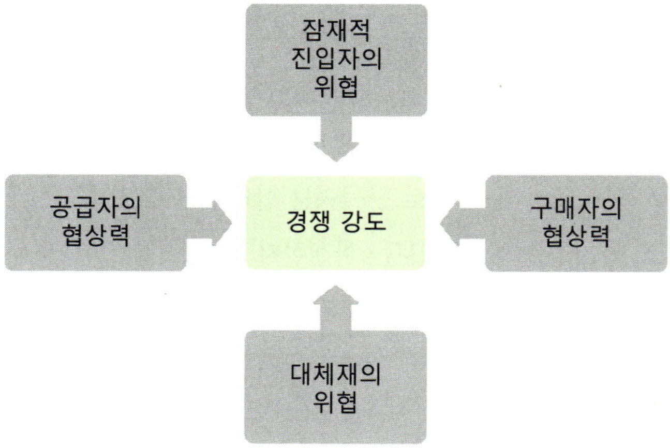

자료: Porter, M.(1998). *Competitive Strategy: Techniques for Analyzing Industries and Competitors*, Reprinted version, Free Press.

수 있다'는 다른 결론이 나오게 된다. 우리는 여기서 산업 전반의 매력도를 평가하기보다는 특정 기업 측면에서 그 기업에게 위협 또는 기회가 되는 외부 환경 요소를 파악하는 데 초점을 맞추기로 한다.

포스 1: 경쟁 강도(the degree of existing rivalry)

기존 경쟁자 간의 경쟁 강도에 영향을 미치는 요인은 (1) 경쟁자들의 숫자와 상대적 규모, (2) 경쟁자들의 차별화 정도, (3) 수요의 증가 또는 감소이다.

일반적으로 규모가 비슷한 경쟁자의 수가 많을수록 산업 내 경쟁 강도는 높아진다. 즉 소규모 경쟁자가 많은 경우로 소프트웨어산업 또는 전자부품산업이 대표적이다. 그러나 경쟁자가 매우 적은 수라 하더라도 규모가 비슷한 대규모 경쟁자가 존재하는 경우는 예외적으로 경쟁 강도가 매우 심해진다. 그 이유는 소수의 대규모 경쟁자들은 과점 산업(oligopolistic industry)을 형성하고 있어 그들이 가격전쟁(price wars)을 하겠다고 결정하는 순간 엄청난 경쟁 강도가 발생하게 된다. 우리는 이러한 현상을 이동통신 서비스산업에서 자주 목격하는데, 신규 스마트폰이 출시될 때마다 한국의 무선통신 3사(KT, SK텔레콤, LGU+)가 서로 가입자를 더 많이 확보하겠다고 치열한 보조금 전쟁을 벌이는 것이 그 예이다. 그러나 과점체제에 있는 기업들이 1:1로 부딪치는 것을 피하거나 가격담합을 하는 경우 경쟁 강도는 낮아지게 된다.

경쟁자들의 제품 및 서비스의 차별화 정도가 약할수록 경쟁 강도는 높아진다. 반대로 기업 고유의 특성을 살려서 다른 기업과 차별화를 꾀하면 꾀할수록 직접 부딪히는 일은 줄어들기 때문에 경쟁 강도는 낮아진다. 젠자임(Genzyme)처럼 말이다. 젠자임은 경쟁이 매우 극심한 바이오테크 산업에 종사하고 있지만, 매출 규모가 작아 경쟁자들이 잘 개발하지 않는 희귀 의약품(orphan drug) 생산에 집중화하는 차별화 전략으로 경쟁자를 따돌릴 수가 있었고 예상보다 높은 마진(margin)을 얻을 수 있었다.

산업의 수요가 감소할수록 경쟁 강도는 높아지고 증가할수록 경쟁 강도는 낮아진다. 왜냐하면 산업의 수요가 낮아지면 경쟁자들이 나누어 가질 수 있는 파이의 크기가 급격히 줄기 때문에 서로 더 많은 양을 차지하기 위해 경쟁은 심화된다. 그러나 산업의 수요가 높아지면 파이의 크기도 따라서 커지기 때문에 경쟁에 대한 압박이 상대적으로 적어져 경쟁 강도는 줄어든다.

포스 2: 잠재적 진입자의 위협(threat of potential entrants)

잠재적 진입자의 위협에 영향을 주는 요소는 크게 두 가지로 (1) 진입장벽의 높이(height of entry barrier), (2) 산업의 매력도이다.

진입장벽의 높이가 높으면 신규 진입을 어렵게 만들어 잠재적 진입자의 위협 강도는 낮아진다. 그렇다면 진입장벽을 높이는 요인은 무엇일까? 이에 대한 답으로 다음의 것들이 있다. 첫째, 창업비용이 너무 높으면 쉽게 진입할 수가 없다. 둘째, 기존 기업의 제품 및 서비스에 대한 브랜드 충성도가 지나치게 강하면 경쟁할 엄두를 내지 못해 진입을 어렵게 한다. 셋째, 기존 업체들이 주요 공급망과 유통망을 꽉 잡고 있는 경우 신규 업체는 진입을 꺼리게 된다. 넷째, 다른 제품 및 서비스로 바꾸는 데 드는 노력, 시간, 금전 등의 비용을 전환비용(switching cost)이라 하는데, 이 비용이 높을수록 신규 업체의 진입을 어렵게 만든다. 다섯째, 정부의 규제로 진입하는 조건이 까다롭거나 제약을 받게 될 때 진입이 어려워진다. 마지막으로 기존 기업의 예상되는 보복(expected retaliation)의 강도가 셀수록 신규 업체는 진입을 망설이게 된다.

진입하려는 산업의 성장성과 수익성이 높고 그 밖에 매력을 끄는 요인이 많을수록 여러 기업이 진입하려 하기 때문에 잠재적 진입자의 위협 강도는 커진다.

포스 3: 공급자의 협상력(bargaining power of suppliers)

공급자의 협상력에 영향을 주는 요소는 (1) 공급자의 숫자, (2) 제품 및 서비스의 차별화 정도, (3) 구매량, (4) 전환비용, (5) 공급자의 전방수직통합(forward vertical integration)이 있다. 여기서 주의할 점은 공급자 관점에서 구매자와의 협상력 변화를 바라보는 것이다. 그리고 아래 설명은 모두 공급자의 협상력이 높아지는 상황만을 묘사했기 때문에 반대 상황은 설명이 없더라도 공급자의 협상력이 감소한다는 것을 알 수 있다.

첫째, 공급자의 숫자가 적을수록 구매자가 선택할 수 있는 재량권이 축소되고, 몇 안 되는 공급자에게 의존하게 되어, 결국 공급자의 협상력은 커진다. 둘째, 제품 및 서비스가 다른 공급자와 뚜렷한 차별성을 갖게 되면 구매자들이 앞다투어 그 공급자와 거래하려 하기 때문에 공급자의 협상력은 높아진다. 여기에 해당되는 대표적인 사례가 인텔의 마이크로프로세서이다. 인텔의 마이크로프로세서는 차별성이 강한 제품으로 대부분의 PC 소비자는 자신이 구매하는 PC에 인텔의 마이크로프로세서가 장착되기를 원한다. 따라서 PC 제조업체는 소비자 판매량을 높이기 위해서 어쩔 수 없이 인텔의 마이크로프로세서를 구매할 수밖에 없으며, 그 결과 마이크로프로세서 공급자인 인텔의 협상력은 높아진다. 셋째, 구매량 대부분을 한 공급자에게 의존할수록 공급자의 협상력은 커진다. 넷째, 구매자가 공급자를 바꾸는 데 드는 전환비용이 클수록 공급자의 협상력은 커진다. 마지막으로 공급자가 부품생산에 머무르지 않고 부품을 조립해서 최종제품 및 서비스를 소비자에게 직접 공급하는 전방수직통합을 하겠다고 결정하면 이는 구매자의 의존도를 낮추겠다는 의미이기 때문에 공급자의 협상력은 증가된다.

포스 4: 구매자의 협상력(bargaining power of buyers)

구매자의 협상력에 영향을 주는 요소는 (1) 구매자의 숫자, (2) 제품 및 서비스의 차별화 정도, (3) 구매량, (4) 전환비용, (5) 구매자의 후방수직통합(backward vertical integration)과 같이 앞서 언급한 공급자의 협상력에 영향을 주는 요소와 매우 유사하다. 다만 공급자에서 구매자로 관점을 바꾸어 공급자에 대한 구매자의 협상력의 변화를 바라보는 것이 다를 뿐이다.

첫째, 구매자의 숫자가 적으면 공급자는 서로 자신의 제품 및 서비스를 공급하기 위해 경쟁을 하게 되고 결국 구매자의 협상력을 높여주게 된다. 둘째, 제공하는 제품 및 서비스의 차별성이 낮으면 구매자는 쉽게 다른 공급자로 이동하려 하기 때문에 구매자를 묶어두기 위해서 조금이라도 낮은 가격이나 추가 서비스를 제공하려 한다. 결국 구매자의 협상력을 높이게 된다. 셋째, 한 구매자가 구매하는 양이 공급량의 대부분을 차지할수록 구매자의 협상력은 강해진다. 이와 관련한 사례로 이마트와 이마트에 식품을 납품하는 소규모 공급업체를 들 수 있다. 이마트가 구매하는 양이 이 식품업체의 공급량 대부분을 차지함으로써 이마트에 대한 의존도가 높아지고, 결국 구매자인 이마트의 협상력은 상대적으로 커지게 된다. 넷째, 구매자가 공급자를 바꾸는 비용, 즉 전환비용이 낮을수록 구매자의 협상력은 커진다. 다섯째, 구매자가 직접 부품을 제작해서 최종제품 생산에 도움을 주겠다는 후방수직통합(backward vertical integration)을 하겠다고 결정하면 이는 공급자의 의존도를 낮추겠다는 의미이기 때문에 구매자의 협상력이 높아진다.

포스 5: 대체재의 위협(threat of substitutes)

대체재(substitute)는 소비자에게 유사한 유용성을 전달하지만 경쟁재는 아니다. 즉 한 재화의 수요가 늘면 다른 재화의 수요가 줄어드는 경우 서로 대체관계에 있다고 말하며, 이러한 대체관계에 있는 재화를 다른 재화의 대체재라고 한다. 예를 들면 스타벅스(Starbucks)의 경쟁자는 스타벅스와 같은 커피전문점으로 커피빈(CoffeBean), 투섬플레이스(A Towsome Place), 할리스(Hollyse) 등이다. 만약 장소의 관점에서 대체재를 바라본다면 스타벅스의 커피 값이 지나치게 비싸지게 되면 스타벅스를 가던 소비자는 술집이나 레스토랑으로 발길을 돌리게 될 것이다. 또는 음료의 관점에서 대체재를 바라본다면 커피 값의 상승은 청량음료와 맥주의 수요를 증가시키게 될 것이다. 따라서 청량음료와 맥주가 커피의 대체재가 된다. 대체재가 많으면 많을수록 위협은 높아진다.

대체재의 개념은 상대적인 것으로 분석의 수준이 무엇이냐에 따라 대체재의 대상도 달라진다. 만약 항공 산업이 분석 대상이라면 비행기의 대체재는 버스가 될 수 있다. 미국의 경우 지역비행기 값이 너무 비싸지면 비행기 대신 버스를 타고 여행을 할 것이기 때문이다. 그러나 분석 대상이 더 포괄적인 운송 산업이라면 버스는 비행기의 경쟁자가 된다.

포터는 보완재(complements)의 역할에도 관심을 가졌다.[7] 보완재란 경제학적 관점에서 바라보면 특정 재화가 늘어날 때 함께 늘어나는 재화를 의미한다. 가장 대표적인 보완관계의 사례가 설탕과 커피, 컴퓨터와 소프트웨어, 휘발유와 자동차이다. 보완재의 가격, 이용가능성, 품질에 따라서 그와 관련된 산업에 기회를 제공할 수도 위협을 제공할 수도 있다. 이게 무엇을 의미하는지는 최근 많은 관심을 받고 있는 전기자동차로 설명해볼 수 있다. 전기자동차 산업이 발전하기 위해서는 기존에 없던 시설, 즉 전기 충전소가 갖추어져

[7] Porter, M. (2006). "Strategy and the internet," *Harvard Business Review*, 79(3): 62-78.

야 한다. 전기충전은 휘발유가 자동차의 보완재가 되듯이 전기자동차의 보완재가 된다. 그런데 전기 충전소의 설치가 이해관계자 그룹, 예를 들면 휘발유 업체의 반대로 어려워진다거나(보완재의 이용가능성이 낮음을 의미함), 설치 허가가 나더라도 휘발유 값보다 전기충전 값이 더 비싸다가거나(보완재의 가격이 적정수준이 아님을 의미함), 한 번 충전에 몇 시간을 가지 못한다면(보완재의 품질이 적절치 못함을 의미함) 전기자동차 산업은 더 이상 전도유망한 산업이 될 수가 없다. 즉 보완재의 발전이 함께 할 때 관련 산업의 발전이 보장되기 때문에 한 산업의 매력도 및 그 산업의 기회와 위협을 평가할 때 보완재의 발전까지도 고려할 필요가 있는 것이다.

6-2-2 일반 환경 분석(또는 PESTEL 분석)

일반 환경은 기업 외부와 관련된 것으로 충격의 정도는 다양하나, 경쟁하는 모든 산업과 모든 기업에 영향을 준다. 따라서 기업은 일반 환경을 구성하는 요소들을 효과적으로 정밀조사, 모니터링, 예측 및 평가함으로써 일반 환경이 발생시키는 기업의 기회 및 위협요소를 밝혀내야 한다. 일반 환경 구성요소는 분류하기 나름이나, 여기서는 현장에서 가장 많이 활용되는 여섯 가지 요소, P(정치political) E(경제economic) S(사회social) T(기술technological) E(환경 environmental) L(법률legal) 로 구분하여 설명하고자 한다.

정치 환경(political environment)

정치 환경은 기업이 정부에 어떻게 영향을 행사할 수 있는지, 기업의 경쟁적 행위 및 대응에 대해 정부의 현재 또는 미래 영향력을 알아내는 것과 관련이 있다. 그런데, 정치 환경은 상당 부분 법률 환경과 겹친다. 왜냐하면 대다수의 정부 정책(예: 시장 간섭 정도, 세제 정책, 무역제재, 환경보호정책, 노동정책, 개인정보보호 정책 등)은 법 및 규제와 연결되어 있기 때문이다. 예를 들면 유럽연합은 매우 강력한 개인정보보호 정책을 실시하는데, 이는 '일반 개인정보보호법(General Data Protection Regulation, GDPR)'을 통해 이루어지고 있다. 이 같은 정치 및 법률 환경은 구글, 페이스북, 아마존과 같이 개인정보 수집이 일상적으로 일어나는 기업들이 유럽 시장에 진출하는 데 위협요소가 될 수 있다.

법률 환경과 겹치는 부분을 제외한 순수 정치 환경으로는 정치적 안정성, 외교관계, 정부 진흥 산업 등이 있을 수 있다. 만약 기업이 해외에 진출하고자 한다면 진출 국가의 정치적 안정성과 양국뿐만 아니라 다자간 외교관계를 반드시 고려해야 한다. 양국과의 외교관계가 좋다 하더라도 우호관계에 있는 다른 국가와 진출국 간의 외교관계가 좋지 않다면 문제가 될 수 있기 때문이다. 이 같은 예는 한국, 미국, 중국 사이에서 자주 발견되는데, 한국은 미국과 중국 간의 관계의 좋고 나쁨에 따라 큰 영향을 받는다. 또한 국가 차원에서 발전시키려는 산업은 국가 연구개발 지원금도 많고 세제를 비롯한 다양한 혜택이 주어지기 때문에 이 산업에 있는 기업에게는 절호의 기회가 된다.

경제 환경(economic environment)

경제 환경은 기업이 경쟁하거나 또는 경쟁할 수도 있는 경제 상황의 속성 및 방향을 가리킨다.[8] 경제 환경 요소로는 경제성장률, 금리, 환율, 인플레이션율, 무역적자 및 흑자, 개인 및 기업 저축률 등이 있다. 일반적으로 기업은 강력한 성장 잠재력을 가진 비교적 안정적인 경제 상황에서 경쟁하기를 원한다. 예를 들어 2008년 글로벌 금융위기 이후 세계 경제는 전반적으로 느리게 회복되고 있는데, 2019년 실질 GDP 성장률을 살펴보면 미국은 2%대, 유럽연합은 1%대, 중국은 6%대, 인도는 4~5%대, 베트남은 7%대를 보이고 있다.[9] 이 수치를 기준으로 했을 때 기업은 느린 성장의 위협이 잠재된 미국과 유럽연합보다는 성장의 기회가 더 많은 중국, 인도, 베트남으로의 진출을 결정할 수 있는 것이다.

사회 환경(social environment)

사회 환경은 사회의 태도 및 문화적 가치와 관련이 있다. 태도와 가치는 한 사회의 초석을 형성하기 때문에 사회 환경이 정치, 경제, 기술, 환경, 법률과 같은 다른 환경에 변화를 이끌기도 한다. 사회 환경 요소로 여성 노동 인구, 노동 인구의 다양성, 직장 생활의 질에 대한 태도, 직장 및 경력의 선호 변화, 제품 및 서비스에 대한 선호 변화 등이 포함된다. 사회 환경 변화의 한 예로 최근 전 세계적으로 건강에 대한 관심이 높아졌다는 것이다. 이 같은 변화는 건강에 좋지 않은 햄버거, 탄산음료, 인스턴트식품을 제공하는 업체에게는 큰 위협이 될 것이다. 반면 유기농 식품업체, 건강 보조식품업체, 운동 및 식단 조절 앱 서비스 업체의 경우는 큰 기회가 된다. 또 다른 예로 중국에서는 '꽌시(guanxi)(개인적 관계 또는 좋은 인맥)' 중요한데, 이것은 이제 중국에서 사업을 하는 중요한 방법이 되었

---

8 Fahey, L. and Narayanna, V. (1986). *Macroenvironmental Analysis for Strategic Management*, p. 105, West Publishing Company, Minnesota.

9 ISI Emerging Markets Group, CEIC의 홈페이지 (https://www.ceicdata.com/ko/countries).

다. 따라서 중국에서 사업을 하려는 외국 기업은 꽌시의 중요성을 이해하고 적극 활용할 필요가 있다.[10] 그렇지 못하면 꽌시는 그 기업에 큰 위협이 될 것이다.

기술 환경(technological environment)

기술 환경은 새로운 지식을 창조하고 그 지식을 신제품, 신공정, 신물질로 변화시키는 과정에 관여하는 모든 제도 및 활동을 말한다. 기술 환경 요소로 제품·공정·서비스 혁신, 지식의 응용, 민간 및 정부가 지원하는 연구개발 비용, 각종 신기술 등이 있다. 신기술은 때론 기존 사업을 대체하고 파괴하는 힘을 갖는다. 만약, 인터넷, 스마트폰, 모바일 네트워크, 모바일 애플리케이션, 소셜네트워크시스템, 디지털 플랫폼 등과 같은 디지털 기술이 등장하지 않았다면 '에어비앤비(airb&b)'가 호텔 및 숙박업을 대체하는 일은 일어나지 않았을 것이다. 아마존 역시 월마트를 위협하는 소매상으로 성장하지 못했을 것이다. 이처럼 신기술은 누군가에게는 기회가 다른 누군가에게는 위협이 된다. 이러한 이유로 기업은 항상 신생기술이 어떤 기회와 위협을 가지고 올지 미리 검토하고 예측할 수 있어야 한다.

환경보호 환경(environmental environment)

환경보호 환경은 사람이 살고 있는 지구환경을 보호하는 데 관련된 모든 태도, 제도, 활동 등을 일컫는다. 이 일반 환경 역시 정치 환경처럼 규제 및 제도와 겹치는 부분이 존재한다. 왜냐하면 환경보호를 위한 많은 활동이 법률 또는 규제를 통해서 이루어지기 때문이다. 환경보호와 관련된 환경 요소로는 에너지 소비, 에너지 자원 개발의 관행, 재생 가능한 에너지 확보 노력, 기업의 탄소발자국 최소화, 물 부존량, 환경 친화적 제품 생산, 자연 또는 인간에 의해 발생되는 재해 대비 등이 포함된다. 2015년 195개국의 합의로 파리기후협정이 체결되었고 2016년 11월 4일부터는 국제법상 효력이 발효되었다. 따라서 협정 체결국은 2030년까지 온실가스 감축 목표를 설정하고 달성하기 위한 노력을 실천하고 있다. 한국 역시 협정국 중 하나이며, 2030년까지 37% 온실가스 감축을 목표로 정했고, 이를 달성하기 위해 최근 정부는 2차 기후변화대응 계획을 발표했다. 그 계획의 핵심은 전기 및 수소차 3백8십5만 대 보급, 석탄 발전 줄이고 재생에너지를 대폭 늘리며, 형광

---

10 Buckely, P., Clegg, J. and Tan, H. (2006). "Cultural awareness in knowledge transfer to China — The role of quanxi and mianzi," *Journal of World Business*, 41(3): 275~288.

등은 2028년까지 단계적으로 시장에서 퇴출시키고, 온실가스 배출 기업 책임을 강화하는 등의 내용을 담고 있다.[11] 한국 정부 계획에 따르면 전기 및 수소차를 생산하는 기업과 재생에너지 사업자에게는 엄청난 기회가 발생되지만 석탄발전사업체, 형광등 생산업체, 온실가스를 많이 배출하는 기업에는 큰 위협이 된다.

법률 환경(legal environment)

법률 환경은 기업 경영에 직접 또는 간접적으로 제약요인이 되거나 지원요인이 되는 제반 법률을 의미한다. 법률 환경 요소의 예로 세법, 공정거래법, 공해방지법, 소비자보호법, 노동관계조정법, 특허법 등이 있다. 2018년 7월 한국의 근로기준법은 3백 명 이상 사업장의 경우 근로시간을 주 68시간에서 주 52시간으로 단축 개정하였다.[12] 이 같은 제도 변화는 초과 근무가 많은 특성을 갖는 방송 및 엔터테인먼트 산업, 소프트웨어 및 시스템 개발 산업 등에 큰 위협이 될 수 있다. 따라서 기업은 선제적으로 법률 환경 변화를 인지하고 미리 대응을 마련해야 할 것이다.

6-3 기업 내부 분석

6-3-1 핵심역량 분석

기업 내부 분석을 위해서는 자원(resources), 역량(capabilities), 핵심역량(core competence)의 전사적 포트폴리오를 검토할 수 있어야 한다. 왜냐하면 자원은 역량의 원천이고, 역량 중 일부는 핵심역량으로 발전되며, 핵심역량은 경쟁우위의 원천이 되기 때문이다.[13] 또한 자원, 역량, 핵심역량을 통합적으로 잘 활용했을 때 전략적 경쟁력을 확보할 수 있어 이들

---

11 김정연, "11년 뒤 온실가스 24% 감축, 기업 또 다른 규제 경영 타격," 중앙일보 2019년 10월 23일 종합 12면 기사 (https://news.joins.com/article/23612103).

12 "노동시간 단축," 정책위키- 한눈에 보는 정책, 최종수정일 2019년 2월 20일. (http://www.korea.kr/special/policyCurationView.do?newsId=148855270&pWise=sub&pWiseSub=B12)

13 Dannels, E. (2008). "Organizational antecedents of second-order competences, *Strategic Management Journal*, 29(5): 519~543.

핵심역량 분석의 구성 요소

그림 6-2

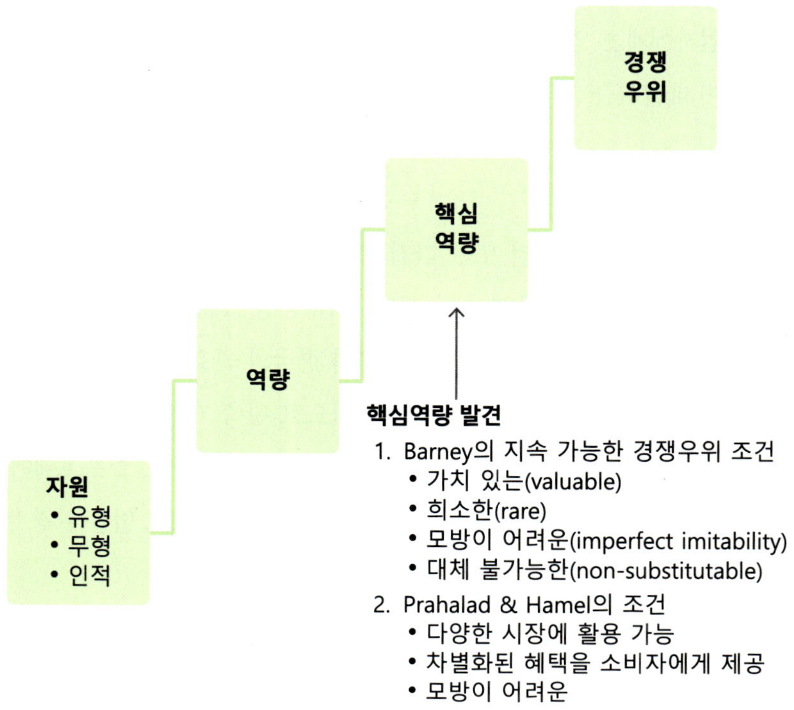

자료: Hitt, M., Ireland, R., and Hoskisson, R.(2015). *Strategic Management: Competitiveness & Globalization*, 11th edition, p. 80, Cengage Learning, Boston ; Barney, J.(1991). "Firm resources and sustained competitive advantage," *Journal of Management*, 17(1): 99-120 ; Prahalad, C. and Hamel, G.(1990). "The core competence and corporation," *Harvard Business Review*, 68(3): 79-91.

의 활용 방법을 아는 것이 내부 분석의 중요한 결과물이 된다.[14] 자원, 역량, 핵심역량, 경쟁우위 간의 관계는 〈그림 6-2〉에서 잘 설명되고 있다. 보통 기업은 역량보다는 자원을 더 많이 가지고 있고 핵심역량보다는 역량을 더 많이 보유한다. 즉 모든 핵심역량의 출발은 자원이며, 자원의 결합을 통해 역량이 형성되고, 역량 중에서 '지속 가능한 경쟁우위(sustainable competitive advantage)' 네 가지 조건을 만족하는 것만이 핵심역량이 된다. 이 핵심역량이 시장의 니즈를 성공적으로 만족시켜주는 역할을 하면 그 기업은 경쟁우위를 갖게 되는 것이다.

자원, 역량, 핵심역량 간에 어떤 차이가 있는지 하나씩 살펴보도록 하자.

---

14 Vandaie, R. and Zaheer, A. (2015). "Alliance partners and firm capability: Evidence from the motion picture industry," *Organization Science*, 26(1): 22~36.

자원(resources)

자원은 경쟁우위를 달성할 수 있는 가치를 스스로 만들어내지는 못한다. 대신에 여러 개의 자원이 결합되어 핵심역량의 후보가 될 수 있는 역량을 만들어낸다. 예를 들면 아마존은 인터넷이라는 자원과 폭넓은 제품 구색이라는 자원이 합쳐져서 '훌륭한 고객 서비스'라는 역량을 형성한 것이다. 자원은 유형 자원(tangible resources), 무형 자원(intangible resources), 인적자원(human resources)으로 구분할 수 있다.[15] 유형 자원은 관찰할 수 있고 정량화하기 쉬운 것으로 현금, 증권, 차입능력 등과 같은 재무 자원(financial resource)과 공장, 설비, 땅, 광물자원 등과 같은 물리 자산(physical assets)을 포함하며, 기업의 대차대조표(balance sheet)에 기록된다. 무형 자원은 관찰하기 힘들고 오랜 시간에 걸쳐 축적되는 것으로 특허, 저작권, 기업 비밀, 브랜드, 소비자·공급자·기타 이해관계자와의 관계 및 네트워크, 조직 문화 등이 있으며, 기업 대차대조표 기록에 빠져있거나 저평가되는 경향이 있다. 마지막으로, 인적자원은 종업원에 의해 제공되는 스킬과 생산적인 노력을 포함한다.

유형 자원과 비교해서 무형 자원이 더 가치가 있고 핵심역량이 될 가능성이 높다.[16] 왜냐하면 무형 자원은 관찰이 어렵기 때문에 경쟁자들이 쉽게 분석해서 모방하기 어려운데다, 유형 자원보다 활용도가 높기 때문이다. 예를 들면 제조 설비는 유형 자원으로 설비를 사용하는 도중에는 어느 누구도 활용할 수가 없다. 그러나 특허 또는 기업비밀로 등록되는 '제조 과정'과 같은 무형 자원은 허락만 있다면 누구나 동시에 활용이 가능하다. 따라서 기업은 무형 자원을 많이 확보하는 것이 핵심역량을 구축하는 데 좀 더 유리하다.

역량(capability)

역량은 다양한 자원을 결합시켜 만들어낸 것이다. 결국 역량은 소비자에게 가치를 제공할 목적으로 만든 제품 및 서비스를 생산, 유통, 서비스 등의 조직 업무(기능function)를 완성하는 데 활용된다. 〈표 6-1〉에서 보듯이 역량은 제조, 연구개발, 마케팅 등 기능별로 개발되는 경향이 있다.

---

15 Grant, R. (1991). *Contemporary Strategy Analysis*, p. 120, Blackwell Business, Cambridge, U.K.

16 Gómez, J. and Vargas, P. (2012). "Intangible resources and technology adoption in manufacturing firms," *Research Policy*, 41(9): 1607~1619.

기업의 기능별 역량 예시

표 6-1

부문	역량
유통	• 물류 관리 기술의 효과적인 활용
인적자원	• 종업원의 동기부여, 권한위임 및 유지
정보 시스템 관리	• 판매 시점 데이터 수집방법을 활용한 재고의 효과적, 효율적 관리
마케팅	• 브랜드에 대한 효과적 홍보 • 효과적 고객 서비스 • 혁신적 상품 계획
관리	• 의류의 미래를 내다보는 능력
제조	• 신뢰할만한 제품을 만들기 위한 설계 및 생산 기술 • 제품 및 디자인의 고품질 • 부품 및 제품의 소형화
연구개발	• 혁신적인 기술 창출 • 신제품 및 신공정 창출을 위한 신기술의 빠른 채택 • 디지털 기술 활용

자료: Hitt, M., Ireland, R., and Hoskisson, R.(2015). *Strategic Management: Competitiveness & Globalization*, 11th edition, p. 88, Cengage Learning, Boston.

핵심역량(core competence)

핵심역량은 시장에서 기업을 차별화시킬 수 있는 다양한 능력을 결합 및 조화시킬 수 있는[17] 능력으로 경쟁우위의 원천이 될 수 있는 역량을 의미한다. 예를 들어 '혁신(innovation)'은 애플의 핵심역량으로 간주된다. 즉 애플이 보유한 유형 자원인 '자본과 연구시설', 인적자원인 '과학자와 공학도의 기술 및 노력', 무형 자원인 '조직의 관례'가 결합되어 '연구개발' 역량이 탄생된 것이다. 애플은 지속적으로 조직 내에서 이 역량을 강조함으로써 소비자에게 '혁신'이라는 차별되는 가치를 전달할 수 있었고 결국 이 가치가 애플의 핵심역량이 되었다.

핵심역량의 발견: Barney의 지속 가능한 경쟁우위 네 가지 조건

제이 바니(Jay Barney)는 1991년 그의 유명한 논문인 "기업의 자원과 지속 가능한 경쟁우위(firm resources and sustained competitive advantage)"에서 기업의 역량이 지속 가능한 경

17 Prahalad, C.K. and Hamel, Gary (1990) "The Core Competence of the Corporation," *Harvard Business Review*, 68(3): 79-91.

쟁우위의 잠재력을 갖기 위해서는 다음 네 가지의 특성을 가져야 한다고 주장했다.[18]

첫째, 가치 있는(valuable) 역량이어야 한다. 즉 기회를 잡고 위협을 감소시킬 수 있는 역량이어야 한다.

둘째, 희소한(rare) 역량이어야 한다. 즉 어떤 경쟁자도 소유하고 있지 않아야 한다.

셋째, 모방이 어려운(imperfect imitability) 역량이어야 한다. 즉 다른 기업들이 쉽게 개발할 수 없어야 한다. 도방하기 어려우려면 다음 한 가지 또는 세 가지 조건이 복합적으로 작용하면 된다. 첫 번째 조건은 기업이 보유한 독특한 역사적 상황(unique historical conditions)으로 기업이 진화하면서 그들에게만 맞는 독특한 역량을 확보하거나 개발했을 때 발생한다.[19] 회사 설립 초기에 출현한 독특하고 가치 있는 조직 문화를 가진 기업은 그렇지 않은 기업보다 경쟁자들의 모방을 어렵게 만든다. 두 번째 조건은 기업의 무슨 역량이 그리고 어떤 활용 방법이 원인이 되어 경쟁우위라는 결과를 발생시켰는지 그 인과 관계가 모호할 경우(causally ambiguous) 발생한다. 몇 년 동안 경쟁사들은 사우스웨스트 항공사의 저가 전략을 모방하기 위해 애썼으나, 대부분이 성공하지 못했다. 그 이유는 사우스웨스트의 독특한 문화라는 핵심역량을 어떻게 활용했는지 정확히 이해할 수 없었기 때문이다. 세 번째 조건은 사회적 복잡성(socially complexity)이다. 이는 기업의 역량이 복잡한 사회 현상의 부산물로 나타나는 경우를 의미한다. 이러한 예로서 관리자 사이, 관리자와 종업원 사이, 기업과 공급업체 사이, 기업과 소비자 사이에 형성된 관계·믿음·우정 등이 해당된다. 사우스웨스트는 자사의 문화에 맞는 사람을 고용하는 데 매우 신중했고, 그 결과 승무원이 제공하는 엔터테인먼트로 인해 승무원과 고객 간의 형성된 특별한 관계와 게이트 직원과 비행사 간의 밀접한 협력은 다른 항공사가 모방할 수 없는 가치를 만들어냈다.

넷째, 지속 가능한 경쟁우위가 되려면 대체 불가능한(non-substitutable) 역량이어야 한다. 즉 전략적으로 대등할 수 없는 역량을 의미한다. 이 역량은 희귀하지도 않고 모방도 가능하지만 전략적으로 동등한 가치를 가질 수 없어야 한다. 이렇게 네 가지 조건을 만족하는 역량을 활용했을 때 기업은 지속 가능한 경쟁우위를 창출할 수 있는 잠재력을 갖게 된다.

---

18 Barney, J. (1991). "Firm resources and sustained competitive advantage," *Journal of Management*, 17(1): 99-120.

19 Coen, C. and Maritan, C. (2011). "Investing in capabilities: The dynamics of resource allocation," *Organization Science*, 22(1): 199~217.

핵심역량의 발견: Prahalad & Hamel의 세 가지 조건

핵심역량을 처음 소개한 것은 코임바토르 프라하라드(Coimbatore Prahalad)와 개리 하멜(Gary Hamel)이다.[20] 이들의 주장이 특별했던 이유는 그 당시 중요한 조직화 수단으로 활용되었던 전략적 사업단위(strategic business unit, SBU)의 맹점을 비판하면서 기업의 핵심역량은 사업단위이라는 조직 경계에 관계없이 기업 전반에 걸쳐 폭넓게 활용되어야 함을 강조했기 때문이다. 즉 핵심역량은 마치 나무의 뿌리처럼 몸통(핵심제품core product)과 가지(사업단위business unit)로 양분을 흡수시켜 결국 무수히 많은 열매(최종제품end product)를 맺게 만들기 때문에 여러 사업단위가 공유 및 활용할 수 있어야 한다는 것이다(그림 6-3 참조).

또한 그들은 기업의 핵심역량은 다음 세 가지 조건을 만족해야 한다고 주장했다. 첫째, 다양한 시장에 활용될 수 있어야 한다. 예를 들어 혼다의 '엔진' 역량처럼 말이다. 혼다

핵심역량: 기업 경쟁력의 근원

그림 6-3

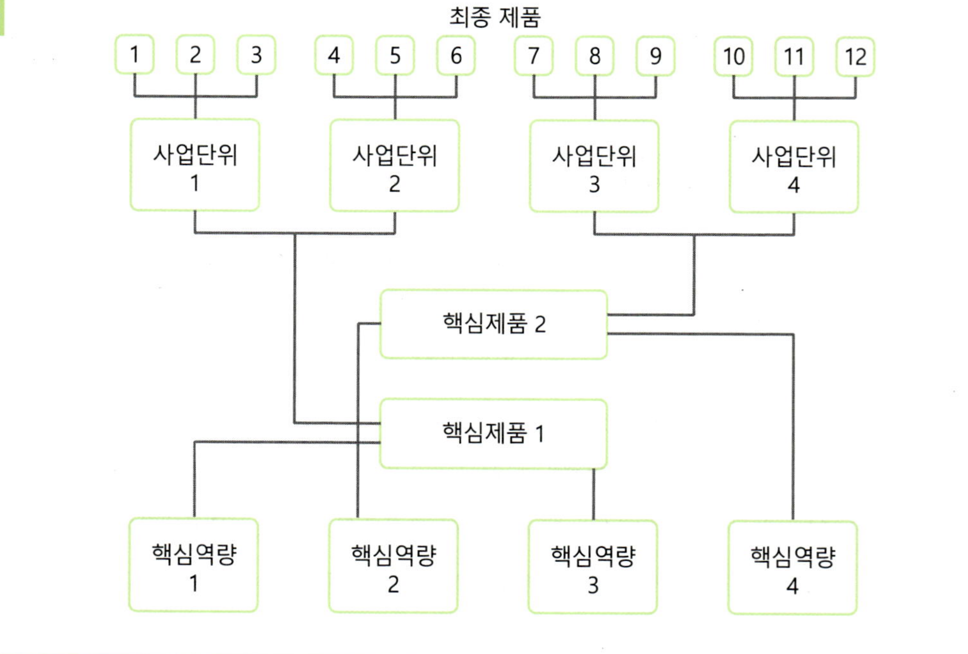

자료: Prahalad, C. and Hamel, G.(1990). "The core competence and corporation," *Harvard Business Review*, 68(3): 79-91.

---

20 Prahalad, C. and Hamel, G. (1990). "The core competence and corporation," *Harvard Business Review*, 68(3): 79-91.

는 엔진 부분에 강점을 가지고 있었기 때문에 자동차, 오토바이, 잔디 깎는 기계, 발전기 등 엔진이 필요로 하는 모든 시장에 이 역량을 활용했다. 둘째, 매우 차별화된 혜택을 소비자에게 제공할 수 있어야 한다. 예를 들면 애플의 '혁신' 역량이 해당된다. 애플의 이 역량은 PC, 아이폰, 아이팟, 아이워치, 아이패드, 아이TV, 에어팟 등 새로운 제품들에 적용되어 소비자에게 차별화된 혜택을 제공한다. 이 역량 덕택에 애플은 '가장 혁신적인 제품을 제공하는 기업'이라는 믿음을 소비자에게 형성시켰고, 소비자는 이 믿음의 대가로 기꺼이 프리미엄 가격을 지불하려 드는 것이다. 셋째, 경쟁자들이 모방하기 어려워야 한다. 이는 바니가 말한 지속 가능한 네 가지 경쟁우위 조건중 하나와 일치한다.

프라하라드와 하멜은 또한 기업의 핵심역량을 정의하고 개발시키는 것은 전략적 구조(strategic architecture)에 따라 달라진다고 하였다. 전략적 구조란 어떤 핵심역량을 구축하고 역량의 구성요소를 무엇으로 할 것인지를 정의하는 미래의 로드맵이다. 그래서 전략적 구조는 제품 및 시장의 다각화 논리를 제공해주고, 즉 어떤 제품 또는 시장으로 진출해야 할지 알려주고, 전사적으로 자원배분의 우선순위를 투명하게 보여준다. 그리고 이 전략적 구조를 결정하는 과정에서 최고경영자의 인식(cognition)이 매우 중요한 역할을 한다(미니사례 참조).

6-3-2 포터의 가치사슬 분석

포터의 가치사슬 분석(value chain analysis)은 기업 내부 역량을 파악하기 위한 또 다른 방법으로 가치사슬상의 활동들을 하나씩 점검함으로써 기업의 강점과 약점을 규명할 수 있다. 〈그림 6-4〉에서 보듯이 가치사슬상의 활동은 크게 주요 활동(primary activities)과 지원 활동(support activities)으로 구분된다.

주요 활동에는 다음과 같은 내용이 포함된다.

1. 유입 물류(inbound logistics): 유입되는 모든 투입물(inputs)을 받아서 저장하고, 필요로 하는 부서로 분배하는 활동
2. 생산(operation): 유입된 투입물을 결과물(outputs), 즉 제품 및 서비스로 만드는 활동
3. 유출 물류(outbound logistics): 결과물을 수집하고, 저장하고, 유통하는 활동
4. 마케팅(marketing): 구매자 및 소비자에게 제품 또는 서비스에 대한 정보를 주고 그들의 구매를 유인하는 모든 활동

미니 사례

경영자의 인식 오류로 인한 폴라로이드 역량 활용 실패

폴라로이드(Polaroid)사는 즉석사진 개발의 선구자로 1948년 즉석흑백카메라를, 1963년 즉석 칼라카메라를, 1978년 초음파자동초점카메라를 최초로 개발했다. 폴라로이드는 할로겐화은 화학(silver halide chemistry) 분야뿐만 아니라 광학, 전자, 대량생산, 마케팅, 유통 분야에서도 역량을 보유하고 있었다. 폴라로이드사는 1937년 창업 당시부터 기술 중심 회사를 추구해왔고, 창업자인 에드윈 랜드(Edwin Land)는 개인적으로 500개의 특허를 가지고 있었다. 코닥이 1976년 즉석사진 시장에 진입했을 때 폴라로이드는 코닥을 특허침해로 제소했으며, 그 결과 폴라로이드사는 코닥으로부터 9억 2천 4백 5십만 달러의 손해배상을 인정받았다. 폴라로이드사는 새로운 기술 또는 제품을 계속해서 소개했고 성공적이었다. 그러나 대부분의 수익은 소모품인 필름 판매에서 나왔다. 1948년과 1978년 사이 연평균 판매 성장률은 23%였고, 이익은 매해 17%씩 성장하였다.

1981년 폴라로이드는 전자이미지(electronic image) 기술에 대한 잠재력을 인식하고 그와 관련된 연구그룹을 설립하였는데, 얼마 되지 않아 디지털 기술이 등장하게 된다. 폴라로이드는 즉시 전자이미지 기술에서 디지털 기술 개발로 전환하고, 1986년부터 해마다 천만 달러의 연구예산을 책정하여, 1989년까지 총 R&D 예산의 42%를 디지털 기술 개발에 지출한 결과 1990년 디지털 기술 관련 특허가 폴라로이드사 전체 특허의 28%를 차지하게 되었다. 폴라로이드사는 디지털 카메라 사업에 뛰어드는데 기술 측면에서는 준비가 잘 되어 있었지만 상업화 속도는 더뎠다. 40여 개 이상의 기업이 디지털 카메라 시장에 뛰어들어 경쟁하기 시작한 1996년까지 폴라로이드는 상업용 제품을 만들어내지 못하고 있었다. 주요 이유는 새로운 제품의 요구를 제품 개발과 마케팅에서 제대로 반영하지 못하기도 했지만 좀 더 본질적인 문제는 오랫동안 고수해 온 면도날 사업 모델(razor blade business model)과 이미지 품질 향상에 집중했던 탓이다. 디지털 카메라의 수익은 면도기나 아날로그 카메라처럼 소모품(면도날 또는 필름)에서 수익이 나오는 것이 아니라 카메라 자체에서 수익이 나오기 때문에 시장에 상용화 제품이 빨리 출시되는 것이 중요했는데, 폴라로이드는 과거의 방식을 고수하다가 시기를 놓쳐버렸다. 이 사례는 즉석사진 시장에서 구축했던 과거의 성공 전략을 새롭게 등장한 디지털 카메라 사업에 그대로 적용해도 성공할 수 있을 거라는 인식의 오류를 범함으로써 기술적으로 잘 준비된 기업도 실패할 수 있음을 설명하고 있다.

자료: Tripas, M. and Gavetti, G.(2000). "Capabilities, cognition, and inertia: evidence from digital imaging," *Strategic Management Journal*, 21(10/11): 1147~1161.

5. 서비스(service): 제품 또는 서비스를 판매한 후 계속해서 효과적으로 작동하는 데 필요한 모든 활동

한편 지원 활동에는 아래와 같은 내용이 포함된다.

포터의 가치사슬 분석

그림 6-4

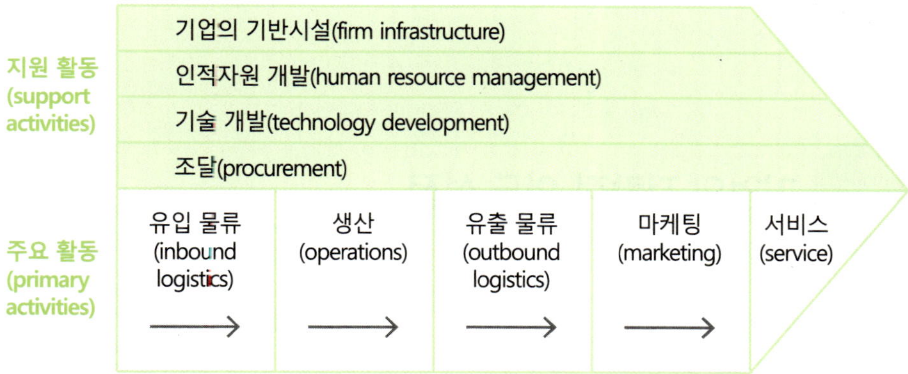

자료: Porter, M.(1998). *Competitive Advantage: Creating and Sustaining Superior Performance*, Free Press.

1. 조달(procurement): 내부에 필요한 투입물을 획득하는 활동이나, 주요 활동 중 하나인 유입물류 활동처럼 필요로 하는 부서에 물리적으로 운송하는 것을 의미하지 않음
2. 인적자원 관리(human resource management): 선발(recruiting), 고용(hiring), 훈련(training), 보상(compensating)과 관련된 활동
3. 기술 개발(technology development): 투입물을 결과물로 바꾸는 데 필요한 설비, 하드웨어, 소프트웨어, 절차, 지식을 개발하고 관리하는 활동
4. 기업 기반시설(firm infrastructure): 회계, 법무, 재정, 기획, 홍보, 대정부관계, 품질보증 업무와 같이 기업이 원활하게 돌아가는 데 필요한 일반 관리 활동

위와 같은 가치사슬 활동은 제조업체의 일반적인 예시일 뿐 모든 유형의 기업에 적용되는 것은 아니다. 소프트웨어 개발업체나 바이오기술업체처럼 연구개발 중심 기업은 특히, 유입물류 활동의 중요성이 제조업체에 비해 낮다. 따라서 가치사슬의 주요 및 지원 활동은 기업의 사업유형에 따라 재정의가 필요하다. 그리고 기업이 창출한 총가치에서 가치사슬상의 각 활동이 얼마나 공헌하는지를 평가함으로써 각 활동별 기업의 약점과 강점을 파악할 수 있다. 즉 가치사슬상의 특정 활동의 공헌도가 상대적으로 낮다면 그 활동은 기업의 약점이 되고 반대의 경우는 기업의 강점이 된다. 가치 창출의 공헌도가 낮은 활동은 원인을 파악해서 해결방안을 강구할 필요가 있다. 한 걸음 더 나아가 공헌도가

낮은 활동, 즉 기업의 약점이 되는 부문을 내부에 계속해서 둘 것인지를 결정해야 한다. 다시 말해서 기업은 가치사슬 분석의 결과에 따라 아웃소싱(outsourcing)의 여부를 결정할 수 있다.

6-4 기업의 전략적 의도 설정

앞서 소개한 여러 가지 도구를 활용해서 기업은 기회와 위협, 강점과 약점, 강점 중에서도 지속 가능한 경쟁우위의 잠재력을 가진 핵심역량을 알게 되었다. 그렇다면 이것만으로 기업의 전략적 방향을 설정하는 데 충분한 것일까? 대답은 '아니다'이다. 기업의 전략적 방향을 설정하는 데 중요한 또 다른 요소는 전략적 의도(strategic intent)[21]를 설정하는 것이다. 전략적 의도는 핵심역량과 함께 하멜과 프라하라드(1989)가 소개한 개념이다. 전략적 의도는 기존 핵심역량에 바탕을 두되 (1) 확장(stretch) 가능하며, (2) 야심차고(ambitious), (3) 장기적인 목표(long-term goal)여야 하며, (4) 조직의 모든 구성원이 공유할 수 있어야 한다. 예를 들면 캐논(Canon)이 복사기 시장에서 "제록스(Xerox)를 이기겠다는 집념", 야후(Yahoo)의 "세계에서 가장 큰 인터넷 쇼핑몰로 만들겠다는 목표(goal)", 애플의 "이 세상 모든 사람에게 PC를 한 대씩 보유토록 만들겠다는 미션(mission)" 등이 전략적 의도의 대표적인 예이다. 전략적 의도는 10년, 20년 또는 그 이상의 먼 미래를 내다보고 설정해야 하며, 전략적 의도를 달성하기 위한 기업의 추진일정(milestone)을 조직 전 구성원이 정확히 알고 있어야 한다. 또한 기업이 원하는 미래에 도달하기 위해 지금 그들이 보유하고 있는 자원(resource)과 역량(capability)이 얼마나 부족한지 그 차이(gap)를 정확히 정의하고, 채워나가는 노력이 필요하다.

---

21 Gary Hamel and C.K. Prahalad (1989), Strategic intent, *Harvard Business Review*, 67(3): 63-76.

더 들어가기

아웃소싱, 어떤 활동을 아웃소싱해야 하는가?

아웃소싱(outsourcing)이란 외부공급업체로부터 가치사슬상의 주요 또는 지원 활동을 구매하는 것이다. 아웃소싱이 필요한 이유는 가치창출의 모든 활동을 내부에서 함으로써 경쟁우위를 선도할 여력을 완벽히 갖고 있는 기업이 드물기 때문이다. 아웃소싱은 기업에 몇 가지 혜택을 제공하는데, 첫째, 경쟁력이 부족한 가치사슬 활동을 아웃소싱 함으로써 투자 자본에 여유가 생기고 조직의 규모가 전보다 축소되어 유연성을 증가시킬 수 있다. 둘째, 여유 자본을 가치 창출이 높은 몇몇 활동에 집중 투자함으로써 기업의 경쟁우위 확보 가능성을 증대시킬 수 있다. 셋째, 가치 창출의 불확실성이 높은 활동을 외부에 맡김으로써 위험을 줄일 수 있다.

그러나 아웃소싱을 할 때 어떤 활동을 선택할지는 신중히 결정해야 한다. 모든 기업은 기업 가치를 스스로 창출하기 힘들거나 경쟁자와 비교해서 더 많은 가치를 발생시키지 못하는 활동만을 아웃소싱하기 원한다. 동시에 엄청난 양의 가치가 잠재된 활동에는 자사의 역량을 집중하고 싶어 한다. 문제는 어떤 활동을 아웃소싱 하는 것이 적합한지 일반화된 원칙이 없다는 것이다. 같은 산업이라도 기업이 처한 상황, 자원, 역량, 전략에 따라 너무 다르기 때문이다. 일례로 스마트폰 글로벌 제조업체이며 주요 경쟁자인 삼성과 애플을 보자.

애플은 상당량을 대만 폭스콘(Foxconn)에 위탁 생산하고, 연구개발, 마케팅, 서비스 활동에만 집중한다. 반면에 삼성은 가치사슬의 모든 활동을 내부에서 해결한다. 아마도 애플과 달리 삼성은 다양한 품목의 소비가전을 생산하고 있기 때문에 내부에서 유지하더라도 두 산업 간의 시너지 덕택에 비용 대비 혜택이 더 크다고 판단했기 때문일 것이다.

어떤 활동을 아웃소싱 할지 결정하기 더욱 어렵게 만드는 이유는 경쟁 환경이 급격히 변하는 산업에서는 어떤 활동이 향후 높은 가치를 발휘할지 예측하기가 힘들기 때문이다. 이 같은 예로 글로벌 서점인 미국 기업 보더스(Borders)를 들 수 있다. 책 소매상 산업이 디지털 기술(예: 온라인 판매, 전자 책, 킨들(Kindle)과 전자책 읽는 장치 등)의 등장으로 경쟁 환경이 엄청나게 바뀌고 있는 상황에서 보더스는 온라인 판매를 직접 구축하는 대신에 아마존에 맡길 것을 결정했다. 이 잘못된 결정은 2011년 1,300개 이상의 체인점과 35,000 명의 종업원을 가진 보더스를 반즈 앤 노블(Barnes & Noble)이 인수하는 결과를 낳게 되었다. 이처럼 아웃소싱은 기업 성패에 중요한 영향을 주기도 한다.

자료: Hitt, M., Ireland, R., and Hoskisson, R.(2015). *Strategic Management: Competitiveness & Globalization*, 11th edition, p.95, Cengage Learning, Boston.

[사례연구] 위탁 생산업체에서 브랜드기업으로 성장 — 대만기업 HTC

대만 스마트폰 제조업체인 HTC는 2011년 3분기까지 6번 연속 매출 기록을 갱신하면서 승승장구했는데, 이는 안드로이드 기반 HTC 스마트폰의 인기 때문이었다. HTC는 '세계 top5 스마트폰 제조업체'뿐만 아니라 '글로벌 100대 브랜드기업'이 되었다. 패스트 컴퍼니(Fast Company) 잡지는 2010년 '가장 혁신적인 50대 기업' 중 하나로 HTC를 손꼽았으며, 이동통신사업자를 대표하는 GSM협회는 2011년 세계 모바일 시상에서 HTC를 '올해의 스마트폰 제조업체'로 선정했다.

2012년 현재 엄청난 성공을 거둔 HTC는 어려운 도전에 직면해 있다. 애플과의 특허 위반 분쟁 중일뿐만 아니라 핵심 OS공급업체인 구글과 마이크로소프트(이하 MS)가 HTC 경쟁업체와 협력을 맺는 위협에 처했다. 게다가 2012년 1분기는 전년대비 35% 매출 하락과 70% 운영수입이 하락했다. 또한 계속되는 아이폰의 성공, 안드로이드 진영의 치열한 경쟁, 특히 삼성과의 경쟁은 큰 피해를 주고 있으며, 애플의 아이패드 출시로 인해 태블릿 시장이 중요하게 떠오르고 있다. HTC의 최고경영자(이하 CEO)인 피터 추(Peter Chou)(이하 추)는 주력상품인 'HTC One'을 통해서 2012년 다시 정상궤도로 돌아갈 것이라고 경영진에게 선언했다. CEO의 선언을 현실화하기 위해 HTC는 전략적으로 어떤 선택들을 해야 할까? HTC의 역사 및 성과, 산업 환경, 전략적 활동 및 도전 등의 검토를 통해 그 답을 내려보도록 하자.

HTC의 역사

HTC는 1997년 5월, HT 조(HT Cho)(이하 조)와 셰어 왕(Cher Wang)(이하 왕)이 대만 타오위엔(Taoyuan)시에 있는 창문 하나 없는 사무실에서 시작되었다. 조는 상냥한 공학도이면서, 미국 기업 덱(Digital Equipment Corporation, DEC) 출신으로 세밀함과 고품질을 추구하는 것으로 유명하다. 한편 왕은 거대 기업 제국을 형성한 전설적인 대만 왕 가문의 후손으로 1984년 'VIA테크놀로지'라는 자신 소유의 회사를 운영하기 시작했으며, 포브스 잡지는 2011년 세계에서 '가장 힘 있는 여성 top20'에 그녀를 지목했다.

HTC는 처음 노트북 컴퓨터를 제조할 계획이었으나 높은 생산 비용, 기술적 결함, 낮은 브랜드 명성의 이유로 포기하고, 왕의 설득으로 소형단말기 개발에 집중했다. 소형단말기 관련 최초 아이디어는 1990년대 중반 왕이 프랑스여행 중 무거운 컴퓨터를 가지고 다니는 어려움에서 시작되었다. 그녀의 아이디어는 컴퓨터의 복잡한 기능부터 이동전화까지 모든 것을 해결해주는 작은 이동장치에 대한 환상이었다. 그런데 어느 날 왕이 MS 매니저와 오찬 도중 MS가 작은 PC장치에서 운영될 수 있는 새 플랫폼, '윈도우 CE'를 개발 중에 있고, 이 플랫폼을 받아줄 하드웨어 업체가 없어서 고생하고 있음을 알게 되었다. 왕은 즉각 추에게 윈도우 CE를 운영할 휴대용 단말기를 개발할 팀을 꾸리도록 했고 1년 후인 1998년 추는 세계 최초 윈도우용 포켓 사이즈 PC를 개발하는 데 성공했다.

2000년 HTC는 컴팩 컴퓨터(Compaq Computer)에 PDA인 'iPAQ'을 공급하면서 돌파구를 마련하게 된다. 윈도우 CE가 탑재된 iPAQ은 최초 컬러 스크린이 장착되어 있어 사업가들에게 인기가 많았고, 이 성공으로 인해 HTC는 2000년 최초로 흑자를 냈으며, 2년 후 대만 증권거래소에서 상장할 수 있었다. HTC 총매출의 80% 이상이 PDA에서 나왔지만 이동통신 시장진입을 위한 신제품 개발도 시작했다. HTC는 칩 공급업체인 퀄컴(Qualcomm)과 텍사스 인스트루먼트(Texas Instruments)와 제휴를 맺었으며, 핸드스프링(Handspring)의 'Treo' 스마트폰을 설계하고 개발하는 동안 소프트웨어에 대한 학습기회를 얻었다. 특히 MS는 HTC가 진입장벽을 무너뜨릴 수 있도록 문을 열어주는 데 결정적인 역할을 했으며, 이 같은 이유로 MS와 HTC는 신제품 개발을 위해 긴밀히 협력했고, HTC는 윈도우 플랫폼을 사용하는 데 적극적이었다. HTC

와 MS의 협력 노력 덕택에 2002년 윈도우 기반 최초 스마트폰이 등장했고, 이것은 유럽 통신사업자인 오투(O2)를 통해 판매되었는데, 사업자별 맞춤화된 단말기 중에 단연 돋보였다.

위탁 생산 사업

2000년대 초 HTC의 위탁 생산 사업(contract manufacturing business)은 두 개의 영역으로 구분된다. 하나는 브랜드 단말기 회사(예: Palm, HP)를 위한 주문자 생산 방식(original design manufacturer, ODM)이고, 다른 하나는 무선 통신 사업자(예: 오투, SKT)에 공급하는 단말기 생산이었다. HTC는 둘 다 했지만, 다른 위탁 생산 업체와 차별화를 위해 통신 업체에게 수준 높은 맞춤화 서비를 제공했다. 일례로 노키아(Nokia)는 절대 통신 업체를 위해 맞춤화 서비스를 제공하지 않았지만, HTC는 통신 업체가 독특한 가치를 소비자에게 제언할 수 있게, 서비스를 최적화할 수 있게, 직접 만든 폰처럼 느낄 수 있도록 해주었다. 사실 통신 업체는 자사 제품에 대한 강한 통제권을 원했기 때문에 자신들의 요구에 맞춰 최선의 노력을 하는 HTC를 좋아할 수밖에 없었다. 그 결과 HTC는 브리티시 텔레콤(British Telecom), 오렌지(Orange), 보다폰(Vodafone), 티-모바일(T-Mobile), 스프린트(Sprint), 버라이즌 와이어리스(Verizon Wireless) 등 주요 통신 업체 확보 덕택에 호황을 누리게 되었다. 2000년대 중반 산업 평균 이윤폭이 약 5%인데 반해 HTC는 20%까지 증가했으며, 윈도우에 대한 초기 헌신에 대한 대가로 2006년까지 세계 윈도우 기반 단말기의 70%를 HTC가 선적했다.

새로운 CEO, 브랜드 기업으로 가는 길

2006년 HTC는 중요한 시점에 있음을 스스로 깨달았다. 다른 대만 경쟁자들은 빠르게 ODM시장을 추격하고 있었고, HTC의 가장 큰 비통신사업자 고객인 Palm과 HP는 그들 제품을 더 싸게 생산할 수 있는 다른 업체를 열심히 찾고 있었다. 조와 왕의 지원하에 CEO 훈련을 받은 추가 조로부터 CEO를 이양받았다. 새로운 CEO의 별명은 '미스터 완벽주의(Mr. Perfect)'였고 매우 세밀한 성격이었다. 추는 수초 내에 설계 결함을 알아내기 때문에 기술자들은 그의 사무실에 들어가는 것을 두려워했다. 한편 혁신에 대해 끈질긴 열정을 가진 CEO는 HTC 내에 실리콘 밸리와 같은 문화를 만들었다. 기술자들은 서로 솔직하게 질문하고 협력하며, 관료주의와 계급적 연구 구조에서 탈피하도록 독려받았으며, 빠르고 유연한 조직 운영을 중요하게 생각했다. 더 중요한 것은 HTC 브랜드를 붙인 단말기 판매였다. 추는 "브랜드가 없다면 HTC 사업과 국제적 성장은 제한적일 것"이라고 믿었으며, 왕 역시 이 주장에 동의했다. 그러나 경영진은 자사 브랜드 판매와 통신 업체를 위한 맞춤화 판매 사이의 이해 충돌 때문에 통신 업체가 HTC를 경쟁자로 인식할까봐 걱정했다. 특히 마케팅이 큰 문제였는데 이유는 삼성과 LG처럼 브랜드 인식제고를 위해 공격적 글로벌 홍보를 하기에 HTC는 예산과 규모 면에서 밀리기 때문이다. 그럼에도 불구하고 추와 왕은 계획을 밀어 붙였고, 이사회를 설득해서 2007년 유럽과 아시아권에서 HTC 브랜드 폰을 판매하기 시작했다. 또한 대만과 아시아권에 강력한 브랜드 명성을 구축한 도포드(Dopod)라는 브랜드를 1천5백만 달러에 인수하여 이 브랜드로 중국 내 판매를 시작했다.

HTC는 마케팅 비용을 증액시키는 한편, 최첨단 단말기 생산이 브랜드 파워를 강하게 하는 핵심이라고 믿었다. 그래서 신제품 디자이너를 고용하고, '매직 랩(Magic Labs)'으로 불리는 내부 연구센터를 설립해서 소프트웨어와 제품 설계 중심으로 혁신을 추진했다. 매직 랩은 '터치스크린 인터페이스'라는 기술을 개발했으며, 이 기술은 2007년 중반까지 'HTC Touch' 출시를 목표로 한 것이었다. 그런데 2007년 1월에 공개한 애플의 아이폰에 바로 터치스크린 기술이 장착되었다. 추는 이것은 엄청난 기회라고 생각했다. 왜냐하면 HTC를 대신해서 애플이 시각적 디스플레이와 터치스크린 기술에 적법성(legitimacy)을 부여해주었고, 앞으로 나아갈 문까지 미리 열어준 것이었기 때문이다. HTC는 2007년 6월 아이폰이 출시되기 3주 전 최초의 Touch를 선적했다. 다음 모델인 'Touch Diamond'는 빠른 처리속도와 매력적인 3D 인터페이스 등 이전 모델보다 더 안전한 무선 인터넷 서비스를 제공했다. HTC의 'Touch' 시리즈에 대한 긍정적인 시장 반응은 HTC가 전통적인 위탁 생산에서 완전히 벗어나서 자체 상표 전략을 추구해도 되겠다는 확신을 심어주었다.

월 스트리트 저널(Wall Street Journal)은 HTC의 Touch Diamond에 대해서 "아주 멋진 TouchFLO 3D 소프트웨어와 살아있는 것 같은 아이콘에도 불구하고 윈도우 모바일 인터페이스의 결점을 숨기는 데는 실패했다"고 평가했다. HTC는 새로운 OS전략이 필요했다. 따라서 안드로이드 OS를 적용한 세계 최초의 핸드폰을 만들기 위해 신속히 구글과 협력할지를 고심했다. 사실 안드로이드 OS는 오픈소스 플랫폼(open source platform) 개념이라 어떤 무선 통신에서도 작동 가능하다는 장점이 있는데다, MS에 지불하는 라이선싱 요금이 HTC에게는 두 번째로 큰 지출이었기 때문이다. 결국 2008년 10월 최초의 안드로이드 폰인 'G1'이 출시되었고 두 개 국가에서 1사분기 내에 백만 대 이상이 판매되었다.

휴대폰 산업

휴대폰 산업은 지난 10년 동안 기술혁신 덕택에 폭발적인 성장을 했으며, 경쟁이 심화되고, 서비스 범위가 넓어졌으며, 가격도 낮아졌다. 이동장치 중에는 휴대폰이 가장 인기 있지만 점차 미디어 플레이어, 전자책 단말기, 태블릿과 같은 다른 이동장치로 확장되고 있다. 휴대폰 영역 내에서는 기본 기능만 제공되고 가격이 낮은 기기가 소비자에게 가장 잘 소비되는 유형이며, 가격이 적당하다는 이유로 개발도상국에서 여전히 인기가 높다. 휴대폰은 선진국에서 1990년대 말 피처 폰(feature phones)으로 발전했는데, 이 폰은 문자를 쉽게 칠 수 있도록 키보드가 밀려 나오는 기능처럼 사용자 편의를 높인 특성을 포함하고, 훨씬 매력적인 디자인을 보여준다. 피처 폰은 중간 가격대 폰으로 디지털 카메라와 음악 재생기능과 같은 멀티미디어 기능을 탑재하고 있다. 제품의 라이프 사이클은 6~9개월로 짧고 소비자는 휴대폰을 패션 액세서리, 심지어는 생활방식으로 인식했다.

미국에는 버라이존 와이어리스와 AT&T라는 최대 통신사업자가 있으며, 2011년 1사분기 두 기업의 시장점유율 합은 66%, 즉 1천 6백 억 달러를 차지했다. 전 세계 많은 통신 업체는 소비자에게 핸드폰 종류에 상관없이 호환 사용 가능한 심 카드(SIM card)를 판매하지만 미국 통신 업체는 다르다. 즉 버라이존 가입자가 되면 버라이존이 승인한 휴대폰만을 소비자가 사용할 수 있다. 이러한 이유 때문에 미국 통신사업자는 가입 촉진을 위해 보조금을 활용하는데, HTC의 'hero'폰 같은 경우 통신 가입하면 소매가의 50%를 할인해준다. 한편 통신사업자는 보조금을 보전하기 위해서 2년 약정을 소비자에게 요구하고 만약 이를 이행하지 않을 경우 벌금을 물게 한다. 반면 절반 이상의 유럽 시장은 미국과 달리 통신 업체에 상관없이 휴대폰을 사용할 수 있다. 따라서 소비자는 핸드폰 제조업체에 충성도가 높고 통신 업체는 가격패키지 및 서비스를 가지고 경쟁한다. 유럽 시장에서 보조금은 중요하지 않으며 미국 선불 폰(pre-paid phone)과 유사한 'pay as you go(서비스 사용료를 먼저 지급하는)'가 인기 있는데, 대개 이것은 젊은 층에게 호소력이 높은 통신 서비스로 최소 약정기간이 없는 낮은 가격대의 서비스이다.

스마트폰 사업

휴대폰 산업 전반에 걸쳐서 시장 포화와 가격 전쟁으로 인해 이윤폭이 감소되는 반면 스마트폰은 이동장치 산업 내에서 가장 수익성이 좋고 빠르게 성장하는 영역이다. 스마트폰은 3G와 4G의 네트워크를 통해 고속 인터넷 접속, 빠른 무선데이터 다운로드, 끊임없는 연결성이라는 이점을 제공하면서 2008년경에 시작되었다. 스마트폰 단말기는 웹기반의 기능을 지원하기 위해 이전 핸드폰보다 고해상도와 큰 스크린을

<표> 스마트폰 OS별 세계 시장점유율

OS명	2007	2008	2009	2010	2011
노키아 심비안	63.5	52.4	46.9	37.6	16.9
RIM의 블랙베리	9.6	16.6	19.9	16.0	11.0
MS의 윈도우	12.0	11.8	8.7	4.2	1.5
애플의 iOS	2.7	8.2	14.4	15.7	15.0
Palm의 WebOS	1.4	1.8	NA	NA	NA
구글의 안드로이드	NA	NA	3.9	22.7	52.5
삼성의 바다	NA	NA	NA	NA	2.2
기타	10.8	9.2	6.2	3.8	0.9

제공한다. 세계 수요는 십억 대를 초과하고 2015년까지 전체 핸드폰 시장의 절반을 차지할 것으로 예측된다. 미국에서 스마트폰 사용은 다른 지역보다 훨씬 빠르게 확산되었는데, 2011년 7월 기준 휴대폰 사용자의 40%가 스마트폰을 소유하고 있다. 미국 통신사업자는 이전보다 더 후한 보조금을 제공하고, '최고의 단말기(lead device)'를 정해서 사상 최고치(약 250$)의 보조금을 제공하는 '통신사업자 푸시 전략(operator push strategy)'을 사용하고 있기 때문에 중간 수준의 스마트폰 제조업체는 통신사업자의 보조금 정책 안에 들기 위해 전쟁을 벌이고 있다. 스마트폰이 피처 폰과 다른 특성 중 하나는 플랫폼(platform)이다. 배타적이든 개방적이든 스마트폰의 플랫폼은 제3자 소프트웨어 개발자가 다양한 앱을 만들 수 있고, 와이파이를 지원함으로써 실시간 영상 재생 및 웹 검색을 할 수 있게 해준다.

스마트폰 시장은 두 종류의 사업유형이 있는데, 하나는 수직적 모델(vertical model)로 하드웨어와 소프트웨어 둘 다 통제하는 것으로 정도의 차이는 있으나 애플과 RIM이 선택한 방식이다. 다른 하나는 수평적 모델(horizontal model)로 HTC와 모토롤라 모빌리티와 같은 단말기 제조업체가 택한 방식이다. 이 방식은 PC시장처럼 가치사슬에서 활동별로 전문화되어 있으며, 기업간 경쟁이 심하고, 참여자들은 지적재산권으로 보호되는 여러 개의 라이선스를 거래한다.

2012년 대부분의 스마트폰은 구글의 안드로이드와 애플의 iOS를 쓰고 있으며, 이 두 OS가 세계 시장 대부분을 차지하고 있다(표 참조). 그 밖에 스마트폰의 OS로는 윈도우폰 OS, RIM의 블랙베리(Blackberry) OS, 노키아가 개발했으나 MS의 노키아 인수로 인해 시장에서 사라지게 될 심비안(symbian), Palm에 의해 개발되었으며, 안드로이드처럼 오픈소스 프로그램이고 현재는 새로운 소유주인 HP에 의해 운영되는 WebOS, 또 다른 오픈소스 플랫폼으로 삼성과 인텔에 의해 개발된 타이젠(Tizen) 등이 있다.

전략적 도전

HTC의 스마트폰은 독특한 사용자 인터페이스를 제공하고 통신사업자에게 최고의 맞춤화 제품을 납품하며, 안드로이드를 채택한 최초 스마트폰이 되면서 상당한 시장점유율을 확보했다. 그러나 2012년 현재 안드로이드 폰을 제공하는 업체들이 많아졌고, 삼성은 안드로이드 폰의 세계 최고 공급처로 HTC를 추월했다. 게다가 애플의 아이폰 4S의 판매는 그 어느 때보다 강력하다. 재무적 수치를 고려했을 때 HTC의 판매량은 아직 건재하지만 운영 이윤은 약 15%가 감소했으며 2007년과 비교했을 때 10%나 떨어졌다. 따라서 HTC 스마트폰의 평균 판매가격의 감소에 대한 압박이 증가했으며, HTC의 재무 담당 최고 책임자(chief financial officer)는 운영이윤의 감소는 마케팅 비용의 증가 탓이라고 한다. 그에 따르면 브랜드를 확장하고 신흥시장에서 인식을 제고하기 위해서 2011년 매출의 약 8%를 마케팅 비용으로 사용했다.

2011년 4사분기 HTC 성과가 약해졌을 때, 경영진은 제품 포트폴리오를 재점검하고 비용 감축을 위한 방법을 검토했다. 확실한 방법 중 하나는 HTC가 판매하는 제품 숫자를 간소화하는 것이다. HTC는 평균 9개월의 제품 수명주기를 갖는 약 50개의 모델을 세계에 공급하고 있다. HTC의 통신 업체별 고 맞춤화 제품 역시 추가 비용을 증가시킨다. 운영 담당 최고 책임자(chief operation officer)에 따르면 모델 수를 축소시키면 원자재에서 발생되는 비용의 10%를 절약할 수 있다. 더 중요한 문제는 안드로이드 폰의 스크린 사이즈, 입력 장치 등을 변화시키면 앱 개발자도 폰 모델마다 코드를 재작성하는 번거로움이 생긴다는 것이다. HTC는 삼성의 핵심 기본 모델인 '갤럭시(Galaxy)'처럼 전 세계에 보급하고 시장에 따라 약간의 수정만 가해서 대량으로 생산할 수 있는 'hero' 모델을 원했다. 그러나 몇몇 HTC관리자는 제품 수의 축소로 인해 통신사업자와의 관계에 미칠 부정적 영향을 걱정했지만, CEO는 HTC의 브랜드 가치를 구축해야 할 때가 지금이라고 통신 업체를 설득해야만 한다고 했다. 그 결과 HTC는 2012년 봄 최신의 구글 OS, 최고속 모바일 프로세스, 날렵한 카보나이트 본체, 최신 디지털 카메라가 장착된 'One' 시리즈 출시로 제품 포트폴리오를 합리화했다. 그리고 One 시리즈에 대한 평가는 전반적으로 긍정적이었다.

HTC는 제품 차별화를 위해 사용자에게 독특한 경험을 할 수 있는 다양한 앱뿐만 아니라 최고의 사용자 인터페이스를 담은 '센스(Sense)'를 제공하였다. 센스는 사용자의 홈스크린 구성방식을 변경할 수 있게 한다. 예를 들어 스마트폰이 핸드백 안에 있으면 벨소리를 더 크게 하거나, 친구가 전화하면 그 사람의 소셜네트워크 상태를 스크린에 자동으로 띄워주거나, 모든 사용자의 소셜네트워크 계정을 한 곳에서 모아 쉽게 볼 수 있고 업데이트할 수 있게 하는 것이다. 센스에 대한 시장 조사결과에 따르면 HTC는 사용자의 전반적 만족도율 측면에서 애플 다음으로 높으며, 소비자의 62% 이상이 HTC폰을 기꺼이 재구매하겠다고 응답했다. HTC는 더 독특한 경험을 제공하기 위해 2010~2011년까지 기업 인수에 7억 달러 이상을 사용했다. 예를 들면 인수한 대쉬와이어(Dashwire)는 클라우드에 있는 사진과 다른 데이터를 사용자가 백업할 수 있는 기술로 One 시리즈에 적용 가능한 특성이다. 또 다른 인수기업인 사프론 디지털(Saffron Digital)은 실시간 영상 재생 역량을 확보해준다. HTC는 계속해서 새로운 인수기업을 탐색해서 차별화 역량을 확보할 계획이라고 한다.

스마트폰 시장은 과거와 달리 '통신사업자의 푸시'에서 '소비자 또는 브랜드 풀(customer pull)' 시장으로 변하고 있다. 따라서 HTC 스마트폰 신규 구매자 목표는 25~30세 및 그보다 젊은 층을 대상으로 해야 한다. 왜냐하면 젊은 소비자가 일단 아이폰을 구매하면 애플 브랜드의 강력한 정서적 연결성 때문에 HTC가 그 소비자와 닿을 수 있는 기회가 훨씬 적어지기 때문이다. HTC는 자사 브랜드 성장을 위해 엄청난 노력을 했고, 그 결과 2011년 글로벌 top100대 브랜드 기업에 들어갔지만 여전히 경쟁자들의 글로벌 브랜드 인지도는 HTC보다 높다. 또한 HTC는 광고의 비일관성도 문제이다. 즉 HTC 광고가 나라마다 달라서 동일한 회사의 광고라는 것을 소비자가 인지하기 어렵다는 것이다. 게다가 '센스'라는 사용자 인터페이스는 안드로이드 폰에서는 매우 중요하지만 윈도우폰에서는 중요하지 않아 OS별로 마케팅 전략이 달라질 수밖에 없다는 문제도 있다. 이는 HTC의 OS전략과 연결된다.

HTC는 현재 MS OS와 안드로이드 OS를 쓰고 있는데, 이 전략이 HTC에게 최선인지는 의문이다. MS OS는 HTC 스스로 혁신하고 자사 핸드폰에 맞춤화시키는 것이 어려운데다 노키아를 인수한 MS가 다음세대 플랫폼을 HTC에 여전히 개방할지, HTC보다는 노키아에 더 우호적이지 않을지 등의 의문이 든다. 한편 안드로이드 진영에서 HTC는 구글이 가장 선호하는 파트너가 더 이상 아니라는 것이 문제이다. 한때 HTC가 최초의 구글 넥서스(Nexus) 폰을 생산했지만 삼성이 그 다음 두 세대의 넥서스 폰 제조업체로 선정되었다. 게다가 구글은 모토롤라 모빌러티를 인수했기 때문에 구글이 아무리 아니라고 해도 HTC보다는 모토롤라에 더 많은 이점을 제공할지 모른다는 의심이 생기기 때문이다. 또한 다른 업체들이 자신의 OS를 만들기로 결심한다면 어떻게 될지도 걱정이다. HTC는 공식적으로 Palm의 WebOS 구매를 표명했으나 결국 그렇게 하지 않았다. 왕은 이 같은 결정에 대해 "우리가 원하기만 하면 자사 OS를 만들 수 있는 강한 기술팀이 있지만, 우리의 강점은 파트너와의 협업 능력으로 우리는 자사 OS의 필요성을 느끼지 않는다"라고 응답했다. CEO역시 최고의 방법은 구글과 MS의 파트너십을 활용하는 것이라고 했다.

태블릿은 2010년 애플에 의해 아이패드(iPad)가 소개된 후 휴대 단말기 제조업체에서 가장 관심 높은 프론티어 기술로 출현했다. HTC 역시 2011년 'HTC Flyer'로 태블릿 시장에 들어갔고, 2011년 가을 두 번째 모델 'Jetstream'을 AT&T를 통해 출시했다. 그러나 안드로이드 기반의 태블릿 제조업체는 모두 힘겨워 했고 애플만이 태블릿 시장의 80%를 차지했다. 이러한 이유는 애플 iOS에 비해 구글 안드로이드가 콘텐츠에서 약하기 때문이다. 시장조사에 따르면 태블릿을 가장 많이 사용하는 활동은 독서, 콘텐츠 및 정보 다운로드, 이메일 체크, 게임, 동영상 시청, 온라인 쇼핑 등이며, 1십4만 개 이상의 앱을 갖고 있는 아이패드가 단연코 가장 풍부한 활동을 제공할 수 있는 것이다. 유통측면에서 태블릿은 통신사업자 중심이 아니라 소매상 중심 시장이라 할 수 있다. 그러나 HTC의 유통 강점은 통신사업자에 있기 때문에 소매상 유통망을 확보하는 데는 엄청난 도전이 예상된다. 그리고 통신사업자는 태블릿 사용자에게 보조금을 제공하지 않으며, 태블릿 사용자의 절반 이상이 통신사업자의 네트워크 가입보다는 와이파이를 선택한다는 특성이 있다. 한편 왕은 아이패드가 많은 것을 제공하지만 시장은 여전히 매우 초보 단계로 HTC가 소비자에게 가치를 제공할 충분한 시간이 있다고 말했다. 한편 몇몇 PC제조업체는 태블릿과 같은 이동장치를 원하지만 좀 더 쉽게 문자를 쓸 수 있는 소비자를 잡겠다는 희망으로 가볍고 얇은 노트북인 'ultrabook'을 소개하기 시작했다. 한편 세계 최고 온라인 소매상인 아마존까지 'Kindle Fire'라는 안드로이드 태블릿을 판매하기 시작했다.

[토론 문제]

1. 스마트폰 산업에 대해 포터의 5포스 분석을 실시하고 산업의 일반 매력도를 평가하라.
2. HTC 관점에서 스마트폰 산업의 5포스 분석을 실시하고 HTC의 기회와 위협을 설명하라.
3. HTC의 내부 분석(역량 및 가치사슬 분석)을 실시하여 HTC의 강점과 약점을 설명하라.
4. 여러분이 HTC의 CEO인 피터 추라면 2012년 당시 HTC를 정상궤도에 올려놓기 위해 어떤 전략적 의사결정을 내렸겠는가? 여러분이 내린 의사결정과 2012년 이후 HTC가 실제 내린 주요 의사결정과 비교해보라. 어떤 차이점이 있는가?

자료: Yoffie, D. and Alcáer, J. and Kim, R.(2012), "HTC Corp. in 2012," Harvard Business Publishing.

TECH NOLOGY MANAGE MENT

7장

지배적 디자인 형성과 시장 진입 전략

도입 스토리 선도자와 카테고리 창조자는 다르다

카테고리 창조자(category creator)의 대표적인 사례는 미국 '큐리그(Keurig)의 캡슐 커피'이다. 사람들이 커피차를 끓인 역사는 500년이 넘었지만 오늘날 가정에서 직장에서 커피를 만드는 방법은 과거 전통적인 방식과 온전히 다르다. 이는 1990년대 큐리그가 제안한 '한 번에 한 컵을 만드는 캡슐 방식(cup-at-a-time pod-style)' 덕택이다. 큐리그 방식이 활용되기 전 사무실에서 가정에서 지저분한 공용 커피 주전자를 사용해야 했다. 큐리그의 'K-Cups' 커피 캡슐은 2백 개 이상의 맛을 제공하며, 낱개당 50센트에 팔린다. 이 가격은 커피 끓이는 전통 방식보다 10배가 비싸지만 빠르고 편하다는 이유로 소비자는 기꺼이 이 가격을 지불했다. 이처럼 카테고리 창조(category creation)란 점진적 혁신을 통해서가 아니라 완전히 새로운 카테고리, 즉 모든 기업이 따라하고 싶은 혁신을 만들어내는 것이다. 또한 카테고리 창조자가 되는 것이 중요한 이유는 그렇지 않은 기업보다 매출 성장에서, 특히 시장가치 성장에서 훨씬 높은 성과를 내기 때문이다.

최근 기업 CEO들이 카테고리 창조에 관심이 높아짐에 따라 오해도 증가하고 있다. 가장 자주 하는 오해는 카테고리 창조를 선도자 이점(first mover's advantage)과 동일시하는 것이다. 카테고리 창조는 신제품 및 신서비스를 시장에 맨 먼저 출시하는 것이 아니다. 새로운 카테고리를 만든다는 것은 새로운 해법뿐만 아니라 가장 먼저 떠오르는 새로운 문제를 담고 있는 시장을 알리는 것이다. 이는 단순히 훌륭한 제품 및 서비스 또는 전통적 마케팅으로 이루어질 수 있는 것이 아니다. 카테고리 창조를 위해서는 (1) 급진적인 제품/서비스 혁신, (2) 비즈니스 모델 혁신, (3) 미래 카테고리 수요를 읽을 수 있는 빅데이터가 합쳐진 고성능의 '선순환 바퀴(flywheel)'가 필요하다.

테슬라(Tesla), 하이드라페이셜(Hydrafacial), 엑손(Axon) 모두 각 회사가 속한 카테고리 시장에서 가장 먼저 진입하지 않았다. 그러나 제품, 비즈니스 모델, 데이터에서 고성능 선순환 바퀴를 구축하는 데는 모두 첫 번째였다. 여기서는 엑손 사례를 통해 좀 더 자세히 살펴보자.

엑손이라는 회사명은 잘 알려져 있지 않지만, 이 회사의 돌파구 제품인 '테이저(TASER)'는 매우 유명하다. 이것은 용의자를 기절시키거나 움직이지 못하게 만들기 위해 전기충격을 주어 법 집행을 하는 데 사용되는 장치이다. 이 제품은 NASA 연구원인 잭 코버(Jack Cover)가 1974년에 만들었고 법 집행 시장에서 판매되었으나 그다지 성과가 없었다. 그러다 1998년 엑손이 'TASER M26'이라는 돌파구 제품을 출시하여 해병대 출신인 한스 마레로(Hans Marrero)를 고용해서 개인판매를 하도록 했다. 그 결과 2004년 엑손은 6천1백만 달러의 매출을 올렸다. 그러나 바디캠(body camera)(법 집행기관 혹은 범죄현장에서 동영상 증거 수집에 사용되는 녹화 시스템) 사업과 사건 장면을 저장하고 합성하는 서비스형 소프트웨어(software as a service, SaaS) 사업을 출시하기 전까지는 그 같은 매출 성과를 올리지 못했다. 사실 테이저건, 바디캠은 상호 모순적인 제품 카테고리 이다. 왜냐하면 테이저건은 진압 시 민간인 사망을 일으킬 수 있는 반면, 바디캠은 그 같은 상황을 예방하기 위해 사회적 문제가 클 수 있는 사건의 영상증거를 제공하기 때문이다. 엑손은 '잘하는 것이 하나 밖에 없는(one-trick pony)' 테이저 제조업체에서 벗어나 테이저건, 바디캠, 서비스형 소프트웨어를 패키지화해서 '법 집행 기술'이라는 카테고리를 창조한 것이다. 즉 엑손은 테이저건이라는 급진적 제품 혁신, 바디캠과 테이저건을 함께 판매하는 비즈니스 모델 혁신, SaaS를 통한 빅데이터를 합침으로써 고성능 선순한 바퀴를 누구보다도 먼저 구축했다. 그 결과 엑손은 2016년 2억6천8백만 달러였던 매출이 2018년 4억2천만 달러로 증가했으며, 시장가치는 3십5억 달러에 육박한다.

자료: Yoon, E., Lochhead, C., and Cole, N.(2019). "The difference between a first mover and a category creator," *Harvard Business Review Digital Articles*, November 21 ; Yoon, E. and Deeken, L.(2013). "Why it pays to be a category creator," *Harvard Business Reviews*, March 1.

2018년 기준 개인용 컴퓨터(이하 PC)의 운영체제(이하 OS)는 마이크로소프트(이하 MS)의 윈도우가 세계 시장의 81.9%를 차지하고 있으며, 스마트폰 OS는 구글의 안드로이드가 40%, 그 다음으로 애플의 iOS가 36.5%를 점유하고 있다.[1] 마찬가지로 4G무선통신 시장에서도 LTE(Long Term Evolution)이라는 표준이 세계 시장을 지배하고 있다. 한국이 만든 국제무선통신표준인 WiBRO(또는 WiMAX라고도 불림)가 있음에도 불구하고 말이다. 왜 넓은 세계 시장에서 여러 디자인(표준)이 공존하지 못하고 어느 한 디자인에 의해 지배되는 현상이 일어날까? 여러분은 이 장에서 이 같은 질문에 대한 답을 얻는 데 도움을 받을 수 있을 것이다.

한편, 세계 최초의 제품을 누구보다 먼저 시장에 출시하는 선발자(first mover)가 되는 것이 경쟁적 시장 지위를 확보하는 데 더 유리할까? 아니면 혁신적 신제품이 시장에서 먹힐지 안 먹힐지 돌아가는 상황을 살펴본 뒤에 조금 나중에 들어가는 후발자(follower)가 되는 것이 더 유리할까? 이 질문에 우리는 쉽게 답할 수가 없다. 왜냐하면 즉각적으로 떠오르는 몇몇 사례만 보더라도 상호 모순되는 결과가 나오기 때문이다. 예를 들면 즉석카

1 개인용 컴퓨터 세계 시장점유율은 StatCounter 웹페이지 참고(https://gs.statcounter.com). 스마트폰 세계 시장점유율은 Gartner 웹페이지 참고 (https://www.gartner.com).

메라와 마이크로프로세서는 선발자인 폴라로이드(Polaroid)와 인텔(Intel)이 시장에서 엄청난 성공을 거두었지만, 전자레인지와 PC의 OS 경우에는 선발자인 레이시온(Raytheon)과 디지털 리서치(Digital Research)보다 후발자인 삼성과 MS가 시장에서 승자가 되었다. 따라서 신제품의 시장 진입 시기(entry time)를 언제로 할 것인지에 대해서는 신중한 의사결정 가이드라인이 필요하다. 그래서 우리는 여기서 선발자(first mover)의 장점과 단점의 검토를 통해 시장 진입 시기의 성패에 영향을 주는 요인들을 밝히고 각 요인이 주는 다른 상황 속에서 어떤 결정을 내리는 것이 합리적인지 알아보고자 한다.

여러분은 왜 시장 진입 시기와 지배적 디자인을 여기서 같이 다루는지 궁금해 할 수 있는데, 그 이유는 신제품의 시장 진입 시기를 결정하는 중요한 요인 중 하나가 지배적 디자인의 형성 여부이기 대문이다. 이 같은 이유로 지배적 디자인의 형성 배경 및 전략을 먼저 살펴본 후 시장 진입 전략을 살펴보고자 한다.

7-1 지배적 디자인 형성 배경

다양한 디자인이 시장에 공존하는 대신에 하나의 디자인이 지배하는 현상이 발생하는 이유는 무엇일까? 이 질문에 대한 답은 수확 체증(increasing return)에서 발견할 수 있다. 보통은 생산요소(노동, 자본, 토지)를 한 단위 늘렸을 때 얻을 수 있는 생산량의 증가분, 즉 한계생산(marginal product)이 점차 줄어드는 수확 체감(decreasing return)이 일어난다. 한마디로 대부분의 산업은 일정 수준 또는 일정 시기에 도달하면 성장이 정체된다는 것이다. 그러나 지배적 디자인이 발생되는 산업에서는 투입된 생산요소가 늘어나면 늘어날수록 생산요소 단위당 산출량이 기하급수적으로 증가하는 수확 체증(increasing return) 현상이 자주 발견된다. 따라서 잠재적으로 지배적 디자인을 가질 수 있는 기업은 시장의 이윤을 독식하고 월등하게 유리한 위치를 점유할 수 있기 때문에 지배적 디자인을 만들려는 강한 동인을 갖게 된다. 그렇다면 수확 체증 현상을 일으키는 주요 원천은 무엇인가? 그것은 학습효과(learning effect)와 망 외부성(network externality)이다. 즉 학습효과와 망 외부성이 크게 작용하는 산업은 지배적 디자인이 형성될 가능성이 높다는 것이다. 지배적 디자인이 형성되는 다른 이유로는 산업의 진화(industrial evolution) 과정에서 지배적 디자인이 필연적으로 등장 한다는 주장과 산업의 효율성을 의도적으로 높이려는 정부 규제

표준 학습곡선

그림 7-1

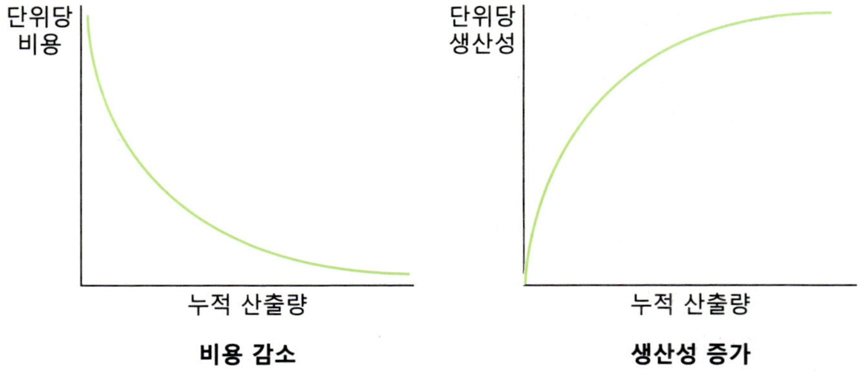

자료: Schilling, M.(2017). *Strategic Management of Technological Innovation*, 5th edition, p. 72, McGraw-Hill Education, New York.

(government regulation) 때문이라는 주장이 있다. 지금부터 지배적 디자인 형성 배경에 대해 하나씩 살펴보도록 하자.

학습효과(learning effect)

여러분은 SBS에서 방송하는 '생활의 달인'이라는 프로그램을 한 번 정도는 보았을 것이다. 대부분의 주인공은 오랜 시간 동일한 작업을 반복했던 사람으로 컴퓨터 같은 정확성과 기계만큼 빠른 속도를 자랑한다. 모든 사람이 오랜 시간 동일한 작업을 반복한다고 해서 생활의 달인이 될 만큼의 성과를 내지는 못하지만 평균적으로 동일한 작업을 오래 하다보면 그 작업을 더 빨리, 더 정확하게 할 수 있게 된다. 더 나아가 작업의 효율성을 높일 수 있는 독특한 도구 또는 새로운 기술을 고안하기도 한다. 이것이 바로 학습효과이다.

학습효과는 생활의 달인과 같은 주변 생활 속에서도 발견될 수 있지만, 연구자들의 실증연구를 통해서도 수없이 증명되어 왔다. 실증연구 결과에 따르면 동일 기술을 많이 사용하면 사용할수록(동일 작업을 반복할수록) 그 기술을 발전시킬 뿐만 아니라 이전보다 더 효과적, 효율적으로 만든다는 것이다(정확하고 빠르게 작업할 뿐만 아니라 작업의 효율성을 높이는 방법을 고안한다).[2] 즉 한 기술이 채택되면 매출이 발생되고 매출 중 일부

---

2 Levy, F. (1965). "Adaptation in the production process," *Management Science*. 11(6): B-136~153.

는 기술을 발전시키고 정교화하는 데 투자할 수 있게 된다. 게다가 기업이 그 기술에 대한 경험을 축적하게 되면 그 기술을 좀 더 생산적으로 사용할 수 있는 여러 방법을 고안해낼 수 있다. 결국 동일 기술이 산업 내에서 많이 채택될수록 그 기술은 이전보다 훨씬 나아질 수 있다.

학습효과는 학습곡선(leaning curve)을 통해 좀 더 정확히 파악할 수 있다. 〈그림 7-1〉에서 보듯이 학습곡선은 누적 산출량의 함수로서 산출량 수가 증가할수록 단위당 생산 비용은 감소하고 단위당 생산성은 증가한다. 이 같은 패턴은 자동차, 조선, 반도체, 제약, 항공기, 피자 프랜차이즈, 심지어 심장수술까지 광범위한 제품 및 서비스 산업에서 반복적으로 발견되었다.[3] 또한 학습곡선의 y축인 학습효과를 측정하는 성과요소는 그림에서처럼 '단위당 비용' 또는 '단위당 생산성' 외에도 '건당 사고 횟수', '단위당 생산시간' 등 다양하게 표현될 수 있다.[4]

학습효과와 관련해서 연구자는 왜 기업마다 학습률(rate of learning)이 다른지, 즉 어떤 기업은 학습을 통해 엄청난 진보를 성취하는 데 비해 다른 기업은 전혀 그렇지 못한 이유를 밝히고자 했다. 연구 결과에 따르면 기업의 학습률 차이는 작업의 특성, 기업의 전략, 기업의 사전 경험의 영향 때문이다.[5] 특히 기업의 사전 경험(prior experience) 또는 사전학습(prior learning)은 기업의 흡수능력(absorptive capacity)을 축적시켜 미래 학습률을 가속화시켜 준다.[6] 흡수능력이란 기업이 지금 지식을 축적하면 미래에 정보를 흡수하는 능력도 같이 증가되는 현상을 말한다. 예를 들어 기업이 새로운 기술을 개발한다고 하자. 기업은 최고의 해법을 발견하기 전에 실패한 프로그램 및 기술을 수없이 시도한다. 이러한 시도 과정에서 핵심 구성요소는 어떻게 작용하는지, 어떤 대안이 다른 것에 비해 더 성공가능성이 있는지, 어떤 유형의 프로젝트가 가장 성공적인지 등에 대한 지식기반이 형성된다. 그리고 이 지식기반은 미래에 등장하는 새로운 물질·기술·방법 등의 가치를 누구

---

3 Hatch, N. and Mowery, D. (1998). "Process innovation and learning by doing in semiconductor manufacturing," *Management Science*, 44(11): 1461~1477. ; Schilling, M., Vidal, P. and Marangoni, A. (2003). "Learning by doing something else: Variation, relatedness, and the learning curve," *Management Science*, 49(1): 39~56.

4 Argote, L. (1993). "Group and organizational learning curve: Individuals, system and environmental components," *British Journal of Social Psychology*, 32(1): 31~52. ; Baloff, N. (1971). "Extensions of the learning curve: Some empirical results," *Organization Research Quarterly*, 22(4): 329~240.

5 Argote, L. (1993). "Group and organizational learning curve: Individuals, system and environmental components," *British Journal of Social Psychology*, 32(1): 31~52.

6 Cohen, W. and Levinthal, D. (1990). "Absorptive capacity: a new perspective on learning and innovation," *Administrative Science Quarterly*, 35(1): 128~152.

보다도 빠르게 평가해서 다른 기업보다 한발 앞서 새로운 기술을 개발할 수 있게 해준다. 이처럼 남들보다 앞서 새로운 기술을 개발하고 시장에 출시하면, 그 기술의 차세대 버전을 제공하는 데 경쟁자보다 시간적으로 훨씬 우월한 위치에 설 수 있으며, 이것이 반복되면 시장 내 참가자 대다수가 그 기술을 선택함으로써 지배적 디자인이 되어 시장을 주도할 수 있게 된다. 이것이 바로 학습효과의 혜택이며, 수확 체증의 원천이 되는 이유이다.

망 외부성(network externality)

망 외부성이란 동일한 제품 및 서비스를 사용하는 사람이 많을수록 그 제품 및 서비스의 사용자 효용이 증대되는 현상을 의미한다.[7] 가장 고전적인 망 외부성 사례는 물리적 네트워크를 구축하는 전화와 철도를 들 수 있다. 전화의 경우 사용하는 사람이 많으면 많을수록 사용자는 더 많은 사람과 통화할 수 있기 때문에 사용자의 효용은 더욱 커진다. 철도의 경우도 마찬가지다. 철도 이용자가 여러 장소에 많으면 정차하는 역의 수를 늘리게 될 것이고 그렇게 되면 철도를 이용하는 소비자의 효용도 증대된다. 이처럼 전화와 철도의 효용 가치는 네트워크 규모, 즉 네트워크 내에 있는 이용자의 규모에 따라 결정된다.

물리적 네트워크를 구축하는 전화와 철도 이외에 가상 네트워크(virtual network)를 구축하는 트위터(twitter), 페이스북(facebook), 카카오톡(kakao talk)과 같은 소셜 네트워크 서비스(social network service, SNS)에서도 네트워크 규모가 커질수록 사용자의 효용이 커지는 망 외부성을 발견할 수 있다. 사실 망 외부성은 긍정적과 부정적 두 종류가 있는데, 수확 체증을 일으키는 망 외부성은 긍정적인 것이다. 그리고 보통 망 외부성이라고 불리는 것은 대부분 긍정적 망 외부성(positive network externality)을 의미한다. 한편 부정적 망 외부성(negative network externality)은 긍정적 망 외부성의 정반대 현상으로 네트워크 내 이용자가 많을수록 이용자의 효용이 파괴되는 것이다. 대표적인 예로 교통체증, 환경오염을 들 수 있다.

전화, 철도, SNS 등과 같이 물리적 또는 가상적 네트워크를 구축하지 않는 제품 및 서비스에서도 망 외부성을 발견할 수 있는데, 호환성(comparability)이 중요한 경우가 그렇다.

---

7 Katz, M. and Shapiro, C. (1986). "Technology adoption in the presence of network externalities," *Journal of Political Economy*, 94(4): 822~841. ; Schilling, M. (1998). "Technological lock out: An integrative model of the economic and strategic factors driving technology success and failure," *Academy of Management Review* 23(2): 267~284.

예를 들면 사람들이 PC를 구입할 때 MS의 윈도우 OS와 인텔의 마이크로프로세서가 탑재된 '윈텔(Wintel)'을 대부분 선택한다. 그 이유를 설명하자면 소비자는 PC플랫폼을 선택할 때 플랫폼이 제공하는 기술적 혜택보다 그 플랫폼을 사용하는 이용자 숫자, 즉 사용자 기반(installed base)을 더 중요하게 생각하기 때문이다. 왜냐하면 윈텔은 PC플랫폼 중에서 압도적으로 큰 사용자 기반을 가지고 있어 다른 사람과의 파일교환이나 기타 PC작업을 할 때 호환성 걱정을 할 필요가 거의 없기 때문이다. 또한 윈텔처럼 대규모 사용자 기반을 가지고 있으면 향후 더 많은 사람이 이 플랫폼을 선택할 것이라는 믿음 때문에 소비자는 윈텔에 적응하려는 노력을 기꺼이 감수한다.

또한 망 외부성은 보완재(complementary goods)가 중요한 시장에서 발생한다. 보완재란 주요 제품을 가치 있게 만들거나 가치를 강화시키는 부가적 제품 및 서비스를 의미한다. 예를 들면 비디오게임기의 가치는 비디오게임 콘텐츠, 비디오게임 주변 장치, 온라인게임과 같은 보완재에 의해 결정된다. 즉 보완재가 제대로 형성되어야 제품이 시장에서 가치를 발휘하게 되는 것이다. 국내 전기자동차의 가치가 내연기관 자동차의 가치에 비해 약한 이유는 전기자동차의 중요한 보완재인 배터리 충전 시스템이 곳곳에 설치되지 않아서이다. 반면 애플 스마트폰의 가치가 상대적으로 높은 이유는 스마트폰의 보완재인 iOS와 엄청난 양의 앱 콘텐츠를 보유하고 있는 앱 스토어가 경쟁자보다 탁월했기 때문이다.

〈그림 7-2〉에서 보듯이 사용자 기반과 보완재의 이용가능성은 상호 영향을 주면서 자기 강화 사이클(self-reinforcing cycle)을 만들어낸다. 즉 사용자 기반이 큰 제품 및 서비스

사용자 기반과 보완재 이용가능성의 자기 강화 사이클

그림 7-2

자료: Schilling, M.(1999). "Winning the standards race: Building installed base and the availability of complementary goods," *European Management Journal*, 17(3): 265~274.

는 더 많은 보완재 개발자를 끌어들인다. 왜냐하면 보완재 개발자는 많이 팔기 위해서 사용자 기반이 큰 제품에 매력을 느끼기 때문이다. 그리고 보완재 개발자들은 더욱 열심히 보완재를 생산함으로써 보완재의 이용가능성이 높아지고, 증가된 보완재 이용가능성 때문에 더 많은 소비자를 유인하여 사용자 기반이 전보다 더 커지게 된다.

정리해보면 물리적 또는 가상적 네트워크를 구축하는 제품 및 서비스, 호환성이 중요한 제품 및 서비스, 보완재가 중요한 제품 및 서비스 등에서 망 외부성이 자주 발견된다. 망 외부성은 사용자 기반 규모의 함수로 사용자 기반 규모가 클수록 사용자의 효용이 커진다. 따라서 동일 시장에서 사용자 기반이 가장 큰 제품 및 서비스는 경쟁자보다 훨씬 높은 효용을 사용자에게 제공해주기 때문에 그 제품 및 서비스는 자연스럽게 시장을 지배하는 디자인이 된다. 이 같은 이유로 망 외부성은 수확 체증의 원인이 된다.

산업의 진화(industrial evolution)

애버내시(Abernathy)와 어터백(Utterback)은 1978년 그들의 논문에서 산업의 진화 단계, 각 단계별 혁신의 역할 변화, 지배적 디자인의 등장에 대해 설명했다. 그들에 따르면 산업은 세 단계, 즉 유동기(fluid phase), 전환기(transitional phase), 경화기(specific phase) 순으로 진화한다.[8]

〈그림 7-3〉에서 보듯이 유동기는 기술과 시장의 불확실성이 매우 높고, 산업의 니즈를 충족시키기 위해 새로운 제품 디자인을 시도하는 실험이 폭발적으로 일어난다. 이 기간에는 많은 소기업이 자신만의 차별화된 제품을 가지고 경쟁하기 때문에 급진적 제품 혁신이 주류를 이룬다. 또한 기업은 자사의 기술 및 제품을 지배적 디자인으로 구축하기 위해 엄청난 노력을 한다. 예를 들면 20세기 초 자동차 산업이 처음 등장했을 때 동력장치의 표준을 놓고 증기, 전기, 디젤, 내연기관 사이에서 엄청난 다툼이 있었다. 자동차 산업에서 일어난 이 경쟁은 1920년대 가솔린 기반의 내연기관, 사륜구동, 모노코크 구조(monocoque construction)(차체와 차대가 일체가 된 자동차 구조) 등 자동차의 지배적 디자인이 등장할 때까지 계속되었다. 1920년대 최초 자동차의 지배적 디자인이 등장한 이후 '환경보호'라는 시장 요구의 큰 변화 때문에 100년이 지난 21세기 지금 자동차의 지배적 디자인을 위한 새로운 전쟁이 다시 시작되었다(미니사례 참고).

---

8 Abernathy W. and Utterback, J. (1978). "Patterns of industrial innovation," *Technology Review*, 80(7): 40~47.

산업 혁신 진화 단계와 지배적 디자인

그림 7-3

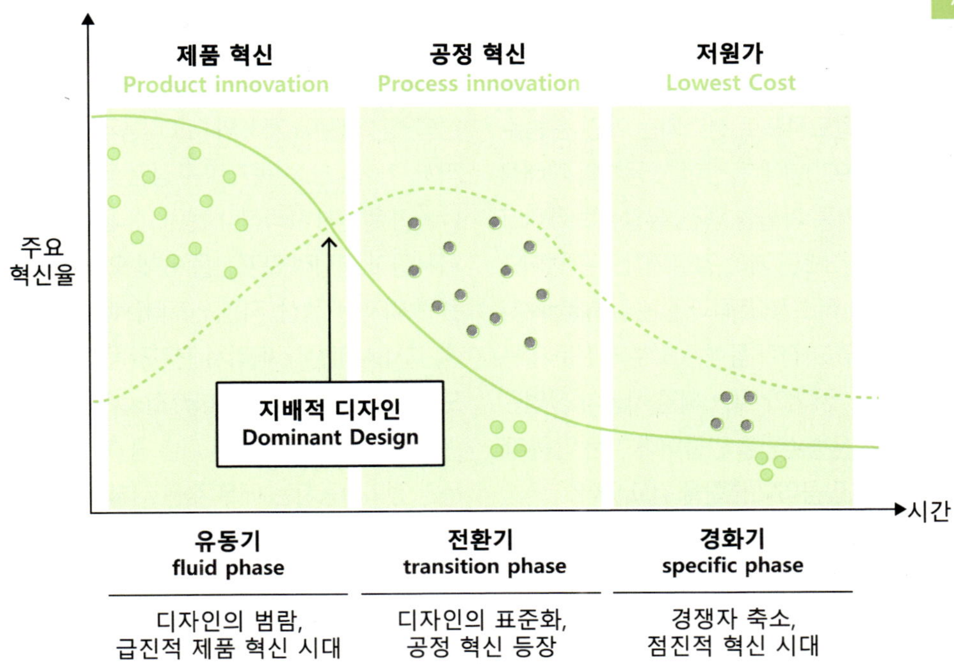

자료: Utterback, J.(1994). *Mastering the Dynamics of Innovation*. Harvard Business School Press, Boston.

지배적 디자인이 일단 정의되면 제품의 핵심 성능에 대한 경쟁이 완화되면서, 경쟁의 초점이 비용, 품질, 브랜드 가치, 디자인 및 부가적 특성들로 옮겨간다. 자동차 산업의 경우 가솔린 기반의 내연기관으로 지배적 디자인이 결정된 후 산업 내 경쟁은 PAS(power assisted steering)(자동차 핸들 조작에 편의를 높이는 장치), 자동기어, 주차 센서, 자율 주차 기능, 충돌 방지 시스템 등 부가적 기능을 제공하는 것으로 이동했다. 또한 지배적 디자인이 결정되면 제품 혁신은 줄어들고, 생산 비용을 줄이고 품질을 개선할 수 있는 공정 혁신이 본격적으로 시작된다. 바로 이 기간을 전환기라고 부른다. 산업의 진화 마지막 단계인 경화기에는 시장 내 경쟁자의 수가 줄어들고, 혁신의 초점이 마지막 1센트까지 이윤을 쥐어짤 수 있는 점진적 혁신 활동으로 옮겨간다.

정부 규제(government regulation)

공공재, 통신, TV산업 등과 같은 일부 산업에서는 기술 간의 호환성이 주는 소비자

미니 사례

20세기 초 지배적 디자인 전쟁에서 실패한 전기자동차가 21세기에 주목받다

가솔린 기반 내연기관은 20세기 첫 십 년 동안 전기, 디젤, 증기 동력 간의 지배적 디자인 전쟁에서 이긴 후 압도적으로 선호되는 개인 운송수단이 되었다. 1920년대 등장한 자동차의 지배적 디자인은 4-6기통 가솔린 엔진, 유압식 브레이크(hydraulic brake), 3-5단 기어, 강철 차체로 구성되었다. 디젤 동력은 버스 및 트럭과 같은 니치(niche)시장에서 유지되었고 전기 동력은 소수의 전문가 용도로만 쓰였다. 1세기가 지난 지금 자동차 산업은 환경 친화적인 운송수단을 만들어야 하는 압력 때문에 20세기 초만큼이나 혼란을 겪고 있다.

21세기 자동차 산업의 새로운 지배적 디자인에 많은 기업이 도전하고 있다. 도전자들은 양 극단 사이에 퍼져있는데, 식물에서 추출한 에탄올에서 동력을 얻는 전통적 방식에서부터 효율성이 높은 디젤 동력, 가솔린과 전기를 결합한 하이브리드, 배터리의 재충전이 가능한 플러그인 하이브리드(plug in hybrid), 수소 동력(hydrogen power), 100% 배터리만으로 동력을 얻는 연료전지(fuel cell)까지 다양하다. 그리고 자동차의 두 번째 지배적 디자인을 두고 벌이는 이 전쟁은 매우 치열하다. 하이브리드 운송수단은 기어, 클러치, 변속기에 의해 지원되는 중앙동력장치(central power unit)를 가지고 있다는 점에서 사실상 기존 디자인(가솔린 기반 내연기관 자동차)과 매우 유사하다. 그러나 100% 전기자동차는 배터리, 네 개의 전기 모터, 컴퓨터로 구성되었기 때문에 75%의 제조비용과 함께 기어, 클러치, 기어박스, 변속기로 구성된 동력장치(power train)가 완전히 사라진다. 뿐만 아니라 기존 자동차 회사들이 경쟁적 포지션을 위해 오랫동안 의존해 왔던 디자인, 생산, 지원 인프라(서비스센터)의 가치 역시 사라진다. 따라서 전기자동차는 완전하고도 철저한 아키텍처 혁명이라 할 수 있다.

전기자동차는 파괴적 기술 중 하나이다. 몇 년 동안 전기자동차는 매우 적은 니치시장에만 존재했고 주류시장에서 경쟁할 수 있는 성과를 내지 못했다. 현재 시장 요구의 변화로 낮은 환경오염과 낮은 운영비용이 적어도 몇몇 섹터에서 매력적으로 호소되고 있다. 전기자동차의 성능이 좀 더 개선되면 확실히 상당한 시장점유율을 확보할 것으로 예측된다. 전기자동차가 전통적 기준으로는 가솔린 자동차와 결코 경쟁할 수 없다하더라도, 전기자동차는 경쟁력을 파괴하는 혁신의 특성을 갖고 있다. 왜냐하면 자동차 산업의 기존 기업들은 전기운전을 받아들여야 하는 상황에 있고, 전기운전이 성공하면 성공할수록 기존 기업의 부가가치를 침식시키고 핵심경쟁력을 파괴하기 때문이다.

자료: Goffin, K. and Mitchell, R.(2017). *Innovation Management: Effective Strategy and Implementation*, 3rd edition, p.137~138, Palgrave, London, UK.

의 복리 증진을 위해 정부 규제와 법률을 통해 지배적 디자인의 선택을 촉진시켰다. 가장 대표적인 예로 1998년 EU는 유럽 전체의 이동통신 표준을 GSM(Global System for Mobile Communications)으로 단일화시켰다. 이와 같은 EU의 지원 덕택에 GSM은 CDMA(Code Division Multiple Access)를 선택한 북미, 한국, 동남아 몇 개국을 제외하고 전 세계를 지배하는 표준이 되었다. 한편 한국 정부는 그 당시 지배적 표준이었던 GSM이 아니라 상대적으로 작은 시장을 점유하고 있는 CDMA를 2G 이동통신 표준으로 선택했다. 이는 전략적 선택으로 상용화가 이미 되어 있는 GSM을 선택해서 내로라하는 글로벌 기업들과 경쟁하기보다 상용화가 아직 안 된 CDMA를 선택함으로써 작은 시장에서 기회를 먼저 확보하기 위한 것이었다. 그래서 그 당시 조그만 벤처기업이었던 미국 퀄컴사와 함께 CDMA 이동통신 서비스를 세계 최초로 상용화시키면서 기술경쟁력을 쌓았고, 그 결과 현재 한국 기업이 이동통신 시장에서 세계를 선도할 수 있는 토대를 마련하게 된 것이다.

나라마다 각 나라가 주도하는 표준을 국제표준으로 만들기 위해 수많은 노력을 펼친다. 왜냐하면 만약 한국이 만든 표준이 국제표준으로 정해지고 다른 나라들이 그 표준을 채택한다면 한국 기업이 공급할 수 있는 제품 및 서비스가 엄청나게 증대되기 때문이다. 또한 표준을 채택한 나라의 다음 세대 기술까지도 한국 기업이 영향력을 행사할 수 있다. 이러한 이유 때문에 한국은 WiBRO라는 3G 이동통신 표준을 국제표준으로 만드는 데 노력했고, 중국 역시 TD-SCDMA(Time Division Synchronus CDMA)라는 3G 이동통신 표준을 국제표준화시킨 것이다.

지배적 디자인 형성 결과

지배적 디자인이 형성된 시장은 자연독점(natural monopoly)으로의 변화를 촉진시킨다. 대안적 디자인들이 니치시장을 중심으로 존재할 수 있지만 시장 대부분은 하나 또는 매우 적은 수의 디자인이 지배하게 된다. 지배적 디자인을 소유한 기업은 보통 막대한 보상을 벌어들일 뿐만 아니라 제품의 신버전을 연속 출시함으로써 제품 카테고리를 지배할 수 있기 때문에 시장을 지배적 디자인 안에 가두는 잠금 효과(lock-in effect)를 거둘 수 있다. 다시 말해서 어떤 기업의 기술이 지배적 디자인으로 선택될 때 그 기업은 단기간에 거의 독점적 이윤을 얻을 수 있을 뿐만 아니라 미래 제품에 대해 엄청난 영향력을 행사할 수 있기 때문에 제품이 진화하는 과정에서 경쟁자보다 훨씬 좋은 위치를 점할 수 있게 된다. 그러나 지배적 디자인을 선택하지 않은 기업은 지배적 디자인을 채택하도록 압력을 받고 투자한 자본, 학습, 브랜드 자산이 몰수될 수도 있다. 심지어 더 나쁜 것은 지배적 디자인을 채택하지 않은 시장은 폐쇄당할 수 있다는 것이다. 이러한 지배적 디자인을 둘러싼 전쟁은 이판사판의 경기(high-stake game)로 대승리와 대패배만이 결과로 남게 된다.

또한 지배적 디자인이 채택되고 개선될 때 지배적 디자인은 생산자와 소비자가 축적한 지식에 영향을 줄 수 있고, 그 산업에서 사용되는 문제해결 방식을 형성하기도 한다. 기업들은 보통 익숙하지 않은 영역에 들어가기보다 자신의 기존 지식을 활용하려는 경향이 있으며, 이러한 현상은 동일한 영역에서 미래 기술 탐구 방향을 알려주는 점착성이 높은(sticky) 기술 패러다임을 형성시킨다.[9]

7-2 지배적 디자인 형성 전략

호환성을 통해 기존 기술이 축적해 놓은 망 외부성 가치를 적극 활용하라

지배적 디자인이 형성된, 즉 승자가 독식하는 시장(winner-take-all markets)은 많은 경쟁자가 상대적으로 평화롭게 공존하는 시장과는 매우 다른 경쟁적 역동성을 보여준다. 이 시장에서 성공을 획득하기 위해서는 기업 전략 역시 매우 달라야 한다. 즉 기술적 우월성을 갖는 제품을 만들어내는 전략이 성공을 보증하는 것이 아니라 지배적 디자인을 형성하는 데 영향을 주는 기술 가치의 다차원(multiple dimensions of value)을 관리하는 방법을 알아내는 것이 이 시장에서 성공하는 데 더 중요하다. 그렇다면 신기술이 소비자에게 제공하는 가치는 어떤 차원들로 구성된 것일까? 크게 두 가지 차원으로 구성된다. 첫 번째 차원은 기술의 독립 가치(stand-alone value)로 신기술이 제공하는 기술적 유용성을 의미한다. 두 번째 차원은 사용자 기반의 규모와 보완재의 이용가능성에 의해 창출되는 망 외부성 가치(network externality value)이다. 이 두 차원의 가치가 결합되어 기술의 총가치가 결정되는 것이다.

기술의 독립 가치란 소비자에게 제공되는 새로운 기능, 심미적 우수성, 사용의 편의성 등 모든 기술적 유용성이 여기에 해당된다. 예를 들면 소매점의 온라인 주문 시스템의 독립 가치는 구매의 편의성이며 도요타 '프리우스(Prius)' 하이브리드 전기차의 독립 가치는 환경친화성, 가솔린 절감, 좋은 이미지 등이 포함된다. 기술의 독립 가치를 따질 때는 신기술이 제공하는 편익(benefits)만을 따져서는 안 되고, 소비자가 그 기술을 사용하는 데 든 비용(cost)까지 고려한 비용 대비 편익 비율(ratio of benefits to cost)을 계산해야 한다.

망 외부성의 특성이 강한 산업에서 사용자에게 제공되는 기술의 총가치는 독립 가치

---

[9] Dosi, G. (1988). "Sources, procedures, and microeconomic effects of innovation," *Journal of Economic Literature*, 26(3): 1120~1171.

기술 가치의 다차원과 지배적 디자인 형성 전략

그림 7-4

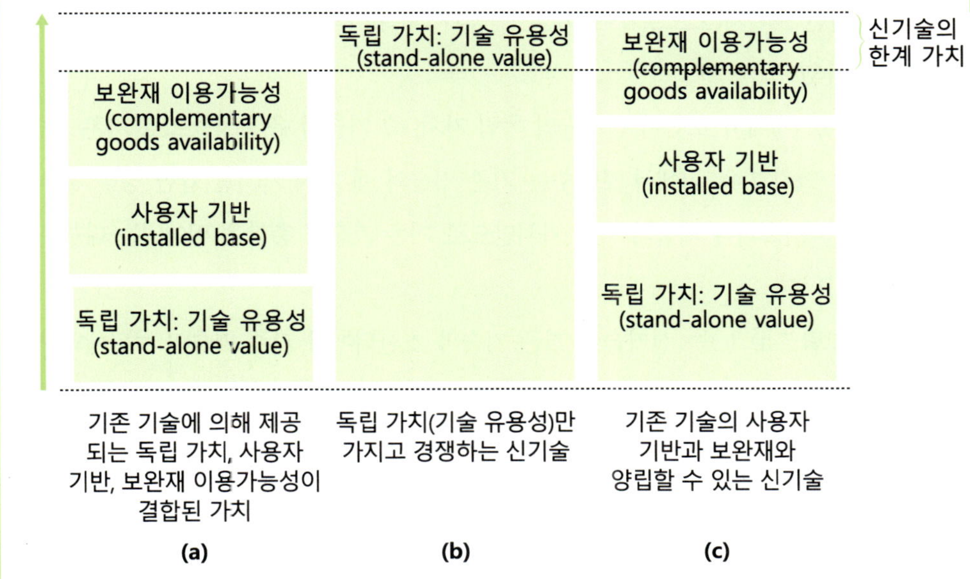

자료: Schilling, M.(2003). "Technological leapfrogging: lessons from the U.S. video game console industry," *California Management Reviews*, 45(3): 6~32.

와 비용의 함수일 뿐만 아니라 사용자 기반의 규모와 보완재의 함수이기도 하다(그림 7-4 (a) 참조). 예를 들면 MS 윈도우 OS의 컴퓨터 사용을 쉽게 만들어주는 OS 기능이라는 기술 유용성은 독립 가치로서 기술 총가치의 일부에 불과하다. OS의 총가치는 기술 유용성 말고도 윈도우 OS를 채택한 사용자의 숫자(사용자 기반의 규모)와 윈도우 OS와 호환이 가능한 소프트웨어 숫자(보완재 이용가능성)를 모두 포함한다. 이처럼 사용자 기반과 보완재가 기술 가치 창출에 중요한 역할을 하기 때문에 세계 최고로 진보된 기능을 가진 기술이라 하더라도 폭넓게 채택된, 즉 사용자 기반이 크고 보완재가 많은 기존 기술을 대체하지 못하는 것이다. 이것의 대표적인 예로 1985년 스티브 잡스(Steve Jobs)와 애플에서 나온 다섯 명의 간부가 함께 설립한 NeXT를 들 수 있다. 1988년 그들은 NeXT의 최초 컴퓨터인 'NextStep'를 발표했는데, 그 컴퓨터는 당시 현존하는 어떤 PC보다 강력한 기능을 선보였다. 그러나 NextStep은 당시 PC산업에서 지배적 디자인이었던 IBM PC(인텔의 마이크로프로세서와 MS-OS를 탑재한 PC)와 호환이 되지 않았다. 이러한 이유로 NextStep에서 구동되는 소프트웨어가 많지 않아서 조기 수용자의 소규모 그룹만이 구매했을 뿐 일반 시장 소비자는 NextStep을 채택하지 않았다. 결국 1993년 Next는 하드웨어 생산라인을 멈추고 1996년에는 NextStep의 개발을 중단했다. NextStep의 실패는 소규모 사용자 기반으로 인한 보완재(소프트웨어) 개발 부족과 그 회사의 생존가능성에 대한 불확실성이 핵심 이유였다.

〈그림 7-4〉 (b)에서 보듯이 신기술의 독립 가치, 즉 기술의 유용성만으로 기존 기술을 대체하려면 〈그림 7-4〉 (a)에서 보여주는 기존 기술의 세 가지 가치를 합한 양을 훌쩍 뛰어 넘어야 한다. 그러나 기술의 독립 가치만으로 기존 기술의 총합을 뛰어넘는 다는 것은 쉬운 일이 아니다.

한편, 〈그림 7-4〉 (c)는 신기술이 기존 기술과 호환되어서 기존 기술의 보완재와 사용자 기반 가치를 모두 활용할 수 있는 경우이다. 이 경우 신기술이 기존 기술을 추월하기 위해서는 〈그림 7-4〉 (b)처럼 엄청나게 진보된 기술의 유용성보다는 기존 기술 가치의 총합인 〈그림 7-4〉 (a)를 초과할 정도의 기술 진보성(신기술의 한계가치)만 제공해도 된다. 소니(Sony)와 필립스(Philips)가 바로 이 같은 전략을 '슈퍼 오디오 CD(Super Audio CD, SACD)' 제품에 적용했다. 두 기업은 소비자가 신기술 때문에 기존 CD 플레이어와 CD 음반을 대체하는 것을 꺼려한다는 것을 일찍이 인지하고 SACD와 CD 간의 기술 호환성을 확보했다. 즉 SACD는 일반 CD에 비해 월등히 좋은 음질을 제공하는 것은 물론이고 SACD 플레이어에서 표준 CD 음반을 재생할 수 있고 그 반대로 SACD 음반을 기존 CD 플레이어에서 재생할 수 있게 했다. 그 결과 소비자는 기존 CD 플레이어와 수집한 CD 음반을 포기하지 않고도 새로운 기술의 이점을 취할 수 있었다. 즉 기존 기술의 사용자 기반과 보완재 가치가 신기술인 SACD에 그대로 이전될 수 있었다.

결론적으로 망 외부성이 높은 시장에서 기존 기술을 제 끼고 자사의 기술을 지배적 디자인으로 만들기 위해서는 기존 기술보다 월등히 진보된 유용성을 제공하려 한다. 그러나 독립 가치에 모든 것을 투자하기보다는 기존 기술이 구축해 놓은 망 외부성 가치(사용자 기반 가치 + 보완재 이용가능성 가치)를 활용하는 전략이 한정된 기업 자원의 효율성을 높여준다. 게다가 기존 기술보다 월등히 진보된 유용성을 제공하기 위해서는 성공가능성이 보증되지 않은 채 막대한 R&D 투자를 해야 하기 때문에 기업의 위험을 완화하는 차원에서도 더 나은 전략이다.

시그널을 통한 인식과 기대감을 형성시켜라

사용자가 신기술의 가치를 기존 기술과 비교할 때 객관적 정보(실제 기술유용성, 사용자 기반, 보완재 이용가능성 정보), 주관적 정보(인지된 기술유용성, 사용자 기반, 보완재 이용가능성 정보), 미래 기대(예상되는 기술유용성, 사용자 기반, 보완재 이용가능성 정보)를 결합해서 평가한다. 앞 섹션에서 살펴보았듯이 기술 가치는 독립 가치 또는 기술유용성, 사용자 기반, 보완재 이용가능성으로 구분될 뿐만 아니라 각 가치는 실제 정보 가치(actual information value), 인지 정보 가치(perceived information value), 예상 정보 가치(anticipated information value)로 다시 구분된다. 〈그림 7-5〉 (a)에서 보듯이 인지 정보와 예상 정보는 실제 정보와 비례적으로 구성되지만 반드시 그럴 필요는 없다. 〈그림 7-4〉 (b)처럼 인지 정보와 예상 정보가 실제 정보와 비례적으로 구성되지 않고 소비자가 인지하고 있는 사용자 기반이 실제 사용자 기반을 월등히 초과하거나, 미래 예상하는 사용자 기

기술의 실제, 인지, 예상 가치

그림 7-5

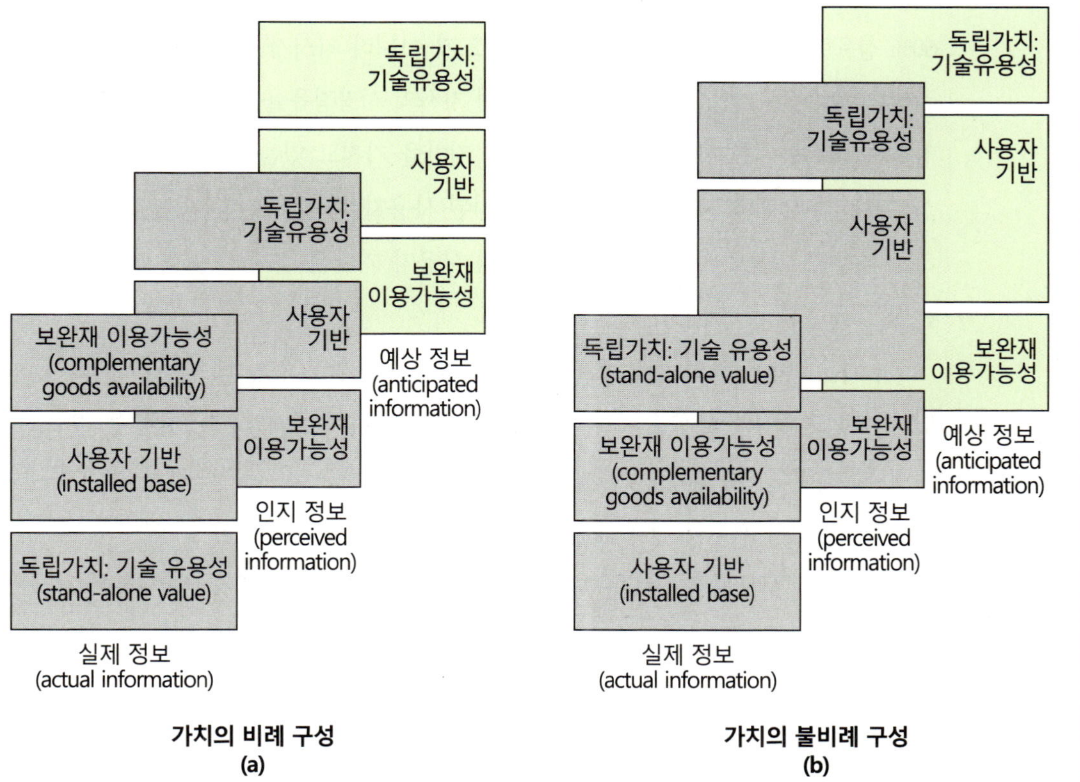

자료: Schilling, M.(2003). "Technological leapfrogging: lessons from the U.S. video game console industry," *California Management Reviews*, 45(3): 6~32.

반이 실제 사용자 기반보다 훨씬 커질 것으로 소비자가 기대할 수 있다.

소비자가 신기술의 가치를 평가할 때 객관적, 주관적 정보 모두에 의존한다는 사실을 기업이 전략적으로 활용할 수 있다. 즉 인지 가치와 예상 가치를 실제 가치보다 월등히 키우는 방법을 통해 기업의 기술을 시장에서 지배적 디자인으로 구축할 수 있음을 의미한다. 예를 들어 사용자 기반의 실제 가치가 작더라도 소수 지지자에 의한 집중 광고는 다수 소비자 마음을 얻을 수 있어 사용자 기반의 인지 또는 예상 가치를 증대시킬 수 있다. 또한 사전예약주문, 라이선싱 계약, 유통망 구축 등을 통해 사용자 기반과 보완재 가능성에 대한 예상 가치를 높일 수 있다. 이에 적합한 사례로 세가(Sega)와 닌텐도(Nintendo)를 들 수 있다. 그들은 16비트 비디오게임 콘솔 시장에서 지배적 디자인을 놓고 전쟁을 벌이고 있었다. 그들은 소비자에게 사용자 기반과 시장점유율에 대해 강력한 인상을 주기 위해 엄청난 노력을 했으며, 때로는 속임수까지 쓰기도 했다. 1991년 말 닌텐도는 '슈퍼 닌텐도 엔터테인먼트 시스템(Super Nintendo Entertainment System)'을 미국 시장에서 2백만 개나 팔았다고 주장했으나, 경쟁자인 세가는 닌텐도는 기껏해야 1백만 개 밖에 팔지 못했다고 주장하면서 닌텐도의 발표를 거짓이라고 했다. 1992년 5월경 닌텐도는 16비트 시장을 60% 점유했다고 주장했는데, 세가는 닌텐도가 아니라 자사가 63%를 점유했다고 상반된 주장을 했다. 두 기업이 서로 앞다퉈가면서 자사의 시장점유율 또는 매출이 더 높다고 주장하는 이유는 각 기업이 더 많은 사용자 기반을 가지고 있음을 소비자가 인지 또는 예상토록하기 위해서다. 즉 인지된 또는 예상된 사용자 기반은 소비자의 실제 채택을 유도하기 때문에 대규모로 인지된 또는 예상된 사용자 기반은 실제 사용자 기반을 증대시키는 역할을 한다.

이 같은 전술 중 하나로 소프트웨어 공급업체가 활용하는 '베이퍼웨어(vaporware)'가 있다. 베이퍼웨어란 실제로 시장에 존재하지 않지만 마치 존재하는 것처럼 논의되고 광고도 하는 제품을 말한다. 즉 이 제품이 어디에나 존재하는 것 같은 인상을 소비자 사이에 심어놓음으로써 제품이 실제 출시되었을 때 채택률을 빠르게 높일 수 있는 것이다. 또한 베이퍼웨어는 시장에 출시하는 시간을 벌 수 있다. 대다수 기업은 타사 제품이 시장에 먼저 출시되면 자사 제품이 출시되기도 전에 소비자가 타사 제품을 선택하고 그 결과 타사 제품이 지배적 디자인이 될까봐 걱정을 한다. 베이퍼웨어는 자사 제품이 출시될 때까지 구매 시기를 조금만 연기해달라고 소비자를 설득할 수 있다. 실제 베이퍼웨어를 활용하여 성공한 사례가 있는데 이 역시 미국 비디오게임 콘솔 산업에서 발견할 수 있다. 1995년 세가와 소니는 32비트 비디오게임 콘솔인 '새턴(Saturn)'과 '플레이스테이션(PlayStation)'을 각각 출시했기 때문에 당시 미국 비디오게임 콘솔 산업의 지배적 디자인은 32비트 시스템이었다. 닌텐도는 세가와 소니보다 앞서 32비트 시스템을 출시하지 못한 데다 차세대 콘솔을 출시하기에는 아직 기술적으로 힘든 상태였다. 그럼에도 불구하고 닌텐도는 세가와 소니의 32비트 시스템 구매를 미연에 방지하기 위해서 1994년부터 64비트 시스템 개발을 공격적으로 광고하기 시작했다. 사실 닌텐도의 64비트 시스템이 시장에 소개된 것은 1996년 9월이었음에도 불구하고 말이다. 어찌되었던 닌텐도는 세가와 소니의 32비트 시스템 구매를 연기하고 자사의 64비트 시스템을 구매하도록 고객을 설득하는 데 성공했고 그 덕택에 닌텐도의 64비트 시스템은 비교적 성공적이었다.

정리해보면 지배적 디자인을 기존 기술에서 신기술로 바꿀 수 있는 또 다른 방법은 시그널 전달을 통해 소비자를 포함한 시장 참여자들의 인식 및 기대감을 형성시켜 주는 것이다. 즉 신기술의 광고, 베이퍼웨어(vaporware), 언론매체를 이용한 예상 매출의 과장광고 등을 통해 확보 가능한 사용자 기반과 보완재의 이용가능성을 높일 수 있다. 또한 향후 시장에서 일어날 경쟁에서 신기술이 이길 가능성이 매우 높다는 시그널을 시장의 유통업자, 최종소비자, 보완재 개발업체 등에 줌으로써 신기술에 대한 기대감을 형성시킬 수도 있다. 그리고 신기술을 만들어낸 기업이 이전에 좋은 명성을 가지고 있다면 그 명성도 이용할 수 있다. 왜냐하면 소비자는 이번에도 또 좋은 제품을 만들어낼 거라는 기대와 믿음이 있기 때문이다. 마지막으로 신기술에 대해 상당량의 자본이 투자될 것이고 그 투자에 대해 주주들 역시 기대가 크다는 시그널을 시장에 보냄으로써 소비자와 시장 참여자의 기대감을 증가시킬 수 있다.

7-3 시장 진입 전략

앞서 언급했듯이 망 외부성이 큰 산업일수록 지배적 디자인이 나타날 확률이 높고 지배적 디자인을 가진 기업은 승자독식(winer takes all)의 혜택을 누리게 된다. 이러한 이유 때문에 망 외부성이 큰 산업에서는 시장 진입 시점이 매우 중요하다. 왜냐하면 경쟁자보다 먼저 채택되는 기술은 사용자 기반을 누구보다도 먼저 구축할 수 있고, 사용자 기반 덕택에 많은 보완재 개발자를 유인할 수 있으며, 이는 다시 사용자 기반과 보완재 공급을 증대시키는 자기 강화 사이클을 형성하여 엄청난 이윤을 누릴 수 있기 때문이다. 그런데 동일한 요인들 때문에 시장에서 일찍 선택된 기술이 실패할 수도 있다. 예를 들어 시장에서 먼저 선택되었지만 구축한 사용자 규모가 너무 작고, 그 때문에 보완재 개발자를 제대로 유인하지 못해 보완재 이용가능성이 형편없는 수준이라면 더 많은 고객을 유인하는 데 실패할 수밖에 없다. 이는 자기 강화 사이클이 아니라 자기 파괴 사이클이 될 수 있다. 즉 사용자 기반과 보완재 개발이 열등한 시장에서는 먼저 진입한 선발자가 기술 개발 및 상용화라는 위험을 모두 떠안고 실제 이익은 후발자에게 넘겨주는 불이익을 당할 수 있는 것이다. 이러한 이유로 시장 진입 시기를 결정하는 것은 기업의 성패와 밀접한 관련이 있으며, 특히 지배적 디자인이 형성되는 시장에서 시장 진입 시기는 매우 중요하다.

시장 진입자(entrant)는 진입의 시기에 따라 크게 세 가지로 구분될 수 있는데, 첫 번째 유형은 가장 먼저 신제품 또는 신서비스를 시장에 소개하는 선발자(first mover) 또는 선구자(pioneer)이다. 두 번째 유형은 상대적으로 시장에 일찍 진입은 하나 첫 번째는 아닌 조기 후발자(early follower) 또는 조기 선도자(early leader)이다. 세 번째 유형은 신제품 또는 신서비스가 일반 대중에게까지 확산된 후에야 시장에 진입하는 후발 진입자(late entrant)이다. 이들 중에 누가 더 좋은 성과를 얻는지에 대해서는 서로 상반된 연구 결과들을 보여주고 있다. 그리고 기업의 생존과 이윤에 영향을 주는 진입 시기는 수많은 요인에 의해 달라진다. 우리는 여기서 선발자의 장점과 단점을 살펴봄으로써 상대적으로 그 뒤에 진입하는 진입자들의 장점과 단점을 추측해보고자 한다. 그리고 최적의 진입 시기를 결정하는 데 영향을 주는 요인들을 알아봄으로써 기업의 진입전략을 수립하는 데 도움이 되고자 한다.

선발자의 장점(first mover's advantage)

선발자의 장점은 (1) 높은 브랜드 충성도, (2) 높은 기술적 리더십, (3) 희소 자원의 선점, (4) 소비자 전환비용 활용이 있다. 또한 수확 체증의 특성을 갖는 산업 또는 지배적 디자인이 형성되기 쉬운 산업에서는 학습효과와 망 외부성 이점 때문에 조기 진입이 지배적 디자인이 될 가능성을 높여 준다.

신기술을 시장에 최초로 소개한 선발자는 그 분야에서 최고 권위자로서의 명성을 오랫동안 누릴 수 있게 된다. 그와 같은 명성은 경쟁자들이 시장에 진입한 후에조차도 선발자의 이미지, 브랜드 가치, 시장점유율을 유지시키는 데 도움을 준다. 그리고 신기술의 형태, 기능, 가격, 기타 특성에 대해 소비자가 갖는 기대가 선발자 기술 중심으로 형성되기도 한다. 이때 소비자가 바라는 기대를 경쟁자들이 만족시키지 못한다면 선발자는 더 오랫동안 독점적 이익을 누릴 수 있다. 한마디로 시장에 먼저 기술을 선보임으로써 경쟁자가 시장에 진입하기 전까지 브랜드 충성도를 구축할 수 있는 기회를 먼저 확보할 수 있다. 스마트폰을 맨 먼저 시장에 선보였던 애플을 생각해보자. 애플의 탁월한 디자인, 사용의 편리함, 다양한 콘텐츠, OS 등은 한동안 경쟁사들이 빠르게 따라잡을 수 없었고, 그 기간 동안 애플은 충분히 소비자에게 브랜드 충성도를 구축할 수 있었다. 소비자는 애플이 기술적으로 가장 앞선다고 인식했고, 그래서 언제나 애플 스마트폰의 뉴 시리즈를 기다렸으며, 경쟁사가 스마트폰을 출시해도 애플 스마트폰의 디자인 및 성능과 비교해서 평가하곤 했다. 즉 소비자는 애플이 형성해 놓은 기술 기대에 따라서 경쟁사들도 평가한 것이다. 애플의 최고경영자인 스티브 잡스가 작고한 후 애플의 기술혁신이 예전 같지 않다는 평가를 받았지만 많은 소비자는 기술적으로 애플에 거는 기대가 여전히 높다. 그만큼 선발자가 구축한 브랜드 충성도와 기술적 리더십은 높고 오래간다.

선발자는 지리적으로 중요한 위치, 정부의 허가, 유통망에 대한 접근, 공급업체와의 관계와 같은 희소한 자원을 선점할 수 있는 장점이 있다. 이와 같은 장점이 두드러지게 나타나는 분야가 바로 이동통신 서비스이다. 이동통신 서비스를 제공하기 위해서는 서비스에 맞는 특정 대역의 주파수를 정부로부터 할당받아야 한다. 따라서 한국의 이동통신 기업인 SK텔레콤, KT, LG U+도 이동통신기술이 1G, 2G, 3G, 4G, 5G로 진화할 때마다 정부로부터 새로운 주파수 대역을 할당받기 위해 공개입찰경쟁을 했으며, 정부로부터 할당받은 주파수를 곧바로 사용할 계획이 없어도 먼저 선점하려 들었다. 왜냐하면 주파수는 대표적인 희소 자원 중에 하나로써 할당받지 못하는 순간 사업권한 자체가 사라지고, 게다가 새롭게 할당받은 주파수 대역의 서비스가 각광을 받는 순간 엄청난 잠재 수익을 손도 써 보지 못하고 잃어버릴 수 있기 때문이다.

선발자의 또 다른 장점은 소비자가 다른 제품으로 교체하는 데 드는 비용, 즉 소비자의 전환비용을 높여줄 수 있다는 것이다. 그렇게 함으로써 선발자는 기존 고객을 자사 제품에 묶어두는 효과(또는 잠금 효과lock-in effect)를 얻게 된다. 이러한 장점이 두드러지는 분야는 소프트웨어 제품이 될 것이다. 가장 먼저 시장에 출시된 소프트웨어 제품에 익숙한 소비자는 다른 소프트웨어로 바꾸는 데 어려움을 느낀다. 왜냐하면 새로운 소프트웨어 제품에 익숙해지려면 그만큼의 학습 노력, 학습 시간, 호환이 되지 않는 문제, 호환이 되더라도 '혹시나' 하는 불안한 심리 등 극복해야 할 것이 많기 때문이다. 우리는 이 비용을 전환비용(switching cost)이라고 한다는 것을 6장에서 이미 배웠다. 선발자는 전환비용을 높이는 기회를 얻게 되는데 이는 다음과 같은 이유 때문이다. 경쟁자들이 재빨리 경쟁 제품을 출시하지 못하면 소비자는 선발자 제품을 사용하는 기간이 길어지고, 이 기간이 길어질수록 소비자가 경쟁자 제품으로 전환하는 데 드는 비용은 증가되기 때문이다. 이장의 초반에 언급했듯이 전 세계 PC OS의 80% 이상을 MS 윈도우가 차지하는 이유도 소비자의 높은 전환비용 때문이다. 반면 한국 고유의 문서소프트웨어인 '아래한글'이 'MS word'와 호환성을 높이고, 사용자 인터페이스를 유사하게 만들려는 이유는 전환비용을 낮추기 위해서이다.

마지막으로, 수확 체증이 일어나는 산업에서 선발자의 기술이 지배적 디자인으로 선택될 기회를 경쟁자들보다 먼저 갖게 된다는 장점이 있다. 물론 일정 수준 이상의 사용자 기반과 보완재의 발전이 충분히 진행되었다는 가정이 있어야 되겠지만 말이다. 1971년 인텔의 태드 호프(Ted Hoff)가 최초로 마이크로프로세서를 발명하고, IBM이 자사의 PC에 인텔의 '8088 마이크로프로세서'를 채택한 이후 지금까지 인텔은 PC 마이크로프로세서 시장에서 지배적인 지위를 얻었고 후속 세대 모두 마이크로프로세서 시장의 표준을 결정하였다.[10]

선발자의 단점(first mover's disadvantage)

앞서 언급했듯이 선발자의 장점에 대한 주장도 있었지만 동시에 신시장에 지나치게 일찍 들어가면 안 된다는 주장도 존재한다. 제라드 텔리스(Gerard Tellis)와 피터 골더(Peter Golder)는 과거 50개의 제품 유형을 조사한 결과 선발자의 실패율이 거의 47%로 매우 높음을 알아냈다.[11] 그들에 따르면 선발자의 시장점유율은 10%에 불과한데 반면 조기 선도자(early leaders)(선발자 진입 후 시장에 진입했으나 제품 생명주기상 초기 성장기에 시장을 주도하는 기업을 일컬음)의 시장점유율은 평균적으로 선발자의 세 배에 해당된다고 한다.[12] 다른 연구 역시 선발자가 다른 진입자들에 비해 많은 수익을 거두어들일 수 있는 한편, 높은 비용 문제 때문에 장기적으로 상당히 낮은 수익을 거둘 수 있다고 주장한다.[13] 결론부터 말하면 선발자의 단점은 (1) 높은 연구개발 비용 및 위험 부담, (2) 공급망 및 유통망 개발 부담, (3) 실행기술 및 보완재 미개발에 따른 위험, (4) 소비자 선호의 불확실성

---

10 Ferguson, C. and Morris, D. (1993). *Computer Wars*, Random House, New York.

11 Golder, P. and Tellis, G. (1993). "Pioneer advantage: Marketing logic or marketing legend," *Journal of Marketing Research* 30(2): 158~170.

12 Tellis, G. and Golder, P. (1996). "First to market, first to fail?: Real causes of enduring market leadership," *MIT Sloan Management Review*, 37(2): 65~75.

13 Boulding, W. and Christen, M. (2001) "First-mover disadvantage," *Harvard Business Review*, 79(9): 20~21.

에 따른 위험으로 정리될 수 있으며, 하나씩 살펴보도록 하자.

선발자는 기존에 존재하지 않은 제품을 최초로 소개하기 위해 많은 양의 연구개발비용을 감당해야 한다. 선발자는 시장에 소개되는 신제품 개발 비용뿐만 아니라 그 신제품을 개발하기로 결정하기까지 탐색 과정에 들어간 비용 역시 부담해야 한다. 동일한 기능을 갖는 제품이라고 하더라도 기반기술은 여러 가지가 있을 수 있는데, 그중에 어떤 기술을 선택하는 것이 좋을지에 대해서는 상당히 많은 조사 연구가 필요하다. 신제품 자체의 연구개발비용이든, 기술탐색비용이든 이 모든 투자를 통해 얻은 결과물이 시장에서 좋은 반응을 얻으면 좋겠지만 시장의 반응은 어느 누구도 장담할 수 없으며, 평균적으로 신제품의 95%가 시장에서 실패하는 경향이 있다. 따라서 선발자는 많은 돈을 투자하는 것 외에도 성공에 대한 위험 또한 감수해야만 한다.

게다가 선발자는 세계 최초를 시도하다보니 보완재가 미처 형성되지 않아 스스로 보완재를 확보해야 하는 어려움을 겪게 된다. 그것이 보완 기술이라면 추가적으로 기술을 개발해야 하고, 그것이 부품 공급업체나 유통업체이라면 선발자 스스로 공급망 및 유통망 개발을 위해 추가적인 투자를 해야 한다.

앞에서 여러 번 언급했듯이 보완기술 및 보완재가 성숙되지 않은 상태에서 선발자가 소개한 신제품은 시장에서 실패하기가 쉽다. 선발자가 그 모든 것을 완벽하게 개발하고 구축하지 않는 이상은 말이다. 요즘 한창 떠들고 있는 3D프린터를 생각해보자. 3D프린터의 가장 중요한 보완재는 무엇일까? 그것은 아마도 우리가 사용하고 있는 프린터의 토너 역할을 하는 프린팅의 다양한 원료가 될 것이다. 신발, 의류, 항공기 부품, 핸드폰 부품, 꽃병 등을 동일한 원료로 프린팅 할 수 는 없지 않겠는가? 3D프린터가 시장에서 대중화되기 위해서는 모든 물체를 실사화시킬 수 있는 다양한 원료의 개발과 안전하고 편리한 사용이 선행되어야 할 것이다.

선발자는 소비자 선호의 불확실성으로 시장 출시 이후 어려움을 겪게 된다. 선발자는 시장 출시 이전에 이런 저런 서베이를 통해 소비자의 선호를 기반으로 제품을 개발하려 노력하지만 사실 소비자조차 정확히 그 제품에 대한 선호를 알지 못하는 경우가 허다하다. 왜냐하면 선발자가 제공하는 제품 자체가 처음 접해보는 것이기 때문이다. 소비자의 선호를 정확히 파악하지 못해 실패한 사례로 코닥의 8mm 비디오카메라가 있다. 코닥은 1980년대 말 녹화력이 우수한 작은 사이즈의 비디오카메라에 소비자가 열광할 것을 기대하고 세계 최초로 소개했다. 그러나 소비자의 반응은 냉랭했다. 그 당시 소비자는 이 신제품의 필요성도 가치도 알지 못했기 때문에 코닥은 결국 시장에서 철수를 결정했다. 그러나 몇 년 후 1990년대 초반 소비자는 8mm 비디오카메라 기술에 대해 익숙해지게 되었고 그러자 이후 들어온 경쟁자들 그중에서도 소니는 주목할만한 성공을 거두었다. 그래서 선발자는 제품을 시장에 출시한 후 한동안 시장의 반응을 보면서 제품을 수정하는 과정을 거쳐야 한다. 당연히 이 과정에서 많은 비용이 발생될 것이다. 한편 선발자는 소비자 교육을 통해 자사 제품에 대한 소비자의 선호를 형성시키려 노력하는데 이 과정에서도 역시 연구개발 및 많은 마케팅 비용이 들게 된다. 그리고 비용 대비 결실은 매우 느리게 나타나서 그것을 감당할만한 재정적 여유가 없는 선발자의 경우는 중도에 포기할 수밖에 없게 된다. 〈표 7-1〉에서 보듯이 시장에서 승자는 선발자보다 후발자가 되는 경우가 많다.

표 7-1 제품 유형별 선발자, 후발자, 승자

제품 유형	선발자	주목할만한 후발자	승자
8mm 비디오카메라	Kodak	Sony	후발자
1회용 기저귀	Chux	Pampers / Kimberly Clark	후발자
플로트 유리	Pikington	Corning	선발자
그룹웨어	Lotus	AT&T	선발자
즉석카메라	Polaroid	Kodak	선발자
마이크로프로세스	Intel	AMD / Cyrix	선발자
전자레인지	Raytheon	Samsung	후발자
PC	MITS(Altair)	Apple / IBM	후발자
PC OS	Digital Research	MS(MS-Dos)	후발자
스마트폰	IBM(Simon)	Apple / Nokia	후발자
SNS	SixDegrees.com	MySpace / Facebook	후발자
스프레드시트 s/w	VisiCalc	MS(Excel) / Lotus	후발자
비디오게임 콘솔	Magnavox	Atari / Nintendo	후발자
웹브라우저	NCSA Mosaic	Netscape / MS Internet Explorer	후발자
워드프로세싱 s/w	MicroPro(WordStar)	MS(MS-Word) / WordPerfect	후발자
워크스테이션	Xerox Alto	Sun Microsystmes / Hewlett-Packard	후발자

자료: Grant, R.(1998). Contemporary Strategy Analysis, Blackwell Publishers, Malden, MA; Teece, D.(1987). The Competitive Challenge: Strategies for Industrial Innovation and Renewal, Ballinger, Cambridge, MA; Schilling, M.(2002). "Technology success and failure in winner-take-all markets: Testing a model of technological lock out," Academy of Management Journal, 45(2): 387~398.

위에서 살펴본 선발자의 단점은 한편으로는 후발자의 장점으로 작용할 수 있으며, 마찬가지로 선발자의 장점은 후발자의 단점이 될 것이다.

최적 진입 시기를 결정할 때 고려해야 할 요인

여기서 우리는 기업이 언제 시장에 진입하는 것이 좋은지를 결정할 때 반드시 고려해야 하는 요인들을 살펴보고자 한다.

첫째, 기업이 제공하는 신기술 또는 신제품에 대한 소비자의 선호도가 얼마나 분명한지에 따라 최적 진입 시기는 달라진다. 소비자의 선호도가 불명확하면 이를 명확하게 하고, 소비자 선호에 맞추어 제품을 수정하는 데 드는 비용이 크기 때문에 이를 충분히 감당할 수 없을 때는 조기 진입 시 실패할 가능성이 높아진다. 따라서 소비자 선호도가 명확할수록 조기 진입 시 성공 가능성이 높아진다. 그런데 처음 출시 때부터 소비자 선호도가 명확한 제품이 있는데, 주로 특정 질병을 치료하는 의약품 또는 특정 환자에 맞추어진 의료기기 등을 들 수 있을 것이다. 이러한 제품군의 경우 대부분 조기에 진입하는 것이 유리하다.

둘째, 보완기술 및 보완재의 발달 정도에 따라 최적 진입 시기는 달라진다. 보완기술 및 보완재의 발달 정도가 높을수록 조기 진입 시 유리하다. 반대의 경우는 가능한 조기 진입하지 않는 것이 좋다.

셋째, 망 외부성이 큰 산업인가에 따라서도 최적 진입 시기가 달라진다. 망 외부성이 큰 산업일수록 지배적 디자인이 발생될 가능성이 높기 때문에 먼저 진입하는 것이 유리하다. 조기 진입할수록 지배적 디자인이 될 기회를 더 많이 가질 수 있기 때문이다.

넷째, 신기술의 높은 연구개발 비용과 손실 위험을 감당할 재력이 되는지 또는 느리게 기술이 수용되는 확산 초기 단계를 견딜 재력이 되는지에 따라 최적 진입 시기가 달라진다. 조기 진입하는 선발자는 높은 연구개발 비용 및 손실 위험과 기술 확산 초기 단계에서 소비해야 되는 높은 마케팅 및 연구개발 비용을 단점으로 갖는다. 바로 이러한 단점을 극복할 정도의 재력이 된다면 그 기업은 조기에 진입해도 성공할 가능성이 높다. 그러나 그럴 재력이 없다면 신기술이 충분히 확산되고 기술적으로 구체화될 때까지 기다렸다가 진입하는 것이 좋다.

다섯째, 기업의 평판이 소비자, 부품공급업체, 유통업체의 불확실성을 줄일 수 있다면 그 기업은 조기에 진입해도 성공할 확률이 높을 수 있다. 기술리더십이 뛰어나고 신뢰성이 있는 기업이라면 그 기업이 출시하는 제품에 대해 소비자, 부품공급업체, 유통업체의 호의적인 지원이 있을 것이기 때문이다.

여섯째, 경쟁기업들의 진입 위협이 높다면 조기에 진입하여 경쟁자보다 먼저 브랜드 충성도를 구축하고, 부품공급업체 및 유통업체와의 우호적인 관계를 갖는 것이 현명하다.

[사례연구] 어도비는 어떻게 지배적 디자인이 되었나? 전자책 시장도 지배할 수 있을까?

어도비(Adobe)는 1993년 아크로뱃(Acrobat)을 최초 출시하면서 인터넷상에서 유통되는 '전자 서류' 또는 'eDoc' 분야에서 선발자(first mover)가 되었으며, PDF는 웹상에서 유통되는 문서양식의 사실상 표준이 되었다. 어도비의 최초 제품인 '포스트 스크립트' 역시 그래픽 아트와 출판 산업에서 인쇄를 위한 사실상 표준(de facto standard)이었다. 이 같은 성공을 바탕으로 어도비는 전자책 시장에 진출하여 PDF를 전자책 양식을 위한 사실상 표준을 만들고자 노력하고 있다. 그런데 전자책 시장의 불확실성, MS의 대규모 자본력을 기반으로 한 공격적 마케팅, 새로운 기업인 GemStar의 등장 등으로 어도비의 전자책 시장 정복은 쉬워 보이지 않는다.

어도비 탄생

어도비는 1982년 제록스의 팔로알토연구소(Palo Alto Research Center, PARC)의 연구원인 존 워녹(John Warnock)과 찰스 게스케(Charles Geschke)에 의해 설립되었다. 워녹과 게스케는 제록스에서 문자와 그림을 함께 인쇄할 수 있는 최첨단 소프트웨어를 개발했는데, 제록스가 이 기술의 독점적 유지만을 고집함에 따라 제록스를 나와 지역 하천 이름을 따서 어도비를 설립하게 된다.

어도비의 최초 제품 포스트 스크립트

어도비의 첫 번째 제품은 '포스트 스크립트(PostScript)'이다. 이 제품은 1980년대 중반 사무용 컴퓨터의 출판 혁명을 일으킨 숨은 원동력이었다. 이 제품은 컴퓨터 프로그램과 출력장치(예: 프린터) 사이의 인터페이스를 제공했는데, 페이지 기술언어(page description language), 해석프로그램(interpreter), 폰트(fonts) 이렇게 세 파트로 구성된다.

페이지 기술언어는 소프트웨어 개발자들이 인쇄 페이지 모습을 출력장치에 전달할 때 사용하는 것이다. 즉 컴퓨터 응용 프로그램(예: 워드 프로그램)이 포스트 스크립트 언어로 쓰인 명령어를 출력장치에 보내는 것을 의미한다. 이 언어를 사용한 응용 프로그램은 포스트 스크립트 프린터면 어떤 것이든 상관없이 모두 인쇄가 된다. 반면에 이 언어를 사용하지 않은 소프트웨어 개발자는 프린터 모델마다 자사의 응용 프로그램을 지원할 수 있는 별도의 소프트웨어를 팔아야만 인쇄가 된다. 예를 들어 WordPerfet 4.1이라는 응용 프로그램으로 작성한 문서를 인쇄하려면 사용자가 209개의 프린터 모델 중에서 자신의 모델을 찾아 선택해야만 된다. 또한 포스트 스크립트는 동일한 응용 프로그램을 3백 dpi 레이저 프린터에서도, 5천 dpi 고해상 이미지출력장치에서도 인쇄할 수 있는 다중해상도 기능을 제공했다. 이 기능은 그래픽 아트 커뮤니티에서 특히 중요한데, 그 이유는 포스트 스크립트 언어를 채택한 응용 프로그램으로 만든 콘텐츠는 고품질 인쇄에 들어가기 전에 값싼 레이저 프린터로 확인 및 보강할 수 있기 때문이다. 어도비는 소프트웨어 개발자의 포스트 스크립트 언어 사용을 촉진시키기 위해 무료로 제공했다. 이 언어는 프로그래머들이 좋아하는 'The Red Book'이라는 곳에 세심하게 기술되어 있으며, 해당 언어로 작업하는 제3자 개발자에게 철저한 기술지원이 제공되었다. 그 결과, 포스트 스크립트 언어를 지원하는 응용 프로그램의 숫자는 1986년 1백8십 개에서 1991년 5천 개 이상으로 증가되었다.

포스트 스크립트 인터프리터는 응용 프로그램의 내용을 인쇄 페이지 위의 점들로 바꾸어주는 역할을 한다. 모든 포스트 스크립트 출력장치(예: 레이저 프린터 또는 고해상 이미지출력장치)는 마이크로프로세서 기반의 포스트 스크립트 인터프리터가 내장되어있다. 어도비는 기술료(포스트 스크립트 인터프리터를 채용한 프린터 및 고해상 이미지출력장치 단위 판매액의 일정 비율을 책정)를 받고 프린터 및 고해상 이미지출력장치 제조업체에 포스트 스크립트 인터프리터 기술 사용을 허가했다. 포스트 스크립트 인터프리터를 빠르게 확산시키기 위해 어도비는 모토롤라 68000 칩을 기반으로 한 표준제어장치디자인(boilerplate controller design)을 개발했다. 포스트 스크립트 라이선싱에 관심이 있던 프린터 제조업체는 이 디자인에 무료 접근이 가능했기 때문에 포스트 스크립트 제품 개발 시간을 줄일 수 있었다. 게다가 어도비 기술자들은 맞춤화된 포스트 스크립트 인터프리터의 설계를 돕기 위해 자주 고객사와 공동으로 제품 개발을 했다. 그 결과 포스트 스크립트를 라이선스한 기업은 1985년 애플 혼자였으나, 1994년 6십 개 기업으로 증가되었다.

포스트 스크립트 폰트는 고품질의 전문용 폰트를 표준화형으로 표현하는 방법을 제공한다. 이전에는 처음부터 폰트가 디자인된 특정 출력장치에서만 그 폰트를 사용할 수 있었다. 그러나 포스트 스크립트 폰트는 출력장치 유형에 관계없이 포스트 스크립트 출력장치면 모두 사용할 수 있으며, 폰트를 조정하는 능력도 상당히 개선되어 크기 조정과 회전까지 가능해졌다. 어도비는 자신만의 폰트 라이브러리를 만들기 위해 엄청난 투자를 했는데, 1986년 폰트 개발을 위해 매출의 16%를 투자했고, 1985년에서 1992년까지 계속해서 투자액을 증가했다. 그 결과 1985년 개발된 포스트 스크립트 폰트의 숫자는 35개였으나 1994년에는 2천 개에 육박하게 된다.

최초 포스트 스크립트 제품은 어도비, 애플, 알두스(Aldus), 라이노타이프(Linotype) 이렇게 네 개 기업의 전략적 제휴를 통해 1985년에 소개되었다. 제휴 기업의 제품들 조합을 통해 사무용 컴퓨터 출판 혁명 또는 조판의 민주화를 촉발시켰다. 즉 처음으로 개인용 컴퓨터 사용자가 뉴스레터 및 기타 문서를 스스로 만들 수 있게 되었다. 이 같은 결과는 애플의 매킨토시(Macintosh)에서 작동되는 알두스의 페이지메이커(PageMaker)가 문자와 그래픽을 합친 문서 만들기를 가능하게 했기 때문이다. 페이지메이커로 작성된 문서의 인쇄를 위해서는 포스트 스크립트 장치가 요구되는데, 애플의 레이저라이터(LaserWirter)가 그 역할을 했다. 애플의 레이저라이터는 어도비로부터 포스트 스크립트 인터프리터를 최초로 라이선스 받았다. 전문가용 문서는 보통 전문출판사에서만 이용 가능한 타임즈로만(Times Roman) 또는 팔라티노(Palatino) 폰트가 필요한데, 조판산업에서 100년 이상의 경험을 보유한 라이노타이프가 가장 인기 높은 폰트의 사용을 어도비에 허락했고 그 덕택에 어도비는 그 폰트를 포스트 스크립트 형태로 제공할 수 있었다. 레이저라이터는 35개의 포스트 스크립트 폰트가 내장되었다. 또한 라이노타이프는 고해상의 포스트 스크립트 이미지출력장치를 소개했고, 그 덕택에 페이지메이커로 만든 문서는 전문가용 출판에 사용될 수 있었다.

1989년경 포스트 스크립트는 그래픽 아트와 출판 산업에서 인쇄를 위한 사실상 표준이 되었다. 거의 100%의 고해상 이미지출력장치는 포스트 스크립트를 채택했다. 레이저프린터 일반시장에서의 포스트 스크립트의 침투율은 약 25%에 불과하지만 그래픽 아티스트가 사용하는 레이저프린터 시장의 침투율은 거의 100%에 가까웠다.

또한 어도비는 포스트 스크립트의 그래픽 기술을 활용하여 그래픽 아트 커뮤니티를 위한 응용소프트웨어를 만들어냈다. 최초의 응용 프로그램은 일러스트레이터(Illustrator)로 1987년 3월에 소개되었고, 그래픽 아티스트들 사이에 광범위하게 채택되었다. 이 제품은 포스트 스크립트 형태로 출력이 되기 때문에 포스트 스크립트 프린터 수요 증대에 도움이 된다. 그리고 어도비는 1989년에 디지털 이미지 편집을 위한 포토샵(Photoshop)과 1993년에 알두스 페이지메이커를 포함하여 수많은 소프트웨어 제품을 인수했다. 이들 제품은 엄청난 성공을 거두었는데 포토샵은 사진편집 소프트웨어 시장의 90% 이상을 차지했다. 포스트 스크립트 표준 덕택에 어도비는 1984년과 1995년 사이 2백만 2십 달러에서 7억 6천 2백만 달러로 수입이 증가되었는데, 이 수치는 70%의 연평균성장율(CAGR)을 올린 것이다.

PDF 구축

어도비는 1993년 6월 15일 아크로뱃 첫 번째 버전을 출시했다. 아크로뱃은 어떤 전자문서든 'PDF(Portable Document Format)'라 불리는 보편적 문서 형태로 바꿔준다. 일단 PDF 형태로 되면 그 문서는 다른 사용자에게 전송될 수 있고, 그 문서를 받은 사람은 자신의 컴퓨터에 '아크로뱃 리더(Acrobat Reader)'만 깔면 원래 응용 프로그램에서 작성한 것과 똑같이 볼 수 있고 인쇄할 수 있다. PDF는 문자뿐만 아니라 그래픽과 이미지를 모두 처리할 수 있다. 처음에 어도비는 아크로뱃 리더당 50달러의 가격을 매겼다. 아크로뱃 리더는 PDF로 만든 문서를 읽을 수만 있기 때문에 사용자가 직접 PDF 문서를 만들려면 195달러를 지불하고 'Acrobat Exchange'를 구매하거나 695달러를 내고 더 정교한 제품인 'Acrobat Distiller'를 구매해야만 했다.

어도비는 포스트 스크립트 표준처럼 PDF의 사양도 개방했다. 그러나 아크로뱃의 판매 성과는 기대에 비해 꽤나 실망스러웠다. 그런 와중에 인터넷이 출현하자, 어도비는 기업 내 직원들 간의 문서 교환에 초점을 두었던 전략에서 인터넷 사용자를 목표로 하는 전략으로 변경했다. 즉 어도비의 목표는 인터넷에 올리거나 교환하는 모든 문서의 사실상 표준을 'PDF'로 만드는 것이었다. 그리고 아크로뱃 리더의 확산을 높이기 위해 무료 이용으로 변경했다. 또한 1994년 AOL과 제휴를 통해 모든 AOL 사용자가 아크로뱃 리더를 이용할 수 있었으며, 컴팩(Compaq), 델(Dell), 소니(Sony)와 같은 다수의 컴퓨터 제조업체와의 협력을 통해 그들이 파는 PC에 아크로뱃 리더가 사전에 설치되도록 했다. 그리고 1995년에는 아크로뱃 리더의 무료 다운로드가 어도비 웹사이트를 통해 이루어졌다. 1997년 아크로뱃 리더의 다운로드는 폭발적으로 증가하기 시작해서 2000년 7월경에는 1억 9천 7백만 번의 다운로드가 이루어졌으며 매달 약 6백만 번의 다운로드가 계속되었다. 이 무료 다운로드는 PDF 문서를 만드는 데 필요한 정식 아크로뱃 제품의 판매를 증가시켰다(Acrobat Exchange와 Acrobat Distiller를 결합시켜 249 달러에 판매함). 어도비 시장 조사에 따르면 정식제품 구매자의 88%가 구매 전에 아크로뱃 리더를 사용했다고 한다.

웹에서 PDF 문서의 포스팅을 촉진시키기 위해서 어도비는 세간의 이목을 끄는 소비자를 목표로 했다. 즉 1997년 미국 국세청(IRS)은 최초로 전자적으로 이용 가능한 세무 용지 양식을 만들었는데, 그 양식의 웹 포스팅 형식이 바로 PDF였다. PDF 파일은 아크로뱃 리더를 통해 다운로드 받은 후 편집이 불가능하기 때문에 최초 문서를 그대로 보존할 수 있어서 IRS와 같은 소비자에게 이상적이었다. 또한 어도비는 웹 사용자를 목표로 한 기능을 포함시켰는데, 1994년 출시된 아크로뱃 2.0의 HTML문서 하이퍼링크 기능과 1999년 4월에 출시한 아크로뱃 4.0의 디지털 사인기능이 그 예이다.

2000년 6월 어도비는 아크로뱃 리더의 다운로드를 위해 Adobe.com 방문객을 대상으로 웹사이트 가입을 통한 'PDF 문서 작성' 기능을 제공하기 시작했다. 한 달에 9.99달러, 일 년에 99.99달러만 지불하면 가입자는 무한대로 PDF 문서를 작성할 수 있었다. 가입자가 어도비 웹사이트에 문서를 업로드 하면 PDF 형태로 바꾸어 이메일로 사용자에게 보내는 방식이다. 이것은 정식제품을 구매하지 않고도 개인 사용자가 PDF 문서를 작성할 수 있는 유일한 방법이다.

1999년 10월 어도비는 사무실 사용자를 목표로 한 'Acrobat Business Tools' 소프트웨어를 소개하면서 과거 정식 아크로뱃 제품을 분리 판매하기 시작했다. 어도비 시장 조사에 따르면 사무실 사용자 대다수는 문서를 서로 공유하지만 문서 작성은 필요로 하지 않는다고 한다. 이 같은 요구를 받아들여 아크로뱃 비즈니스 툴은 문서 교환만을 필요로 하는 사무실 사용자를 목표로 한 것이다. 어도비는 B2B 프로세스의 관리 분야에서 지속적인 성장의 기회를 보았고, 그에 맞춰 법적 효력을 가진 디지털 사인이 담긴 PDF는 수많은 B2B 상호작용을 전자적으로 관리하는 데 이상적인 솔루션이 될 것이다.

웹상의 성공 말고도 PDF는 포스트 스크립트 대체재로서 어도비의 인쇄 출판 소비자를 침투하기 시작했다. 인쇄 출판 업체는 모든 조각이 합쳐져 하나의 출판물로 나올 수 있도록 인쇄 작업 흐름을 매끄럽게 진행할 수 있는 문서 양식을 필요로 한다. PDF는 문자, 그래픽, 이미지를 쉽게 결합시켜 준다. 이 시장을 만족시키기 위해 어도비는 다양한 기능을 담은 고사양 제품을 많이 만들어냈다. 가장 최근 제품은 2000년 6월에 소개한 'Acrobat Distiller Server'로 고용량 포스트스크립 파일을 PDF 문서로 변경해준다.

마지막으로 1999년 8월 'PDF Merchant' 소프트웨어를 소개하면서 어도비는 디지털 저작권 관리(digital rights management) 분야에 진입했다. 이 소프트웨어는 서버기반의 기술로서 불법적 복사의 두려움 없이 웹사이트(예: 아마존)가 문서(예: 책)를 판매할 수 있게 했다. PDF Merchant는 기업의 전자 상거래 및 거래 시스템과 통합 설계되었다. 이 소프트웨어는 기본 가격이 5천 달러이고 거래가 일어날 때마다 거래액의 2% 또는 0.05달러 중 큰 금액이 가격에 추가된다. 15개 이상의 기업이 어도비와 함께 이 소프트웨어를 시험하는 데 참가했다. 아크로뱃에 대한 수요가 급격히 증가하면서 아크로뱃 제품의 판매가 1998년과 1999년 사이 100% 이상 증가했다. 2000년 3사분기경에는 아크로뱃 자매 제품의 판매는 전체 어도비 수입의 20%에 달했다.

전자책 시장

전자책의 실험적 벤처는 1980년대 초반 IBM의 'BookMaster'와 Electronic Book Technologies(EBT)의 'Dynatext'에서 시작했다. 두 제품은 모두 참조 매뉴얼 시장을 목표로 했다(전자책 세분 시장별 특성은 표 참조). Silicon Graphics 와 Novell과 같은 컴퓨터 제조업체는 고객이 편리하게 매뉴얼에 접근하고 활용할 수 있도록 그리고 인쇄 및 선적 비용을 줄이기 위해서 전자 참조 매뉴얼을 만들었다. 2000년 역시 전자책의 고객 가치는 '편리성'에 방점을 두고 있다. 전자책의 조기 수용자 대부분은 참조 정보에 접근하기를 원하는 전문가들이었다. 전자책 시장에 대한 전망은 리서치기관마다 상이한 추정치를 내 놓고 있어 전반적으로 불확실성이 높다.

전자책을 만들고 유통하는 과정에는 전통적인 출판 산업뿐만 아니라 스타트업 기업도 관여하면서 그들의 역할은 계속 진화하고 있다(그림 참조).

VCR 산업에서 VHS와 Beta 포맷 사이에서 일어난 그 유명한 표준 전쟁 이후 제조업체와 소비자는 둘 다 표준 전쟁을 경계해왔다. 어떤 소비자도 표준 전쟁에서 진 Beta VCR을 갖기를 원하지 않으며, 제조업체 역시 표준 전쟁에서 지기를 원하지 않기 때문이다. 그런데 전자책 시장에서 표준은 어떻게 진화할지 현재로서는 불확실하다. 전자책 시장의 참여자 대부분은 하나의 공개표준을 선호한다. 공개표준을 구축하기 위해서 미국 상무부 산하 정부기관인 미국 국립표준기술연구소(National Institute for Standards and Technology, NIST)가 1998년 'Open e-Book(OEB)'라는 실무단을 형

<표> 전자책 세분 시장별 특성

세분 시장	독자의 온라인 관련성	빠른 전달의 중요성	키워드 가치	콘텐츠의 맞춤화	멀티미디어 강화 잠재력	희소성
교과서	중	중	고	고	고	중
전문/기술 서적	고	저	고	고	중	고
경영 서적	고	중	중	고	저	중
소설	중	저	저	저	저	저
비소설	중	저	중	중	중	중
청소년 서적	저	저	저	저	중	저
참조 서적	고	저	고	중	중	중
여행 서적	고	고	고	고	고	중

<그림> 전자책 가치 시스템

활동	콘텐츠 창조 →	레이아웃/조판 →	디지털 전자책 파일 생성 →	전자책 유통/판매/재고 →	전자책 독서 →	전자책 인쇄
참여자	• 저자 • 삽화가	• 저자 • 출판사(그래픽 아티스트, 조판사)	• 저자 • 출판사 • 유통업체	• 웹사이트가 있는 저자 • 온라인 출판사 • 온라인 문고	• 소비자(소비자, 전문가, 학생)	• 소비자 • 주문형 전문 인쇄업체
도구	• s/w(예, 워드 프로세싱, 일러스트레이션, 디지털 이미징)	• 페이지 레이아웃s/w(예, 어도비 인디자인)	• 전자책 문서 양식(예, 어도비 PDF) • 전환s/w(예, 어도비 아크로뱃)	• 디지털 저작권 관리 시스템(예, 어도비 PDF Merchant) • 콘텐츠 서버 서비스(예, lightning Source)	• 전자책용 장치 • 독서 s/w가 깔린 PDA • 독서 s/w가 깔린 사무용 PC 또는 노트북	• 레이저 프린터 • 주문형 인쇄 시스템

성했다. 이 실무단은 MS, Gemstar, Adobe를 포함한 주요 전자책 시장 참여자뿐만 아니라 핵심 출판사업체로 구성되었다. 그리고 1999년 9월 실무단은 'Open eBook Publication Structure 1.0'이라는 최초 버전을 공개했다. 어도비는 OEB 사양을 승인하는 데 참여했지만, 이 표준을 선택하지는 않았다. 그 이유는 OEB가 기술적으로 특히, 그래픽 부분에 있어 PDF보다 열등하고, 전자책 세계에서도 여전히 중요할 것으로 여겨지는 인쇄기능이 없기 때문이다. 반면 MS는 자사의 MS Reader 양식의 일부로 OEB를 채택했다. OEB는 단지 콘텐츠만 다루기 때문에 사용자 간에 호환성을 담보할 수 없었다. 즉 한 전자책 공급업체에 맞춰진 OEB 전자책은 다른 공급업체 전자책에서는 작동되지 않는다는 것이다. 이는 콘텐츠 포장에 필요한 표준에 대한 동의가 없어 각 전자책 공급업체는 자신의 표준을 사용하기 때문이다. 반면 PDF 양식은 전자책 콘텐츠와 포장까지 모두 개방적이다. 더 복잡한 문제는 디지털 저작권 관리에 대한 혼란이다. Nepstar와 MP3

로 겪은 음악 산업의 경험이 경고하듯이 출판 산업은 콘텐츠의 불법적 유통을 통제할 능력에 대해 극도의 우려를 안고 있다.

전자책 시장에서 어도비 vs. MS

어도비는 MS에 비해 조기 주도권을 확보했다. 반면 MS는 전자책 시장에서 매우 공격적으로 움직이고 있다.

출판사들은 대개 양식에 대해서는 불가지론자이다. 그들은 하나의 공개된 전자책 표준을 원하지만 뒤에 처지는 것은 원치 않기 때문에 지금처럼 보편적인 표준이 없는 경우 어도비와 MS 표준 모두를 기꺼이 수용한다. 예를 들어 Lightning Source 회사는 2000년 5월 PDF 양식으로 책을 출판하겠다고 어도비와 계약했지만 바로 몇 주 전에는 동일한 계약을 MS하고도 했다. Simon & Schuster 출판사 역시 마찬가지다. 그러나 MS는 일정 기간 동안 MS Reader 양식만으로 출판함으로써 다른 양식에서는 읽을 수 없는 배타적 거래를 성사시켰다. MS의 이 같은 공격에도 불구하고 어도비는 여전히 MS보다 우위에 있다고 자부한다. 그 이유는 어도비는 출판사와의 관계가 강하고, 웹 인쇄 및 출판을 가능하게 하는 저자를 위한 도구(s/w)를 출판사에 제공하고 있으며, 어도비 소프트웨어를 사용하는 출판사를 고려했을 때 출판사의 디지털 책자의 70%가 이미 PDF 형식으로 저장되었다고 추정되기 때문이다. 게다가 1999년 9월 어도비는 'InDesign'이라는 전문 사무용 출판 제품을 출시했는데, 이는 고급 전문가 출판 영역의 지배자였던 'QuarkXPres'와의 경쟁제품으로 성공적으로 진입해서 현재 전체 물량의 30%를 차지한다.

온라인 서점은 전자책 표준에 대한 접근방식이 다양하다. Barnesandnoble.com은 MS, 어도비, GemStar의 'Rocket'까지 모두 동일한 기회를 주었다. 즉 반즈앤노블의 온라인 서점에서는 MS, 어도비, Rocket이라는 브랜드를 단 전자책이 동시에 판매되었다. 반면에 아마존은 MS 양식을 채택해서 아마존 전자책 서점에서는 MS에 배타적이고 지배적인 지위를 주었다. 과거 아마존이 스티븐 킹의 소설을 어도비의 PDF Merchant를 사용해서 판매했음에도 불구하고 어도비는 지속적으로 아마존과 공식적인 관계를 맺지 않았다. 아마존은 반즈앤노블에 비하면 전자책 시장에서 후발자이지만 스티븐 킹 소설의 다운로드 75%가 아마존에서 이루어진데다 온라인 서점 시장의 75% 이상을 아마존이 차지하고 있다. 대다수 작은 온라인 전자책 서점은 아크로뱃 리더의 보편성 때문에 PDF 양식으로 콘텐츠를 제공하고 있다.

사무용 리더의 경우 거의 2억 개가 다운로드 된 '아크로뱃 리더'가 가장 지배적인 사무용 리더로 알려졌다. 이것은 전자책 리더로 설계하지 않았지만 윈도우 또는 매킨토시 컴퓨터에서 PDF 양식의 책을 읽을 수 있다. 게다가 2000년에 어도비는 PDF 전자책 읽기 s/w 제조업체인 Glassbook을 인수했다. 이 회사제품은 좀 더 프린트된 책처럼 보이고 사용자의 독서 편의를 증진시켰다. 그러나 Galssbook 제품은 2000년 10월 기준 7십만 다운로드로 추정되며, 매우 낮은 침투율로 간주된다. MS는 2000년 8월 윈도우 사용자를 위해 전자책 리더를 공짜로 다운로드 할 수 있게 했으나 지금까지 다운로드 수는 매우 미미하다. MS Reader는 윈도우 다음 버전과 번들로 판매될 수도 있는데, 매킨토시에서는 이용이 불가능하다. 윈도우와 번들 판매 덕택에 MS Reader가 더 많은 보편성을 확보할 수 있음에도 불구하고 어도비는 여전히 MS보다 더 많은 이점이 있다고 자부하는데, 주요 이점은 MS Reader와 달리 어도비는 인쇄기능을 갖고 있다는 것이다. 최근 설문조사에 따르면 응답자의 80% 이상이 소형기기에 책을 다운로드해서 보는 것보다 아크로뱃과 같은 프로그램을 사용해서 책을 프린트해서 보는 것을 더 선호한다고 했다.

전자책 기기를 위해 어도비는 PC와 Mac 이외의 장치(예: PDA)를 위한 애크로뱃 리더를 개발할 계획이다. Palm과 Windows CE 플랫폼을 위한 애크로뱃 리더를 컨퍼런스에서 발표했을 뿐 아니라 PDF는 공개 표준이기 때문에 BCL Computer와 Ansyr와 같은 제3자가 Palm Pilot(PDA 장치)을 위한 PDF 리더를 개발할 수 있었다. 한편 모든 Pocket PC 장치는 MS Reader 양식을 통해 콘텐츠 접근이 가능해졌다.

디지털 저작권 종합 솔루션으로 어도비는 디지털 콘텐츠 서버 제품을 공급하기로 했다. Glassbook의 인수로 어도비는 'EBX'라 불리는 최신의 디지털 저작권 관리 s/w를 얻었다. 게다가 Price Water House Coopers와 InterTrust와 함께 PDF와 아크로뱃과 관련한 디지털 저작권 솔루션을 개발하기로 했다. MS도 반즈앤노블스와 Lighting Source와 함께 'Digital Asset Server' 플랫폼의 베타 테스트를 계획했으며, 그 외 수많은 것을 하겠다고 발표했다. 이 덕택에 MS는 자사의 전자책에 대해 상당한 여론을 얻게 되었으며, 이 여론의 대부분은 MS의 기술 부사장인 딕 브라스(Dick Brass)를 중심으로 나왔다. 언론에 의해 '전자책의 에반젤리스트(eBook Evangelist)'라는 별명이 붙은 브라스는 그의 솔직함으로 유명한데, MS와 전자책에 대한 홍보에 매우 열심이었다. 어도비는 MS으로부터의 압력을 계속해서 겪어야 했다.

어도비가 대부분의 신경을 MS에 집중하는 동안 다른 기업이 전자책 표준을 통제하는 사이트를 만들었는데 헨리 유엔(Henry Yuen)이 CEO인 GemStar라는 회사였다. 이 회사 역시 공격적으로 전자책 시장을 밀고나갔는데 전자책 장치 제조업체인 Nuvomedia와 Softbook을 2000년 1월에 인수했다. 유엔은 많은 계획을 가지고 있었는데, 2000년 가을에 두 개의 차세대 전자책 기기(250달러)가 소개되기로 했다. 전자책 기기는 RCA 브랜드를 달고 GemSterm의 라이선싱 하에서 Thomson에 의해 생산된다. GemStar/RCA 전자책은 'Rocket eBook' 양식을 사용하는데, MS Reader 또는 PDF와 호환이 되지 않는다. GemStar는 자신의 전자책 서점도 제공할 계획이며, 프랑스 온라인 출판사인 'Les Editions 00h00(0시간)'을 인수함으로써 유럽 전자책 시장 진입을 시작했다.

[토론 문제]

1. PDF는 어떻게 사실상 표준이 되었는가? 어도비는 공개 표준(open standard) 정책을 사용했음에도 불구하고 PDF로부터 어떻게 수익을 내었는가?
2. 위에서 살펴본 정보를 바탕으로 했을 때 전자책 시장에서 사실상 표준을 통제할 강한 지위를 점유하고 있는 기업은 누구인가? MS인가? 어도비인가? 그렇게 생각하는 이유는 무엇인가?
3. 전자책 시장의 표준 전쟁에서 이기기 위해 어도비는 무엇을 해야만 하는가? 여러분이 생각하는 바람직한 전략적 행동을 제시해보라.
4. 어도비 사례의 작성 시점이 2000년 초반이기 때문에 많은 시간이 지난 지금 전자책 시장은 크게 변화했을 것이다. 2000년 이후 전자책 시장의 표준 변화, 어도비와 MS의 시장적 지위 변화, 다른 주요 참여자 및 부상하는 기업에 대해 조사해보라.

자료: Tripsas, M.(2001). "Adobe systems incorporated," Harvard Business Publishing.

8장

협력 전략

도입 스토리 기업과 대학의 협력이 거래 모델에서 관계 모델로 변하다

지난 십 년간 기업과 대학 간에 연구 협력이 폭발적으로 일어났는데, 이는 과거 삼십 년 동안 초기 단계 연구투자를 줄여오던 기업이 그 역할을 대학에 의지하기 시작했기 때문이다. 한편 학술연구 지원에 인색해진 정부와 지역경제 발전을 위한 공헌 요청이 높아지면서 대학은 전보다 더 수용적 태도로 변했다. 이 같은 이유로 1회성 프로젝트 대신에 기업과 대학 모두 장기적 협력 관계를 구축하려 한다. 케네스 루첸(Kenneth Lutchen)은 보스톤을 중심으로 미국 전역의 대학 행정담당자, 과학연구를 지원하는 재단 대표, 기업을 이끄는 임원들과의 인터뷰를 통해 왜 기업과 대학이 이 같은 관계를 구축하는지 밝히고자 했다. 인터뷰에서 그가 가장 자주 접한 내용은 기업과 대학 모두 공동 연구 프로젝트를 고려할 때마다 협상이 요구되는 거래 모델(transaction model)을 원하지 않는다는 것이다. 대신에 그들은 오래가는 협력 모델인 관계 모델(relationship model)을 원했다. 이 모델은 기업이 초기 단계 연구에 계속해서 관련을 맺고, 경제성장을 일으킬 수 있도록 연구 결과를 신제품으로 빠르게 전환시켜주는 방식으로 대학과 파트너를 맺으려 한다. 이 관계 모델은 다음과 같은 특성이 있다.

첫째, 인재 근처에 회사의 R&D 활동을 둔다. 주요 연구 대학 근처의 산업 클러스터에 존재하는 R&D 활동의 이점은 이미 잘 알려져 있다. 스탠포드와 버클리 대학 근처에 있는 실리콘 밸리(Silicon Valley)는 오랫동안 혁신생태계를 위한 전형으로 알려졌다. 지난 10~15년 사이 대학과 연구소가 있는 장소로의 기업 이동은 더욱 가속화되었다. 뉴잉글랜드(New England)의 대도시 지역으로 불리는 'Greater Boston'은 55개의 고등교육기관의 연구소가 위치한 곳으로 헬스케어 및 기타 수많은 기업, 예를 들면 화이자(Pfizer), 필립스 헬스케어(Philips Healthcare), 페이스북, 트위터, 아마존, 구글, IBM, MS, Comcast, Oracle, GE등을 불러들였다.

둘째, 기업의 초기 단계 연구 개시를 대학과 협력한다. 대학의 초기 단계 연구를 지켜보다가 흥미로운 것이 발견되었을 때 달려들기보다 기업의 관심 분야의 초기 단계 연구 개시를 위해 대학에 지원하는 똑똑한 기업들이 점차 증가하고 있다. 과거에는 대기업이 대학 연구 그룹과 특별한 관계를 맺지 않고 박사 후 과정 프로그램을 내부적으로 운영하거나, 학생의 발전에 직접적으로 관여하지 않고 단지 자선 목적으로 박사과정 학생을 지원했었다. 그러나 최근 매력적인 프로그램이 등장했는데, 기업이 관심 있어 하는 어려운 과학적 문제 또는 새로운 기술영역을 연구하고 있는 예비 박사 및 박사 후 과정 연구원에게 재정 지원을 하고 기업의 과학자 및 공학자들이 대학 교수와 함께 그들을 위한 공동 멘토를 하는 것이다.

셋째, 대학과의 지속적 관계를 육성한다. 전형적으로 기업은 일회성 프로젝트를 추구해왔다. 그러나 앞서 말했듯이 지금은 오래가는 협력 모델이 등장했고 이 때문에 기업은 특정 분야에서 장기연구 관계 조성을 위해 연구기관과 지속적 연계를 유지한다. 예를 들어 보스턴 대학과 레드햇(Red Hat)은 이전에 존재하는 IP에 대한 각자의 배타적 권리는 유지한 채 공동으로 개발한 기술은 공동 라이선스 하기로 했다. 게다가 각 기관이 단독으로 개발한 IP는 그 기술의 발명자를 고용한 기관이 소유하는 것으로 했다. 이러한 목적은 보스턴 대학과의 관계를 지속시키려는 것뿐만 아니라 레드햇 회사에 취업을 고려하고 있는 대학원생들의 공급라인을 형성하기 위함이기도 하다.

넷째, 인재 활용의 폭을 넓힌다. 기업은 최고의 인재가 단지 몇 안 되는 대학에만 한정된 것이 아니라는 것을 인식했다. 그래서 '최상의 연구 활동'에 참여하고 있는 107개의 대학을 규정한 카네기 대학 분류(Carnegie Classification of Institutions of Higher Education)가 제공하는 재원을 폭넓게 활용할 필요가 있다.

다섯째, 기밀유지협약은 양측 의사가 공히 반영되도록 결정 및 기술한다. 자주 채택하는 기밀유지협약방식은 양측에 오해와 의심을 촉발하면서 유익한 협력에 지속적인 장애물이 되곤 한다. 기업 입장에서는 기술을 경쟁자로부터 지켜야 하기 때문에 기밀유지협약을 원하지만, 참여 교수에게는 불필요한 분야까지(광범위하게) 기밀 유지를 요구하기도 한다. 따라서 기업은 대학 교수들과의 미팅에서 가능한 구체적으로 협약내용을 결정하고 토의 과정에서 나온 모든 정보를 기밀유지협약에 정확하게 기술할 필요가 있다.

여섯째, 유연한 특허 라이선싱을 개발한다. 대학은 기업이 할인하는 특허를 찾고 있다고 생각하고 기업은 대학이 특허의 상업적 가치에 대해 비현실적 기대를 갖고 있다고 느낀다. 따라서 대학은 특허는 제품이 아니며, 제품을 위해 매우 길고 비싼 과정이 기업을 통해 이루어짐을 인식해야 한다. 마찬가지로 기업은 특허를 생성하는데 공헌한 대학에 응당 그에 맞는 보상을 줘야 함을 알아야 한다. 관계 모델은 기업이 로열티 없이 배타적으로 특허 사용 권한을 가질 수 있고, 기업이 대학에 라이선스료를 지불하거나 특허에서 나오는 매출이 협상한 금액을 초과하면 일시불로 지불하는 등 라이선스의 유연성을 증대시켜 준다.

일곱째, 양측의 선의 속에서 재협상을 한다. 처음에 기업과 대학은 특정 특허에 대한 로열티 조항에 동의하는 계약을 하는데, 나중에 특정 특허를 사용한 제품이 등장하게 되면 그 조항을 재협상한다. 이 과정에서 갈등이 발생한다. 즉 대학은 기업이 지나치게 낮은 견적을 제시한다고 느끼고, 기업은 대학이 제품에 대한 특허 공헌도를 지나치게 부풀린다고 생각한다. 사실 이 갈등은 과거 일회성 거래 모델에서도 자주 일어났지만 관계 모델에서는 갈등이 적게 발생한다. 그 이유는 양측 모두 한 조각의 IP보다 장기간 더 많은 가치를 낼 수 있는 관계를 위험에 빠뜨리는 것을 원치 않기 때문이다.

마지막으로, 문화격차를 줄여준다. 상업적 개발과 초기 단계 연구 사이의 차이는 기업 문화와 대학 문화 간의 차이만큼이나 다르다. 기업은 손익계산만을 문제 삼는 반면 대학은 이익에 관계없이 차세대 과학자를 훈련시키고 지식을 발전시키는 것을 목표로 삼기 때문이다. 그러나 최근 양측은 서로 가까워지고 있다. 기업이 최고로 똑똑한 인재를 끌어들이려면 의미 있는 일과 사회적 가치를 실현할 수 있는 조직을 만들어야만 한다는 것을 인식하게 되었다. 마찬가지로 대학도 가르치고 연구하는 것을 넘어서 사회적 도전을 받아들이고 경제적 성장에 공헌하는 역할을 해야 함을 알게 된 것이다.

자료: Lutchen, K.(2018). "Why companies and universities should forge long-term collaborations", *Harvard Business Review Digital Article*, January 24.

사회적 광풍이 되어버린 그러나 일시적이 아니라 지속적으로 강한 영향력을 행사할 것으로 예견되는 '4차 산업 혁명'이 수반하는 기술은 빠른 변화 속도와 더불어 여러 지식이 융합되는 성격을 갖고 있다. 가장 친숙한 예로 자율주행 자동차의 경우 과거 내연기관 자동차와 달리 기계공학과 전기 계통 기술(예: 연비 향상, 감지 시스템, 센서 등)뿐만 아니라 AI, 통신, 반도체, 배터리, 충전 시스템 등 다양한 기술지식이 요구된다. 게다가 자율주행 자동차가 보편화된다면 지금과 같은 '소유' 개념이 사라지고 '공유' 개념으로 변화될 수 있다. 이 경우 자동차 제조회사는 완전히 다른 형태의 마케팅과 유통 채널이 필요하다. 아마도 지금의 우버와 같은 운송 공유 서비스 업체와 협력을 하거나 직접 그와 같은 서비스 업체를 설립해야 할 것이다. 이처럼 당장 떠오르는 생각만으로도 한 기업 내에서 해결해야 할 위험과 투입자본이 엄청날 것으로 예견된다. 이 같은 이유 때문에 구글의 자율주행 자동차 자회사인 웨이모(Waymo)는 자동차 제조업체인 FCA(Fiat Chrysler Automobiles), 운송 공유 서비스 업체인 리프트(lift)와 협력을 하고 있는 것이다. 심지어 100년 이상 자동차 시장에서 경쟁자였던 벤츠와 BMW조차도 자율주행, 운전자보조시스템, 자동주차 기술 개발을 위해 전략적 제휴를 맺었다. 이처럼 미래의 생존을 위해서 기업은 지속적으로 외부와의 협력이 필요하다. 그러나 협력은 기술 개발 프로젝트에 대해 완전한 통제가 불가능하고 혁신의 결과 기대되는 보상 역시 100% 가져갈 수가 없다는 단점이 있다. 게다가 협력 파트너가 언제 부정행위를 저지를지 모르는 위험에도 노출된다. 따라서 성공적인 협력을 위해서는 파트너의 선정과 파트너 간의 신뢰 구축은 매우 중요하다.

우리는 이 장에서 먼저 협력의 중요성에도 불구하고 독자 노선을 택하는 이유를 살펴볼 것이다. 독자 노선을 선택하는 이유는 바꾸어 말하면 협력의 단점이 된다. 그 다음 이 장의 핵심 내용인 협력에 대해 협력의 장점 및 동기, 협력의 유형, 협력의 성공을 위해 기업이 해야 할 노력을 검토할 것이다.

8-1 독자 노선을 택하는 이유

이 세상 모든 것을 다 갖추고 있는 완벽한 거대 제국을 건설하지 않는 한 모든 기업은 생존과 번영을 위해 불가피하게 단기적 또는 장기적으로 다른 기업과의 협력이 필요하다. 그러나 때때로 몇 가지 이유에 의해 협력보다는 독자 노선을 선택하는 경우가 있는데 그 이유에 대해 살펴보기로 하자.

첫 번째 이유는 요구 역량을 기업 내부에 보유하고 있거나, 이 요구 역량을 보유한 파트너를 찾기 힘들기 때문이다. 보통 파트너와 협력을 하는 주요 동기는 신규 프로젝트에 필요한 역량이 내부에 없기 때문에 보유 업체로부터 그 역량을 획득하기 위해서이다. 그런데 만약 그 요구 역량을 모두 보유하고 있다면 굳이 파트너를 찾는 데 수고를 할 이유가 없다. 또는, 얻고자 하는 역량이 너무 선도적이어서 어떤 기업도 이를 보유하고 있지 않는 경우라면 파트너 자체를 찾는 것이 불가능할 것이다.

두 번째의 이유는 기술의 전유성을 보호하기 위해서이다. 파트너와 밀접하게 협력을 하다보면 자사의 기존 기술이 경쟁자가 되고자 하는 파트너에게 노출되기 쉽다. 특히 파트너가 자사보다 기술력이 떨어지는 경쟁자인 경우, 파트너가 협력을 미끼로 자사의 기존 기술을 훔칠 수 있는 가능성 또한 배제할 수가 없다. 이러한 이유로 기업은 파트너와의 협력을 꺼린다. 또한 개발된 기술에 대해 배타적인 권한을 가져야 그 기술을 통해 발생되는 미래수익을 독차지할 수 있는데, 협력은 그렇게 할 수 없기 때문이다. 그리고 파트너와의 공동 개발 후 지적재산권에 대해 명확히 해놓지 않으면 향후 소송에 휘말릴 가능성도 있어서 기업은 협력보다 독자 노선을 선택한다.

세 번째 이유는 기술 개발 과정과 그 결과 창출된 신기술의 활용에 대해 완벽한 통제를 하고 싶기 때문이다. 이 같은 바람은 실용적 또는 문화적 이유에서 나온다. 즉 신기술에서 발생되는 높은 수익을 협력 파트너와 공유하고 싶지 않다는 실용적 이유와 독립성과 자립성을 강조하는 조직 문화 때문이다. 이 같은 예는 일본 자동차 제조업체인 혼다를 통해 알 수 있다. 다수의 일본 자동차 제조업체가 협력하여 정부의 엄격한 배기가스 배출기준에 항의한 적이 있었는데 혼다는 이 제휴에 동참하지 않았다. 그 이유는 향후 환경 친화적인 자동차 시장에서 리더가 되고자 하는 계획에 제약이 될 수 있고, 혼다의 조직 문화상 기술 개발이나 개발 방향에 대해 스스로 완벽한 통제를 유지하는 것을 선호했기 때문이다.

네 번째 이유는 협력 없이 혼자서 하는 연구개발은 시간도 돈도 훨씬 많이 들지만 조직의 역량을 구축하고 갱신하는 데 가장 중요한 것이 개발 노력 그 자체이기 때문이다. 즉 조직의 역량을 개발하고 강화시키는 잠재력은 혁신 그 자체보다 더 많은 가치를 발휘한다. 현재 한국의 내로라하는 글로벌 기업인 삼성, 현대, LG 등은 과거 한때 외국 선진기업의 기술보호 전략 때문에 기술 획득이 어려워 불가피하게 독자적으로 연구개발을 해야 하는 힘든 과정을 겪었다. 그러나 그 과정 덕택에 현재 이들 기업이 외국 선진기업과 나란히 경쟁할 수 있는 역량을 축적하게 된 것이다.

8-2 협력의 장점 및 동기

초경쟁시대, 짧아지는 제품 수명주기, 하늘 높은 줄 모르고 증가하는 R&D 비용, 빠르게 변화하는 기술과 융복합화 등의 환경을 고려할 때 협력은 선택이 아니라 필수적 전략 요소가 되었다. 즉 기업이 처한 현재 환경을 효과적으로 극복하는 데 필요한 장점을 협력이 가지고 있기 때문이다. 첫째, 협력은 기업이 보유하지 않은 그러나 필요한 기술 또는 자원을 내부에서 획득하는 것보다 훨씬 빠른 시간에 보유할 수 있게 해준다.[1] 왜냐하면 필요한 기술 또는 자원을 가지고 있는 기업과 협력을 맺으면 간단히 해결할 수 있기 때문이다. 한국 스마트폰 시장에서 '삼성-구글'의 협력을 보면 잘 알 수 있다. 스마트폰의 선도자인 '애플'에 대응하기 위해서 삼성은 애플의 운영체제인 'iOS'와 '앱 스토어'에 대적할만한 것이 필요했다. 그러나 삼성은 하드웨어인 단말기 제조 역량에 있어서는 타의 추종을 불허하지만, 소프트웨어인 운영체제와 애플리케이션에 있어서는 그 역량이 일천하였다. 그럼에도 불구하고 삼성이 자신의 운영체제 개발을 고집했다면, 긴 개발시간으로 적기에 시장에 출시하지 못했거나, 출시했다 하더라도 낮은 경쟁력으로 소비자의 불만만 키워 피처폰의 영광을 뒤로 한 채 노키아와 같은 신세가 될 수도 있었다. 삼성은 구글과 협력하겠다는 결정을 내렸고, 그 결정 덕택에 중요한 보완자산인 운영체제와 애플리케이션을 즉각적으로 공급받아 적기에 시장에 진입할 수가 있었다. 결국 삼성은 협력을 선택했기 때문에 피처폰에 이어 스마트폰 시장에서도 글로벌 선도 기업의 지위를 유지할 수 있었다.

둘째, 파트너와 협력을 하게 되면 기술 개발에 필요한 고정자산 투자비를 대폭 줄일 수 있고, 이로 인해 기업 운영의 유연성을 확보할 수 있다. 특히 기술이 빠른 속도로 진보하여 제품의 수명주기가 자꾸 짧아지는 특성을 가진 시장에서 매번 진보된 기술을 내부에서 개발하는 것은 경제적으로 비효율적이다. 따라서 금방 노후되는 고정자산에 혼자 투자하고 기술을 개발하기보다는 자사의 기술을 좁게 특성화시키고, 부족한 기술 및 자원은 그것을 전문화하고 있는 다른 기업과 협력하는 방법이 훨씬 효율적이다.

셋째, 파트너와의 협력은 기업에 있어서 학습의 중요한 원천이 될 수 있다. 서로 협력

---

1 Chan, S. Kensinger, J. Keown, A. and Marin, J. (1997). "Do strategic alliances create value," *Journal of Financial Economics*, 46(2): 199~221.

및 공동 개발 과정을 겪다보면 양쪽 기업 간에 지식의 이전(transfer of knowledge)이 발생될 뿐만 아니라 새로운 지식들이 창조된다. 이와 같은 지식은 혼자서 만들어낼 수 있는 것보다 더 창조적이고 강력한 지식이 될 수 있다.[2]

넷째, 파트너와 협력을 하게 되면 위험과 비용에 대한 부담을 서로 공유할 수 있어서 좋다. 특히 프로젝트 규모가 크고, 성공을 보장할 수 없을수록 기업들은 위험을 분산시키기 위해 서로 협력을 하고자 한다.[3]

마지막으로 협력은 때로 시장에서 표준(standard)을 공유하는 데 큰 도움을 준다. 예를 들면 1997년 노키아, 모토롤라, 에릭슨은 공통된 무선통신 구성방식을 만들기 위해 비영리 기업인 WAP(Wireless Application Protocol) 포럼을 설립했다. 이 포럼이 제시한 것은 셀룰러폰, 무선호출기, 스마트폰과 같은 무선 장치의 사용자들이 인터넷을 통해 쉽고 빠르게 정보에 접근할 수 있는 글로벌 통신 표준이었다. 노키아, 모토롤라, 에릭슨은 WAP포럼을 설립함으로써 복수 경쟁 표준이 출현하는 것을 막을 수 있을 거라 희망했다. 결국, 2002년 WAP포럼은 OMA(Open Mobile Alliance) 기구에 통합되어 2003년 초, 200개 이상의 모바일 운영자, 무선 장치 제조업체, 소프트웨어 개발자들이 이 무선 통신 표준을 공유하기로 합의했다.[4]

기업이 협력을 하는 동기는 궁극적으로 위에서 설명한 협력의 장점을 활용하기 위한 것인데, 기업은 보통 유일한 동기가 아닌 다중 동기를 추구한다. 예를 들면 필요 기술의 획득만을 목표로 하지 않고 미래 기술 개발을 위한 위험의 공유, 기술 및 자원의 상호 보완 등을 동시에 추구한다. 〈표 8-1〉은 기업이 자주 언급하는 협력의 동기와 해당 사례를 정리한 것이다. 표에 나오는 협력의 동기 이외에 생산 규모의 경제 달성, 신제품 개발 및 상용화를 위한 시간 절약, 학습의 공유 등이 있다.

2 Mowery, D. Oxley, J. Silverman, B. (1998). "Technological coverlap and interfirm cooperation: Implications for the resource-based view of the firm," *Research Policy*, 27(5): 507~523. ; Baum J. Calabrese, T. and Silverman, B. (2000). "Don't go it alone: Alliance network composition and startups's performance in Canadian biotechnology," *Strategic Management Journal*, 21(3): 267~294.

3 Hagedoorn, J. Link, A. and Vonortas, N. (2000). "Research partnerships," *Research Policy*, 29(4-5): 567~586.

4 Smith, B. (2002). "OMA starts ringing in the future," *Wireless Week*, 8(42).

표 8-1 협력의 동기와 사례

동기	사례
자본 및 신사업 확대	유럽 항공사들의 컨소시엄으로 설립된 에어버스(Airbus)는 보잉(Boeing)과 맥도널 더글라스(MacDonnel Douglas)와 경쟁할 수 있는 수준이 됨
기술 및 자원의 상호 보완	네덜란드 회사인 필립스와 한국의 LG전자의 제휴를 통해 설립된 LG-Philips는 필립스의 진보된 기술과 LG의 낮은 제조원가 확보를 통해 각자 부족한 부분을 보완함
신시장 진출을 위한 위험 및 책임 공유	일본 소니와 스웨덴 에릭슨 간 제휴를 통해 설립된 소니-에릭슨은 휴대폰 시장 진출을 위해 위험 및 책임을 공유함
파트너와 좋은 관계 구축	에어버스는 컨소시엄 파트너들인 유럽 항공사들과 좋은 관계를 지속적으로 구축함
기술 이전 혜택 추구	구매업체인 폭스바겐과 부품공급업체인 보쉬(Bosch)간의 제휴를 통해 기술 이전 혜택을 추구함
연구개발 비용 절감	영국전자회사인 GEC와 독일의 지멘스가 6:4로 투자한 조인트벤처 GPT를 설립하여 통신연구개발 비용을 절감함
파트너의 유통스킬 상호 교류	픽사와 디즈니 또는 웨이트로즈(Waitrose, 영국 최대 슈퍼마켓 체인)와 오카도(Ocado, 영국 최대 온라인 슈퍼마켓)간의 유통스킬 상호 교류함
파트너의 마케팅 능력 활용	엔엠비 테크놀로지(NMB Technologies)는 인텔과의 제휴를 통해 인텔의 마케팅 능력을 활용함
파트너의 기술 활용	소니-에릭슨을 통해 에릭슨은 3G 무선핸드폰을 위한 소니의 멀티미디어 기술을 수용함
표준화 수립	소니는 다른 제조업체들과 컨소시엄을 형성해서 DVD표준으로 도시바의 HD-DVD를 물리치고 블루레이(Blue-ray)로 만듦
파트너의 경영관리 스킬 활용	영국의 슈퍼마켓 체인점인 세인즈버리(Sainsbury)는 스코틀랜드 은행(Bank of Scotland)과의 제휴를 통해 스코틀랜드 은행의 금융 스킬을 활용함

자료: Trott, P. (2017). *Innovation Management and New Product Development*, 6th edition, p. 279, Pearson Education Limited, Harlow, UK.

8-3 협력의 유형

공통의 목표를 성취하기 위해 둘 또는 그 이상의 파트너 간에 이루어지는 협력을 통칭하여 전략적 제휴(strategic alliance)라고 부른다. 따라서 협력의 유형은 곧 전략적 제휴의 유형을 말하는데, 제휴가 어디서 발생되느냐에 따라 '산업 내(intra-industry)'와 '산업 간(inter-industry)'으로 구분된다. 예를 들면 미국 자동차 제조업체들이 전기차 기술 개발을 위해 제휴를 맺었다면 이는 '산업 내 전략적 제휴'가 된다. 그러나 영국의 거대 제약회사인 글락소스미스클라인(GlaxoSmithKline)처럼 마쓰시타(Matsushita) 캐논(Cannon), 후지(Fuji), 애플(Apple)과 같은 다양한 산업에 속한 기업과 제휴를 맺는 것은 '산업 간 전략적 제휴'가 된다. 또한 제휴는 단순한 악수에서 인수까지, 기술 라이선싱부터 지분 참여를 하는 조인트벤처까지 그 형태가 매우 다양하며, 전략적 제휴에 참여하는 주체도 소비자, 공급업체, 심지어 경쟁자까지 다채롭다. 여기서는 가장 보편적으로 간주되는 여섯 가지 전략적 제휴의 유형을 설명하고자 한다.

1. 라이선싱(licensing)
2. 공급 관계(supplier relations)
3. 아웃소싱(outsourcing)
4. 조인트벤처(joint ventures)
5. R&D 컨소시엄(R&D consortia)
6. 산업 클러스터(industry cluster)

라이선싱

라이선싱(licensing)이란 라이선서(licensor)와 라이선시(licensee) 간에 이루어지는 계약상 합의를 말한다. 즉 라이선서는 전유적 기술, 상표(trademark), 저작권 등을 가진 조직 및 개인이고 라이선시는 그것을 필요로 하는 조직 및 개인으로서 라이선서의 전유적 기술, 자산, 역량 등을 활용할 수 있는 권한을 계약관계를 통해 획득하는 것이다. 라이선싱은 라이선서와 라이선시 간에 깊게 연루될 필요가 없기 때문에 기업 간 협력의 출발로 자주 활용된다.

라이선싱은 라이선서와 라이선시 양쪽에 혜택을 주는데, 라이선시는 라이선싱 덕택에 내부적으로 기술 개발을 했을 경우의 높은 비용과 위험을 피해 기술적으로 상업적으로 이미 증명된 기술을 획득할 수 있다는 혜택이 있다. 또한 라이선서 입장에서는 혼자서 하는 것보다 라이선싱을 했을 때 자사 기술의 침투력을 훨씬 높일 수 있다는 장점이 있다. 그리고 라이선싱은 라이선서의 잠재적 경쟁자들이 경쟁 기술을 개발하는 것을 사전에 예방시킬 수 있다. 특히 경쟁자들이 기술의 주요 특성을 쉽게 모방할 수 있거나, 지배적 디자인 형성에 대한 압력이 큰 경우, 경쟁자의 기술 개발 활동의 예방은 더 중요하다. 라이선서는 잠재적 경쟁자들에게 기술을 라이선싱함으로써 그 기술에 대한 독점적 이윤은 포기해야 하지만 잠재적 경쟁자들의 전유적 기술을 개발하는 것은 막을 수 있다.

한편, 라이선싱은 장점과 더불어 단점도 존재한다. 예를 들면 라이선서는 계약을 통해 기술 활용 방식에 대해 라이선시를 끝까지 통제하고 싶어 하지만, 시간이 흐르면서 라이선시는 라이선싱을 통해 가치 있는 지식을 획득하고 결국, 라이선시의 전유적 기술을 개발함으로써 장기적으로 기술에 대한 라이선서의 통제력을 잃어버리게 된다. 더 나아가 라이선시가 라이선서의 경쟁자가 되는 위험이 도사리고 있는 것이다. 이 같은 예를 과거 비디오카세트 리코딩(VCR) 산업에서 발견할 수 있다. 일본 전자회사인 JVC가 샤프(Sharp), 산요(Sanyo), 톰슨(Thompson)을 포함한 많은 기업에 VHS 기술 사용권한을 라이선싱 했다. 그런데 샤프가 JVC의 기술을 기반으로 추가적 기능을 개발해서 VCR를 산업에 공급하면서 JVC의 경쟁자가 되었다.

공급 관계

기업들은 자신도 인식하지 못한 채 공급업체와 긴밀한 관계를 구축하고 비공식적 제휴를 형성하고 있다. 가장 단순한 공급 관계(supplier relations)는 1인사업자 전기기사와 그에게 장비를 공급하는 도매상과의 관계를 예로 들 수 있다. 이 관계는 '우수고객' 관계로서 공급업체인 도매상이 우수고객인 전기기사 사업자에게 추가 할인 또는 서비스를 제공하는 것을 의미한다. 이보다 진보된 공급 관계는 고객이 요구하는 부품 공급을 넘어 고객업체의 활동에 공급업체가 직접 관여하여 경험, 전문성, 지식 및 투자를 고객업체와 공유하는 것이다. 이 같은 관계의 대표적 사례는 신제품 개발을 공급업체와 고객업체가 함께 하는 것이다. 예를 들면 프랑스의 전자제품 제조업체인 톰슨은 처음에 자동차 제조업체인 시트로엥(Citroën)에 라디오카세트 플레이어를 공급했다. 두 기업의 관계가 발전되자 시트로엥은 톰슨에게 핸들에서 라디오를 조작할 수 있는 기술 개발을 요청했고, 이 새로운 제품 개발을 위해 두 기업은 제휴를 맺었다.

하도급 관계에서 부품 공급업체와 장기 관계를 맺는 제조업체들이 점차 증가하고 있다. 제조업체는 계약서에 계약 갱신의 옵션으로 5년의 계약기간을 조건으로 다는데, 그 이유는 장기 계약기간 동안 공급량을 안정적으로 확보함에 따라 공급업체가 규모의 경제와 생산 학습효과를 누릴 수 있을 거라는 계산 때문이다. 즉 공급업체가 누리는 이 같은 혜택이 클수록 부품의 납품 가격은 낮아질 수 있고 결국 제조업체의 가격경쟁력은 증대된다.

아웃소싱

아웃소싱(outsourcing)은 가치사슬(value chain)상에서 비핵심(non-core) 활동을 내부에서 제공 및 생산하는 대신 그 활동에 전문성을 가진 외부 기관에 위임하는 것을 말한다. 아웃소싱을 하는 이유는 Huang(2014)에 따르면 (1) 비용을 줄이기 위해서, (2) 핵심 활동 또는 잠재적 핵심 활동이라 일컫는 특정 사업의 경쟁력에 에너지를 집중하기 위해서, (3) 전 세계적으로 흩어져 있는 노동, 자본, 기술, 자원을 가장 효율적으로 활용하기 위해서라고 한다.[5]

가장 일반적인 아웃소싱의 형태는 위탁 생산(contract manufacturing)이 있으며, 이는 장기간 자본 투자나 노동력을 증대하지 않고도 대규모 시장 수요를 충족시킴으로써 기업에 유연성을 제고시켜준다.[6] 또한 위탁 생산업체의 빠른 대응과 규모의 경제 실현 덕택에 비용을 절감하고 환경 변화에 대처하는 조직 대응능력을 증가시킬 수 있다.[7] 이 같은 예로 애플의 위탁 생산을 들 수 있다.[8] 애플은 신규 아이폰 모델이 유통점에 배포되기 단 몇 주 전에 아이폰 화면의 디자인을 바꿨다. 그럼에도 불구하고 애플은 위탁 생산업체인 중국 공장에 전화 한 통만 넣으면 공장 기숙사에서 잠자고 있던 8천 명의 근로자가 일어나 12시간 교대로 바뀐 디자인에 맞춰 아이폰 화면을 만들어냈다. 그리고 96시간 내에 중국 위탁 생산업체는 하루에 1만 개 이상의 아이폰을 생산하기 시작했다. 이 같은 속도는 미국 어느 공장도 따라갈 수 없는 것으로, 이 덕택에 애플은 디자인, R&D, 마케팅과 같은 경쟁력 우위가 높은 활동에 집중할 수 있다. 아웃소싱은 생산 활동뿐만 아니라 제품 설계, 공정설계, 마케팅, 정보기술, 유통 등 다른 활동도 가능하다.

다른 전략적 제휴와 마찬가지로 아웃소싱도 단점이 있다. 아웃소싱에 대한 높은 의존성은 중요한 학습의 기회를 잃어버림으로써 장기적으로 불리한 위치에 놓일 수 있다.[9] 내부적으로 기술 개발에 투자하지 않으면 미래 제품 개발에 중요한 기술과 자원을 개발

---

5 Huang, S. K. (2014). "The emergence of the outsourcing market and product technological performance," *Technological Forecasting and Social Change*, 82 (February): 132~139.

6 Holmes, J. (1986). "The organization and locational structure of production subcontracting," in ***Production, Work, Territory: The Geographical Anatomy of Industrial Capitalism***, eds. Storper, M. and Scott, A., pp. 80~106, Allen and Unwin, Boston.

7 Schilling, M. and Steensma, K. (2001). "The use of modular organizational forms: An industry-level analysis," *Academy of Management Journal*, 44(6): 1149~1168.

8 Duhigg, C. and Bradsher, K. (2012). "How U.S. lost out in iPhone work," *The New York Times*, January 22: 20~21.

9 Lei, D. and Hitt, M. (1995). "Strategic restructuring and outsourcing: The effect of mergers and acquisitions and LBOs on building firm skills and capabilities," *Journal of Management*, 21(5): 835~859.

할 수 없게 된다. 결국 그 기업은 속 빈 강정이 되는 위험에 놓이기 된다. 또한 아웃소싱은 거래 비용을 크게 발생시킬 수 있다.[10] 위탁 생산의 경우 제품 설계, 비용, 수량과 같은 내용이 명확히 소통되고, 솔직하게 계약서에 명시될 필요가 있다. 그러나 양측의 이해관계의 충돌로 잘 명시된 계약서를 만들기가 쉽지 않다. 그 이유는 위탁업체는 자사의 전유 기술이 위탁 생산업체로부터 도용되는 것을 피하는 계약을 체결하려 안간힘을 쓸 거고, 위탁 생산업체는 위탁업체의 요구에 맞춰 생산 증대에 막대한 비용을 사용했기 때문에 생산투자가 끝난 후 위탁업체에 의해 곤경에 빠지는 상황을 피하려 할 것이기 때문이다.[11]

조인트벤처

조인트벤처(joint venture, JV)란 둘 또는 그 이상의 파트너가 모기업과는 별도의 법인(separate legal entity)을 설립하여 경쟁우위 창출을 목적으로 자원 공유를 시도하려는 제휴 형태이다. JV는 목적이 분명한 프로젝트를 수립하고 프로젝트가 끝나면 종결되는 성격을 가지며, 프로젝트에서 발생되는 비용과 혜택은 파트너들과 공유한다. JV의 예로는 소니-에릭슨을 들 수 있다. 이 JV는 일본의 소니와 스웨덴의 에릭슨 사이에서 설립된 것으로 무선 핸드폰의 설계, 제조, 유통이 목적이었다. 소니-에릭슨 설립 이전에 두 기업은 모두 무선 핸드폰 시장에서 성과가 그닥 좋지 않았고, 시장의 경쟁이 심화되고 있었기 때문에 성과 개선과 더불어 핸드폰 시장의 주도권 획득을 목표로 설립되었다. 이처럼 JV는 경쟁우위 창출을 위해 외부자원의 결합이 필요할 때, 불확실성이 높은 경영환경에서 경쟁할 때 최적의 협력 유형이 된다. 그러나 JV는 상당한 지분을 투자하고 독립법인을 운영해야 한다는 점에서 자본 및 관리 부담이 크다는 단점이 있다. 코닝(Corning)은 오랜 동안 광범위하게 JV를 개발했고, 기업 매출의 상당 부분이 JV로부터 나올 정도로 매우 성공적이었다(미니사례 참조).

---

10 Pisano, G. (1990). "The R&D boundaries of the firm: An empirical analysis," *Administrative Science Quarterly*, 35(1): 153~176.

11 Schilling, M. and Steensma, K. (2001). "The use of modular organizational forms: An industry-level analysis," *Academy of Management Journal*, 44(6): 1149~1168.

미니 사례

코닝의 성공적인 조인트벤처 개발 전략

코닝(Corning Incorporated)은 기업 매출의 대부분을 조인트벤처와 제휴를 통해 거두어들이는 매우 독특한 기업이다. 이 기업은 매우 긴 역사와 인상 깊은 유산을 갖고 있는데, 유리 제조 전문기업으로서 자신의 R&D랩의 역사는 1908년까지 거슬러 올라간다. 1930년대 코닝은 성장하는 여러 시장에 접근하기 위해서 다른 산업에 속한 기업들과 자신의 기술을 결합하기 시작했다. PPG 인더스트리즈와의 제휴는 평면유리 건축 시장에, 오웬스(Owens)와의 제휴는 유리섬유 시장에, 다우케미컬(Dow Chemical)과의 제휴는 실리콘 제품 시장에 진입하는 기회를 얻었다. 코닝은 다양한 서로 다른 기술에 기초한 전략적 제휴 네트워크를 형성하고 있으며, 이 제휴로부터 이제는 자체 매출을 초과하는 수익을 내고 있다.

게다가 코닝은 섬유(fibres)와 광(photonics) 기술 분야에서 다른 기업과 제휴를 발전시키는 독립된 부서인 코닝 혁신 벤처(Corning Innovation Ventures) 팀을 만들었다. 이 팀은 코닝에 새로운 기술에 대한 통찰력과 가시성을 제공하고, 미래 파트너십을 구축하기 위한 것이다. 시장과 기술에 접근하는 코닝의 독특한 방식은 더 나은 사업 계획을 만들고 실행하는데 도움이 되는 지침을 파트너에게 제공한다.

특히, 코닝은 크거나 작은 모험적 기업과 파트너십을 맺는다. 이러한 기업은 코닝이 광통신 분야에서 선도자이기 때문에 코닝과 파트너가 되기를 희망한다. 코닝의 1천 6백 명의 과학자, 공학자, 광연구만 하는 다섯 개의 연구 시설을 통해 모든 파트너 기업은 광섬유와 광학 분야에서의 풍부한 지식과 경험을 접근할 수 있다. 또한 모든 광학 제품 라인에 구축된 방대한 마케팅 네트워크, OEM과 통신 사업자에 걸쳐 있는 대규모 고객기반을 통해서 파트너들은 코닝의 통찰력, 마케팅, 상업적 경험을 접근할 수 있다. 이 같은 파트너가 누리는 혜택 덕택에 코닝의 조인트벤처와 제휴 네트워크는 점점 커지는 것이다.

자료: www.corning.com/innovationventure, Corning Incorporated.

R&D 컨소시엄

R&D 컨소시엄은 일본의 게이레츠(keiretsus)(일본 특유의 기업집단)나 한국의 재벌(chaebols)(한국 특유의 기업집단)이 자회사 및 계열회사를 중심으로 만들어내는 대규모 기술 컨소시엄과는 구분된다. 여기서 말하는 R&D 컨소시엄은 주로 경쟁 이전(pre-competitive) 기술의 연구개발을 목적으로 동일 산업 내의 경쟁기업들이 형성한 조직을 말한다. 최근 10년 동안 R&D 컨소시엄은 미국과 유럽 양쪽에서 매우 큰 폭으로 증가하고 있다. 유럽연합(European Union)은 연합 전체에 걸쳐 R&D 협력을 촉진시키기 위해 수많은 프로그램을 제공하고 있다. 최근까지 가장 성공적이고 세간의 이목을 끄는 R&D 컨소시엄은 14개 미국 반도체 제조업체가 형성한 SEMATECH이다. 1980년 세계 상위 10위에 들

어가는 칩 제조업체 중에서 9개 기업이 미국 기업이었으나, 1990년이 되자 상위 6위 기업 중에 5개 기업이 일본 업체로 바뀌었다. 이 같은 배경에서 SEMATECH는 미국 칩 제조업체를 돕기 위해 설립된 것이다. 이 컨소시엄은 미국 국방부로부터 상당한 재정 지원을 받았고, 목표는 성공 가능한 반도체 제조 장비를 만들고 재료 산업을 구축해서 미국의 칩 제조업체가 일본 장비업체로부터 독립하는 것이었다. SEMATECH는 연속해서 차세대 칩 제조 기술을 개발하는 데 주요 역할을 했다. 결국, 1995년경 미국 반도체 산업은 세계 시장점유율 측면에서 극적인 증가를 경험한다.[12]

R&D 컨소시엄의 주요 이점은, 첫째, 연구개발 비용과 위험을 공유할 수 있고, 둘째, 컨소시엄 파트너들이 가지고 있는 다양한 기술 지식, 장비, 시설 등에 접근이 가능하고, 셋째, 컨소시엄을 통해 개발된 신기술이 산업 표준이 되도록 영향력을 행사할 수 있다는 것이다. 반면 R&D 컨소시엄의 주요 단점은 컨소시엄 내 기업들이 카르텔을 형성하여 공정 경쟁을 해칠 가능성이 있기 때문에 EU 또는 미국 정부가 이들을 감시하는 데 상당한 시간과 비용이 지출된다는 것이다. 또 다른 단점으로는 JV와 마찬가지로 컨소시엄 결과로부터 발생되는 혜택을 한 기업이 오롯이 누리는 대신 파트너들과 나누어야 한다.

산업 클러스터

클러스터는 특정 분야에서 상호 연관된 기업, 전문 공급업체, 서비스 제공업체, 관련 연구기관들이 지리적으로 집중되어 있는 것을 의미한다. 클러스터가 발생되는 이유는 기업 경쟁에 중요한 생산성을 증가시키기 때문이다. 따라서 클러스터를 개발하고 개선시키는 것은 정부, 기업, 및 다른 기관에게도 중요한 의제가 되었다. 마이클 포터(Michael Porter)는 1998년 하버드 비즈니스 리뷰에 실린 논문에서 매우 성공적인 산업 클러스터를 소개했는데, 거기서 클러스터의 역설을 설명했다.[13] 이론에 따르면 '장소(location)'는 더 이상 경쟁우위의 원천이 아니어야만 한다. 왜냐하면 개방된 글로벌 시장, 빠른 운송수단, 고속 통신 덕택에 기업은 언제, 어느 곳에서나 필요로 하는 자원을 모두 구할 수 있어야 하기 때문이다. 그러나 실제는 여전히 경쟁의 중심에 '장소'가 있다는 것이다.

오늘날 세계 경제 지도는 클러스터에 의해 특성 지어지는데, 그중에서 가장 유명한 예

---

12 Corey, E.R. (1996). *Technology Fountainheads: The Management Challenge of R&D Consortia*, Harvard Business School Press, Boston, MA.

13 Porter, M. (1998). "Clusters and the new economics of competition," *Harvard Business Review*, November-December: 10~24.

로는 미국의 실리콘 밸리(Silicon Valley)와 할리우드(Hollywood), 중국의 중관춘 등이 있다. 포터에 따르면 클러스터가 경쟁에 영향을 주는 방식에는 세 가지가 있다고 한다. 첫째, 특정 분야에서 기업의 생산을 증가시키고, 둘째, 혁신의 방향과 속도를 주도하고, 셋째, 클러스터 내 신규 사업의 형성을 촉진하는 것이다. 지리적, 문화적, 제도적 근접성을 갖고 있는 클러스터는 원거리의 경우는 활용하기 힘든 접근의 용이성, 밀접한 관계, 많은 정보, 강력한 우대 혜택 등의 이점을 제공해주며, 세계경제가 더 복잡해질수록, 지식기반이 커질수록, 역동적일수록 이 같은 클러스터의 이점은 더욱 분명해질 것이다. 왜냐하면 멀리 떨어져 있는 경쟁자들은 지역 클러스터에 잘 구축된 지식, 관계, 자극 등을 복제할 수 없기 때문이다.

8-4 협력을 성공시키기 위한 노력

전략적 제휴 3단계 과정을 수립하라

파트너와 전략적 제휴를 형성한다면 〈그림 8-1〉과 같이 3단계 과정을 수립하는 것이 좋다. 이 과정은 올바른 파트너를 선택하는 것에서 시작된다. 이는 파트너의 요구사항과

전략적 제휴 3단계 과정

그림 8-1

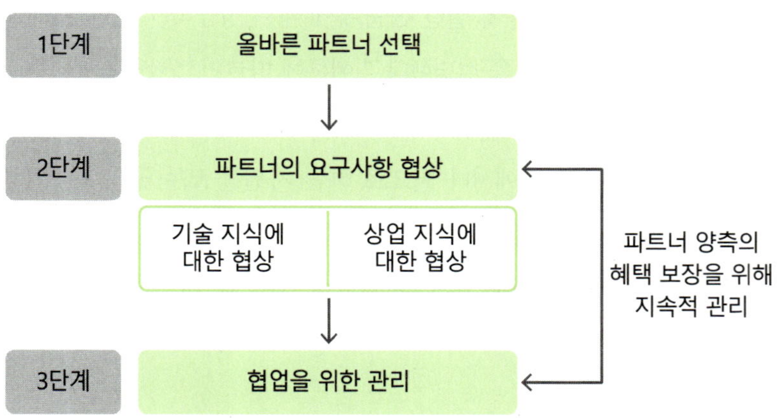

자료: Trott, P.(2017). *Innovation Management and New Product Development*, 6th edition, p. 280, Pearson Education Limited, Harlow, UK.

전략적 제휴의 동기에 따라 달라진다. 다음 단계는 각 파트너의 요구사항에 기초하여 협상을 하는 것이다. 협상의 내용은 기술 지식(technical knowledge)과 상업 지식(commercial knowledge)으로 구분된다. 마지막 단계는 협업이 잘되는지 관리하는 것으로 공동 목표 설정, 갈등 해결 등과 같은 다양한 활동을 포함한다. 또한 이 단계는 파트너의 관계를 건강하게 유지하기 위해 지속적 관리가 요구된다. 협업을 위한 관리 외에 전략적 제휴의 성공은 공동의 니즈 존재 여부와 조직 문화 차이에도 불구하고 공동으로 작업할 수 있는 능력에 따라 달라진다.

자원 또는 전략적 적합성이 높은 파트너를 선택하라

협력의 성공 여부는 상당 부분 파트너 선정에 달렸다. 파트너의 적합성 여부에 영향을 주는 요인은 기업의 상대적 크기, 강점, 자원의 보완성, 목적의 동조 정도, 가치와 문화의 유사성 등 많은 것을 포함한다.[14] 이 많은 요인은 크게 자원의 적합성(resource fit)과 전략적 적합성(strategic fit)이라는 두 차원으로 압축된다.[15]

자원의 적합성은 잠재적 파트너가 가치를 창출하는 전략에 효과적으로 통합될 수 있는 자원을 얼마나 가지고 있는가를 의미한다. 이 자원은 보완적(complementary)일 수도 보충적(supplementary)일 수도 있다. 만약 협력의 동기가 소유하지 않은 자원에 접근하는 것이라면 이 같은 협력은 보완적 자원의 결합을 추구해야 한다. 상당히 많은 협력이 여기에 속하는 데, 삼성과 구글의 협력이 그 예이다. 즉 삼성은 구글의 s/w(안드로이드 OS)를, 구글은 삼성의 h/w(스마트폰)를 상호 보완 자원으로 활용한 것이다. 만약 협력의 동기가 파트너가 소유한 것과 유사한 자원에 접근하는 것이라면 이때는 보충적 자원의 결합을 추구해야 한다. 보충적 자원의 결합은 파트너들의 시장지배력 또는 규모의 경제를 달성할 수 있다. 예를 들면 세계 1위와 2위의 규모를 가진 석유회사인 브리티시 페트롤륨(British Petroleum)과 모빌(Mobil)이 한때 유럽 시장에서 협력함으로써 규모의 경제를 달성하고 비용구조를 낮출 수 있었다.[16]

---

14 Bleeke, J. and Ernst, D. (1995). "Is your strategic alliance really a sale?" *Harvard Business Review*, 73(1): 97~105. ; Das, T. and Teng, B. (1998). "Between trust and control: Developing confidence in partner cooperation in alliances," *Academy of Management Review*, 23 (3): 491~512.

15 Das, T. and Teng, B. (1999). "Managing risks in strategic alliances," *Academy of Management Executive*, 13(4): 50~62.

16 Crump, J. (1997). "Strategic alliance fit pattern of industry innovation," *Oil & Gas Journal*, March 31, p. 59.

전략적 적합성은 파트너 간에 양립할 수 있는 목적을 가진 정도를 의미한다. 파트너 간의 목적은 제휴 또는 파트너를 해하지 않는 한 반드시 똑같을 필요는 없지만, 파트너의 진짜 목적을 모르거나 양립이 불가능한 목적을 가진 파트너와 제휴를 하면 갈등이 발생되고, 자원이 낭비될 뿐만 아니라 기회도 놓치게 된다. 전략적 적합성에서 실패한 제휴 사례로 미국의 GM(General Motors)과 한국의 대우(Daewoo)를 들 수 있다. GM의 제휴 목적은 기존 자동차 모델을 고수한 채 생산 원가만을 낮추고자 했다. 반면 대우의 목적은 신기술을 개발하고 신모델을 설계하는 것으로 GM과 양립할 수 없는 목적을 가지고 있었기 때문에 결국 실패한 제휴가 되었다.

명확하고 유연한 감시 및 지배구조를 만들어라

성공적인 협력은 보통 명확하지만 유연한 감시 및 지배구조(governance mechanism)를 갖는다. 파트너들은 협력에 더 많은 자원을 투입할수록 더 강력한 지배구조를 협력 관계에 부여하려고 든다. 기업이 협력 관계를 관리하기 위해 사용하는 지배구조로는 (1) 제휴계약(alliance contracts), (2) 지분소유(equity ownership), (3) 관계적 지배(relational governance) 이렇게 세 가지 유형이 있다.[17] '제휴계약'이란 파트너의 권리와 의무, 파트너가 협정을 위반했을 때 취해지는 조치 등을 명확히 해놓은 법적 구속력 있는 합의 내용을 말한다. 제휴계약은 일반적으로 아래의 내용을 포함한다.

1. 각 파트너가 협력을 위해 반드시 기여해야 할 의무를 포함한다. 기여 의무에는 현금, 서비스, 장비, 지적재산 등이 있다.
2. 합의를 통해 각 파트너가 갖게 되는 통제의 정도로, 새로운 파트너를 받아들이는 권한 여부, 협정 조항을 바꾸는 권한 여부, 협력 과정에서 개발된 전유적 제품 및 공정에 대한 권한 여부 등을 포함한다.
3. 협력의 수익금을 언제 어떻게 분배할지를 기술한 내용으로 현금, 지적재산권, 다른 자산을 분배받게 될지의 여부와 분배의 일정 등이 포함된다.

제휴계약에는 각 파트너의 협정 준수를 감시하는 제도를 포함하는데, 예를 들면 규칙

---

[17] Kale, P. and Singh, H. (2009). "Managing strategic alliances: What do we know now, and where do we go from here?," *Academy of Management Perspectives*, 23(3): 45~62.

적인 검토와 보고가 있다.[18] 어떤 협정은 파트너 또는 제3자에 의해 정기적으로 감사를 실행하는 조항이 포함된다. 또한 제휴 목적이 완성되었거나 파트너 기업의 목표가 변해서 제휴가 종결될 필요가 있는 경우 또는 파트너들이 서로 해결이 불가능한 논쟁에 마주했을 경우 협력 관계를 어떻게 끝낼지에 대한 조항을 포함시키기도 한다. 시간이 흐르면서 시장과 전략이 변하기 때문에 효과적인 협정은 변화에 충분히 적응할 수 있는 '유연성'을 갖추어야 하고, 협력에 더 이상 참여를 원하지 않는 파트너에게는 원만한 '퇴출 전략'까지 제공해야 한다.

제휴의 상당수는 파트너가 자본을 기증하고 지분을 소유하는 형태이다. 제휴가 성공하면 그만큼 파트너가 소유한 지분에서 오는 수익이 커지기 때문에 '지분소유'는 제휴를 성공시키도록 파트너를 자극하는 역할을 한다. 또한 지분소유는 파트너에게 제휴 프로젝트에 대한 주인의식과 공헌의식을 갖게 함으로써 프로젝트 감독과 감시를 훨씬 수월하게 만든다.

마지막으로 제휴의 대부분은 '관계적 지배'에 의존한다. 관계적 지배란 선의(goodwill), 신뢰(trust), 반복적인 제휴를 통해 오랜 시간 구축된 파트너의 명성(reputation)을 기초로 스스로 강제하는 지배 방식이다. 연구에 따르면 관계적 지배가 제휴를 관리하는 계약 및 감시 비용을 줄일 수 있고, 선의, 신뢰 및 명성으로 맺은 제휴 파트너는 그렇지 않은 파트너보다 더 많은 협력, 공유, 학습을 도모할 수 있다고 한다.[19]

---

18 Segil, L. (1998). " Strategic alliances for the 21st century," *Strategy & Leadership*, 26(4): 12~16.

19 Filatotchev, I. Stephan, J. and Jindra, B. (2008). "Ownership structure, strategic controls and export intensity of foreign invested firms in emerging economies," *Journal of International Business Studies*, 39(7): 1133~1148. ; Gulati, R. (1995). "Does familiarity breed trust? The implications of repeated ties for contractual choice in alliances," *Academy of Management Journal*, 38(1): 85~112.

[사례연구] 테슬라 'Gigafactory3'은 협력 또는 독자?

테슬라(Tesla)는 다임러(Daimler), 도요타(Toyota), 엔비디아(Nvidia Corporation), 파나소닉(Panasonic)과 다양한 전략적 파트너십을 통해 성공적으로 사업을 확장해왔다. 특히 파나소닉과의 지속적인 파트너십을 통해 리튬이온 배터리의 단위당 원가를 줄임으로써 테슬라의 이윤폭을 크게 증가시킬 수 있었다. 파나소닉 역시 테슬라와의 대량공급계약을 통해 배터리 셀(battery cell) 사업의 운영 이익을 대폭 증대시켰다. 이 같은 파트너십은 양 기업에 매우 유익했지만 현재 테슬라는 중국에서의 사업 확장을 놓고 혼자 할지, 파나소닉 이외 다른 기업과 파트너를 맺을지, 아니면 파나소닉과 파트너십을 유지한 채 하나 이상의 다른 기업과 협력할지를 고민하고 있다. 현재 가장 유력한 잠재적 파트너로는 세계 리튬 배터리의 시장점유율 2위와 3위를 차지하는 중국 기업 CATL과 BYD이다.

테슬라와 파나소닉은 상호이익을 최적화기 위해 그들의 파트너십을 어떻게 해야만 할까? 테슬라의 계획처럼 중국에 직접 투자를 할 때 파나소닉 이외 어떤 기업이 잠재적 파트너로 좋을까? 테슬라가 젊은 스타트업이긴 하지만 전기차(Electric Vehicles, EV) 분야에서는 최고의 판매 제조업체 중 하나이다. 그러나 최근 기존 자동차 제조업체들이 EV와 관련 산업에 엄청난 투자를 하기 시작했다. 이 같은 상황을 고려했을 때 테슬라가 중국에서 성공하지 못해도 여전히 세계적 성공이 유효할까? 우리는 이와 같은 질문에 답할 필요가 있다. 아래는 테슬라의 역사, 비즈니스 모델, 전략적 파트너십의 경험 등에 대한 설명이다.

테슬라의 탄생과 성장

테슬라는 2003년 마틴 에버하드(Martin Eberhard)와 마크 타페닝(Marc Tarpenning)에 의해 고성능의 미학적이며 섹시한 전기 스포츠카를 생산하겠다는 비전을 가지고 설립되었다. 일론 머스크(Elon Musk)는 2004년 투자자로 테슬라에 합류했으며, 2006년 7월 출시된 배터리로 움직이는 스포츠카인 '로드스타(Roadstar)'의 설계와 개발에 결정적인 역할을 했다. 테슬라는 생산의 지연과 재정 문제를 여러 번 겪게 되자 이사회는 두 명의 공동창업자를 해임하고 2008년 8월 머스크를 CEO에 앉혔다. 당시 테슬라는 일 년에 수백만 대를 생산하는 자동차 산업에서 200대 미만의 로드스타를 생산하는 니치시장을 메꾸고 있었다. 테슬라는 2008년 금융위기동안 심각한 유동성 문제에 직면했으나 결국 자금조달 문제를 해결했다.

2010년 테슬라의 성장에 몇 가지 우호적인 사건들이 일어났다. 첫째는 독일 다국적 자동차 회사인 다임러가 테슬라 주식의 10%를 5천만 달러에 사들임과 동시에 테슬라의 신제품 'Model S'를 위해 기술지원 및 부품을 제공했다. 한편 테슬라는 다임러의 스마트 전기차를 위해 배터리 팩(battery pack)과 배터리 통합 및 관리 서비스를 지속적으로 제공했다. 둘째는 미국 연방정부가 테슬라에게 'Model S'의 제조 및 마케팅을 위해 4억6천5백만 달러의 대출을 허락한 것이다. 셋째는 일본의 도요타(Toyota)가 금융위기 때문에 연간 5십만 대 생산 공장을 테슬라에게 매각했다. 넷째, 테슬라는 도요타와 전기차를 공동으로 개발하는 협정을 체결함과 동시에 최초로 기업공개(Initial Public Offering, IPO)를 발표했다. 도요타는 테슬라의 누적 손실이 1억5천4백3십만 달러이고 2009년에 비해 손실이 많이 증가한 것을 알고도 IPO에서 5천만 달러어치의 테슬라 주식을 사들였다.

테슬라의 성공은 2012년 'Model S'의 판매와 함께 계속되었고, 'Model S'의 플랫폼을 활용하여 SUV로 만든 'Model X'의 시제품도 발표했다. 뿐만 아니라 대중시장에 호소할 수 있는 저렴한 'Model 3'도 발표했으며, 30분 내에 배터리의 50%를 보충할 수 있는 슈퍼충전기(supercharger)와 '주행거리불안(range anxiety)(전기자동차 운전 시 배터리가 방전될까봐 걱정하는 정신적 피로 및 불안)을 줄여 주기 위한 충전네트워크도 소개했다. 2017년에는 100% 전기배터리로 움직이는 트럭 'Semi'를 소개했다.

테슬라의 비즈니스 모델

테슬라의 비즈니스 모델은 전통적인 자동차 제조업체와 달랐다. 부유한 사람을 대상으로 고급 전기차를 생산하고 영업 순위를 올리는 목표를 설정하는 대신에 세계 운송 및 에너지 니즈를 위한 지속가능한 솔루션을 제공하는데 가치를 두었다. 테슬라의 최초 목표 고객은 고급 세분 시장이었지만 미래에는 더 저렴한 EV를 만들 계획을 갖고 있었다. 테슬라는 자사가 추구하는 가치를 지키기 위해 여러 분야에서 전략적 파트너십을 맺었다.

2010년 테슬라는 다임러를 R&D, 생산 공정, 공급 가치사슬 관리, 배터리 기술에서 지식을 교환하는 전략적 파트너와 주주로서 맞았다. 또한 도요타의 EV 생산과 개발을 위해 파트너 관계를 맺었고 도요타는 테슬라의 의사결정 및 관리 스타일을 배우고자 했다. 테슬라는 원격감시와 원격수리뿐만 아니라 안전진단을 위한 기계와 기계간 의사소통을 가능하게 하는 자동차의 무선통신 설치를 위해 AT&T와 같은 무선 통신사업자와도 파트너십을 맺었다. 2012년 'Model S'를 개발하던 초기 엔비디아와 협력했다. 그래서 Model S, X, 3을 포함한 모든 테슬라의 자동차에는 완전 자율 주행(full self-driving)이 가능한 엔비디아의 슈퍼컴퓨터가 장착되었다.

에너지 분야에서 테슬라는 일본의 파나소닉과 미국의 솔라시티(SolarCity)와 강력한 파트너십을 맺었다. 파나소닉은 2010년 3천만 달러를 테슬라에 투자함으로써 주주가 되었다. 솔라시티와의 파트너는 그 회사의 배터리 노하우를 얻기 위해서였다. 이 같은 후방통합(backward integration)을 통해 테슬라는 단순한 자동차 제조업체 이상이 되었다. 솔라시티와의 밀접한 협력은 결국 2016년 그 회사를 인수하고 태양에너지 서비스 사업으로 다각화를 했다. 2015년 테슬라는 가정용 배터리인 'Powerwall'을 출시했으며, 'Powerwall' 설치를 위한 자금조달 서비스, 판매, 및 리스 사업이 테슬라의 비즈니스 모델에 추가되었다.

테슬라의 전략적 자원은 소프트웨어와 배터리 기술에 특화된 특허들이다. EV를 위한 충전 인프라스트럭처와 에너지 관리 및 저장 역시 중요한 전략적 자산이다. 테슬라는 실리콘 밸리에 위치한 덕택에 수준 높은 인재를 고용할 수 있는데, 이것 역시 중요한 인적자원이 된다. CEO인 머스크 역시 중요한 자산으로 간주된다.

테슬라 핵심 자원의 가장 큰 변화는 2014년 테슬라의 모든 특허가 오픈소스 플랫폼으로 이전된 것이다. 테슬라는 기술 주도권은 특허만으로 결정되는 것이 아니라고 믿고, 단호한 경쟁자에게만 작은 보호조치를 취했다. 그리고 자신의 경쟁적 지위를 파괴하기보다 강화시킬 것이라고 주장하면서 특허에 대해 오픈소스 철학을 적용했다. 한편 이 같은 테슬라의 조치는 경쟁자들과 소비자가 사용할 충전인프라 네트워크를 위한 산업 표준을 만들려는 의도라는 주장이 제기되었다. 즉 테슬라의 기술(표준)이 폭넓게 채택되면 테슬라의 자동차와 다른 혁신 제품을 더 많이 팔 수 있고, 테슬라의 미래 비즈니스 모델을 지원할 토대가 마련될 수 있다. 테슬라의 세 가지 주요 활동과 매출의 주요 원천은 R&D, EV 영업과 서비스 활동, 에너지 저장 제품, EV를 위한 충전인프라이다.

중국에서의 성장 전략

테슬라는 2014년과 2015년 중국 시장에 들어가기 시작했으나 큰 관심을 얻는 데 실패했다. 그러나 2016년 매출액이 2015년보다 세 배나 많은 십억 달러를 초과하게 된다. 2017년에는 이 성장률을 유지하는 데 실패했지만 매출액은 2십억 달러로 두 배가 되었다. 중국은 세계에서 가장 큰 자동차 시장이고, 2016년 기준에 따르면 가장 빠르게 성장하는 EV 시장이기도 하다. 이 같은 성장은 혁신적이고 지속 가능한 자동차를 기꺼이 구매하려는 중국 중산층의 부흥 때문이었다. 게다가 중국 정부는 2016년 EV 한 대당 최대 1만 5천 달러까지 보조금을 지급했다.

테슬라는 중국 시장을 본격적으로 침투하기 위해 자동차를 미국으로부터의 운송 없이 직접 중국에서 팔 수 있도록 상하이에 생산 공장을 설립하기로 결정했다. 그리고 중국의 저렴한 임금과 희귀한 광물질(특히 배터리를 만드는 데 필요한 리튬)의 접근 용이성을 최대한 활용했다. 한편 EV 배터리 시장은 대부분 유럽, 미국, 일본이 나눠가졌지만 조만간 중국으로 이동할 것이라고 한다. 중국이라는 지리적 이점은 테슬라의 생산 비용을 낮추고, 중국시장에서 좀 더 경쟁적인 가격으로 자동차를 팔수 있다. 또한 중국이라는 위치는 인화성을 가진 무거운 배터리를 항공으로 실어 나르는데 드는 위험과 비용도 감소시켜주었다. 최근 양상을 고려했을 때 테슬라의 공장 재배치 결정은 미국과 중국 간의 계속되는 무역전쟁 때문이다. 2017년 중국시장은 테슬라 수입의 17%를 차지하고 있었는데, 무역전쟁으로 미국 수입차에 높은 관세가 붙자 이윤폭 유지를 위해서는 중국차량 가격을 평균 2만 달러씩 올려야만 했다.

2018년 7월 테슬라는 배터리 제조공장인 'Giga factory 3' 건설에 대한 중국 당국과의 합의를 발표했다. 상하이에 위치할 이 공장은 생산을 가속화시키고 비싼 수입관세를 피하기 위한 것이다. 2019년 3월 중국 당국은 연말까지 생산라인의 일부가 가동될 수 있음을 승인했다. 테슬라는 2022~2023년까지 중국 고객을 위해 연간 5십만 대 생산 계획에 박차를 가하고 있는데 이 규모는 세계 EV 생산량의 두 배에 해당된다.

2019년 3월 머스크는 중국 공장에서 배터리 셀(battery cells)까지 생산하기로 했는데 이는 최초 계획에는 없던 것으로, 한 곳에서 모든 것을 생산하는 'one stop shop'을 만들겠다는 목표로 선회했다. 따라서 새로운 공장 건설에 약 5십억 달러가 들어갈 것으로 예측되는데, 테슬라는 중국은행으로부터 5억 2천 1백억 달러 대출을 확보한 상태다.

파나소닉과의 전략적 파트너십

자동차 배터리는 세 개의 글로벌 생산 시스템으로 알려진 일본, 미국, 중국에서 만들어진다. 2010년 파나소닉은 하이브리드 EV를 위한 리튬이온 배터리의 대량생산을 시작했다. 그리고 테슬라와 도요타 간의 강력한 파트너십을 발전시키고 중국시장 판매에 초점을 두었다. 2018년 3월 중국 다롄(Dalian) 공장에서 자동차 리튬이온 배터리를 대량생산하기 시작했다. 2018년 파나소닉은 7백5십억 달러의 매출을 올렸는데, 이중 일본이 47%, 중국이 12%, 다른 아시아국가가 14%, 유럽이 10%, 미국이 17%를 차지했다.

2014년 테슬라와 파나소닉은 미국 네바다(Nevada)주에 있는 'Gigafactory 1'로 알려진 5십억 달러짜리 리튬이온 배터리 제조 공장 설립을 위한 협정을 체결했다. 이 파트너십은 솔라 셀(solar cells)을 생산하는 뉴욕의 'Gigafactory 2'를 건설할 때까지 계속되었다. 이 두 공장은 테슬라로 하여금 배터리와 대체 에너지의 주요 공급을 확보하는 후방통합을 가능하게 했다. 테슬라는 배터리 공급의 불확실성을 줄이고자 파나소닉과 공급계약을 체결하여 혜택을 보았다. 덕분에 2020년까지 배터리의 단위당 가격을 30%까지 감소시킬 수 있게 되었다. 파나소닉은 기대했던 대로 2018년 회계연도 운영이익이 3십8억 7천 달러로 11.7%가 증가했다. 테슬라와 파나소닉간의 파트너십에서 발생되는 다른 시너지로는 파나소닉은 미국 시장에서 시장점유와 가시성을 증대시키고 테슬라는 아시아 시장에서 강력한 브랜드를 구축했다.

파나소닉은 중국시장에서도 테슬라와 함께 생산에 참여하기를 희망했다. 그러나 아직 협정이 체결되지 않은 상태다. 테슬라와 파나소닉은 이전에 함께 일했고, 양측의 기술이 이미 양립할 수 있도록 조정된 상태이기 때문에 협력을 지속하는 것이 매우 합리적으로 보인다. 두 기업이 함께 일한 경험이 생산 소요시간과 자동차의 비용을 줄일 수 있을 것이다. 또한 파나소닉은 중국의 낮은 임금과 통화 약세를 활용하기 위해 중국 생산설비를 보유하는 것에 큰 관심을 가지고 있다. 사실, 일본 기업은 일본 엔의 강세 때문에 가격경쟁력이 낮아 매출에 애를 먹고 있기 때문이다.

2018년 11월 머스크는 테슬라의 중국 공장을 위해 몇몇 배터리 셀 공급업체와의 협력을 고려하고 있다고 발표했다. 2019년 1월 테슬라는 대규모 생산 목표를 가진 상하이 공장을 건설하기 시작 한지 며칠 지나지 않아 중국 국영기업인 리센 배터리(Lishen Battery)와 예비협정을 체결했다. 그러나 그 협정은 동의 내용이 명확하지 않았다. 2019년 3월 테슬라는 배터리 공급으로 중국 CATL 배터리업체와 파트너를 논의하고 있다고 언론에 보도되었다. 이런 상황을 고려했을 때 테슬라와 파나소닉 간의 중국 공장을 위한 파트너십은 멀어지는 것처럼 보인다. 2018년 12월 파나소닉은 중국에서의 EV 배터리 생산 능력 증대를 위해 한국의 LG화학과 협력했다. 이 협력은 외국투자에 대한 중국 정부의 규제 완화와 환경문제 해결을 위한 중국의 신에너지 자동차 촉진 정책에 기인한 것이었다. 2019년 1월, 비용 및 규모 면에서 좀 더 효과적으로 떠오르는 중국 기업과 경쟁하기 위해 파나소닉은 도요타와 함께 배터리 생산을 목적으로 하는 조인트벤처(JV)를 2020년 설립하기로 했으며, 이 새 시설에 일본과 중국에 있는 몇몇 공장을 옮기기로 계획했다. 그러나 테슬라와 파트너 관계를 맺고 있는 미국 공장은 도요타와의 제휴에 참여하지 않은 것으로 보인다. 파나소닉과 도요타의 JV는 도요타의 EV 기술의 파트너인 마쓰다 자동차(Mazda Motor Corporation)와 도요타의 자회사인 다이하쓰 자동차(Daihatsu Motor Co., Ltd.)와 스바루(Subaru Corporation)에 배터리를 공급하는 것이 목표이다.

잠재적 파트너 후보군

테슬라 입장에서 Gigafactory 3 건설을 파나소닉과 함께 계속하는 것이 편리할 수 있지만 파나소닉 말고도 중국의 CATL과 BYD, 한국의 LG화학은 세계 최고의 배터리 제조업체이고 이들과의 파트너십이 다른 관점에서 더 많은 이점을 줄 수도 있다. CATL(4십4억 달러 매출, 1만4천 명의 종업원), BYD(1십7억7천만 달러, 2십2만 명), LG화학(25.6 십억 달러, 1만8천명) 모두 세계 최고의 매출과 종업원 수를 갖고 있는데, CATL 과 BYD 는 총매출의 98%와 87%가 중국시장에서 발생한 반면 LG화학의 매출은 한국에서 32%, 중국에서 33%, 기타 아시아에서 20%로 고르게 발생하고 있다는 점에 차이가 있다.

테슬라는 파나소닉과 공동으로 생산한 리튬 이온 배터리는 가장 높은 에너지 밀도와 낮은 코발트를 가지고 있다고 주장했다. BYD와 CATL은 코발트가 포함되지 않는 리튬 철인산염 배터리(lithium-iron phosphate battery)를 제공할 수 있다고 했는데, 리튬 철인산염 배터리는 에너지 밀도는 낮추지만 가연성 측면에서 좀 더 안전하고 코발트를 가진 배터리와 유사한 수명을 제공한다는 장점이 있다. 코발트는 매우 희귀 자원으로 정치적으로 불안전한 콩고에서 주로 발견되기 때문에 공급의 불확실성을 야기한다. 따라서 리튬 철인산염 배터리는 테슬라에게 중요한 옵션이 될 수 있다. 왜냐하면 이 배터리는 가연성 측면에서 안정적이기 때문에 자연 발화되는 EV에 대한 최근 스캔들을 잠재우기 좋기 때문이다. CATL과 LG화학은 코발트 함량이 낮은 배터리를 제공하고 있다.

배터리의 주요 구성요소인 리튬은 원가의 상당부분을 차지한다. 리튬은 대개 리튬이온 배터리에 사용되지만 유리, 윤활유, 공기처리, 수지, 제약, 금속, 기타 제품에 폭넓게 활용되고 있다. 따라서 리튬 가격은 몇 년 동안 지속적으로 증가했고, 결국 배터리 생산원가를 높이고, 리튬 보유지 접근이 훨씬 힘들어졌다. BYD는 중국에서 테슬라의 좋은 잠재적 파트너로 여겨지는데 그 이유는 BYD는 중국 시닝시(Xining city)의 리튬 보유지의 80%에 접근 가능하다는 지리적 우위를 갖고 있기 때문이다.

해외의 새롭고 진보된 기술의 이전을 촉진시키기 위해 중국 정부는 외국 기업에 지역 기업과 함께 파트너를 형성할 것을 요구했으며, 외국기업의 지분투자를 최대 50%까지만 하도록 규제했다. 이런 관점에서

<표> 중국 Gigafactory3을 위한 테슬라의 잠재적 파트너 현황

구분	파나소닉	CATL	BYD	LG화학
기업 출신 국가	일본	중국	중국	한국
세계 시장점유율	21.1%	14.4%	11.0%	10.6%
기술	리튬이온 배터리	리튬이온 배터리 + 리튬철인산염 배터리	리튬철인산염 배터리	리튬이온 배터리
속성	고에너지 밀도, 빠른 충전시간, 오래가는, 적은 코발트 사용, 높은 가연성	저에너지 밀도, 적은 또는 무 코발트 사용	저에너지 밀도, 무코발트, 안전하고 안정적, 환경친화적, 오래가는 수명	저에너지 밀도, 적은 코발트 사용, 안전한, 환경 친화적, 우수한 수명
테슬라와 친밀도	있음	없음	없음	없음
중국에서 JV 설립 자격	없음	있음	있음	없음
중국에서 리튬 보유지 접근 가능성	없음	중국에는 없으나 캐나다 대규모 보유지 접근 가능	있음, 보유지의 80% 접근 가능	없음

CATL 또는 BYD는 테슬라에게 좋은 파트너 후보자가 될 수 있지만, JV와 부분적인 통제로 인해 테슬라의 지적 자산을 중국 기업들에게 뺏길 위험도 있다. 다양한 규제 및 우대정책을 통해 신재생에너지 사용을 촉진하려는 중국 정부의 열망과 신재생 에너지 분야에서 테슬라의 강력한 기술역량을 고려했을 때 테슬라는 100% 소유의 생산설비를 구축하기 위해 중국 정부와의 협상이 필요해 보인다. 2012년 이후 중국 정부는 EV 배터리 산업에 1백억 달러 이상을 투자했으며, 그 결과 상당수의 중국 EV 제조업체를 성장시켰다. 그러나 중국 정부는 중국 기업이 좀 더 경쟁력을 갖추길 원하기 때문에 중국의 지원은 2020년에 종결될 예정이다. BYD와 CATL은 정부의 보조 없이 파나소닉과 LG화학 같은 외국 경쟁자와 경쟁하는 상황에 대비할 필요가 있다. 따라서 BYD는 2022년까지 자동차 배터리 부서를 분할(spin off)시켜 더 큰 시장점유율을 확보할 목적으로 생산량을 확장할 계획이다. 한편 CATL은 신에너지 자동차의 생산을 신속히 처리하고 배터리 공급의 압박을 줄일 목적으로 강력한 국내 글로벌 자동차 업체들과 힘을 합치고 있다.

[토론 문제]

1. 테슬라는 중국 상하이 'Gigafactory 3'을 위해 전략적 제휴를 맺는 것이 좋을까? 아니면 독자노선을 취하는 것이 나은 방법인가? 그 이유는 무엇인가?
2. 테슬라가 중국 상하이 'Gigafactory 3'을 위해 전략적 제휴를 맺는 다면 누구와 어떤 유형의 전략적 제휴를 맺는 것이 바람직할까? 그 이유는 무엇인가?
3. 현재 테슬라의 중국 상하이 'Gigafactory 3'은 이미 가동되어 'Model 3'이 생산되고 있다. 실제 테슬라는 중국 상하이 'Gigafactory 3'을 위해 어떤 선택을 했는지 조사하여 여러분의 답과 비교해보라. 그리고 테슬라는 왜 그 같은 선택을 했는지 이유를 찾아보라.
4. 2019년 11월 테슬라의 머스크는 세계 최대 자동차 산업을 가진 독일 베를린 숲에 'Gigafactory 4'를 건설하겠다고 발표했다. 동기, 진행 상황, 제휴의 유무, 진행상의 문제점에 대해 조사해보라.

자료: Kittilaksanawong, W. and Winkler, V.(2019). "Tesla, Inc.: The strategic partnership for a new gigafactory in China," Harvard Business Publishing.

3부

혁신 전략의 실행

9장 ▎혁신적 조직과 문화 형성

10장 ▎신제품 개발

11장 ▎혁신의 보호 활동

12장 ▎기업가정신과 사내 벤처링

9장

혁신적 조직과 문화 형성

도입 스토리 혁신적 문화는 달콤함과 불편함이 균형을 이뤄야 한다

혁신적 문화는 기업의 이익 증대뿐만 아니라 경영진부터 직원까지 조직구성원 모두 가치 있다고 느끼는 중요한 자산이다. 이 같은 이유로 많은 기업이 혁신적 문화를 형성하는 데 높은 관심과 투자를 해왔다.

하버드 경영대 교수인 게리 피사노(Gary Pisano)는 전 세계 기업을 대상으로 세미나를 진행하면서 수백 명의 관리자에게 '혁신적 행동을 원칙으로 하는 조직에서 일하고 싶은지?'를 비공식적으로 질문했다고 한다. 분명 이 질문에 단 한사람도 "아니요"라고 답하지 않았음에도 불구하고 대다수의 기업은 혁신적 문화를 창조하고 지속시키는 데 큰 어려움을 겪고 있다. 왜 그럴까? 모두가 '예스'라고 답한 이 문화를 실천하기가 까다로운 이유가 뭘까? 피사노 교수는 혁신적 문화에 대한 오해 때문이라고 말한다. 즉 우리 대부분은 혁신적 문화의 매력적 요소—실패의 용인, 실험의 감행, 심리적 안전, 협력적, 수평적 조직—만을 바라보고, 그 이면인 불편한 요소—무능함에 대한 무관용, 엄격한 규율, 잔인할 정도의 솔직한 비평, 개인의 강한 책임감, 강력한 리더십—는 무시했기 때문이다.

피사노 교수는 혁신적 문화가 기업 내 제대로 실천되기 위해서는 이 문화의 달콤함과 불편함이 균형을 이루어야 한다고 주장한다. 그의 이야기를 좀 더 자세히 들여다보자.

실패는 봐줘도 무능함은 봐주어서는 안 되는

혁신적인 조직은 실패에 대한 관용을 강조하지만 그렇다고 무능함까지 용납해서는 안 된다는 것이다. 혁신적 조직은 직원들의 성과에 상당히 높은 기준을 설정한다. 그리고 가능한 한 최고의 인재를 고용한다. 위험한 아이디어를 탐색하다 실패하는 건 괜찮지만 평범한 기술, 엉성한 아이디어, 나쁜 업무습관, 부족한 관리능력이 문제가 되어서는 안 된다. 스티브 잡스는 자기 책임을 다 하지 못하는 직원은 누구든지 가차 없이 해고한 것으로 악명이 높다. 아마존은 직원들의 실적을 그래프로 그려서 하위 성과자를 추린다. 구글은 직원 친화적 문화로 유명하지만 지구상에서 입사가 매우 어려운 회사 중 하나이다. 그만큼 구글은 최고의 인재 고용이 가능하며, 직원이 현재 보직에서 탁월한 성과를 내지 못하면 직무를 바꾸는 엄격한 성과관리 시스템을 운영하고 있다.

실험은 과감하게, 규율은 엄격하게

아무리 과감하게 실험하겠다고 하더라도 삼류 추상화가가 캔버스에 물감을 뿌리듯이 실험을 저질러서는 안 된다. 규율이 없으면 사실상 모든 행위가 실험이란 이름으로 정당화된다. 규율을 중시하는 혁신적 조직은 실험에 착수할 때부터 어떤 경우에 실험을 계속하고, 방향을 수정하고, 아이디어를 폐기해야 할지를 결정하는 명확한 기준을 세운다.

그리고 실험을 통해 발견한 사실을 객관적으로 파악한다. 초기의 가설이 틀리면 유망해 보였던 프로젝트도 취소하거나 방향을 완전히 바꾸어야 함을 인정한다. 이렇게 잘못된 프로젝트를 규율에 입각해서 중단하는 데 익숙해지면 새로운 것을 시도하는 데 따르는 위험도 줄어든다.

심리적 안전은 잔인할 정도의 솔직함이 전제되어야

심리적 안전이란 개인이 보복을 두려워하지 않고 어떤 문제를 솔직하게 터놓을 수 있는 조직 환경을 말한다. 그런데 심리적 안전은 쌍방향이다. 내가 상대방의 아이디어를 안심하고 비평할 수 있다면 상대방도 똑같이 내 아이디어를 안심하고 비평할 수 있어야 한다. 상대의 직급이 나보다 높든 낮든 상관없어야 한다. 직원들이 대립을 피하고, 논쟁을 정중하지 못한 소통으로 간주하는 조직에서는 솔직한 논쟁이 가능한 문화를 구축할 수 없으며, 상냥한 조직은 솔직한 조직보다 늘 혁신에 뒤처진다.

협업뿐 아니라 개인의 강한 책임감도 중요

혁신 시스템은 다양한 구성원이 제공한 정보, 의견, 노력이 통합되어야 잘 작동한다. 이 때문에 협업이 중요하지만 동시에 개인의 책임감을 중시하는 문화가 요구된다. 왜냐하면 협업을 통해 진행되는 모든 일은 궁극적으로 누군가 나서서 결정을 하고 책임을 져야 하기 때문이다. 이 둘은 모순되기보다 상호 보완적이다. 책임감이 협업을 이끌어낼 수도 있다. 이 같은 예로 아마존 사례를 들 수 있다. 앤디 재시(Andy Jassy)는 2003년 아마존이 막 시작한 클라우드 컴퓨터 사업의 수장이 되면서 어떤 서비스를 개발할지 정하는 어려움에 부딪쳤다. 재시는 서둘러 아마존의 기술팀, 경영 및 기술 리더들, 외부 개발자들에게 도움을 청했다. 이들은 엄청난 피드백을 제공했고, 그 덕택에 오늘날 아마존 웹 서비스라고 불리는 사업이 성공할 수 있었던 것이다.

수평적 조직은 강력한 리더십으로 백업이 중요

문화적으로 수평적 조직은 의사결정이 분산돼 있고 정보 접근성이 높기 때문에 수직적 조직보다 다양한 아이디어를 내고, 변화하는 환경에 빠르게 대응하는 경향이 있다. 언뜻 보기에는 수평적 조직은 리더십이 부족할 것 같아 보이지만 사실은 수직적 조직보다 더 강력한 리더십을 필요로 한다. 왜냐하면 리더가 전략적 우선순위와 방향을 명확히 설정하지 않으면 수평적 조직은 혼란에 빠지기 때문이다. 아마존과 구글은 의사결정권과 책임감이 실무자들에게 부여되고 직급과 상관없이 모든 직원이 혁신적 아이디어를 모색할 수 있는 매우 자율적이고 수평적 조직이다. 그럼에도 불구하고 이 두 회사는 미래를 내다볼 줄 아는 아주 유능한 리더를 보유하고 있으며, 이들은 목표를 전달하고 자기가 이끄는 조직의 운영방식과 원칙을 명확하게 제시할 줄 안다.

자료: Pisano, G.(2019). "The hard truth about innovative cultures," *Harvard Business Review*, 97(1): 62~71.

여러분은 기업의 신입사원 교육 및 오리엔테이션, 비전 선포 신년행사, 기업의 연간 보고서, 경영 관련 책자와 발표자료 등에서 "사람이 가장 귀중한 자산"이라는 말을 많이 들어보았을 것이다. 이 말은 사람이 혁신의 중심이고 그 결과 기업 성과를 증가시키는 가장 중요한 요소임을 의미한다. 그렇다면 기업구성원들이 혁신의 중심으로서 역할을 제대로 할 수 있도록 하려면 어떻게 해야 하는 것일까? 이 질문은 구성원들의 조직화와 조직에 내재된 문화와 관련성이 크다. 따라서 이 장은 혁신 창출에 영향을 미치는 구성원의 조직화와 그들이 접하는 조직 문화에 대해서 집중적으로 다루고자 한다. 즉 조직 규모의 크고 작음이 혁신 창출에 미치는 영향, 혁신 창출에 적합한 조직 구조의 형태, 신제품 개발 팀과 같은 혁신 팀 구조의 다양한 형태와 상황별 적합한 구조, 혁신을 글로벌화할 때 활용 가능한 조직 구조, 혁신 창출을 높일 수 있는 문화 요소에 대한 것을 다루고자 한다.

9-1 기업 규모와 혁신

이 책을 읽는 독자들은 기술혁신을 공부하는 대학생 또는 대학원생일 수도 있지만 회사에 근무하는 직장인일 수도 있을 것이다. 직장인 중에는 대기업에 다니는 사람도 있고 중소기업이나 벤처기업에 다니는 사람도 있을 텐데, 다들 한 번쯤은 대기업과 중소기업 중 어느 쪽이 혁신율이 더 높을지에 대해 생각해봤을 것이다. 보유하고 있는 자원 측면에서 보면 대기업이 상대적으로 많은 혁신을 창출할 것 같지만 한편으로 생각하면 대기업은 위계가 많고, 정형화된 업무로 창조성 발현이 낮고, 기존 제품이 주는 안정된 수익은 혁신 창출에 걸림돌이 될 수 있을 것도 같다. 이처럼 얼핏 생각해도 기업 규모와 혁신율 간의 관계가 단순하지는 않아 보인다. 이 관계에 대해 최초로 답을 주었던 것은 1942년 조지프 슘페터(Joseph Schumpeter)였다. 그는 대기업이 좀 더 효과적인 혁신가라고 주장하면서 독점금지법(antitrust law)을 지지하는 사람에게 반기를 들었다.[1] 그의 주장에 따르면 (1) 불완전한 자본시장에서 대기업은 R&D 프로젝트에 필요한 자금조달이 쉽고, (2) R&D에 필요한 고정비용을 분산시킬 수 있는 매출 규모가 되며, (3) 마케팅 및 자금조달 계획과 같은 혁신의 보완활동이 잘 발달되어 있고, (4) 글로벌하게 정보와 자원 획득이 가능하기 때문에 대기업이 혁신 활동에 좀 더 효과적이다.

대기업이 갖는 또 다른 이점으로 다음과 같은 것들이 있다. 첫째, 대기업의 R&D 투자

---

[1] Schumpeter, J. (1942). *Capitalism, Socialism and Democracy*, Harper & Brothers, Publisher, New York.

액의 절대치가 높다보니 규모의 경제(economies of scale)를 쉽게 달성할 수 있고, 학습효과(learning effects)도 상대적으로 높다.[2] 둘째, 많은 R&D 투자를 통해 대기업은 신제품 개발 과정을 향상시키고, 더 나은 연구 설비 및 인력을 축적함으로써 개발 과정의 경쟁력을 높일 수 있다. 셋째, 대기업은 혁신 프로젝트를 선택하고 육성하는데 많은 경험을 쌓음으로써 기업의 역량에 맞고 성공가능성이 높은 프로젝트를 누구보다도 잘 선택하는 방법을 터득할 수 있다. 넷째, 대기업은 소기업보다 대형 또는 위험이 높은 혁신 프로젝트에서 더 많은 이점이 있다.[3] 즉 제약 및 항공기 제작과 같은 개발 규모가 큰 산업에서 대기업은 상대적으로 높은 성과를 낸다.

반면, 기업의 규모가 커지면 관리 통제(managerial control)의 상실로 R&D 효율성이 저하된다는 단점이 있다.[4] 이 같은 예로 첫째, 기업이 커질수록 종업원들을 모니터하고 동기부여하는 것이 점차 힘들어진다. 둘째, 기업이 커지면 발명가 또는 창업가들이 개별적으로 한 노력의 대가를 과거만큼 책정하기 힘들어져 그들에 대한 인센티브가 줄어든다.[5] 셋째, 기업 규모가 커지면 혁신성이 떨어질 수 있다. 그 이유는 권한계층이 많아져서 관료적 관성(bureaucratic inertia)에 젖어들고, 발달된 정책과 절차들로 인해 변화에 대응이 느려지기 때문이다.[6] 넷째, 대기업의 많은 종업원 수, 높은 비중의 고정자산, 대규모 기존 고객 및 공급업체 기반은 기업으로 하여금 빠르게 경로를 변경하지 못하게 만드는 관성(inertia)의 원천이 된다. 예를 들면 종업원의 수가 증가되면 의사소통 및 조정이 전보다 어려워지고 따라서 의사결정이 지연되기 쉽다. 또한 대기업이 고정자산 비중이 높아지고(거나) 상당량의 고정 비용이 발생되면 큰 변화에 도전하기보다 현금 흐름의 원천이 되는 기존 사업을 고수하려 한다. 그리고 대기업은 전략적 헌신(strategic commitment) 관계를 갖는 기존 고객 및 공급업체 기반이 큼에 따라서 기존 사업 및 기존 기술에 구속되는 경향이 강하고, 결국 기술변화에 대응하기 어려워질 수 있다. 이 같은 전략적 헌신

---

2 Cohen, W. and Levinthal, D. (1990). "Absorptive capacity: A new perspective on learning and innovation," *Administrative Science Quarterly*, 35(1): 128~152.

3 Damanpour, F. (1992). "Organizational size and innovation," *Organization Studies*, 13(3): 375~402.

4 Cohen, W. and Levin, R. (1989). "Empirical studies of innovation and market structure," in *Handbook of Industrial Organization*, vol. II, eds. Schmalensee, R. and Willig, R., Elsevier Science Publisher, Amsterdam.

5 Rotemberg, J. and Saloner, G. (1994). "Benefits of narrows business strategies," *American Economic Review*, 84(5): 1330~1349.

6 Gilder, G. (1998). "The revitalization of everything: The law of the microcosm," *Harvard Business Review*, 66(2): 49~61.

은 그리스신화에 나오는 이카루스 역설(Icarus paradox)을 유도할 수 있는데, 여기서 말하는 이카루스 역설이란 한 기업이 과거 어떤 시장에서 큰 성공을 거두게 되면 과거 성공 공식에 대한 자신감으로 새로운 기술에 빠르게 대응하지 못함을 의미한다(더 들어가기 참조).

반면, 소기업은 대기업에 비해 융통성(flexibility)과 기업가적(entrepreneurial) 정신이 높

더 들어가기

이카루스 역설

고대 크레타 섬의 왕 미노스(Minos)에게는 아름다운 왕비가 있었는데 터무니없게도 왕비는 황소에게 반해서 관계를 맺고 괴물을 낳았다. 왕은 그 괴물을 가두기 위해 크레타 섬에서 최고의 장인인 다이달로스(Daedalus)에게 지시하여 감옥을 짓게 했고 다이달로스가 그 감옥을 다 지었을 때는 본인도 빠져나올 수 없을 정도였다. 너무나 정교한 감옥을 지었다는 생각에서 다이달로스의 자만은 하늘을 찔렀고 결국 그는 아들 이카루스(Icarus)와 함께 자신이 지은 감옥에 갇히게 된다. 다이달로스는 그 감옥에서 빠져나오기 위해 밀랍과 깃털로 날개를 만들어 아들과 함께 감옥을 탈출하는 데 성공한다. 그런데 아들 이카루스는 아버지가 경고한 태양에 가까이 가지 말라는 말을 잊고 날개의 엄청난 힘에 매료되어 높이 날다 결국 밀랍이 녹아서 에게해에 빠져 죽게 된다.

전략경영학자인 대니 밀러(Danny Miller) 교수는 '이카루스'라는 그리스 신화를 통해 성공한 기업이 실패하는 이유에 대해 설명하고자 했다. 즉 이카루스는 아버지에게서 얻은 엄청난 자산인, 태양까지 도달할 수 있는 날개 덕택에 감옥 탈출은 완벽하게 성공했지만, 날개에 대한 지나친 자신감이 그를 파멸시켰듯이 기업에서도 비슷한 현상이 일어난다는 것이다. 그리고 이 같은 현상을 밀러 교수는 '이카루스 역설(Icarus Paradox)'이라고 불렀다. 그에 따르면 아이러니하게도 가장 극적으로 성공한 기업들이 실패하는 경향이 있다고 한다. 왜냐하면 기업은 늘 성공에 목말라 있기 때문에 한 번 크게 성공하면 다음의 성공을 위해 과거 성공 방식을 복제하려는 경향이 강하기 때문이다. 결국 과거 낡은 성공방식에 대한 지나친 자신감과 집착으로 더 나은 성공공식이 있음에도 인지하지 못하고 결국, 빠른 환경 변화에 부적응 하게 되고 심해지면 파산에 이르게 된다. 이 같은 현상을 '이카루스 역설' 외에 '역량 함정(competence trap)'이라고도 불린다. 또한 밀러 교수는 IBM, 폴라로이드, 프록터 앤 갬블, 텍사스 인스트루먼트, ITT, 크라이슬러, 애플, GM, 시어즈, DEC, 캐터필러 트랙터, 이스턴 에어라인, 디즈니 등 여러 기업을 대상으로 연구하여 극적으로 성공한 기업이 무일푼이 되는 네 가지 유형을 제시했다(다음 그림 참조).

더 들어가기 이카루스 역설 <계속>

<그림> 성공한 기업이 실패하는 네 가지 유형

유형1:	장인 (craftsmen) →	사상가 (thinker)
전략:	품질 주도	기술상 속임수
목표:	품질	완벽주의
문화:	엔지니어링	기술주의
구조:	질서 있는	융통성 없는

유형2:	건설자 (builder) →	제국주의자 (imperialist)
전략:	건설	과도한 팽창
목표:	성장	과대망상
문화:	기업가적	흥정에 능한
구조:	분산된	분열된

유형3:	개척자 (pioneer) →	현실도피주의자 (escapist)
전략:	혁신	하이테크 도피주의
목표:	사회를 위한 과학	기술 유토피아
문화:	R&D	씽크탱크(think tank)
구조:	유기적	혼란한

유형4:	영업사원 (salesman) →	떠돌이 (drifter)
전략:	기발한 마케팅	브랜드 확산
목표:	시장점유	분기별 숫자
문화:	조직 순응자	재미없는, 정치적인
구조:	보통 수준의 탈중앙	심하게 관료적

기업 현실에서 이카루스 역설과 같은 사건은 왕왕 발생한다. 과거 제록스가 기술에 대한 자만에 빠져서 기능은 많지 않으나 저렴하고 작은 프린터에 대한 소비자의 요구를 읽지 못해서 캐논과 같은 일본 회사에게 한동안 시장점유율을 많이 뺏긴 적이 있었다. 또 다른 예로는 포드 자동차가 '모델 T'로 자동차의 대중화를 실현시키면서 미국 시장의 절반 이상을 장악하는 성공을 맛보다가 좀 더 다양한 차종을 원했던 미국 소비자의 요구에 빨리 적응하지 못했다. 그 결과 포드 검정색 모델 T에 비해 매우 다양한 차종(예: 캐딜락, 뷰익, 올즈모빌, 폰티악, 시보레)을 선보인 GM에게 선두자리를 뺏기게 된다.

자료: Miller, D.(1992). "The Icarus paradox: How exceptional companies bring about their own downfall," *Business Horizons*, 35(1): 24~35.

다. 왜냐면 소기업은 의사결정 과정도 간단하고, 고정자산도 적고, 종업원 수도 낮으며, 전략적으로 중요한 고객기반 및 공급업체가 많은 것도 아니기 때문에 대기업과 달리 걸리적거리는 것 없이 홀가분하기 때문이다. 또한 소기업은 종업원의 수가 많지 않기 때문에 그들을 모니터하는 것이 용이하고, 혁신 성공을 위해 노력한 종업원에게 보상하는 것도 훨씬 쉽다. 그리고 소기업은 자원이 풍족하지 않기 때문에 성공률이 높은 프로젝트를 신중히 선택하여 효율적으로 R&D를 투자하는 경향이 있기 때문에 R&D 단위 달러당 특허

숫자가 대기업을 앞지르기도 한다.[7]

대기업은 큰 규모에서 나오는 장점을 유지하면서 소기업의 장점을 활용할 방법을 찾아야 한다. 마찬가지로 소기업 역시 향후 규모가 커지면서 발생되는 단점을 어떻게 극복할지 미리 준비해야만 한다. 사실 기업의 규모를 임의로 조정하는 것은 쉽지 않다. 그러나 많은 기업은 '크지만 작게 느껴지도록 만드는' 접근법을 찾으려 노력하고 있으며, 가장 주요한 방법으로 조직 전체를 서브유닛(sub-unit)으로 나누고 각 서브유닛에 기업가정신을 고무시킬 것을 제안하고 있다. 여러 연구 결과에 따르면 빠른 속도로 기술 변화가 일어나는 산업에서 크고 계층화된 기업들은 좀 더 작고, 전문화되고, 자율적이며, 독립적인 네트워크들로 분해시키거나 분산시키는(dis-aggregated 또는 unbundled) 방법을 사용한다고 한다.[8] 20세기를 대표하는 사업부제(multi-divisional) 체제의 거대기업은 이제 제휴 네트워크, 공급업체 관계 네트워크, 유통 협약 네트워크 등에 유연하고 느슨하게 결합된 군살이 쪽 빠진 기업으로 대체되고 있다.

9-2 조직 구조와 혁신

헨리 민츠버그(Henry Mintzberg)에 따르면 조직 구조(organizational structure)란 명확히 구분되는 작업에 따라 종업원을 분리 배치하고 분리된 종업원들 간에 조정을 이루는 방법의 총체를 의미한다.[9] 그리고 조직 구조를 결정짓는 주요 구조적 차원(structural dimensions)으로 공식화(formalization), 표준화(standardization), 집중화(centralization)가 있으며, 각 차원을 얼마나 강조하느냐에 따라 조직이 달라지고 조직 내 발생되는 혁신의 양, 유형, 효과성에 영향을 준다.

공식화는 기업 내 개인과 집단들의 행동을 조직화하기 위해 규칙(rules), 절차(procedures), 서면문서(written documentation)를 활용하는 정도를 의미한다. 공식화는 관리자의 관리감독

---

7 Griliches, Z. (1990). "Patent statistics as economic indicators: A survey," *Journal of Economics Literature*, 28(4): 1661~1707. ; Schere, F. (1983). "The propensity to patent," *International Journal of Industrial Organization*, 1(1): 107~128.

8 Ashkenas, R. Ulrich, D. Jick, T. and Kerr, S. (1995). *The Boundaryless Organization: Breaking the Chains of Organizational Structure*, Jossey-Bass Publishers, San Francisco. ; Hagel, J. and Singer, M. (1999). "Unbundling the corporation," *Harvard Business Review*, 77(2): 133~141.

9 Mintzberg, H. (1978). "Patterns in strategy formulation," *Management Science*, 24(9): 877~975.

을 대신할 수 있기 때문에 대기업의 경우 적은 수의 관리자로 수월하게 운영할 수 있게 해준다. 그러나 공식화 수준이 높아지면 기업은 융통성을 잃어버릴 것이다.[10] 만약 기업의 모든 행동을 아주 상세한 절차로 성문화시키고자 한다면 종업원의 창조성은 질식될 것이다.

표준화란 기업 내 활동들이 동일한 방식으로 실행되는 정도를 의미한다. 공식화에서 채택한 규칙과 절차는 기업 활동의 표준화를 용이하게 해줄 수 있고, 행동에 대한 명확한 기대와 의사결정기준을 제공함으로써 종업원의 행동을 규제하는 데 도움이 될 수 있다. 표준화는 기업 내 활동이 원활하게 돌아갈 수 있게 하고 예측 가능한 결과를 얻을 수 있지만, 공식화와 마찬가지로 혁신을 질식시킨다는 문제가 있다. 표준화는 품질수준의 충족, 고객 및 공급업체가 지속적으로 공평하게 대우 받고 있는지를 보장하는 데 활용될 수 있다. 그러나 표준화는 다양성을 최소화시킴으로써 혁신적인 아이디어를 이끄는 창조성과 실험을 제한한다.

집중화는 의사결정 권한이 기업의 최고경영층에 집중된 정도를 의미하며, 집중화의 반대 개념인 탈집중화(decentralization)는 의사결정 권한이 하위계층까지 분산된 정도를 의미한다. 집중화는 활동이 지리적으로 어디에 집중되어 있느냐와 활동에 대한 권력과 권한이 어느 곳에 집중되어 있느냐 둘 다 관련이 있다. 예를 들어 본사로부터 멀리 떨어진 곳에서 활동이 일어났다 하더라도 그 활동의 권한과 의사결정이 본사에 있다고 한다면 그 조직은 집중화 정도가 높은 것이다. 그러나 본사로부터 멀리 떨어진 지역에서 활동이 발생했을 뿐만 아니라 그 활동의 권한과 의사결정도 본사가 아닌 지역에 있다면 그 조직은 탈집중화 되었다고 말할 수 있다.

위에서 언급한 세 가지 구조적 차원은 기업의 규모와도 관련성을 갖는다. 대기업은 공식화와 표준화를 소기업보다 훨씬 많이 활용하는데, 그 이유는 기업이 커지면 직접적인 관리 감독이 힘들기 때문이다. 공식화와 표준화는 기업을 전보다 기계적으로 만드는 대신 조정 비용을 줄여준다. GE, HP, 존슨 & 존슨, GM과 같은 수많은 대기업은 기계적 구조가 갖는 단점인 비융통성과 관성을 극복하기 위해 권한을 탈집중화해서 각 부서가 소기업과 같이 행동할 수 있도록 했다.[11]

---

10 Menon, A. Chowdhury, J. and Lukas, B. (2002). "Antecedents and outcomes of new product development speed: An interdisciplinary conceptual framework," *Industrial Marketing Management*, 31(4): 317~328.

11 Menon, A. Chowdhury, J. and Lukas, B. (2002). "Antecedents and outcomes of new product development speed: An interdisciplinary conceptual framework," *Industrial Marketing Management*, 31(4): 317~328.

기계적 대 유기적 조직 구조

앞에서 살펴본 구조적 차원 중에서 공식화와 표준화를 결합한 형태를 기계적(mechanistic) 조직 구조라 불린다. 이 구조는 주로 대량생산 시스템에서 운영 효율성을 높이고자 할 때 적합하다. 그 이유는 정책과 절차를 철저히 고수하고, 대부분의 활동이 표준화되어 있어, 매우 일정하게 잘 돌아가는 기름이 잘 칠해진 기계와 같기 때문이다.[12] 기계적 조직 구조는 보통 권한이 중앙에 집중되어 있는 형태를 띠지만 직접적인 관리감독 대신 공식화를 활용함으로써 매우 탈집중화된 기계적 구조도 가능하다. 왜냐하면 상세한 규칙, 절차, 표준을 설정함으로써 의사결정이 최고경영자의 목적에 부합하는 한 그 권한을 기업 하부로 내려 보낼 수 있기 때문이다. 그러나 기계적 구조는 '혁신의 육성'과는 맞지 않는 것으로 자주 간주된다. 왜냐하면 기계적 구조는 표준을 엄격히 고수하고 다양성을 줄임으로써 효율성을 확보할 수 있지만 기업 내 창조성이 억제되기 때문이다.

반면, 유기적(organic) 조직 구조는 기업 내 활동들이 자연스럽게 흐르고, 공식화와 표준화의 수준이 낮아 혁신과 역동적인 환경에 좀 더 적합한 것으로 알려졌다.[13] 이 구조에서 종업원들은 직무 책임과 운영 절차에서 더 많은 자유를 갖게 된다. 이러한 이유로 유기적 구조는 운영의 효율성이 떨어질 수 있다. 그럼에도 불구하고 혁신에 좀 더 적합한 조직 형태로 간주되는 이유는 혁신이 실험 및 임기응변 속에서 많이 발생되기 때문이다.[14]

〈표 9-1〉은 기계적 구조와 유기적 구조 간의 차이점을 다양한 측면에서 정리한 내용이다.

집중화 대 탈집중화 조직 구조

여러 개의 R&D 프로젝트를 진행하는 기업의 경우 R&D 활동을 집중화시킬지 탈집중화시킬지를 결정하는 문제는 매우 중요하고 복잡하다. 〈그림 9-1〉에서 보듯이 탈집중화의 경우는 부서마다 R&D 조직이 따로 있어서 모든 부서는 부서의 니즈(needs)에 맞게 신제품 및 신공정을 개발할 수 있는 권한이 있다. 탈집중화 R&D 조직 구조에서 개발된 솔루

---

12 Adler, P. (1999). "Building better bureaucracies," *Academy of Management Executive*, 13(4): 36~50.

13 Miles, M. Covin, J. and Heeley, M. (2000). "The relationship between environmental dynamism and small firm structure, strategy, and performance," *Journal of Marketing Theory and Practice*, 8(2): 63~75.

14 Leonard, D. (1996). *Well-springs of Knowledge: Building and Sustaining the Sources of Innovation*, Harvard Business School Press, Boston.

기계적 조직 구조와 유기적 조직 구조 간의 차이점

표 9-1

기계적 조직 구조	유기적 조직 구조
1. **의사소통 경로**: 구조화가 매우 높고 제한된 정보만이 유통됨	1. **의사소통 경로**: 조직 전체에 자유롭게 정보가 흐르는 개방화
2. **운영 방식**: 반드시 통일되고 통제된 방식	2. **운영 방식**: 매우 자유롭게 운영
3. **의사결정 권한**: 공식적 경영 라인을 기반	3. **의사결정 권한**: 개인의 전문성에 기반
4. **달갑지 않은 적응**: 경영환경의 변화에도 불구하고 과거 시도했던 정확한 경영원칙을 빠르게 고수할 것을 강조	4. **자유로운 적응**: 변화하는 상황에 맞춰 적응
5. **공식적으로 정해진 절차를 강조**: 이전에 시도했던 정확한 경영원칙에 의존	5. **일을 성사시키는 것을 강조**: 공식적으로 마련된 절차에 의해 제한받지 않음
6. **엄격한 통제**: 정교한 통제 시스템 작동	6. **느슨하고 비공식적 통제**: 협력의 규범을 강조
7. **강요된 직무 행동**: 직무 기술서에 나와 있는 대로 행동할 것을 요구	7. **유연한 직무 행동**: 상황에 따라, 직무 수행자의 개인 성향에 따라 행동이 달라지는 것을 허용
8. **의사결정**: 하급자의 참여와 조언을 최소화한 채 상급자가 결정	8. **의사결정**: 참여와 집단합의를 자주 활용

자료: Slevin, D. and Covin, J.(1990). "Juggling entrepreneurial style and organizational structure: How to get your act together," *Sloan Management Review*, 31(2): 43~53.

션은 대부분 각 부서의 운영 구조뿐만 아니라 부서 고유의 고객 요구사항에도 매우 잘 부합한다. 또한 R&D 활동의 탈집중화는 각 부서에 존재하는 시장 접촉점과 지식의 다양성이라는 이점을 취할 수 있다. 그러나 여러 부서에서 중복된 R&D 활동이 자주 일어나고, 모든 부서가 공유할 만큼의 높은 가치를 창출한 기술을 개발했다 하더라도 다른 부서에서 개발되었다는 이유로(부서 이기주의) 그 기술의 잠재력을 전부 발휘하지 못하기도 한다. 게다가 모든 부서에 R&D 활동이 분산되어 있는 탈집중화 R&D 조직 구조는 규모의 경제 달성과 높은 학습효과를 포기하게 만든다.

〈그림 9-1〉에서 보듯이 집중화 R&D 조직 구조는 본사와 같이 한 부서에 R&D 활동을 집중화시키는 것이다. 이렇게 하면 모든 R&D 활동이 한 곳으로 모이기 때문에 규모의 경제를 극대화할 수 있고, R&D 전문가들의 분업효과를 높일 수 있으며, 동일 인물이 복수 프로젝트 개발에 참여함으로써 학습효과도 극대화할 수 있다. 또한 조직 전체적으로 신제품 개발 노력이 일관성 있게 진행될 수 있고, 신기술 개발에 있어서도 전사적으로 관리

집중화 대 탈집중화 R&D 조직 구조

그림 9-1

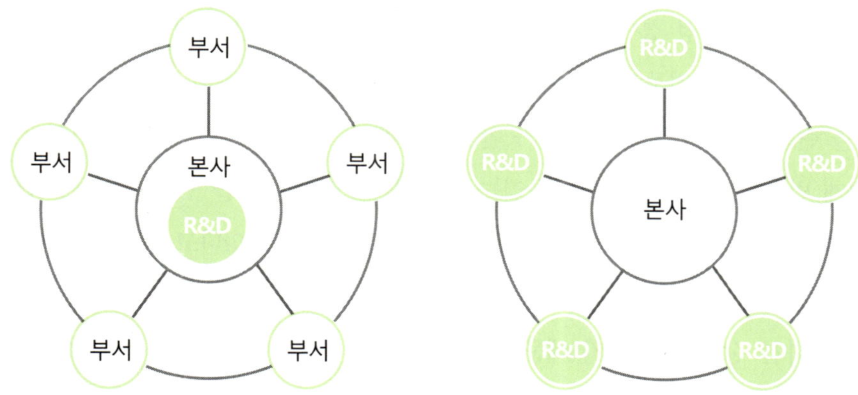

자료: Schilling, M.(2017), *Strategic Management of Technological Innovation*, 5th Edition, p.216, McGraw-Hill Education, New York.

가 가능하며, 좀 더 가치 있는 다른 부서의 기술이 부서별 이기심 때문에 활용되지 못하고 매장되는 경우를 피할 수 있다. 집중화의 성공적인 사례로 1990년대 인텔을 들 수 있다. 1980년대 말까지 인텔은 탈집중화 R&D 방식을 채택했었다. 그러나 반도체 산업에서 복잡성과 정보 처리 수요가 증대됨에 따라 인텔의 탈집중화 방식은 공정개발의 잦은 지연과 비용 초과를 발생시켰다. 이 같은 문제를 인식한 인텔은 1990년대 들어서면서 새로운 공정 개발을 위한 전권을 단 하나의 제조시설에 부여함으로써 공정개발 활동을 한 곳에 집중시켰다. 그리고 새로운 공정 개발이 완성되고 시험되면, 이 공정은 인텔의 모든 제조시설에 이전되어 그대로 복사시킴으로써 이전에 발생되던 문제를 성공적으로 극복했다. 그러나 집중화 R&D 조직 구조는 각 부서가 가지고 있는 독특한 특성(예: 소비자, 시장, 기술)을 반영한 R&D 활동이 힘들다는 단점이 있다.

위와 같이 상반된 집중화와 탈집중화 조직 구조는 기업에서 어떻게 적용될 수 있을까? 이 질문에 답을 내리고자 한 연구자들에 따르면 기업 및 산업의 형태에 따라 적합한 조직 구조가 다르다. 로라 카디날(Laura Cardinal)과 팀 오플러(Tim Opler)에 따르면 다각화의 정도가 매우 높고 연구 집약적인 기업은 전 부서에 걸쳐 혁신을 이전시키고 의사소통하기 쉽도록 조직에서 독립된 집중화 연구개발센터를 설치하는 경향이 강하다.[15] 반면, 피터 골더(Peter Golder)는 소비재를 생산하는 기업은 지역시장에 맞춤화된 R&D프로젝트를 수행해야 하기 때문에 탈집중화된 구조를 활용하는 경향이 높다고 했다. 그리고 전자산업 업체들은 특정 경쟁력(전문분야)을 활용하는 데 헌신할 몇몇 우수 센터(centers of excellence)에 R&D를 집중하는 경향이 있다고 했다.[16]

기술 변화 또는 다른 환경 변화가 발생했을 때는 두 가지 조직 구조 중 어떤 것이 더 유연하게 반응할까? 이에 대해서 우리는 일관성 있는 답을 얻을 수 있을까? 불행하게도 아니다. 각각 상반된 이유로 더 유연할 수도 덜 유연할 수도 있다고 연구자들은 주장한다. 예를 들면 집중화가 높은 기업은 엄격한 명령과 통제구조 때문에 결단력 있게 하위계층까지 변화를 강요할 수 있기 때문에 기업 전체 방향을 과감하게 바꾸는 데 탈집중화 구조보다 낫다고 한다. 반면 탈집중화된 기업은 권한이 모든 부서에 분산되어 있기 때문에 각 부서로부터 일일이 협력을 끌어내기가 어렵다는 단점이 있다. 하지만 탈집중화된 기업은 권한이 하단까지 이미 내려가 있기 때문에 상단까지 의사결정 과정을 거치지 않고도 변화가 필요하다면 하단에서 즉각적으로 처리해버림으로써 기술 및 환경 변화에 더 잘 대응할 수 있다.

결국 이러한 연구 결과가 의미하는 바는 환경 변화에 대응에서 조직 변화를 중앙(상단)에서 이끌든 각 부서(하단)에서 이끌든 '권한이 어느 곳에 있느냐?'보다는 '기업 내부 환경을 고려한 가장 바람직한 조치를 시기적절하게 취할 수 있는 권한이 조직구성원들에게 적합하게 주어졌느냐?'가 중요하다는 것이다. 아무리 중앙의 강력한 파워로 조직구성원 모두를 변화로 인도할 수 있다고 하지만, 현장에서 일어나는 변화를 제대로 인식하지 못한 채 조직 변화를 꾀하려 한다면 그것은 자원의 낭비만 될 뿐이기 때문이다.

양립형 조직 구조

우리는 앞에서 구조적 차원에 따라 기계적과 유기적, 집중화와 탈집중화와 같이 상반되는 조직 구조 형태를 살펴보았고 각각의 장점과 단점을 살펴보았다. 여기서 잠시 생각해보자. 기업의 사이즈가 커지면 보편적으로 유기적에서 기계적으로 탈집중화에서 집중

---

15 Cardinal, L. and Opler, T. (1995). "Corporate diversification and innovative efficiency: An empirical study," *Journal of Accounting & Economics*, 19(2-3): 365-382.

16 Golder, P. (2000). "Insights from senior executives about innovation in international markets," *Journal of Product Innovation Management*, 17(5): 326-340.

화로 변화되는 경향이 있다. 그렇다고 반대되는 조직 구조가 갖는 장점을 뻔히 알면서 무시해야 되는 것일까? 이는 너무 바보스러운 일이다. 또한 기업은 기존 제품라인의 높은 생산 효율성과 고품질을 일관되게 유지함과 동시에 급격한 혁신에 능동적으로 대응할 수 있는 신제품 개발을 원하기도 한다. 이런 경우 복잡하기는 하지만 양립형(ambidextrous) 조직 구조가 해답이 된다.[17]

양립형 조직 구조는 내부에 여러 개의 조직 구조를 가지고 있어 다소 복잡하고 일관성이 없어 보이지만 단기적으로는 '효율성'을 장기적으로는 '혁신'을 모두 달성할 수 있다는 장점이 있다.[18] 양립형 구조에서는 기업 내 어떤 부서는 기계적 구조를 활용하고 다른 부서는 유기적 구조를 활용하기 때문에 한 기업인데 마치 다른 기업이 동시에 움직이는 것처럼 보인다. 예를 들면 R&D 부서는 기술 및 소비자 변화가 즉각적으로 반영된 신제품 개발이 주요 목적이기 때문에 공식화나 표준화를 거의 사용하지 않고 권한도 탈집중화되어, 마치 작고 독립적인 다수의 벤처기업이 존재하는 것처럼 만드는 것이다. 반면 생산과 유통부서는 주요 목표가 규모의 경제, 고효율성, 고신뢰성, 빠른 유통 등을 달성하는 것이기 때문에 공식화의 활용도가 매우 높고 권한을 집중화시키고 구성원을 단단하게 조직화시킴으로써 마치 한 사람이 움직이는 것처럼 만드는 것이다.

느슨하게 결합한 조직 구조

양립형 조직 구조 외에 효율성과 융통성이라는 두 마리 토끼를 잡을 수 있는 다른 방법은 모듈화 생산 시스템(modular production system)에서 짜맞출 수 있는 표준화된 제조 플랫폼 또는 표준화된 부품을 수용하는 것이다. 이렇게 하면 부품 수준에서는 표준화의 이점인 효율성과 신뢰성을 얻을 수 있고 최종제품 수준에서는 다양성과 유연성을 확보할 수 있다.

그렇다면 여기서 말하는 모듈화(modularity)란 무엇인가? 모듈화란 시스템(system)을 구성하는 부품(components)이 분리되고 재결합될 수 있는 정도를 의미한다.[19] 그래서 제품

17 Tushman, M. and O'reilly, A. (1996). "Ambidextrous organizations: Managing evolutionary and revolutionary change," *California Management Review*, 38(4): 8~31.

18 Tushman, M. and Smith, W. (2002). "Organizational technology: Technological change, amdextrous organizations and organizational evolution," in ***Companion to Organizations***, ed. Baum, J., Blackwell Publishers, New York.

19 Schilling, M. (2000). "Toward a general modular systems theory and its application to interfirm product modularity," *Academy of Management Review* 25(2): 312~334.

을 모듈화하면 주어진 투입물에서 얻을 수 있는 최종제품의 수가 기하급수적으로 증가한다.[20] 예를 들면 이케아(IKEA) 선반 시스템은 사용자들의 니즈에 맞게 수많은 부품을 짜맞출 수 있도록 설계되었다. 즉 이케아 선반 시스템은 다양한 사이즈의 선반 유닛이 존재하고, 표준화된 연결부품을 사용해서 쉽게 유닛들을 조립함으로써 수많은 형태의 선반이 만들어 진다. 마찬가지로 스토브도 화덕을 제거하고 바비큐 석쇠와 팬케이크 번철과 같은 다른 요리 도구를 추가함으로써 다양한 형태의 스토브를 소비자에게 제공할 수 있다. 출판사 역시 책, 논문, 사례, 강사 자신이 만든 자료를 조립해서 강사 고유의 교재를 만드는 디지털 콘텐츠를 제공하기도 한다. 이 모두 모듈화 제품의 사례라 할 수 있다.

그런데 모듈화를 확보하기 위해서는 제품 설계상 '표준 인터페이스'가 있어야 한다. 이케아의 선반 시스템처럼 모든 선반 부품들은 표준화된 연결 장치(인터페이스)가 있음으로써 소비자가 자유롭게 조립할 수 있는 것이다. 모듈화 제품은 다른 부품의 설계변화 없이도 어떻게 조합하느냐에 따라 변화를 만들어낸다. 즉 모듈화 때문에 주어진 투입물에서 얻을 수 있는 최종제품의 다양성이 매우 높아져 이질적인 고객 수요를 충족시키는 데 상대적으로 비용 효과적이다. 게다가 모듈화는 다른 부품을 변경하지 않고도 특정 부품을 업그레이드 할 수 있기 때문에 기업과 고객이 시스템을 완전히 다른 것으로 교체하지 않아도 업그레이드가 가능하다는 장점이 있다. PC가 바로 이 같은 장점의 대표적 사례이다. 즉 PC 사용자가 메모리를 늘리고 싶거나 더 나은 모니터를 원한다면 사용자는 PC 전체를 교체할 필요 없이 단지 메모리를 추가하거나 새로운 모니터를 구매하면 되는 것이다. 한편 모듈화 제품은 언제 더 가치를 발휘할 수 있을까? 당연히 소비자가 이질적인 수요를 가지고 있고, 그들을 충족시키기 위해 다양한 선택지가 있어야 할 때이다. 왜냐하면 앞서 언급했듯이 모듈화는 최종제품의 다양성을 엄청나게 높여주기 때문이다.

제품이 모듈화되면 전체 생산 시스템도 모듈화가 된다. 표준 인터페이스는 부품 개발자간에 일어나는 조율 작업을 줄여주는데, 부품개발자들은 보통 조직적 위계를 따르기보다는 '유연한 합의(flexible arrangements)'를 추구한다.[21] 여기서 말하는 유연한 합의가 바로 우리가 알아볼 느슨하게 결합한 조직 구조(loosely-coupled organization structure)와 관련 있다.

---

20 Baldwin, C. and Clark, K. (2000). *Design Rules Volume 1: The Power of Modularity*, MIT Press, Cambridge, MA.

21 Hoetker, G. (2006). "Do modular products lead to modular organizations?" *Strategic Management Journal*, 27(6): 501~518.

느슨하게 결합한 조직 구조는 개발과 생산 활동이 단단히 결합되어 있다기보다 개발과 생산 활동 간에 공유한 목적과 공통 표준에 근거하여 조정이 이루어진다. 즉 개발그룹이 개발한 컴포넌트를 효과적으로 연결하고 상호작용을 가능하게 하는 개발계획(공유된 목적)과 표준화된 인터페이스(공통 표준)에 개발그룹과 생산그룹이 모두 동의를 하게 되면 그룹 간의 긴밀한 조정은 필요하지 않다는 것이다. 그리고 표준 인터페이스란 모든 개발과 생산 참여자 사이에 박혀 있는 조정(embedded coordination) 역할을 한다.[22]

느슨하게 결합한 조직 구조는 통합에 대한 요구가 적기 때문에 R&D와 생산 배치의 유연성을 높일 수 있다. 따라서 기업은 핵심역량이 있는 특정 기술 개발에 집중하고 나머지 활동은 아웃소싱이나 제휴를 통해서 해결할 수 있다. 또한 이렇게 함으로써 기업은 경쟁우위를 확보할 수 있고, 다양한 활동을 엄격하게 유지하는 데 필요한 복잡한 행정작업과 간접비를 줄이고 동시에 고객에게는 매력적으로 호소될 수 있는 제품 개발의 기회를 늘릴 수 있다. 이처럼 한 기업이 최종제품을 다 책임지기보다 최종제품을 구성하는 부품의 일부를 전문화하고, 전문화한 기업들이 모여 제휴 네트워크를 형성하는 특성 때문에 느슨하게 결합한 조직 구조는 때로 산업 전반으로 확산되기도 한다.[23] 컴퓨터 산업이 그러한 예이다. PC가 출현한 초기에는 한 기업이 PC 구성 부품을 자사 고유의 방식으로(전유성이 높은) 통합하여 소비자에게 제공했었다. 그래서 시장에서 유통되는 PC는 기업이 다르면 그들 간에 부품 호환성이 매우 낮았다. 그러나 1990년대부터 PC산업 전반에서 모듈화가 일어났고, 모듈화에 필요한 부품의 표준화, 표준 인터페이스의 발달 덕택에 지금은 소비자가 원하는 부품 사양에 맞춰 PC가 제공되는 시대가 되었다. 이러다보니 소비자에게 제공 가능한 PC 모델의 수는 헤아릴 수 없을 정도로 많아졌다. 그러나 이 조직도 단점이 존재하는데, 긴밀한 통합을 통해 얻을 수 있는 시너지 효과를 이 조직은 얻을 수 없다는 것이다.[24] 따라서 긴밀한 조정 작업이 많이 요구되는 제품을 생산하는 기업이나 또는 조직 간 충돌 가능성이 많은 경우 느슨하게 결합된 조직 구조는 적합하지 않다(미니사례 참조).

---

22 Schilling, M. and Steensma,H.(2001). "The use of modular organizational forms: An industry-level analysis," *Academy of Management*, 44(6): 1149~1168. ; Sanchez, R. and Mahoney, J.(1996). "Modularity, flexibility and knowledge management in product and organization design," *Strategic Management Journal*, 17(S2): 63~76.

23 Schilling, M. and Steensma,H.(2001). "The use of modular organizational forms: An industry-level analysis," *Academy of Management*, 44(6): 1149~1168.

24 Chesbrough, H. and Teece, D. (2002). "When is virtual virtuous? rganizing for innovation" *Harvard Business Review*, 74(1): 65~73.

미니 사례

보잉 787 Dreamliner를 위한 느슨하게 결합된 생산 방식

보잉사는 777기를 쏘아 올린 1994년 이후로 단 한 대도 새로운 비행기를 개발해내지 못하고 기존 기종인 737과 747기의 기능을 확장시키거나 정교하게 만드는데 만족하고 있었다. 반면 에어버스(Airbus)사는 항공기 분야에서 혁신의 지평을 열고 있었다. 그래서 2003년 말 보잉사가 '787 Dreamliner'를 개발하겠다고 발표했을 때 Dreamliner의 성공과 실패는 시장에서 보잉사 미래의 중요한 시그널로 작용될 것이라고 했다. 한편 Dreamliner는 이런 기대에 충분히 부응할 수 있을 만큼 기술적인 면에서 최고의 효율성을 자랑하는 장거리 중형비행기였다. 또한 탄소섬유복합체(carbon fiber composites)를 이용한 최초 상업용비행기로써 초경량일 뿐만 아니라 연료 효율도 획기적으로 개선되었다. 이 복합물질의 사용은 비행기의 전방, 후방, 중앙, 날개 등을 모두 모듈화시켜서 한꺼번에 조립하는 것 또한 가능토록 했다.

그래서 보잉 787은 생산 과정에 느슨하게 결합된(loosely coupled) 방식을 도입하였다. 이 방식은 전 세계에 퍼져 있는 최고의 파트너들이 비행기의 한 부분을 건설하고 미리 조립하여 보잉사 공장으로 넘기면 보잉사에서 최종 조립을 하는 방식이다. 예를 들면 미즈비시(Mitsubishi), 카와사키(Kawasaki), 후지(Fuji)는 각각 비행기의 날개, 전방기체, 중앙날개 박스를 생산하고, 사브(Saab)는 짐칸문을 이탈리아 기업인 알레니아 아에로나우티카(Alenia Aeronautica)는 수평안전판과 중앙기체를 제작하도록 했으며, 그 밖에 수많은 기업이 다른 부분을 제조하도록 했다. Dreamliner를 구성하는 부품의 70%가 미국 밖에서 제조되었다. 이러한 엄청난 아웃소싱은 비행기 개발의 위험을 분산시키고 비용을 절감하고 해외 판매에 대한 전망을 기대하게 해주었다. 2007년 8월 최초로 Dreamliner가 하늘을 날도록 계획되어 있었으나, 2009년 4월이 지나도 Dreamliner는 날지 못했다. 2010년 봄까지도 고객들은 자신이 주문한 Dreamliner를 받을 수 있을 것이라고 기대조차 하지 않게 되었다.

이렇게 실패를 하게 된 주요 원인은 전 세계에 흩어져 있는 수많은 공급업체와의 의사소통, 디자인 수정 등의 문제를 해결하는 데 너무 많은 시간이 들었기 때문에 생각했던 것만큼 생산속도를 높일 수 없었다는 것이다. 즉 비행기는 생각했던 것보다 모듈화를 시키기에는 너무 덩치가 크고 공급업체가 지역적으로 너무 넓게(전 세계에) 산재해 있었기 때문에 아무리 인터페이스를 표준화시킨다고 하더라도 구성원 간의 최소 조정만으로는 일을 진행시키기가 어려웠다. 이 사례를 통해 알 수 있는 사실은 구성원 간의 최소 조정을 통해 이익(benefit)을 극대화시키는 느슨하게 결합된 생산 방식은 비행기에 적용하기는 아직 힘들다는 것이다. 보잉사의 엔지니어링 부서의 부사장 말처럼 디자인과 주요 부품의 생산에 보잉사가 좀 더 적극적으로 관여했어야만 했다.

자료: Singh, J. and Schilling, M. "The loosely coupled production of Boeing's 787 Dreamliner," New York University teaching case.

9-3 팀 구조와 혁신

조직이 혁신을 성공적으로 창출하기 위해서는 혁신 프로젝트 팀을 어떻게 구성하느냐가 중요하다. 왜냐하면 3장에서 배웠듯이 혁신은 유형마다 달라서 각 혁신 프로젝트에 꼭 맞는 팀 구조를 선택할 때 가장 높은 성과를 얻을 수 있기 때문이다. 따라서 여기서는 가장 많이 알려진 네 가지 팀 구조, (1) 기능형(functional), (2) 경량형(lightweight), (3) 중량형(heavyweight), (4) 자율형(autonomous)의 특성을 살펴봄으로써 혁신 프로젝트별 적합한 팀 구조에 대해 논의하고자 한다.

기능형 팀 구조

기능형 팀 구조는 〈그림 9-2〉의 (a)에서 보듯이 R&D, 생산, 마케팅과 같은 기능에 따라 배치된 부서원들이 기능 관리자(FM)의 명령하에 혁신 프로젝트를 수행하는 구조를 말한다. 이 팀 구조는 다른 기능 부서원들과 통합되는 일이 없으며, 프로젝트 관리자(PM) 또는 각 기능 부서를 대표할 연락책(L)도 없다. 따라서 이 팀 구조를 이용해서 혁신 프로젝트를 수행하는 경우는 매우 드문데, 특히 다른 기능 부서들과 협력을 해야 하는 경우는 더욱 힘들다. 왜냐하면 모든 기능 부서를 총괄 조정 및 통제하는 사람이 없기 때문에 프로젝트 책임이 진행 단계에 따라 R&D 부서에서 생산부서로, 생산부서에서 마케팅 부서로 계속 전가되기 때문이다. 따라서 이 팀 구조를 활용하게 되면 빈번히 다른 부서에 문제를 넘겨버리는 좋지 못한 상황이 발생한다. 그리고 기능형 팀 구성원은 자신이 속한 기능부서의 성과를 바탕으로 보상을 받기 때문에 여러 기능부서가 참여하는 혁신 프로젝트에 헌신적이어야 할 동기가 작다. 따라서 기능형 팀 구조는 단 하나의 기능 부서원들이 참여하여 혁신 프로젝트를 수행하는 파생 프로젝트(derivative projects)에 적합하다. 대표적인 예로 제조 공정을 최적화하기 위해 생산부서원들이 카이젠(kaizen)(지속적 개선) 팀을 구성하여 함께 일하는 경우이다. AXA 보험회사의 운영부서원들이 '태스크마스터(taskmaster) 프로그램' 팀을 형성하여 주요 운영 과정에서 부가가치가 낮은 단계를 제거하는 노력을 함께 하는 것 역시 대표적 사례라 할 수 있다.

경량형 팀 구조

경량형 팀 구조는 〈그림 9-2〉의 (b)에서 보듯이 기능형 팀 구조와 마찬가지로 팀 구성

혁신프로젝트를 위한 네 가지 팀 구조 유형

그림 9-2

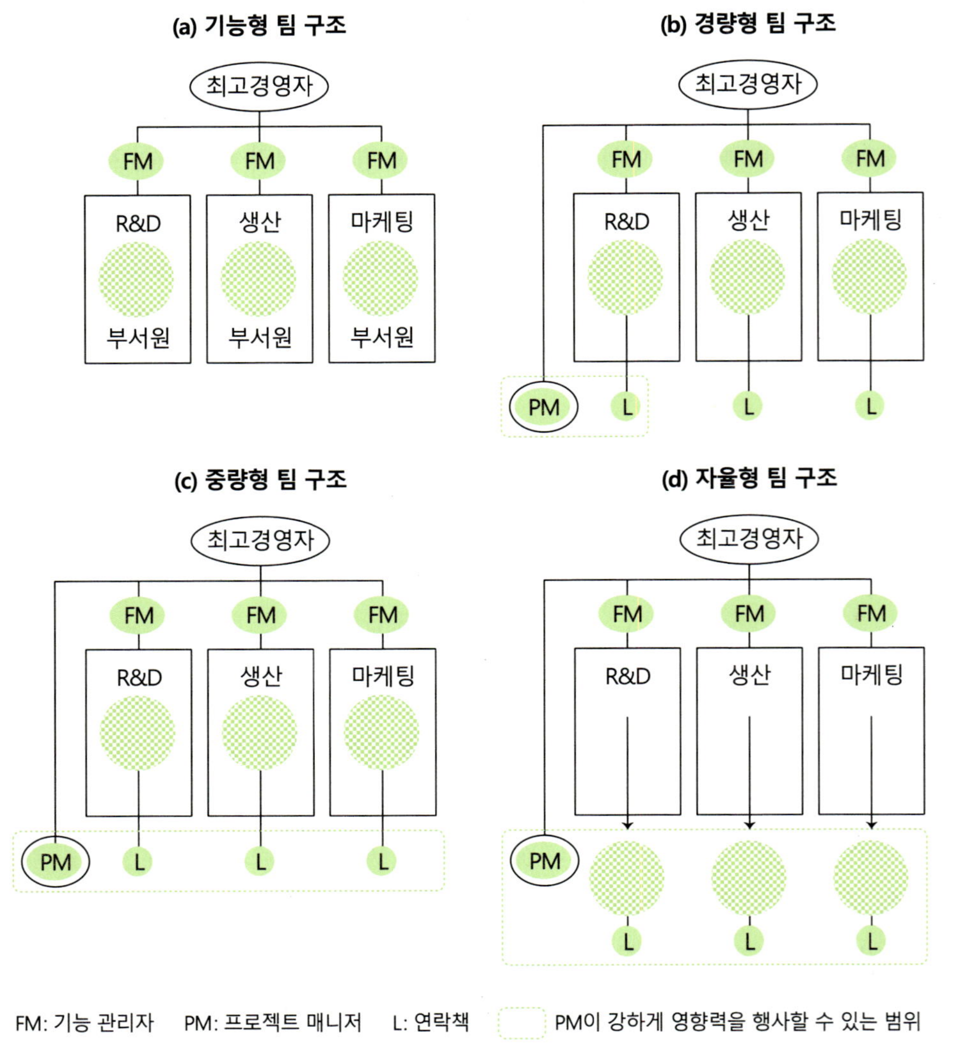

자료: Clarkt, K. and Wheelwright, S.(1992). "Organizing and leading 'heavyweight' development teams," *California Management Review*, 34(3): 9~28.

원은 물리적으로는 각자의 기능부서에서 일하지만, 각 부서는 연락책(L)을 지정하여 프로젝트 조정 위원회에서 부서를 대표하도록 하며, 이 연락책들은 필요 시 프로젝트 관리자(PM)와 함께 일한다. 여기서 연락책과 PM의 존재가 기능별 팀 구조와 다른 점이다. 경량형 팀 구조의 PM은 다른 기능들의 활동을 조정하는 설계 엔지니어 또는 마케팅 관리자들이 맡는 경우가 많다. 이 팀 구조에서 PM은 두 가지 점에서 '경량(lightweight)'이라고 말할 수 있다. 첫째, PM이 일반적으로 상당한 전문성을 가지고 있음에도 불구하고 조직 내에서 지위 및 영향력이 없는 중간 또는 하급 관리자이기 때문이다. 보통 이들은 한 부서에서 얼마의 시간을 보낸 뒤 PM이 됨으로써 여러 부서를 통해 경험을 확장시킬 수 있는 기회를 갖게 된다. 둘째, PM이 기능부서들 간의 활동을 알려주고 조정하는 책임을 지지만, 프로젝트의 핵심 자원은 통제할 수 없기 때문이다. 이 핵심 자원의 통제권은 여전히 각 기능 관리자(FM)에게 있다. 즉 경량형 팀 구조의 PM은 사람과 재원을 재배치할 권한이 전혀 없으며 대신 일정 및 시간을 확정하고 부서 간 신속 처리를 해주는 역할을 한다. PM과 연락책의 존재 때문에 경량형 팀 구조는 기능형 팀 구조보다 기능부서 간 의사소통 및 조정 기능이 다소 향상될 수 있다. 그러나 PM의 권한이 거의 없기 때문에 경량형 팀 역시 기능형 팀과 마찬가지로 조정과 의사소통을 크게 요구하지 않는 파생 프로젝트에 적합하다.

중량형 팀 구조

중량형 팀 구조는 〈그림 9-2〉의 (c)에서 보듯이 프로젝트 관리자(PM)가 강력하게 영향력을 행사할 수 있는 범위가 모든 기능부서의 연락책(L)으로 확대되는 것을 볼 수 있다. 중량형 팀은 보통 각 기능부서의 핵심 인물들이 모여서 PM과 물리적으로 같은 장소에서 일을 한다. 이 구조의 PM을 우리는 두 가지 관점에서 '중량형'이라고 부른다. 첫째, 그들은 조직 내에서 고위 관리자이며, 심지어 기능 관리자(FM)보다 지위가 높기 때문이다. 즉 그들은 전문성과 경험을 보유했을 뿐만 아니라 조직 내 막강한 영향력을 행사할 수 있기 때문에 인력이든 자금이든 필요한 자원의 공급을 원활하게 만든다. 둘째, 팀 구성원들에게 주요 영향력을 행사할 수 있고 그들의 작업을 직접 감독할 수 있기 때문에 구성원의 평가 및 보상에 많은 권한을 갖는다. 그러나 이 팀 구조 역시 임시적으로만 존재하기 때문에 팀 구성원의 장기적 경력 개발을 위한 시간은 PM보다는 FM과 더 많이 함께 한다. 따라서 팀 구성원 입장에서 단기적으로는 PM을 따르는 것도 중요하지만 프로젝트가 해체되었을 때를 대비해서 장기적으로 FM의 눈치도 봐야 한다. 이 팀 구조는 전 기능 부서를 아우르면서 의사소통과 조정을 하는 데 뛰어나기 때문에 플랫폼 프로젝트(platform project)에 적합하다.

자율형 팀 구조

자율형 팀 구조는 〈그림 9-2〉의 (d)에서 보듯이 중량형 팀 구조와 달리 각 기능에 있는 정규 부서원들이 자율형 팀으로 이동된 것을 볼 수 있다. 즉 프로젝트 관리자(PM)를 중심으로 임시적으로 일하는 것이 아니라, 모든 팀 구성원을 공식적으로 인사 발령을 내려서 전일제로(종종 영구적으로) PM과 물리적으로 같은 장소에서 함께 일하도록 하는 것이다. 이 팀 구조는 중량형 팀 구조와 달리 PM을 중심으로 구성된 팀원들과 기능부서 간 연결된 실선이 보이지 않는다. 이것은 자율형 팀원은 기능 관리자(FM)로부터 완벽히 독립되어 오로지 PM을 통해서만 평가 및 보상 받음을 의미한다. 자율형 팀의 PM은 중량형 PM과 마찬가지로 조직 내 고위 관리자가 맡기 때문에 모든 부서의 자원을 완벽히 통제할 수 있는 권한이 있다. 또한 자율형 팀은 본질적으로 '백지'와 같은 것으로, 조직의 기존 관행 및 절차의 준수를 강요받지 않고 팀 고유의 행동 규범, 인센티브, 보상 정책을 수립하는 것이 허락된다. 이처럼 막강한 자유와 권한이 주어지는 대신 프로젝트의 최종 결과에 대해서는 철저히 책임을 져야 한다. 이 팀 구조의 최대 강점은 '집중'으로 팀 구성원과 PM이 하는 모든 행동은 프로젝트를 성공시키는 데 집중되어 있다. 그래서 자율형 팀 구조는 신속하고 효율적인 신제품 및 신 공정 개발에 탁월하기 때문에 돌파구 마련 프로젝트(breakthrough projects)나 주요 플랫폼 프로젝트에 적합하다. 그러나 이 팀 조직은 프로젝트가 완료된 경우 조직 내로 다시 흡수시키기 힘들어서 대부분 조직 내 독립된 부서로 계속 남아있거나 스핀 오프(spin off)하여 자회사가 된다.

9-4 혁신의 글로벌화와 조직 구조

다국적 기업은 생산, 유통, 판매, 서비스, 금융, 투자뿐만 아니라 혁신 활동도 여러 나라에서 이루어지고 있다. 따라서 여러 나라에 산재한 혁신 활동을 어떻게 조직화하느냐가 큰 관건인데, 앞서 살펴본 집중화와 탈집중화의 장점과 단점 사이에서 갈등하는 경우가 많다. 해외시장은 시장별 제공하는 정보 및 자원이 다양하고 제품에 대한 니즈와 사업 운용 규범 역시 매우 다채롭다. 이 같은 사실을 고려한다면 다국적 기업은 지역시장이 제공하는 차별화된 정보를 활용해서 지역시장에 맞춤화한 혁신 조직, 즉 탈집중화된 조직을 갖는 것이 바람직해 보인다. 그러나 다국적 기업의 가치 창출 잠재력은 하나의 기술혁신을 여러 나라에서 활용할 수 있다는 데 있다. 그런데 탈집중화 혁신 조직은 개발자들이 자기 시장에 맞춤화하는 것에 익숙해져서 다른 시장에서 개발된 것을 받아들이려 하지 않을 뿐만 아니라 다른 시장의 혁신부서와 혁신 결과물을 잘 공유하려 들지 않는다. 이 같은 이유로 혁신 활동을 지역마다 완전히 독립적으로 자유롭게 하도록 허락한다면 다국적 기업은 가치를 창출할 기회를 잃어버리게 된다. 이 같은 문제를 인식하고 크리스토퍼 바틀렛(Christopher Bartlett)과 수만트라 고샬(Sumantra Ghoshal)은 글로벌 혁신을 조직화하는 주요 전략 네 가지를 제시하고 각 전략의 장점과 단점을 설명했다.[25] 우리는 이들의 연구 결과를 통해서 개별 기업이 처한 상황에서 혁신을 글로벌화할 때 어떤 조직 유형을 선택하는 것이 바람직한지 살펴보고자 한다.

글로벌 센터

글로벌 센터(center for global)는 모든 혁신 활동이 중앙(hub)에서 집중적으로 일어난다. 중앙에서 만들어진 혁신은 글로벌하게 확산된다. 이처럼 혁신 활동의 집중화를 위해서는 다음과 같이 관리되어야 한다.

1. 기능별과 프로젝트별로 발생되는 모든 R&D 활동을 엄격하게 조정한다.
2. 해외 부서 간에 R&D 활동이 중복되지 않도록 함과 동시에 R&D 활동의 전문성과 규모의 경제를 확보한다.
3. 핵심역량을 개발하고 보호한다.
4. 개발된 혁신이 표준화되어 기업의 모든 해외 부서에서 실행될 수 있도록 한다.

글로벌 센터 조직 구조를 선택하는 경우는 (1) 기술 진화 방향에 대해 강력한 통제를 원할 때, (2) 기술 보호에 대해 우려가 심할 때, (3) 분산된 기술 개발 노력이 비효율적이기 쉽고 기술 변화에 빠른 대응이 필요할 때이다.[26] 물론 이 구조는 지역시장의 다양한 수요에 반응하기 어렵다는 단점이 있다. 게다가 지역시장을 위해 일하는 해외 R&D 지사는 중앙에서 개발된 혁신을 채택 및 홍보하는 데 저항할 수 있다. 결국, 중앙에서 개발된 혁신은 지역시장의 요구에 맞지 않아서 빠르고 효과적으로 확산되지 않을 수 있다.

지역 센터

지역 센터(local for local)는 글로벌 센터와 반대 개념으로 해외 R&D 지사는 지역시장의

---

25 Bartlett, C. and Ghosal, W. (1990). "Managing innovation in the transnational corporation," in *Managing the Global Firm*, eds. Bartlett, C. Doz, Y., and Hedlund, G. Routledge, London and New York.

26 Rugman, A. (1981). "Research and development by multinational and domestic firms in Canada," *Canadian Public Policy*, 7(4): 604~616.

요구에 대응하는 혁신을 창출하기 위해 지사 차원에서 자원을 활용한다. 이 조직 구조의 장점은 지역시장의 다양한 정보와 자원을 얻을 수 있고 지역시장의 요구와 입맛에 맞게 혁신을 조정할 수 있다는 것이다. 지역 센터 조직 구조를 선택하는 경우는 (1) 해외 R&D 지사의 자율성이 매우 높을 때, (2) 지역시장의 차별성이 매우 높을 때이다. 당연히 이 구조는 글로벌 센터가 가지고 있는 규모의 경제, 효율성, 일사 분란한 대응, 강력한 혁신 보호와 같은 장점을 얻을 수 없다.

시간이 지나면서 다국적 기업은 글로벌 센터와 지역 센터가 갖는 이점을 모두 얻기 위한 시도를 했으며, 그 결과 아래와 같은 두 가지 변종을 개발하였다.

지역 활용 센터

지역 활용(locally leveraged) 센터는 해외 R&D 지사를 중심으로 지역시장의 요구에 맞춰 혁신을 창출하지만 개발된 혁신은 기업이 활동하는 모든 나라에 보급시킨다. 지역 활용 센터에서 나온 혁신을 성공시키기 위해서는 국제적 브랜드 관리자의 역할이 매우 중요하다. 이 역할을 책임지는 사람은 신제품의 이미지와 포지셔닝의 일관성을 유지한 채 여러 나라에 보급시켜야 한다.[27] 따라서 지역 활용 센터는 기업이 진출한 해외시장이 유사한 요구를 가지고 있을 때 매우 효과적이다.

글로벌 연결 센터

글로벌 연결(globally linked) 센터는 탈집중화된 해외 R&D 지사들이 서로 연결되어 있는 구조이다. 이 조직 구조에서 해외 R&D 지사는 지역시장에서 제공하는 자원과 인재를 활용하여 혁신을 한다는 점에서는 지역 활용 센터와 마찬가지로 지사가 탈집중화되어 있다. 그러나 글로벌 연결 센터는 지역별 목적 중심의 혁신을 수행하기보다 전사적 목적에 맞춰 해외 지사의 역할이 글로벌하게 조정된다. 물론 지사별 글로벌 조정 시 지역시장의 특성을 반영하여 역할을 부여한다.

어떻게 해외 지사의 역할을 글로벌하게 조정하는지 다국적 자동차 제조업체로 예를 들어 보자. 유럽은 소형차가 발달되었기 때문에 유럽 R&D 지사에 유럽 시장에 맞춤화된 소형차 개발의 역할을 일임한다. 물론 유럽 지사에서 개발된 소형차는 이후 미국, 캐나다, 남미 등지에서 팔릴 계획이다. 동시에 미국 R&D 지사에는 자동차 제조 공정의 효율성 개선

---

[27] Golder, P. (2000). "Insights from senior executives about innovation in international markets," *Journal of Product Innovation Management*, 17(5): 326~340.

을 위해 다른 제조업체와의 협력 R&D 활동을 일임한다. 역시 미국 지사에서 개발된 제조 신공정은 전 세계에 보급될 것이다. 이처럼 글로벌 연결 센터 방식은 혁신 활동을 통해 축적된 학습 내용이 전사 차원에서 글로벌하게 확산될 수 있으며, 글로벌 자원을 이용 및 통합하는 데 매우 강력한 구조이다. 그러나 이를 위해서는 글로벌하게 흩어져 있는 지사 간에 높은 수준의 조정이 필요하기 때문에 시간과 돈이 많이 든다는 단점이 있다.

9-5 조직 문화와 혁신

조직 문화(organizational culture)란 사업장 내 구성원 대부분이 공유하는 일련의 가치(values), 이해(understandings), 사고방식(way of thinking)을 의미한다.[28] 이 정의를 확대 해석하면 혁신 문화(culture of innovation)는 점진적, 돌파구적, 급진적 혁신을 성취하기 위해 사람들로 하여금 참여와 열정을 기르고, 위험을 무릅쓰고, 도전하게 하며, 독립적인 사고를 격려하는 것이다.[29] 3M, 애플, 구글과 같은 기업은 혁신적인 문화와 직원들의 높은 자유로 유명하다. 그래서 많은 기업이 그들 문화의 하나 또는 두 개의 속성을 베껴보지만 쉽게 그 기업들처럼 혁신적으로 변하지는 않는다. 결국 중요한 것은 혁신 문화에 영향을 주는 속성을 정확히 이해하는 것이다.

혁신 문화의 속성에 대한 연구는 오랫동안 꽤 많았는데, 여기서는 몇 가지 주요 연구를 바탕으로 강력한 일관성을 가지고 제시되는 속성 일곱 가지와 각 속성을 구축하는 방법을 〈표 9-2〉에 정리했다.

---

28 Bartton, J. and Gold, J. (2003). *Human Resource Management: Theory and Practice*, 3rd edt., p. 485, Palgrave Macmillan, Basingstoke.

29 Rao, J. and Weintraub, J. (2013). "How innovative is your company's culture," MIT Sloan Management Review, 54(3): 29~37.

혁신 문화의 일곱 가지 속성과 구축 방법

표 9-2

No	속성	각 속성 구축 방법
1	소비자 중심	• 해당 소비자 니즈에 온통 초점을 맞춘다. • 소비자 니즈의 정의 방법을 종업원에게 훈련시킨다.
2	새로운 아이디어에 개방적	• 기업 가치와 선호하는 행동을 정의한다. • 높은 수준의 신용을 형성한다. • 적절한 수준(지나치지 않는)의 통제를 사용한다. • 지속적으로 실험을 활용한다.
3	효과적인 교차기능 팀(cross-functional teams)	• 창조적인 사람을 고용하고 함께 일한다. • 다른 기능 부서원들로 구성된 협력적이고 다양한 팀을 만든다. • 혁신에 필요한 시간을 확보해준다. • 효과적인 의사소통을 확립 한다. • 창의적인 관심 커뮤니티를 만든다.
4	잘 정의된 과정	• 아이디어를 발생시키는 방법을 구축한다. • 비용이 아니라 성장에 초점을 둔 아이디어를 선택한다. • 유연하지만 빠른 실행 과정을 둔다.
5	위험에 대해 관용적	• 위험 회피를 적극적으로 하지 않는다. • 비난 보다 학습에 초점을 둔다.
6	보상과 인정	• 도전적 프로젝트에 참여할 수 있는 기회를 제공한다. • 인정은 충분히, 규칙적으로 한다. • 적절한 보상을 해준다.
7	적절한 리더십	• 혁신에 대한 분명한 비전을 제시한다. • 적절한 경계를 설정하고 구조를 선택한다. • 임원진의 후원과 참여를 보여준다. • 많은 시간을 투자해서 혁신에 대한 헌신을 보여준다.

자료: Wanger, K. Taylor, A. Zablit, H. and Foo, E.(2014). *The Most Innovation Companies: Breaking Through is Hard to Do*, Boston Consulting Group Report. ; Rao, J. and Weintraub, J.(2013). "How innovative is your company's culture," *MIT Sloan Management Review*, 54(3): 29~37. ; PwC Consultants(2013), Breakthrough Innovation and Growth, Available at: www. pwc. com/gx/en/innovationsurvey ; Rao Barsh, J. Capozzi, M. and Davidson, J.(2008). "Leadership and innovation," *The McKinsey Quarterly*, 20(1): 37~47.

[사례연구] 일렉트로룩스, 혁신의 글로벌화

2012년 1월 중순 일렉트로룩스(Electrolux) 스웨덴 스톡홀름 본사에서 시장지향혁신 부사장인 안톤 룬드베르그(Anton Lundberg)와 혁신운영 부사장인 요아킴 라스크(Joachim Rask)가 기업의 혁신 계획에 대해 브레인스토밍을 하고 있었다. 그들은 전 세계 운영 관리자들에게 다음과 같이 말했다.

"우리는 두 가지 걱정으로 고심하고 있다. 첫째, 혁신의 보급라인을 개선하기 위해서 지역 간, 기능 간 협력을 활성화시키기 위해 어떻게 해야만 할까? 둘째, 회사 내 모든 사람이 변화를 위협이라고 보기보다 기회라고 인지할 수 있도록 만드는 혁신 문화를 어떻게 형성할 수 있을까?"

회사의 혁신을 책임지는 룬드베르그와 라스크가 갖고 있는 두 가지 걱정거리에 대해서 여러분도 같이 생각해보자. 그 전에 가정용 주방 및 가전산업의 특성, 일렉트로룩스의 배경 및 역사, 일렉트로룩스의 혁신 활동, 룬드베르그와 라스크 이전의 문제점 등을 살펴보자.

가정용 주방 및 가전 산업 특성

가정용 주방 및 가전 산업은 2013년 글로벌 기준으로 2천2백5십2억 달러의 가치를 보유한다. 2008~2013년 동안 이 산업의 성장률은 0.1%까지 내려갔으며, 다음 5년인 2013~2018년 동안 연간 성장률은 4.1%로 개선될 것으로 내다보았다. 지난 5년간의 침체는 세계적 경기 후퇴 때문이며, 목전에 임박한 도약은 세계 경제의 회복 때문이다. 산업 수요가 선진시장뿐만 아니라 신흥시장에서도 나아지고 있으며, 에너지 효율 제품에 대한 수요 증가 덕택에 이득을 볼 것으로 기대된다. 또한 스마트폰을 이용하여 주방 및 가전 제품을 원거리에서 조정 가능한 IoT 기술 때문에 매출이 신장될 것이다. 한국의 LG전자와 미국의 월풀(Whirlpool)은 가전에 IoT 기술을 도입해서 각각 'SmartControl'과 '6th Sense Live'라는 기능을 소개했다.

이 산업의 주요 변화는 제조 활동이 선진국에서 신흥국가로 이동했다는 것이다. 선진국은 높은 생산비용, 단위당 판매가격 인하, 높은 선진시장 침투율로 한계에 도달하자 많은 선진기업은 제조원가가 낮은 나라로 제조 설비를 옮겼다. 이 같은 생산 설비의 이동 때문에 선진기업은 새로운 핵심 활동이 된 R&D , 판매, 마케팅에 집중할 수 있게 되었다. 결국 대부분의 비용은 변동비가 차지하고 고정비는 총비용의 20% 이하가 되었다.

이 산업에서 기업의 목표는 규모의 경제를 획득하는 것이다. 왜냐하면 규모의 경제는 매출, 시장점유율, 이윤폭을 증가시키기 때문이다. 그리고 인수는 일반적이 되었다. 많은 기업이 안전한 경제와 위험분산을 위해 조인트벤처를 통해 제조와 R&D 활동을 하고 있다. 그리고 top 5 기업이 세계 시장점유율의 33.1%를 차지하고 있다. 시장 집중도는 지역마다 다양하여, 예를 들면 미국은 top 4 기업이 시장점유율의 90%를 차지한다.

일렉트로룩스: 배경 및 역사

스웨덴 스톡홀름 기반의 두 기업 Electromekaniska와 AB Lux가 1919년 합병한 결과 일렉트로룩스가 탄생하였다. 일렉트로룩스는 가정용 가전제품을 만드는 회사로 2012년 기준 1백6십3억 달러의 매출과 6만 1천 명의 종업원을 가진 글로벌 기업이다. 12개 유형의 제품을 생산하는데, 전자레인지, 오븐, 식기세척기, 냉장고, 냉동기, 에어콘, 세탁기, 건조기, 믹서기, 다리미, 커피 메이커, 진공청소기를 포함하며, 이외 식품 서비스 장비와 세탁 장비들도 판매한다. 일렉트로룩스의 비전은 '지속적인 기술 개발을 통해 좀 더 효율적이고 저렴한 가전을 제공함으로써 소비자, 종업원, 주주들에게 인정받는 세계 최고의 가전회사가 되는 것'이다.

이 회사의 제조운영은 공급업체가 생산한 부품의 조립을 주로 담당한다. 부가가치를 내는 제조공정으로는 금속가공, 플라스틱 주물, 페인팅 및 에나멜 작업이 있으며, 전 세계 소매판매는 독립된 유통업체로 구성된 글로벌 네트워크를 통해서 이루어진다. 2007년까지 일렉트로룩스 판매 약 50%를 유럽 시장이 차지했었다. 2008년 이 회사는 프리미엄 분야에서 일렉트로룩스라는 브랜드로 북미에 진출하는 한편, 그때까지만 해도 북미에서 가장 큰 브랜드였던 Frigidaire(일렉트로룩스의 미국 자회사)를 재진출시켰다. 또한 빠르게 성장하는 라틴아메리카와 동남아 시장의 지사들을 통합하고, 세계적 규모의 경제를 활용하는 한편 지역별 요구에 맞춤화된 제품을 출시했다.

인수(acquisition)는 이 기업 성장의 중요한 요소로 예를 들면, 2011년 8월 칠레의 Compañia Tecno Industrial S.A(CTI)와 같은 해 9월 이집트의 Olympic Group의 인수를 통해 빠르게 성장하는 라틴 아메리카와 중동 시장에서 선도적 지위를 얻게 되었다. 2012년경 일렉트로룩스는 매출의 70%를 유럽 밖에서 거뒤들였다.

이 회사는 다음과 같은 네 가지 장기 성장 전략이 있다. (1) 성장 시장에 투자하라. (2) 이익을 발생시키는 핵심 시장에 시장점유를 유지하라. (3) 글로벌 규모 및 범위의 경제를 활용하라. (4) 혁신을 통해서 유익한 성장 조건을 만들어라. 일렉트로룩스는 이중 보고의 특성을 갖는 매트릭스 조직(운영 관리자는 지역의 장과 부서의 장 둘에게 보고해야 함)을 통해 성장 전략을 실현시키고자 했다. 제품은 주요 가전, 소형 가전, 전문가용 가전 이렇게 세 부문으로 구분되며, 지역은 EMEA(Europe, the Middle East and Africa), 북미, 아시아 태평양, 라틴 아메리카로 구분된다.

운영은 일곱 개의 사업 섹터—식품 준비 제품, 식품 보존 제품, 접시 케어 제품, 섬유 케어 제품, 홈 케어 제품(앞의 다섯 개 사업 섹터는 주요 가전에 포함함), 소형 가전, 전문가용 가전—로 조직되어 있다. 각 섹터는 원료공급과 제조활동을 포함하며, 이익에 대해 독립적으로 책임을 진다. 모든 섹터가 재무, 법무, HR, 마케팅 및 브랜딩, 기술, 디자인, 커뮤니케이션과 같은 부서의 업무를 공통적으로 지원받는다. 각 사업 섹터는 자신만의 이사회를 갖는다.

제조는 현지화(localized)되어 가능한 지역시장에 가까이 다가가려 하나, 규모의 경제를 활용하기 위해 2009년 가장 큰 사업 섹터인 '주요 가전' 안에 제품 개발, 구매, 제조에 대해 글로벌한 통제 및 책임을 지는 조직을 만들었다. 그 조직 이름은 'Global Major Appliances Leadership Team(MALT)'이고 2011년 10월부터 이 조직에 사장, 재무이사(CFO), 기술이사(CTO), 구매 및 제조 이사, 일반 법률 고문, HR이사가 포진하여, 주요 가전 사업과 관련된 이슈 및 기회를 명확히 하고, 모든 의사결정의 최종 권한을 가지도록 했다. 특히 1십억 스웨덴 크로나가 넘는 재정지출을 결정할 때는 MALT에서 한다.

일렉트로룩스는 지역 다각화를 했는데, 2012년 말 기준 19개 나라에 59개의 제조 시설을 운영했다. 이처럼 전 세계로의 진출 덕택에 규모의 경제를 달성하여 비용 리더십(cost leadership)을 확보할 수 있었다. 일렉트로룩스는 AEG, Frigidaire, Chef, Kelvinator, Eureka, Westinghouse와 같은 25개 이상의 글로벌 브랜드를 가지고 있다.

일렉트로룩스에서의 혁신

1920년대 일렉트로룩스의 혁신은 영업기술에서 나타났다. 영업사원들은 스웨덴 도시의 가정에 임의 방문 전화를 걸어 일반적으로 늦은 저녁 또는 주말과 같이 식구들이 모두 자리에 있을 때 방문했다. 그들은 손수레에 회사 제품을 실고 다니면서 사람들 앞에서 제품 사용법을 보여주었다. 예를 들면 진공청소기를 사용해서 집안 곳곳에 있는 먼지를 없애는 방법을 보여주는 식이었다. 이처럼 제품을 직접 노출시킴으로써 가장과 주부 양쪽에 제품의 혜택을 설득시킬 수 있었으며, 덕택에 영업사원은 예외 없이 현장 주문을 확보할 수 있었다. 이 영업기술은 진화해서 몇 년 후에는 '직접판매(direct sales)'라는 이름이 붙여져 가전산업뿐만 아니라 전 세계 여러 제품 유형에 퍼지게 되었다.

일렉트로룩스는 기술, 비즈니스 모델, 시장세분화와 같은 경영의 여러 측면에서 다른 모습을 보여주고자 했다. 예를 들면 2002년 회사는 자사의 핵심 세분시장인 중가시장 이외 선진국의 고가시장과 신흥국의 저가시장에 진출하기로 결정했다. 따라서 유럽의 중가시장에 맞추어져 있는 제품의 내구성은 고가시장에서는 제품의 디자인을 더 강화시키고 저가시장에서는 제품의 가격을 저렴화시켰다. 그리고 사업부서마다 '고객 이해 팀(customer insight team)'라고 불리는 조직을 만들었으며, 팀 구성원은 주로 시장조사자들로 고객의 가정에서 몇 시간 씩 머무르면서 고객의 가전 사용방법을 관찰하고 기록했다. 이로 인해 비즈니스의 중심이 기술자와 회계사에서 고객으로 이동하게 되었다.

거의 비슷한 시기에 일렉트로룩스는 저원가 국가들로 생산기지를 재배치하기 시작했고, 제품 믹스를 합리화시켰으며, 제품 플랫폼의 숫자를 줄여서 글로벌

배치를 전보다 쉽게 만들었다. 즉 이 같은 조치로 부품의 표준화가 가능해졌고, 제품 모델 수가 줄어들었고, 생산을 전보다 단순화시켰으며, 품질을 개선시켰다. 회사는 저원가 국가로부터 공급을 늘리고 공급업체 수를 전반적으로 줄였다.

일렉트로룩스의 혁신 여정에서 중요한 지점은 2003년 일렉트로룩스 디자인 랩(Electrolux Design Lab)을 만들어 해마다 디자인 대회를 개최한 것이다. 이 대회는 전 세계 디자인 전공 대학생과 대학원생을 초대하여 '미래' 가전에 대한 혁신적 아이디어를 발표하게 했다. 대회에서 1등한 학생에게는 5천 유로의 상금과 일렉트로룩스에서의 6개월 유급 인턴십을 제공했으며, 2등에게는 3천 유로의 상금을 3등에게는 2천 유로의 상금을 제공했다. 이후로 이 대회는 매년 디자인 분야의 최고 인재를 채용하는 주요 원천이 되었다.

2011년 6월 룬드베르그(Lundberg)와 라스크(Rask)는 혁신계획을 함께 조정하고 있었는데, 이 둘은 회사의 혁신 목적과 관련해서 두 가지 과제를 제시했다, 첫째는 회사의 핵심 사업(예: 전문가용 제품, 냉장고, 진공청소기)의 보호 및 확장이었고, 둘째는 새로운 제품 유형에서 나오는 신성장을 촉발시키는 것이었다. 과제를 해결하기 위해 이 둘이 가장 먼저 한 것은 중심에 소비자를 놓고 세 가지 이슈, 즉 전략 개발, 기회 활성화, 조직적 참여를 해결하는 혁신 과제 프레임워크를 만든 것이었다. 전략 개발을 위해서 교차섹터(cross-sector) 및 교차기능(cross-functional)의 지원과 함께 소비자에게 혜택을 제공하고 중요한 가치(예: 요리의 즐거움, 건강한 행복, 지속 가능한 삶)를 전달하는 혁신적 아이디어를 탐색하는 영역을 설립했다. 기회의 활성화를 위해서는 각 혁신 기회에 'frontloading(모든 주요 사항을 앞에다 두는 것)'이라는 것에 초점을 두기로 결정했는데, 이는 소비자분석, 제품 기술, 경쟁 역학과 같은 모든 고려요소를 예비테스트(pilot test) 전에 완전히 고려하는 것을 의미한다. 'frontloading'의 이점은 혁신 프로젝트에 관여된 모든 이해관계자의 협력을 확보 및 요구할 수 있다는 것이다. 조직적 참여를 위해서는 혁신의 중요성을 강조하기 위해 내부 커뮤니케이션에 초점을 두었다. 그래서 현신 전략, 혁신 포트폴리오, 혁신 파이프라인, 혁신 성숙 수준과 같은 용어의 공통된 이해를 돕기 위해 혁신 명명법을 개발했다.

동시에 룬드베르그와 라스크는 내부적으로 PACS(products 제품, accessories 부대용품, consumables 소모품, services 서비스)로 알려진 혁신 포트폴리오를 개발하고 각 유형별 3~5년 시장 잠재력을 추정하는 데 이 혁신포트폴리오를 사용했다. 글로벌 혁신 포트폴리오의 목적은 일렉트로룩스에 있는 모든 혁신을 추적하고 투명한 관점을 제공하는 데 있으며, 한편 지역별 또는 기능별 우선순위를 기업의 전략적 목표에 맞게 설정하는 데도 도움을 준다. 모범 사례 중 하나로는 브라질 경영에 있는데, 2008년 이후부터 이 지역 팀은 마케팅, 디자인, R&D 팀과 함께 일하면서 실험을 했으며, 결국 참신한 아이디어를 만들어냈다. 이 모델의 잠재력이 높아 보였고 그래서 2012년 1월 초 일렉트로룩스 '혁신의 삼각형(Innovation Triangle)(마케팅, 디자인, R&D팀이 함께하는 조직 구조)'이라는 모델을 만들어 전 세계 일렉트로룩스에 도입했다(그림 참고). 마케팅, 디자인, R&D 기능 간의 밀접한 협력을 촉진하기 위해 Group Management team에 기술이사(CTO), 마케팅이사(CMO), 디자인이사(CDO)를 두어 삼두정치를 실시했다. 이 목적은 글로벌과 지역수준 양쪽에서 시너지를 활용함으로써 제품 개발을 가속화하는 것이다. '혁신삼각형자문위원회(Innovation Triangle Council)'는 마케팅, 디자인, R&D, 제품 라인의 대표와 지역 및 글로벌 대표로 구성되며, 전부 약 30명이고, 해마다 혁신 과제를 설정하고 거버넌스와 전략적 방향을 제공한다. 자문위원회는 일 년에 네 번 만나서 혁신 과제가 변화에 민첩하고, 모든 사람이 관심을 갖도록 만드는 데 노력한다.

자문위원회가 갖는 캐스케이딩 효과(cascading effect)는 두 가지 방식으로 증명될 수 있는데, 첫째, 자문위원회는 신제품 출시를 위해 그룹 전체에 통일된 기준을 소개한다. 그 예로 소비자 선호도가 패널 테스트에서 70%를 넘지 않으면 그 제품은 시장에 출시될 수 없다는 것이다. 둘째, 자문위원회에서 제공하는 운영 단위 수준의 전략적 목표는 제품을 빠르게 개발 할 수 있을 뿐 아니라 자본 대비 수익(return on capital)을 개선시켜 준다.

위와 같은 모델을 적용해서 설계된 제품의 예로 'UltraCaptic'이라고 부르는 진공청소기가 있다. 2013년 4월에 출시될 계획이었던 이 제품은 청소기를 비울 때 먼지 입자들이 사방으로 날리는 것을 관찰한 시장조사관이 작성한 짧은 노트에서 시작되었다. 이 문제를 해결하기 위해 디자인팀이 제시한 아이디어는 청소기 내에 먼지 압축기를 내장하는 것이었다. 디자인 팀의 아이디어가 포커스 그룹(focus group)에 제시되었고 그 결과 호의적이었다. 다음 R&D팀은 이 아이디어를 받아서 모터 작동과 수동 작동 두 가지 옵션의 압축기를 개발하기 시작했다. 이후 개발된 제품이 포커스 그룹에 다시 제시되었는데, 이때 경쟁사 모델을 포함한 블라인드 테스트를 실시했다. 그리고 70% 룰을 적용하여 출시 제품을 결정했다.

룬드베르그와 라스크 이전의 문제점

일렉트로룩스는 수십 년 동안 인수합병(M&A)을 통해 조직이 성장했다. 따라서 이 회사 경영진들은 사업체를 통합시키는 데 능숙하고 그래서 회사의 경쟁도구로서 '협력(collaboration)'이 간주된다. 그러나 더 높은 수준의 협력 역량이 필요하다. 왜냐하면 첫째, 규모 확장(scaling up) 때문에 종업원은 자기 업무 영역 너머까지도 관심을 가질 필요가 있다. 즉 자신의 사업부 내에서의 좋은 사례를 기꺼이 토론할 뿐만 아니라 다른 사업부의 좋은 사례도 기꺼이 들을 줄 알아야 한다. 이를

<그림> 수정된 혁신 수용 곡선

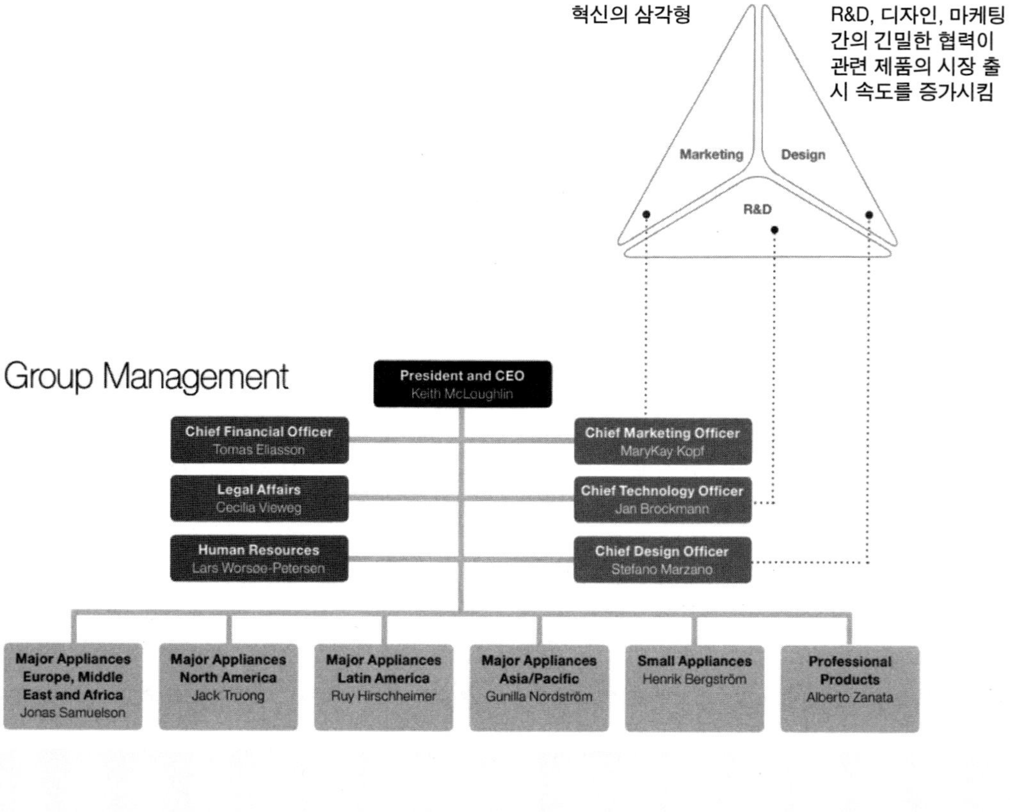

위한 선행조건으로는 내부 투명성이 요구된다. 투명성 확보는 기능별, 지역별, 계층별 고립(silos)이 존재하는 경우 엄청난 도전이 된다. 두 번째 이유는, 기업은 개선을 위한 아이디어 발굴은 잘하나 올바른 아이디어를 선택하고 아이디어를 제품화하는 방법의 발견은 제도화해야 할 필요가 있기 때문이다.

2000년 중반에 일렉트로룩스는 세탁기에서 소비자의 가장 큰 걱정인 주름을 해결할 수 있는 회전식 건조기를 개발했다. 이 건조기는 다리미의 필요성을 줄이거나 아예 필요 없는 특별한 기술을 결합시켰다. 높은 시장 잠재력에도 불구하고 회전식 건조기의 매출은 좋지 않았는데 그 이유는 기능부서가 뛰어난 디자인과 소비자에게 혜택을 제대로 전달하는 강력한 캠페인을 함께 통합시키지 못했기 때문이다. 이 결과 룬드베르그와 라스크는 개인 간뿐만 아니라 사업부 간의 협력의 수월성을 확보하는 플랫폼을 만드는 것이 필요함을 깨달았다.

한편, 일렉트로룩스에서 변화가 위협이 아니라 기회라는 것을 인지할 수 있는 혁신 문화를 만드는 노력이 요구되었다. 6만 1천 명의 종업원에게 변화를 향한 긍정적 사고방식을 동시에 생성시킨다는 것은 결코 쉬운 일이 아니다. 개방성과 아이디어의 자유로운 공유가 없는 조직 문화의 특징은 사람들이 고립 속에서 일할 뿐만 아니라 자주 이미 있는 것을 다시 만드느라 시간을 낭비하기도 한다. 이것을 통해 룬드베르그와 라스크는 모든 기능부서와 사업부서 간의 종업원은 상호 학습을 통해 혜택을 얻는 것이 필요함을 알게 되었다.

룬드베르그와 라스크는 향후 어떤 방식으로 전진해야만 할까?

[토론 문제]

1. 가정용 주방 및 가전 산업의 매력도를 어떻게 평가할 수 있는가?
2. 일렉트로룩스가 선택한 혁신의 글로벌화 조직 구조가 무엇인지 여러분이 배운 네 가지 유형 중 가장 비슷하다고 생각되는 하나를 선택하고 그 이유를 설명하라.
3. 룬드베르그와 라스크가 혁신을 책임지기 전에 발생된 문제를 이 둘은 잘 해결했다고 생각하는가? 아니면 부족하다고 생각하는가? 그 둘이 한 혁신 활동을 기반으로 평가하라. 그리고 그렇게 대답한 이유를 설명하라.
4. 서두에서 룬드베르그와 라스크는 두 가지 걱정거리가 있다고 했다. 이 걱정거리를 해결하기 위해 앞으로 이 둘이 해야 할 것들을 제안해보라.

자료: Schaan, J.-L. and Ramasastry, C.(2014). “Electrolux AB: Managing innovation,” Harvard Business Publishing.

10장

신제품 개발

도입 스토리 신제품 출시 전 대규모 무작위 대조 실험 증가

요즘, 신제품 시장 출시를 앞두고 대규모 무작위 대조 실험(randomized controlled trials, RCT)을 이전보다 더 많이 활용하고 있다. 이 같은 실험은 아마존부터 영국 정부에 이르기까지 조직 유형에 상관없이 많은 혜택을 제공한다. 그런데 많은 기업은 실험을 시작하거나 확대하는 것을 어려워하고, 대기업은 이 방법의 효과를 무시하는 경향이 있다.

이 방식이 얼마나 가치 있는지 알기 위해서는 2018년 우버(Uber)의 'Express Pool' 서비스 출시 때를 떠올려보자. 그 당시 우버는 'UberPool'을 운영하고 있었는데, 이 서비스는 다른 서비스와 마찬가지로 승객들이 원하는 곳에서 승차 및 하차를 허용했다. 신제품인 'Express Pool'의 가격은 'UberPool'보다 낮았는데, 이 신서비스는 승차 및 하차를 위해서 고객이 짧은 거리를 걸어야 했기 때문이었다. 2018년 Express Pool의 출시 준비 시 우버는 Express Pool의 성공가능성이 얼마나 되는지, 얼마나 많은 운전자가 이 서비스에 들어올지, 이 서비스가 우버의 생태계에 어떤 영향을 줄지, 걱정이 많았고 이에 답을 얻기 위해 실험을 의뢰했다. 그래서 여섯 거 도시에 Express Pool을 실험적으로 출시한 후 출시하지 않은 다른 도시와 평가매트릭스를 작성해서 비교를 했다. 평가 결과는 Express Pool이 성공적으로 새로운 종류의 여행을 창출했음을 보여줬고, 우버의 기존 제품에 미치는 효과에 대해서도 설명해주었으며, 이 서비스를 출시하는 것이 합리적이라는 것도 명확히 했다. 이로 인해 우버는 Express Pool서비스 출시에 확신을 가질 수 있었다. 사실 이 같은 확신과 통찰력을 준 발견들은 실험 없이는 불가능했다.

이처럼 신제품 및 혁신의 출시를 앞두고 대규모 무작위 실험을 한 기업은 우버(운송 공유 플랫폼), 에어비앤비(Airbnb)(숙박 공유 플랫폼), 로버(Rover)(애완동물 관리 서비스 플랫폼), 틴더(Tinder)(소셜 디스커버리 앱)와 같은 온라인 기업뿐만 아니라 오프라인 기업인 레스토랑 등에서도 널리 활용되고 있다.

다음은 신제품 출시를 앞둔 기업이 의사결정에 도움을 얻기 위해 대규모 무작위 대조 실험을 채택했을 때 따라야 할 가이드라인이다.

1. 자사에 가장 중요한 평가 지표를 결정하고 평가 지표가 어떻게 움직일지 가설을 세워라.
2. 제품을 출시할 시장(예: 지역, 도시, 프랜차이즈)의 무작위 소집단을 결정하라.
3. 신제품이 시장에서 먹히는지 아닌지를 추적할 뿐만 아니라 기존 제품에 어떤 영향을 미치는지도 알아보라.
4. 왜 신제품이 성공 또는 실패했는지를 확실히 이해하라.

자료: Fossett, J. Gilchrist, D. and Luca, M.(2018). "Using experiments to launch new products," *Harvard Business Review Digital Article*, November 5.

기업이 지속적으로 생존하고 발전하기 위해서는 작곡가 또는 예술가가 새로운 작품을 선보이듯이 수익의 원천인 신제품 및 신 서비스를 지속적으로 출시해야 한다. 그런데 50% 이상의 기업 매출이 과거 5년간 출시되었던 제품에 의존하고 있고, 95% 이상의 신제품 개발 프로젝트가 경제적 이득을 기업에 돌려주지 못하고 있다. 이러한 이유 때문에 많은 연구가 어떻게 하면 빠르고, 효과적이고, 효율적으로 신제품을 개발할 수 있을지에 대한 질문에 답하고자 했으며, 본 장에서도 동일한 질문에 대한 답을 살펴보고자 한다. 먼저 신제품을 단 하나로 정의하기 어려운 점을 설명하고자 한다. 제품이 가진 다양한 차원 때문에 신제품은 여러 유형으로 분류되고 정의될 수밖에 없다. 여기서는 가장 보편적으로 활용되는 신제품의 분류와 정의를 살펴볼 것이다. 그리고 신제품을 성공적으로 개발하기 위해서 반드시 달성해야 할 목표에 대해 알아보고 빠르고, 효과적이고, 효율적인 신제품 개발을 위한 다양한 방법을 소개할 것이다. 또한 신제품 개발 시 많이 활용하는 프로젝트 챔피언의 장점과 단점에 대해 설명하고 마지막으로 신제품 개발의 성패에 영향을 주는 요소에 대해 검토하고자 한다.

10-1 신제품의 정의

무엇이 신제품이고 신제품이 아닌지를 정의하는 일은 생각보다 쉽지 않다. 소니의 '워크맨(Walkman)'은 신제품인가, 아니면 기존 기술을 단지 새롭게 포장했을 뿐인가? '장기보존 우유(long-life milk)'는 어떤가? 사실 이 제품은 유럽에서는 오랫동안 소비되었지만 미국 소비자에게는 상대적으로 새로운 개념이었다. 미국 소비자는 냉장 보관된 우유만을 봐왔기 때문에 실온에 보관된 우유를 처음 접했을 때 완전히 새롭게 느꼈을 것이다. 또 다른 예로 글락소스미스클라인(GlaxoSmithKline)의 '루코제이드(Lucozade)' 음료가 있다. 오늘날 이 제품은 스포츠 음료로 알려졌지만 처음 출시했을 때는 감기환자를 위한 의료용 약품이었다. 스포츠 음료로 새롭게 출시된 루코제이드는 신제품인가, 아닌가? 이처럼 신제품 정의가 쉽지 않은 이유는 제품의 다차원적 특성 때문이다. '다차원적'이라는 것은 제품에 '신(new)'이라고 붙여줄 수 있는 근거가 다양함을 의미한다. 즉 제품은 기술, 품질 규격, 특징, 가격, 포장, 제품명, 서비스 수준 등 다양한 차원을 가지고 있기 때문에, 이들 중 어느 하나라도 변하면 우리는 '신'제품이라고 정의할 수 있다는 것이다.

오랫동안 신제품을 정의 및 분류하려는 많은 노력이 있어 왔으며, 여기서 저자는 가장 보편적으로 수용되는 분류기준을 소개하고자 한다.

세계 최초 제품

이 유형은 출시된 모든 신제품 중 가장 적은 부분을 차지하는데, 세계 최초이고 신시장을 창출한다. 이 제품은 새로운 발견, 기존 기술의 특이한 방식 조작, 혁명적인 신설계와 같이 상당히 진보된 기술을 담아낸 것이다. 대표적인 예로 다이슨(Dyson)의 진공청소기, 애플(Apple)의 아이패드, 3M의 포스트잇, 기네스(Guinness)의 인-캔 시스템(in-can system)(맥주 캔 바닥에 플라스틱 디스크를 삽입하여 캔을 열면 질소가 방출되도록 만든 기네스 특유의 거품을 만들어내는 시스템)이 있다.

기업 최초 제품(신제품 라인)

시장에서는 새롭지 않지만 특정 기업한테는 새로운 제품이 여기에 해당된다. 이 제품은 기업이 기존 시장에 최초로 진입할 수 있는 기회를 제공한다. 대표적인 예로 구글, 소니, MS는 스마트폰 시장 선도자인 애플, 삼성과 경쟁하기 위해 스마트폰 시장에 진출했는데, 이때 스마트폰은 구글, 소니, MS에게 기업 최초 제품이 되는 것이다.

기존 라인 추가 제품

기업이 특정 시장에 제품 라인을 이미 형성하고 있지만 이 유형에 해당되는 신제품은 기존 제품이 제공하는 것과 많이 다르다. 그렇다고 이 제품을 새로운 라인이라고 말하기에는 기존 라인 제품과의 차이가 충분치 않다. 대표적인 예로 휴렛패커드(HP)의 '컬러 잉크젯 프린터'는 기존 '잉크젯 프린터'의 라인 추가 제품이다. 분명히 컬러 잉크젯 프린터는 기존 제품인 잉크젯 프린터가 제공하는 것과 다르지만(흑백이 아닌 컬러를 제공), 컬러 잉크젯 프린터는 잉크젯 프린터 기종의 하나이기 때문에 새로운 제품 라인이라고 말할 수 없다.

개선 및 수정 제품

이 신제품은 기업 제품 라인의 기존 제품을 대체한다. 예를 들면 HP의 잉크젯 프린터를 들 수 있다. 잉크젯 프린터는 시간이 지나면서 많은 수정이 받아들여졌고, 수정 때마다 성능, 신뢰성이 엄청나게 개선되었다. 이 유형은 모든 신제품의 많은 부분을 차지한다.

원가 절감 제품

이 제품 유형은 마케팅 관점에서는 새로운 것으로 간주될 수 없다. 주로 이 제품은 원가 절감 외에는 고객에게 새로운 혜택을 제공하지 않기 때문이다. 그러나 기업 관점에서는 매우 중요하다. 생산 원가 절감과 동시에 유사 성능을 제공하는 능력은 엄청난 부가가치 잠재력을 갖는다. 이 신제품 유형은 많은 경제적 보상을 기업에 제공한다. 개선된 제조 공정과 다른 원료의 사용은 핵심 공헌 요소들이다. 앞의 개선 및 수정 제품과 다른 점은 원가 절감이 제품 개선의 결과가 아니라 목표라는 것이다.

재포지셔닝 제품

이 신제품은 기존 제품을 소비자 인식과 브랜드 형성 관점에서 새롭게 응용하는 것이다. 예를 들면 아스피린이 혈액을 묽게 해준다는 의료 과학적 발견으로 이 제품을 진통제에서 혈전 및 뇌졸중과 심장마비를 예방하는 데 도움이 될 수 있는 처방전이 필요 없는 일반의약품으로 재포지셔닝 할 수 있었다.

〈그림 10-1〉에서 보듯이 애비 그리핀(Abbie Griffin)의 조사에 따르면 평균적으로 기업 내 신제품의 70%는 제품 개선, 원가 절감, 기존 라인 추가 제품, 재포지셔닝 유형에 해당

기업 평균 신제품 포트폴리오 비율

그림 10-1

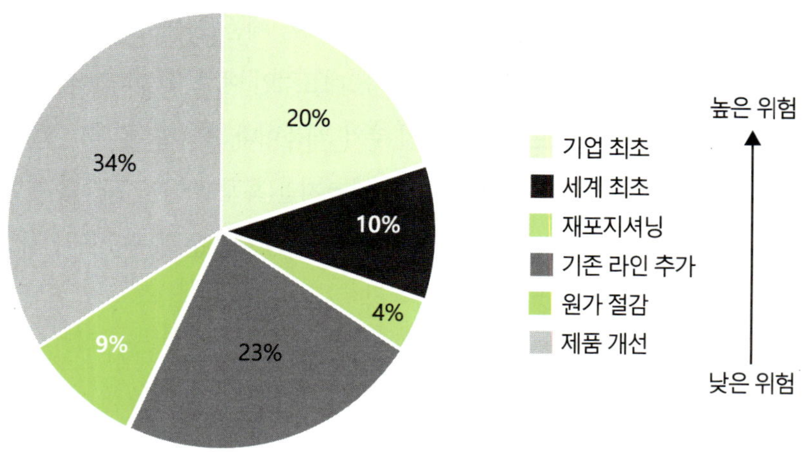

자료: Griffin, A.(1997). "PDMA research on new product development practices: updating trends and benchmarking best practices," *Journal of Product Innovation Management*, 14(6): 429~458.

된다고 한다.[1] 그리고 기업이 감수해야 할 위험의 수준은 기업 최초, 세계 최초, 재포지셔닝, 기존 라인 추가, 원가 절감, 제품 개선의 순으로 낮아진다.

10-2 신제품 개발 과정의 목표

성공적인 신제품 개발을 위해서는 동시에 세 가지 목표를 달성해야 하는데 이 목표들은 때때로 상충된다. 첫 번째 목표는 소비자 요구사항을 최대한 만족시키는 것이다. 이 목표를 달성하지 못해서 실패한 사례로 애플사의 '뉴튼 메시지 패드(Newton Message Pad)'를 들 수 있다. 애플은 PDA(Personal Digital Assistant) 시장의 조기 진입자로서 성능 면에서 탁월한 제품을 선보였었다. 빠른 프로세싱 성능을 가진 ARM610 RISC칩을 제공하고 있었고, 그 당시 앞선 기술인 객체지향적인 운영 시스템(objective oriented operating system)을 사용했으며, PDA 공급업체들이 애플의 아키텍처를 빠르게 차용할 수 있도록 아키텍처 라이선싱도 개방하였다. 게다가 크기, 무게, 배터리의 수명에 있어서도 경쟁업체들의 제품에 비해 월등했다. 그러나 실제 PDA를 사용하는 사용자의 생각은 달랐다. 그들은 스크린은 너무 작은데, 사이즈는 너무 커서 주머니에 넣을 수 없어 불편하게 느꼈고, 글쓰기 인식 소프트웨어(handwriting recognition software)의 결함으로 제품에 대해 신뢰할 수 없다고 생각했다. 소비자의 이런 다른 인식으로 인해 애플의 '뉴튼 메시지 패드'는 결국 시장에서 실패했다.

두 번째 목표는 개발주기 시간(development cycle time)을 최소화하는 것이다. 개발주기 시간은 개발비용과 제품 수명주기의 감소와 관련이 있다. 먼저 개발비용은 시간과 직접 관련이 있다. 개발 시간이 길어질수록 개발 인력에 대한 급여비용뿐만 아니라 자본비용도 증가하게 된다. 또한 비디오게임기(예: 1~8세대)와 같이 제품에 세대(generation)가 있는 경우 시장에 늦게 출시하게 되면 출시한 세대가 금세 진부화되어 개발에 투입된 고정비용을 100% 상각하지 못한 채 소비자는 다음 세대로 이동해버리고 만다. 반면 개발 시간이 짧은 기업은 상대적으로 디자인 결함이 발견되거나 기술 진보 시 수정 및 업그레이드 시간을 경쟁자보다 더 많이 확보할 수 있다. 따라서 개발 시간을 단축시킴으로써 선발자

---

1 Griffin, A. (1997). "PDMA research on new product development practices: updating trends and benchmarking best practices," *Journal of Product Innovation Management*, 14(6): 429~458.

(first-mover)의 이익인 선점효과와 후발자(second-mover)의 이익인 선발자의 실수를 피해갈 수 있는 이익(여기서는 기술의 수정 및 업그레이드를 위한 시간을 더 많이 확보할 수 있는 이익)을 둘 다 누릴 수 있다.

세 번째 목표는 개발비용을 통제해야 한다. 기업은 때때로 소비자가 기대한 것 이상의 제품을 개발해서 시장에 빨리 출시하고자 지나치게 많은 노력을 쏟는다. 그래서 개발비용의 회수가 불가능할 정도로 투자를 하는 경우가 있는 데 이러한 개발 노력의 결과가 매우 높은 성과를 냄으로써 효과적(effective)일 필요도 있지만 투자 대비 적정한 성과를 얻음으로써 효율적(efficient)일 필요가 있다.

이러한 세 가지 목표를 동시에 달성하는 것은 쉽지가 않다. 왜냐면 소비자의 요구사항을 잘 반영하려면 개발 주기 시간이 길어질 수 있고 개발비용도 커질 수 있기 때문이다. 반면 개발 주기 시간을 최소화시키고 개발비용을 엄격히 통제시키다 보면 소비자의 요구를 조사하고 이를 반영하는 과정에 투자를 소홀하기가 쉽기 때문이다. 그러나 성공가능성이 높은 신제품을 개발하기 위해서는 이러한 목표를 동시에 달성할 수 있도록 노력해야 한다. 그러기 위해 신제품 개발을 위한 다양한 방법이 개발되었는데 다음은 그 방법들에 대해 이야기하고자 한다.

10-3 신제품 개발 방법

순차적 대 부분 병렬 개발 과정

1990년대 중반 이전 대부분의 미국 기업은 하나의 개발 단계에서 다른 개발 단계로 진행하는 순차적 개발 과정(sequential development processes)을 주로 사용했다. 이 순차적 개발 과정은 〈그림 10-2〉의 (a)에서 보듯이 한 단계가 끝나야지만 다음 단계로 진행할 수 있기 때문에 설계된 제품이 설계된 공정과 부합하지 않다는 사실을 공정 설계 단계에 와서야 알 수 있다. 결국 제품 설계와 공정 설계를 일치시키기 위해서는 계속해서 두 단계를 왔다 갔다 할 수 밖에 없고 그러다 보면 개발 주기 시간이 길어진다는 단점이 있다.

부분 병렬 개발 과정(partly parallel development process)은 〈그림 10-2〉의 (b)에서 보듯이 콘셉트 개발(concept development)이 완성되기 전에 제품 설계(product design)가 시작되고 제품 설계가 끝나기 한참 전에 공정 설계가 시작되어서 단계 간의 조정이 밀접하게 이루어진다. 즉 부분 병렬 개발 과정은 단계 간 조정의 불일치로 일어나는 반복 과정을 줄

순차적 vs. 부분 병렬 개발 과정

그림 10-2

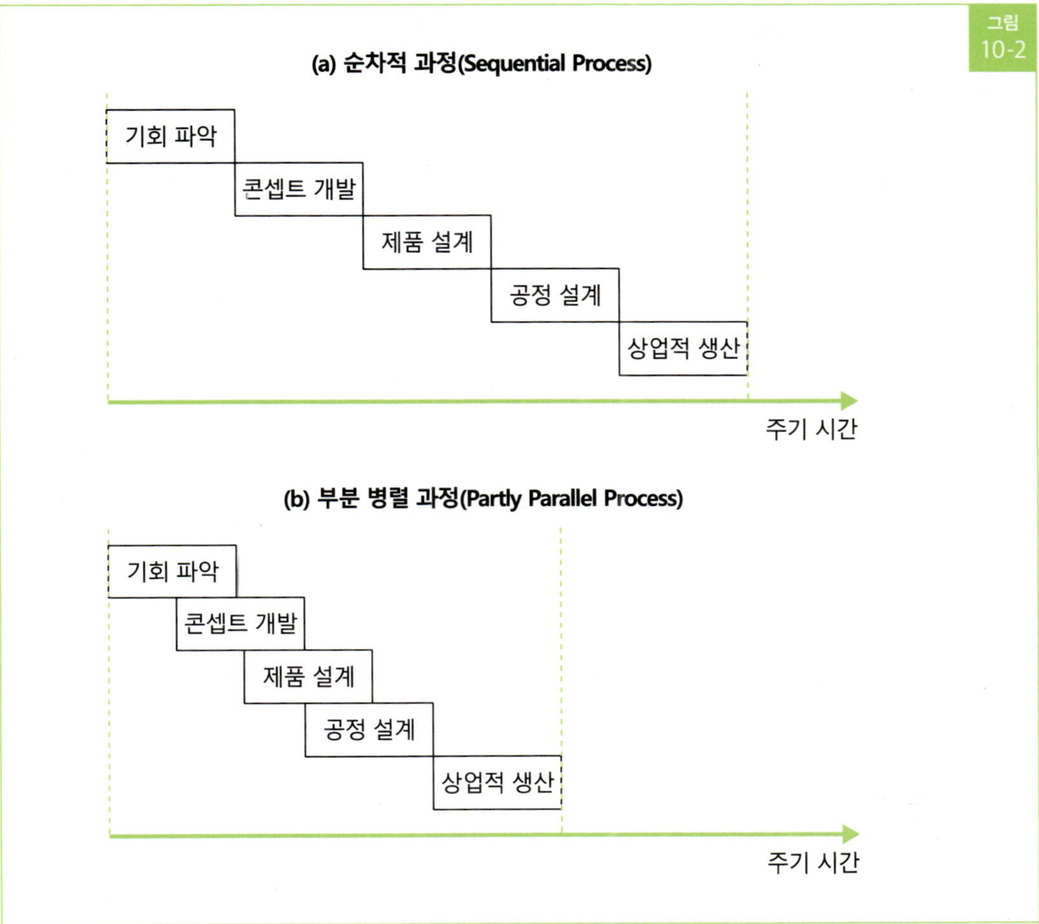

자료: **(a)** Schilling, M.(2017), *Strategic Management of Technological Innovation*, 5th Edition, p.243, McGraw-Hill Education, New York. **(b)** De Meyer A. and Van Hoolard, B.(1990). "The contribution of manufacturing to shortening design cycle times," *R&D Management*, 20(3): 229~239. ; Cooper, R.(1988). "The new product process: A decision guide of managers," *Journal of Marketing Management* 3(3): 238~255.

임으로써 개발시간을 대폭 단축할 수 있다. 이 같은 이유로 많은 기업이 순차적 개발 과정보다 부분 병렬 개발 과정을 채택했다. 그러나 부분 병렬 개발 과정 역시 위험이 따른다. 예를 들어 제품 설계가 시작되었고 거기에 맞추어 공정 설계가 이미 들어갔는데, 갑자기 시장(소비자의 요구)의 변화로 제품 설계를 대폭 바꿔야 한다면 공정 설계도 함께 변화시켜야 하기 때문에 높은 비용의 발생은 불가피하다. 이 같은 상황에서 대부분의 관리자는 높은 비용에 대한 책임을 피하기 위해 시장 조사 결과를 받아들이지 않고 제품 및 공정 설계를 이전 그대로 진행하려는 경향이 높다. 이 같은 문제점은 다음에 설명할 스테이지-게이트 과정을 통해 줄여줄 수 있다.

스테이지-게이트 과정

스테이지-게이트 과정(stage-gate process)은 로버트 쿠퍼(Robert Cooper)에 의해 개발되었으며, 부분 병렬 개발 과정에서 관리자가 변화를 직시했다 하더라도 모든 과정을 동시에 다 바꾸어주어야 하는 위험 때문에 그 변화를 무시하고 프로젝트를 잘못된 방향으로 계속 진행시키는 것을 막아준다. 〈그림 10-3〉을 보면 스테이지와 게이트로 나뉘는데, 각 스테이지에서 프로젝트 팀 리더가 이끄는 교차기능팀(cross-functional team)(여러 부서 사람이 모인 팀)을 구성하여 병렬 활동을 수행한다. 이 활동은 각 게이트에서 프로젝트를 앞으로 진행시킬지(go), 중단할지(kill), 보류할지(hold), 수정해서 다시 진행시킬지(recycle)를 결정하는 데 기준이 되는 시장, 기술, 재정에 관한 생생한 정보를 수집한다.

스테이지 1에서 교차기능팀은 생성된 아이디어 및 프로젝트의 콘셉트를 빠르게 조사한다. 스테이지 2에서는 제품정의, 사업화의 정당성, 다음 단계를 위한 상세 실행계획 등을 포함한 사업화 사례를 구축한다. 스테이지 3에서는 제조 공정, 시장 출시, 운영 계획을 입안한 실제 제품 설계와 개발을 시작한다. 또한 스테이지 3은 다음 단계에서 사용될 테스트 계획을 포함한다. 스테이지 4에서는 신제품을 테스트 하고, 마케팅 및 생산에 대해서도 확인한다. 스테이지 5에서는 제품 출시가 준비되고, 대량생산과 판매가 시작된다.

각 스테이지 전에는 게이트가 존재하며, 모든 게이트는 프로젝트의 품질을 통제하고 효과적 및 효율적인 방법으로 프로젝트를 실행하도록 설계되었다. 게이트들은 기대되는

다섯 단계 스테이지-게이트

그림 10-3

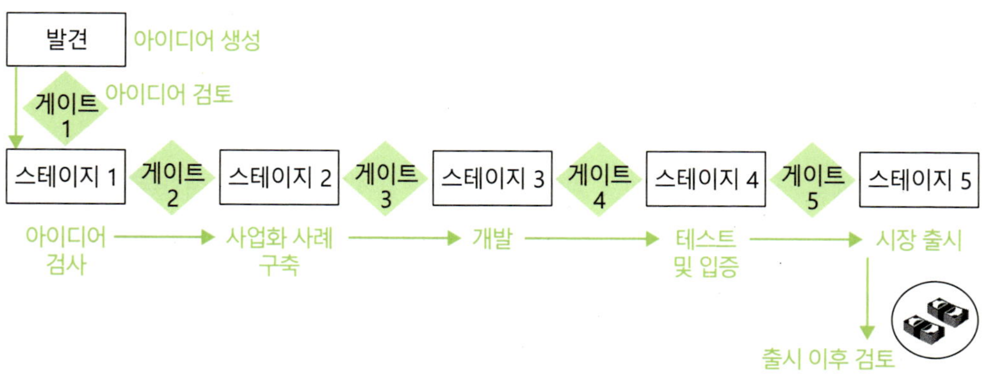

자료: Cooper, R.(2011). "The stage-gate idea to launch system," *Wiley International Encyclopedia of Marketing: Product Innovation & Management* Vol. 5: 248~158, Bayus, B. eds., Wiley, West Sussex, UK.

성과가 낮은 프로젝트를 하나씩 제거하는 깔때기와 같은 역할을 하며, 각 게이트는 세 가지 요소를 갖는다. 첫째, 제공물(deliverables)로 이전 스테이지의 결과로서 게이트 검토를 위한 투입 정보가 된다. 둘째, 기준(criteria)으로 프로젝트의 go 또는 kill을 결정하는 데 사용되는 질문 및 평가 지표이다. 셋째, 결과물(outputs)로 게이트 검토의 결과로서 프로젝트를 go, kill, hold, 또는 recycle 할지에 대한 결정을 포함한다. 이 결과물은 날짜별 실행 계획을 포함하고 다음 게이트를 위한 제공물이 된다.

IBM, Procter & Gamble, 3M, Corning, Exxon, 등 기업들의 약 60% 이상이 그들의 신제품 개발 과정을 관리하기 위해 이 방법을 사용하고 있다. 모든 기업이 〈그림10-3〉처럼 다섯 단계의 스테이지-게이트를 활용할 필요는 없다. 각 기업이 속한 산업의 특성 또는 기업의 특성에 맞춰 확장 및 축소시켜 활용할 수 있다. 그러나 공통적으로 스테이지-게이트 과정은 기업의 개발 시간을 줄여주고, 중단할 필요가 있는 프로젝트를 분명히 밝혀주며, 내부 개발제품의 상업화율을 증가시켜주는 효과가 있다.[2]

애자일 개발 과정

'애자일(agile)'이라는 용어는 1990년대 개발되었던 소프트웨어 설계의 새로운 방식의 표현으로 2001년에 두각을 나타내게 되었다. 이 개념은 점차적으로 하드웨어 프로젝트에도 적용되었다. 애자일 방법의 근본적인 동기는 소비자를 위한 소프트웨어 설계에서 시작되었다. 설계된 소프트웨어에 사용자가 어떻게 반응할지 정확히 예측하는 것이 불가능하기 때문에 소프트웨어는 사양을 미리 규정하기가 어렵다. 또한 시장에 출시한 후 사용자의 피드백을 반영하기 위해서는 오랜 기간의 업데이트와 수정이 필요하다.

애자일 접근법은 처음부터 완전하고 철저한 사양을 규정하려는 시도를 하지 않는다. 대신에 위험한 요소 또는 시제품화에 집중한다. '시행착오'라는 의도된 과정을 사용하여 예비 버전이 시제품화되고 잠재적 및 실질적 사용자들의 검토를 위해 시제품을 출시한다. 그리고 필요한 경우 수정을 하고 나중에 더 완전한 버전으로 통합시킨다. 애자일의 기본 모델은 〈그림 10-4〉에서 보듯이 대개 나선형 모델(spiral model)로 알려졌다. 나선형 모델은 시제품 만드는 것이 쉽고 값싼 소프트웨어 개발에 매우 적합하다.

---

2 Laplante, A. Alter, A. (1994). "Corning, Inc: The stage-gate innovation process," *Computer World*, 28(44): 81.

애자일 개발을 위한 나선형 모델

그림 10-4

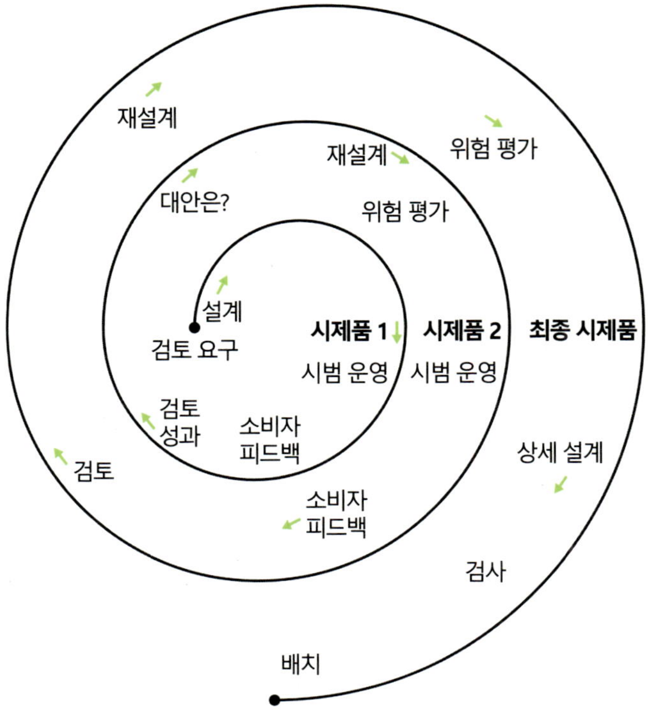

자료: Bohem, B.(1988). "A spiral model of software development and enhancement," *Computer*, 21(5): 61~72.

품질 기능 전개

품질 기능 전개(Quality Function Deployment, QFD)는 일본에서 개발된 방식으로 엔지니어, 마케터, 생산부서 직원들 간의 의사소통과 조정을 향상시키기 위한 과정이다.[3] 〈그림 10-5〉는 자동차 문을 대상으로 품질 기능 전개를 사용한 예를 보여주고 있는데 그림과 같은 매트릭스를 완성시키기 위해서는 아래와 같은 일련의 단계를 통해 이루어진다.

1. 1단계: 소비자 요구사항을 정의한다. 〈그림 10-5〉에서 보면 소비자 요구사항은 (1) 자동차 문 개폐의 편리성, (2) 언덕에서 자동차문이 닫히는 현상 방지, (3) 누수 방지, (4) 도로 소음 차단, (5) 충돌 시 보호 이렇게 다섯 가지로 정의되었다.

---

3 Cristiano, J. Liker, J. and White, C. (2001). "Key factors in the successful application of quality function deployment (QFD)." *IEEE Transactions on Engineering Management*, 48(1): 81~95.

품질 기능 전개의 예: 자동차 문

그림 10-5

	공학기술의 특성	중요성	차문의 무게	경첩의 견고성	차문과 밀폐의 견고성	창문 밀폐의 견고성	경쟁자 A	경쟁자 B	새로운 디자인의 평가
소비자 요구사항	차문 개폐의 편리성	15	9	3			7	4	
	언덕에서 차문이 닫히는 현상 방지	10	3	9			6	7	
	누수 방지	35			9	9	7	6	
	도로 소음 차단	20	1		9	9	4	7	
	충돌 시 보호	20	9				4	7	
공학기술의 특성별 상대적 중요성			365	135	495	495			
디자인 타깃									

자료: Schilling, M.(2017), *Strategic Management of Technological Innovation*, 5th Edition, p.253, McGraw-Hill Education, New York.

2. 2단계: 상대적인 중요성에 따라 소비자 요구사항의 중요도를 평가한다. 즉 포커스 그룹 또는 소비자에게 100의 점수를 부여하고 각 요구사항별로 점수를 배분하도록 함으로써 평가할 수 있다. 〈그림 10-5〉를 보면 '중요성'이라는 열에 소비자 요구사항별로 상대적 중요도를 매긴 것을 볼 수 있다. 그 결과 소비자가 가장 중요하게 인식하는 것은 100점 중 35점을 획득한 '누수방지'임을 알 수 있다.
3. 3단계: 제품의 성능을 증진시키는 공학기술을 정의한다. 〈그림 10-5〉에서 '공학기술의 특성'이라는 행에 (1) 차문의 무게, (2) 경첩의 견고성, (3) 차문과 밀폐의 견고성, (4) 창문 밀폐의 견고성으로 네 가지를 정의하였다.
4. 4단계: 공학기술 특성 간의 상관관계 유·무를 알아낸다. 그림의 맨 위 상단에 보면 여러 개의 마름모꼴이 모인 피라미드를 볼 수 있을 것이다. 그 중 차의 무게와 경첩의 견고성 간을 연결 지은 마름모꼴 안에 '–' 부호를 볼 수 있는데 이는 둘 사이의 관계가 음의 관계임을 의미한다. 즉 차의 무게가 무거울수록 경첩의 견고성을 줄여준다는 것이다.

5. 5단계: 공학기술 특성과 소비자 요구사항 간의 관계를 평가한다. 예를 들면 공학기술의 특성이 '자동차문의 무게'와 소비자 요구사항인 '자동차문의 개폐 편의성' 간의 관계는 '9'로 점수화할 수 있다(점수는 1, 3, 9로 매기며 점수가 9인 경우는 둘 사이의 관계가 강함을, 3인 경우는 관계가 중간을, 1인 경우는 관계가 약함을, 빈칸인 경우는 관계가 없음을 의미한다).
6. 6단계: 소비자 요구사항의 상대적 중요도 점수와 소비자 요구사항과 공학기술 특성 간의 관계점수를 곱해서 공학기술 특성별로 합계를 낸다. 위의 예에서 '자동차 문의 무게'라는 공학기술특성의 경우 총 상대적 중요점수는 365점이 나온다(자동차 문 개폐의 편의성 상대적 중요도(15) × 자동차 문의 무게와의 관계 정도(9) + 언덕에서 자동차 문이 닫히는 현상 방지의 상대적 중요도(10) × 자동차 문의 무게와의 관계 정도(3) + 도로 소음차단의 상대적 중요도(20) × 자동차 문의 무게와의 관계 정도(1) + 충돌 시 보호의 상대적 중요도(20) + 자동차 문의 무게와의 관계 정도(9) = 365). 여기서 365라는 점수는 '자동차 문의 무게'가 '차문과 밀폐의 견고성(495점)'과 '창문 밀폐의 견고성(495점)' 다음으로 중요한 기술적 특성임을 알려 준다.
7. 7단계: 경쟁자를 평가한다. 이 단계에서는 7점 척도(1점은 소비자 요구사항을 잘 반영하지 않는 경우, 7점은 소비자 요구사항을 잘 반영하는 경우)를 사용하여 각 소비자 요구사항별로 경쟁자의 점수를 평가한다. 위의 예에서 보듯이 경쟁자 A는 '자동차 문 개폐의 편의성'과 '누수방지' 면에 있어서 7점으로 최고 점수를 받은 반면 경쟁자 B는 '언덕에서 자동차 문이 닫히는 현상 방지', '도로소음 방지', '충돌 시 보호' 항목에서 7점으로 최고 점수를 받았음을 알 수 있다.

품질 기능 전개 방법은 신제품 개발 프로젝트 팀 구성원들 간에 상호작용할 수 있는 공통된 언어와 틀을 제공한다는 점에서 강점을 가지고 있다. 또한 제품의 기술적 특성과 소비자 요구 사항 간에 관계를 분명하게 해줌과 동시에 기존 제품에서 기업의 경쟁적인 결함이 어디에 있는지도 잘 드러내준다는 장점이 있다.

10-4 프로젝트 챔피언

신제품 개발 과정을 어떻게 하면 효과적일 뿐만 아니라 효율적으로 진행시킬 수 있을까에 대한 연구의 결과는 기업의 간부를 신제품 개발 프로젝트의 책임자로 임명할 것을 제안하고 있다. 그 이유는 기업의 임원들은 자신이 맡은 신제품 개발 프로젝트에 필요한 인력 및 자본을 끌어올 수 있는 힘과 권한을 충분히 가지고 있기 때문이다. 또한 임원들은 개발 과정에서 서로 다른 기능 부서와의 의사소통과 협력이 필요할 때 이를 손쉽게 해줄 수 있는 능력이 있다. 그리고 부서 간의 원활한 의사소통과 협력은 개발 시간을 줄이고 소비자의 요구사항을 반영하는 데 필수적이다. 이러한 이유 때문에 많은 기업이 신제품 개발의 프로젝트 챔피언으로 고위급 간부를 활용하고 있다.

한편 고위급 간부를 프로젝트 챔피언으로 활용하는 데는 위험이 따른다. 예를 들면

미니 사례

잔탁의 신제품 개발

1970년대에 영국의 글락소(Glaxo Holdings PLC)는 헬스케어 부분에서 세계적인 대기업 중에 하나였으며, 주로 유아용 식품으로 명성을 떨치고 있었다. 그러나 판매를 증대시키기 위해서는 새로운 히트 상품이 필요했다. 그러던 중 글락소 회사 연구 실험실 대표인 데이비드 잭(David Jack)은 노벨상 수상자이면서 미국 회사인 스미스클라인비챰(SmithKline Beecham)사의 연구자인 제임스 블랙(James Black)의 강연을 듣게 된다. 그 강연에서 제임스는 위궤양 치료에 대한 가능성을 제시하였고 이를 듣던 데이비드는 위궤양 치료제 시장의 무한한 가능성을 인식하고, 글락소에 돌아와서 위궤양 치료제에 대한 연구를 시작하였다.

그러나 불행하게도 스미스클라인비챰이 1977년 '타가멧(Tagamet)'을 먼저 출시하면서 시장을 선점하게 된다. 그러나 데이비드는 절망하지 않았다. 그는 '타가멧'보다 개선된 제품을 머크(Merck)와 일라이 릴리(Eli Lilly)보다 먼저 시장에 출시할 수만 있다면 충분한 승산이 있음을 깨닫고 개선된 위궤양 치료제를 만들기 위해 재정비를 하였다. 문제는 다른 두 회사보다 먼저 시장에 출시하는 것이었기 때문에, 그는 제약 산업에서 최초로 병렬 개발 프로세스(parallel development process)를 도입하게 된다.

병렬 방식은 쥐에서부터 원숭이까지, 단기독성에서 장기독성으로 순차적으로 시험을 하던 전형적인 방식을 버리고 모든 시험을 동시에 진행하는 것을 의미한다. 이 방식은 높은 비용뿐만 아니라 위험하기까지 했으나, 운 좋게 글락소의 재무이사인 폴 기로라미(Paul Girolami)가 이 프로젝트의 챔피언으로 임명되었고, 그는 데이비드가 차별화된 제품을 개발할 수 있도록 전폭적으로 격려 및 지원을 했다. 결국 1982년 글락소의 '잔탁(Zantac)'이 시판되기 시작했고, 1987년 '잔탁'은 '타가멧'의 판매를 앞지르게 되었다. 또한 1991년에는 세계 판매 1위의 처방약품이 되었으며, 미국에서만 십억 달러의 판매를 달성하는 최초의 약품이 되었다. 2000년 글락소와 스미스클라인비챰은 합병되어 현재 글락소스미스클라인(Glaxo SmithKline PLC: GSK)이 되었다.

자료: Corsig, A. Soloway, T. and Stanaro, R.(1995). "Glaxo holdings PLC: Xantac," in *New Product Sucess Stories*, ed. Thomas, R., p. 242~252, John Wiley & Sons, New York. ; Kennedy, C.(1992). "Medicine man to the world," *Director*, 46(4): 106~110.

챔피언으로서의 역할이 프로젝트의 현실적인 가치 판단을 흐리게 할 수 있다. 챔피언이 맡은 프로젝트의 결과에 대해 긍정적인 생각을 가져야 되는 것이 규범인 듯 행동하다 보면 극단에 이르게 되어 조직 내 모든 사람이 프로젝트의 가치가 없음을 알고 있는데 챔피언만 그 사실을 인정하려 들지 않는다. 결국 프로젝트에 몰입하다가 나중에 모든 책임을 지고 물러나는 상황을 맞게 된다. 또한 조직 내 다른 구성원들은 챔피언이 가지고 있는 상급자(seniority)라는 이유 때문에 프로젝트의 기대 가치가 마이너스(적자)가 분명함에도 불구하고 챔피언에게 그 사실에 대해 직접 이야기할 수 없다는 문제점이 있다. 이렇게 되면 가치가 없는 프로젝트에 지나친 힘과 권한의 부여로 자원이 쓸모없이 낭비될 수 있다. 따라서 기업은 이러한 경우를 방지하기 위해서는 선의의 비판자(devil's advocate) 역할을 하는 반 챔피언(anti-champion)을 양성하거나, 반대 의견을 표현하는 데 개방적인 기업 문화를 고취시켜야 한다. 또한 챔피언들은 객관적인 기준에 따라서 자신의 프로젝트를 정당화시킬 수 있도록 해야 한다.

10-5 신제품 개발 성공에 영향을 주는 요인

이 장을 마치기 전에 최종적으로 성공적인 신제품 개발에 영향을 미치는 주요 요인이 무엇인지 다시 한 번 짚어보도록 하자. 앞에서 언급한 효과적인 신제품 개발을 위한 다양한 방법, 신제품 개발팀 리더의 중요성 등을 포함하여 아래 여덟 가지 요인으로 재분류될 수 있다.

1. 제품의 우수성: 소비자에게 제품이 우수해 보여야 하고, 타사 제품과 구별되어야 하고, 가격 대비 성능이 우수해야 하며, 소비자에게 독특한 혜택을 전달해주어야 한다.
2. 시장 지식: 초기 검토, 선행 시장 평가, 선행 기술 평가, 상세 시장 조사, 사업성 및 수익성 평가를 통해 신제품 개발 전 완벽한 준비단계가 필요하다. 소비자 또는 사용자의 니즈에 대한 명확한 이해는 기본이고 경쟁자 분석까지 철저히 해야 한다.
3. 명확한 제품 정의: 목표 시장, 전달하고자 하는 콘셉트 및 혜택, 포지셔닝, 제품 요구사항, 제품의 속성 등이 모두 명확히 정의되어야 한다.
4. 위험 평가: 개발 프로젝트에 대한 시장, 기술, 생산, 설계 등에서 발생 가능한 위험이 평가되고 그 위험을 해소할 수 있는 계획들이 마련되어야 한다.

5. 프로젝트 조직: 프로젝트팀은 여러 부서와 여러 학문을 통섭할 수 있는 구성원들로 조직한다.
6. 프로젝트 자원: 금전적·물질적 자원 및 인력을 충분히 활용할 수 있어야 하며, 기업은 반드시 신제품 설계 및 개발과 관련된 관리 및 기술을 보유해야 한다.
7. 능숙한 실행: 고품질의 기술과 생산 활동이 이루어져야 하고, 상업화 및 사업화에 대한 사전 분석, 시험 마케팅, 상세 시장연구 등이 이루어져야 한다.
8. 최고경영자의 지원: 제품의 콘셉트를 정의할 때부터 시장에 출시할 때까지 경영자는 구성원들을 신뢰하고 조정 및 통제를 할 수 있어야 한다. 또한 핵심 구성원 또는 챔피언은 신제품 개발 과정에서 중심역할을 할 수 있어야 한다.

[사례연구] 구글 글라스, 신제품 개발과 대중의 반응

2012년 구글 '글라스(Glass)'의 출시는 많은 기대와 수요로 화답받았다. 이 높은 수요는 웨어러블 컴퓨팅 기술 시장의 성장에 호응하는 것으로, 사용자가 일상의 삶을 더 낫게 만드는 도구 사용의 수용성이 높아졌기 때문이다. '글라스'에 대한 매체의 초기 반응은 호의적이었으며, 분석가들도 잠재적 매출이 기하급수적으로 성장할 것이라고 예측했다. 그러나 시간이 지나면서 선발된 사용자들이 레스토랑, 사무실, 클럽과 같은 공공장소에 광범위하게 사용하기 시작하자 여론은 부정적으로 변하기 시작했다. 결국, 2015년 1월 15일 구글은 글라스의 모든 판매를 중단하기로 결정했다.

구글 글라스의 탄생

조지아 공과대학 교수인 태드 스타너(Thad Starner)는 웨어러블 컴퓨팅 기술의 강력한 옹호자였는데, 1998년 한 컨퍼런스에서 구글의 창업자인 래리 패이지(Larry Page)와 세르게이 브린(Sergey Brin)을 만나 자신의 웨어러블 글라스 데모를 보여주었다. 그러나 2010년까지 스타너와 구글의 창업자 간에 상호 접촉이 없다가, 브린이 글라스에 대한 프로젝트를 시작한 시점에 스타너와 그의 동료인 그레그 프리스트-도만(Greg Priest-Dorman)을 초대하여 글라스 프로젝트에 합류하게 된다.

웨어러블 기술 기반 안경류에 대한 사업의 아이디어는 워싱턴 대학 전기공학과 교수인 바박 파비즈(Babak Parviz)가 쓴 논문에서 시작되었다. 그 논문은 안경 착용자의 눈에 이미지를 투사시킬 수 있는 스마트 콘택트렌즈 개발의 가능성에 대한 것이었다. 이 논문은 구글의 페이지와 브린의 눈길을 끌었으며 파비즈를 '구글 X'의 이사로 합류시켰다. 구글 X는 연구 랩도, 신규 창업을 위한 인큐베이터도 아니었다. 구글 X는 신념을 뛰어넘고, 도전하고, 관행을 깨는 것이 요구되는 수백만 달러의 장기프로젝트를 투자 및 진행하는 랩이다. '달로켓발사(moonshots)'와 같은 파격적 프로젝트를 진행하는 곳이 바로 구글X이다. 이 프로젝트의 예로 자율주행 차, 증강현실 글라스, 포도당 측정 콘택트렌즈, 열기구 에너지 기반의 인터넷 접속이 구글 X 프로젝트의 예이다.

글라스 팀

글라스 프로젝트는 스타너를 포함한 8명의 핵심 멤버의 도움을 받아 파비즈가 진두지휘했다. 스티브 리(Steve Lee)는 '구글 X'의 이사이며, 글라스 제품 담당 책임자였고, 선임 산업디자이너인 이사벨 올슨(Isabelle Olsson)과 매우 긴밀히 협력했다. 그리고 그는 '단순함(simplicity)'이 글라스 기능의 핵심이 되어야 한다고 믿었다. 그러나 이것을 실현시킨다는 것은 쉬운 일이 아니었다. 올슨은 시장에 최초 출시된 글라스 버전이 대부분의 사람에게 멋져 보이지 않는다는 것을 인정했다. 그녀는 사용자가 안경테를 선택할 수 있도록 해야 함을 이해하고 있었고, 그래서 글라스를 안경테에 맞춰 다르게 설계했다. 그녀는 미래의 안경테는 형태뿐만 아니라 물질도 달라질 거라고 했다.

스타너는 기술 선도자로서 팀에 합류했고, 재능 있는 조지아 공대 학생들의 소규모 핵심그룹을 구성하는 데 중요한 역할을 했다. 글라스의 대중 판매를 결정했을 때 스타너는 그 결정을 전폭적으로 지지했고, 한 인터뷰에서 "지금이 대중에게 글라스를 소개할 적기이며, 이 장치로 사람들이 무엇을 할 수 있을지를 이해하는 계기가 될 것이고, 점차 기능이 나아질 것이다. 지금도 실험은 계속되고 있다"라고 언급했다.

사라 프라이스(Sarah Price)는 소셜 미디어(social media)와 커뮤니티를 관리하고 있었는데, 프라이스와 리는 공공장소 여러 곳을 방문해서 사용자와 이야기를 나눔으로써 글라스에 대한 사용자 피드백을 수집하였다.

스테판 라우(Stephan Lau)는 4년간 글라스 팀의 소프트웨어 기술자로 일했으나, 2015년 유튜브(YouTube)(구글 산하)의 다른 프로젝트 때문에 글라스 팀을 떠났다. 제니 머피(Jenny Murphy)는 프로그램 개발자로서 글라스 팀에서 1년 반 동안 일했고, 클라우드 서비스 제공업체인 파이어베이스(Firebase)(구글 산하)로 이동했다. 머피는 글라스의 한계를 하루라도 빨리 알기 위해서는 시제품을 신속히 만들어 유포하는 것이 최고라고 했다.

티모시 조단(Timothy Jordan)은 선임개발자로 글라스 판매의 옹호자였고, 아만다 로젠버그(Amanda Rosenberg)는 제품 마케팅 관리자로 "오케이, 글라스(OK, Glass)"라는 기기 활성화를 위한 명령어를 제안한 사람이었다.

글라스 설계

글라스는 자율주행차 벤처(웨이모)를 탄생시킨 최첨단 혁신 부서로 유명한 '구글 X'에서 최초로 공개되었다. 그렇기 때문에 글라스는 사용자에게 전례 없는 편리함을 제공하는 제품이어야만 했다. 테크그런치(TechCrunch)(기술 산업 뉴스의 온라인 출판사)와의 인터뷰에서 글라스 프로젝트 팀원인 파비즈, 리, 세바스찬 스런(Sebastian Thrun)은 "우리는 기술이 여러분을 위해 있어야만 한다고 생각합니다. 즉 여러분이 필요로 하면 기술은 존재해야 하지만 필요로 하지 않을 때는 사라져 줘야 한다는 것입니다."라고 말했다.

글라스는 안경과 비슷하게 설계를 했지만 안경 렌즈 대신 사용자 오른쪽 눈을 커버하는 글라스 프리즘과 함께 헤드셋을 탑재했다. 글라스 사용자는 망막위의 프리즘에서 반사되는 디스플레이를 통해 정보를 볼 수 있다. 글라스는 사용자가 물리적 현실 세계를 볼 수 있고 동시에 현실 세계 너머에 있는 프리즘을 통해 글라스 디스플레이가 보여주는 정보도 볼 수 있다는 점에서 증강현실과 흡사한 기능을 갖는다. 글라스의 또 다른 가시적 특성은 5메가 픽셀 사진을 찍을 수 있고, 720p 고화질 동영상을 촬영할 수 있는 카메라가 프리즘 옆에 장착되어 있다는 것이다. 그리고 카메라 옆에 위치한 미니컴퓨터는 와이파이 무선통신(WiFi) 기능과 12기가바이트 내부 저장용량을 갖고 있으며, 일반적으로 사용할 경우 소형 배터리 팩은 하루 동안 지속될 수 있다. 그러나 동영상을 촬영하면 배터리가 급속도로 빨리 닳게 된다. 또한 글라스는 오른쪽에 터치패드가 있어서 사용자가 스크롤을 사용해서 메뉴를 선택할 수 있고, 자이로스코프(평형 상태 측정 도구)가

기기 내부에 장착되어 있어서 사용자의 머리 기울임을 추적할 수 있다. 즉 사용자가 마음에 드는 장소를 바라보고 머리를 기울면 버튼을 누르는 행동 없이도 사진을 찍을 수 있는 것이다. 게다가 골전도 변환기를 글라스와 결합시켜 사용자가 이어폰을 끼지 않고도 글라스에서 나는 소리를 들을 수 있게 만들었다.

글라스의 주요 제품 특성은 아래와 같다.

첫째, 목소리 인식 기술이다. 제품을 활성화시키기 위해 모든 사용자는 "오케이 글라스"라는 문구를 입력해야 한다. 글라스는 사용자의 목소리를 인식하고 이후 사용자의 명령을 수행한다. 예를 들어 사용자가 사진을 찍고 싶다면 이를 위해 "오케이, 글라스, 사진 찍어줘"라고 말하면 된다.

둘째, GPS(global positioning system)와 스마트폰이 가지고 있는 대부분의 기능을 포함한다. 글라스가 사용자 스마트폰과 연결되면 그 이후 사용자는 전화, 문자 메시지, 온라인 검색, 사진, 동영상 녹화 등 모두 글라스를 통해 할 수 있다. 즉 한 번만 글라스와 스마트폰이 연결되면 굳이 주머니에서 스마트폰을 꺼내지 않아도 스마트폰에서 할 수 있는 대부분의 일을 글라스에서 할 수 있는 것이다. 글라스는 의료분야에서 매우 유용할 수 있는데, 왜냐하면 응급한 상황에서 환자의 의료기록을 빠르게 접근함으로써 생존율을 높일 수 있기 때문이다. 또한 법을 집행하는 경찰이나 보안요원들에게도 글라스는 매우 유용하다. 그 이유는 용의자를 쫓는 도중 글라스 사용자는 병력증원 요청을 위해 워키토키를 사용할 필요 없이 실시간 요청이 가능하기 때문이다. 결국 생명을 위협받는 모든 상황에서 글라스의 실시간 스트리밍 기능은 엄청난 힘을 발휘할 수 있는 것이다.

2013년 4월 구글은 글라스의 응용 프로그램 인터페이스(API), 코드명 'Mirror API'로 온라인 개발자들에게 공개했다. API에 대한 소스 코드를 대중에게 공개함으로써 구글은 모든 개발자에게 글라스의 제3자 소프트웨어 개발업체가 되는 것을 허가한 것이다. 예를 들면 일정관리 및 노트앱 인 'Evernote', 뉴욕 타임즈 기사를 알려주는 앱, 'Path'라 불리는 네트워킹 앱 등 이들 앱은 구글에 의해 'Glassware'로 불려졌다. 구글은 제3자 앱 개발에 있어서 확실한 규제 몇 가지를 두었는데, 첫째, 모든 Glassware는 광고를 할 수 없고 둘째, 개발된 모든 앱은 대중에게 공짜로 제공하고, 셋째, 개발자는 사용자에게 앱 다운로드 및 접근에 대한 어떤 비용도 청구해서는 안 된다. 지메일, 구글 맵, 구글 플러스와 같은 많은 구글 개발 앱과 글라스는 호환되었다.

글라스의 촉진 전략

구글의 I/O 컨퍼런스는 소프트웨어 개발자를 위해 해마다 포럼형식으로 개최되며, 구글 제품을 출시하는 플랫폼으로써의 역할을 자주 했다. 2012년 I/O 컨퍼런스 첫날, 구글의 공동 창업자인 브린은 글라스 프로젝트의 존재를 화려한 데모를 통해 전 세계에 공개했다. 이 어마무시하게 화려한 공개 행사 이후 CNet과 TechCrunch와 같은 미국 기술 웹사이트에서 쓴 기사를 비롯해서 폭발적인 매체 보도가 있었다. 2013년 12월 Business Insider(미국 비즈니스 및 기술 뉴스 웹사이트)는 2018년까지 전 세계적으로 2천 1백만 개의 글라스가 판매될 것으로 예측했다.

구글이 글라스를 광고하는 방식의 새로움은 끝이 없었다. 글라스 출시 직후 며칠 동안 구글은 글라스 구매에 관심을 표명한 소비자를 선택해서 제품의 사전 주문을 제공하는 '글라스 탐험가(Glass Explorer)' 프로그램을 시작했다. 글라스를 진짜 원했던 사람은 트위터에 "#만약 글라스를 갖게 된다면"이라는 해시태그에 얼마나 절실히 글라스를 원하는지 그리고 글라스를 가지고 무엇을 할지를 말해주어야 했다. 이 같은 과정을 통해 선택된 8천 명에게 1천5백 달러에 글라스를 구매할 수 있는 기회를 주었다. '글라스 탐험가'라는 프로그램을 통해 글라스를 구매한 소비자는 2백2십5달러 가치가 있는 (처방) 안경테도 무료로 받았다. 이 안경테는 단단한 안경 케이스, 렌즈 닦는 헝겊, 여분용의 코패드, 테를 교체하는 데 사용되는 정밀 드라이버를 함께 포함하고 있었다. 2012년 I/O컨퍼런스에서 글라스를 제공받은 2천 명과 글라스 탐험가 프로그램을 통한 8천 명을 합해 전부 1만 명이 제품 초기 단계에서 글라스를 사용할 기회를 얻게 되었다.

글라스 탐험가 프로그램이 진행되는 내내 구글은 글라스에 대해 '고급스러움'과 '희소성'의 분위기를 만들기 위해 엄청난 양의 떠들썩한 광고를 했다. 구글은 소셜 미디어를 통해 글라스의 잠재적 사용자에게 닿기 위한 마케팅에 총력을 기울였다. 소셜 미디어 플랫폼 분석가에 따르면 떠들썩한 뉴스의 1% 미만은 Top 6 언론에서 발생시키고 거의 92%는 트위터에서 발생된다고 한다.

2014년 3월 구글은 유명한 이탈리아 안경 업체인 룩소티카(Loxottica)와 파트너십을 공표했다. 이 회사는 자회사로 오클리(Oakely)와 레이밴(Ray-Ban)을 가지고 있다. 이 파트너십 조건은 룩소티카가 디자인하고 오클리와 레이밴과 같은 유명한 안경 브랜드를 달고 룩소티카 버전의 글라스 장치를 판매하는 것이었다. 룩소티카는 이 같은 제품의 버전은 하이엔드(고사양) 기술과 아방가르드(실험적, 급진적, 비정통적) 디자인이 결합된 것이라고 언급했다. 그러나 어떤 글라스 제품도 오클리 또는 레이밴 브랜드를 품고 출시되지는 못했다.

2015년 4월 구글은 전례 없는 움직임을 보였는데, 미국 배달주소를 가진 모든 미국 거주자에게 1천 5백 달러에 글라스를 구매할 수 있는 기회를 주었다. 24시간 만에 글라스 제품은 품절되었다. 한 달 후 구글은 한 번 더 미국에서 제품 판매를 시도했고 이때는 무제한의 시간을 두었지만 재고가 남았다. 글라스 탐험가 프로그램 전 기간 동안 구글은 대중이 일상생활에서 글라스를 어떻게 다르게 사용하는지를 보여주는 동영상을 정기적으로 유튜브에 올렸다.

글라스에 대한 반응

초기 구글의 마케팅 노력에 의해 북돋아졌던 글라스에 대한 대중의 반응은 압도적으로 긍정적이었다. 2012년 I/O 컨퍼런스에서 구글이 보여주었던 현란한 데모에 많은 사람은 깊은 감명을 받았다. 그러나 천천히 글라스에 대한 여론은 변하기 시작했다. 몇몇 사람들이 글라스 가격(1천5백 달러)은 엄두를 못 낼 정도로 너무 비싸다고 불평하기 시작했다. 게다가 글라스 소유주들은 점차 많은 장소에서 기술을 사용하기 시작했는데, 사생활 침해에 대한 우려가 일어났다. 아무 때나, 아무 장소에서나 목소리로만 명령하여 사진을 찍고 동영상을 녹화하는 기능에 사람들은 자신이 찍히거나 비밀리에 녹화될까봐 두려워했다.

글라스에 대한 매체 보도는 점차적으로 부정적이 되어 갔다. 신문, 잡지, 웹사이트 등 한때 글라스를 극찬하는 보도를 낸 매체들이 이제는 태도를 180도 바꾸어 글라스의 단점을 맹공격했다. 예를 들어 Scientific American(역사가 오래된 미국 대중 과학 잡지)는 글라스를 "소름끼치는 모습의, 얼굴을 겨누고 있는 비디오카메라가 장착된, 초현대적인 척하는 이마 밴드"라고 칭했다. 그리고 언론은 미국의 식당과 술집 사장들이 글라스 사용을 왜 금지했는지에 대해 상세히 보도하기 시작했다. 금지한 원인은 식당과 술집 후원자들이 언제 사진이 찍히거나 녹화될지 모른다는 생각에 몹시 불편함을 느꼈기 때문이었다. 글라스 사용자에게 "Glassholes"이라는 신조어가 붙여졌는데, 이는 글라스 사용자 때문에 사람들이 느끼는 불편함(업신여김)을 표현한 것이었다.

결국, 글라스 사용자는 점차적으로 사회로부터 하찮은 존재로 인식되고 고립되어 글라스를 통해 누렸던 효과는 완전히 사라졌다. 프랑스 시장 조사 기업인 톨루나(Toluna)의 연구에 따르면 미국인 72%는 글라스 쓰기를 원하지 않는데, 그 이유는 사생활 침해 우려와 글라스를 썼을 때 강도를 당할 가능성과 같은 안전 문제 때문이었다. 게다가 영국의 인터넷 기반 시장 조사 기업인 유고브(YouGov)의 설문조사에 따르면 미국인 54%는 글라스를 쓴 채 사람과 상호작용하는 것은 불편한 마음이 든다고 응답했다. 같은 설문조사에서 응답자의 59%는 자신을 위해 글라스를 구매하고 싶지는 않다고 했다. 또한 글라스 사용자가 길에서 다가와 말을 걸면 상대방 중 몇몇은 폭력적으로 변했다.

2014년 2월, 소셜 미디어 컨설턴트인 사라 슬로쿰(Sarah Slocum)의 주장에 따르면 샌프란시스코 한 술집에서 글라스를 끼고 있던 그녀를 사람들이 말로 그리고 물리적으로 공격을 했다고 한다. 그리고 그녀가 공격한 사람을 쫓아가는 동안 지갑을 강도당했다고도 했다. 또한 한 달 전 티베리우 웅구레누(Timeriu Ungrenue)는 미국 국토 안보부의 공무원에게 오하이오 극장 안에서 글라스를 끼고 있었다는 이유로 심문을 당했다. 그가 극장에서 글라스를 낄 수밖에 없었던 이유는 글라스 장치에 그의 진짜(처방) 안경이 부착되어 있었기 때문이었다. 게다가 그는 글라스의 녹화 기능을 꺼 놓은 상태였다.

이같이 안 좋은 여론에도 불구하고 2015년 1월 한 줄기 희망이 보였는데, 어그메딕스(Augmedix)라는 스타트업의 핵심 사업이 헬스 케어 영역에서 글라스를 중심으로 진행되고 있었기 때문이다. 그리고 이 기업은 최근 1천6백만 달러의 자금을 성공적으로 조달했으며, 2015년 1월 기준 어그메딕스 사업에 총 2천3백만 달러가 투자되었다. 글라스에 대한 일반 소비자의 갈망은 사라졌을지 모르지만 산업제품(B2B)에서는 번영할 수 있다는 희망이 존재했다.

2015년 1월 15일 구글은 모든 글라스 판매를 중지하기로 결정하였다. 특히 글라스 탐험가 프로그램을 무기한 정지했다. 구글이 2012년 글라스를 최초 소개한 이후 웨어러블에 대한 관심이 폭발적으로 증가했으며, 구글, MS, 기타 건강기구 제조회사와 같은 주요 참가자들의 진입과 함께 웨어러블 시장의 성장은 엄청났다. 그리고 그 시장 제품들은 몇 년 내에 주류 장치가 될 잠재력이 있었다.

2012년 ABI 리서치는 예측하길 헬스와 피트니스 영역에서 웨어러블에 대한 시장 잠재력은 2017년 기준 1억 7천만 장치가 유통될 것이라고 했다. 마찬가지로 주니퍼 리서치(Juniper Research) 역시 기존 웨어러블 장치의 판매는 2014년경 15억에 이르고, 가장 큰 채택률을 보이는 시장은 북미와 서유럽이며 이곳들이 글로벌 판매의 60%를 차지할 거라고 했다. 웨어러블 시장의 엄청난 잠재력이 주어진 상태에서 구글은 왜 글라스 판매를 그만두었을까? 구글은 글라스의 제품 개발, 마케팅, 사용자들의 혁신 수용 관점에서 어떤 교훈을 얻었을까?

[토론 문제]

1. 구글 '글라스'는 어떤 유형의 신제품에 해당되는가? 그 이유는 무엇인가?
2. 구글은 선발자(first-mover)의 이점을 얻기 위해 빠른 시장 출시를 결정했던 것이 현명했던 걸까? 아니면 제품 출시 실패의 위험을 줄이기 위해 관망하는 접근법(wait-and see approach)을 택했어야만 했을까? 어떤 것이 더 옳은 접근법이었다고 생각하는가? 그 이유는 무엇인가?
3. 신제품 개발 성공에 영향을 주는 요인의 관점에 비추어 보았을 때 구글 '글라스' 신제품 개발 프로젝트는 어떠했는지 평가해보라.
4. 여러분이 글라스를 재출시한다고 가정했을 때 주요 목표 시장과 주요 기능을 무엇으로 하겠는가?

자료: Teo, T. Chua, K. Yong, Z, Lim, T, Boon, J.(2015). "Google Glass: Development, marketing and user acceptance," Harvard Business Publishing.

11장

혁신의 보호 활동

도입 스토리 중국 지식재산(IP) 제도에 대한 세 가지 오해

최근 계속되는 미국과 중국 간의 무역 전쟁은 중국 정부의 기술이전 강요와 지식재산(Intellectual Property, IP) 보호의 열악함 때문이라고들 한다. 그러나 중국 IP 제도가 최근 무역전쟁에서 떠들고 있는 정도로 나쁜 것은 아니다. 중국 IP 제도는 여러 면에서 위험이 존재하지만 역설적으로 선진기업의 경영진이 생각하는 것보다는 덜 위험하다고 한다. 우리는 여기서 중국 IP 제도를 둘러싼 세 가지 오해를 살펴보고자 한다.

첫 번째 오해는 "중국에서는 정부의 후원 아래 기술이전 강요가 흔하게 일어난다." 중국에 있는 다국적 기업의 경영진과 인터뷰 및 설문을 실시한 결과 기술이전을 강요하는 중국의 정책은 최근 외국기업에게 일어나는 보편적 일이 아니다. 몇 안 되는 중국 산업에서만 기술이전이 강요되고 있고, 기술이전이 투명하게 이르어지도록 하고 있으며, 기술이전 강요로 외국 기업에 막대한 손실을 발생시키고 있지도 않다. 게다가 2018년과 2019년 무역 전쟁에 대한 대응으로 중국 정부는 가장 논쟁적인 기술이전 정책의 상당 부분을 빠르게 개선시켰다. 이 같은 개선책 중에는 중국 IP 법원 인프라스트럭처 개선이 있는데, 이는 중국의 지역법원이 해외 기업 IP에 대한 차별적 조치를 완화시키는 데 도움을 준다.

두 번째 오해는 "중국 IP 제도는 선진국의 IP제도에 비해 기업 친화적이지 않다." 중국의 IP 제도는 많은 결점이 있지만 대체로 IP권한을 합리적으로 보호할 수 있다는 게 정설이다. 게다가 중국 IP 제도의 몇몇 방식은 선진 IP 제도보다 IP 집약적 기업(외국 기업 포함)에게 훨씬 유리하다고 한다. 예를 들면 중국에서는 '경쟁금지 조항(non-compete agreement)' 이 허락되지만 몇몇 미국 주(예: 캘리포니아)에서는 허락되지 않는다. 그리고 미국과 유럽보다 중국에서 특허 내는 것이 훨씬 빠르고 쉽다. 뿐만 아니라 IP 소송이 발생한 경우 미국보다 중국의 변호사 및 법원 비용이 훨씬 싸고, 중국 특유의 법제 때문에 미국보다 중국에서 특허 괴물(patent troll)에 대한 위협이 적다.

세 번째 오해는 "중국은 자유 민주주의 국가가 아니기 때문에 IP제도를 결코 인정하지 않으려 한다." 그러나 자유 민주주의 국가라고 해서 IP를 반드시 보호할 필요가 있다는 근거는 없다. 예를 들어 싱가포르는 전형적인 자유 민주주의 국가는 아니지만 외국 IP를 포함해서 IP 보호 측면에서 세계적 명성을 가진 나라이다. 오히려 자유 민주주의 상징 국가들이 외국기업을 차별함으로써 국제 법 규범을 자주 해치는 경향이 있다. 예를 들면 캐나다는 IP 소송에서 반 외국기업 정서가 지속적으로 발견되고 있고, 유럽 특허청, 일본 특허청 등 다른 자유 민주주의 국가는 특허 심사 과정에서 외국 기업에 대한 차별이 잠재되어 있다.

중국에서는 여전히 IP 침해가 상당한 문제로

대두되고 있으며, 중국의 IP 보호 제도 역시 문제점이 있다. 그러나 앞서 살펴본 세 가지 오해해서 알 수 있듯이 다국적 기업의 경영진이 생각하는 것만큼 중국 IP 제도가 위험하지 않다는 것이 드러났다. 중국 IP 보호 제도하에서 다국적 기업은 중국 시장 진출을 위해 다음과 같은 접근법이 필요해 보인다. 첫째, 중국에 진출하는 다국적 기업의 경영진은 중국 IP 제도가 ROA(return on assets, 총자산 이익률)을 보장할 수 없다는 가정을 하지 말아야 한다. 둘째, 중국의 IP 제도를 포함하여 중국 제도의 추가적 개선이 좀 더 적극적으로 이루어질 수 있도록 함께 협력해야만 한다. 즉 최근 무역전쟁에서 긴장을 더욱 높이는 행동은 다국적 기업에게 혜택보다는 해가 된다는 것을 명심해야 한다.

자료: Prid'homme, D.(2019). "3 Myths about China's IP regime," *Harvard Business Review Digital Article*, October 24.

기업이 많은 돈, 시간, 노력을 투자해서 획기적인 신기술, 신제품, 신서비스와 같은 혁신을 만들어내었을 때 충분한 혜택을 누리기 위해서는 타 기업이 이 혁신(지적 재산)을 마치 자기 것인 양 하지 않도록 할 필요가 있다. 이때 할 수 있는 가장 간단하고 싼 방법은 코카콜라의 제조방식과 같이 영업 비밀(trade secret)로 하는 것이다. 비밀은 어느 누구도 지적 재산을 보거나 발견할 수 없도록 하는 것으로 실제, 지적 재산의 소유주는 그 비밀을 무덤까지 갖고 가며 어떤 사람도 그 비밀을 상속받을 수 없도록 하고 있다. 그러나 지적재산을 비밀로 하는 방법에는 위험이 따른다. 예를 들면 누군가가 유사한 아이디어를 개발해서 법적 보호 장치(예: 특허 등록)를 마련하고, 상업적 활용을 추구하는 상황이 생기면 훨씬 전에 만들었던 지적 재산임에도 불구하고 법적 분쟁에 시달릴 수 있고, 시장점유율도 뺏기게 된다. 따라서 우리는 영업 비밀 이외에 회사의 혁신을 보호하는 여러 방법을 알아둘 필요가 있는데, 특허(patents), 상표(trademarks), 저작권(copyright) 등이 존재한다.

경제적인 관점에서 혁신을 보호하는 것은 매우 당연하게 여겨진다. 그렇지만 혁신을 어느 정도까지 보호해야 하는지에 대한 판단은 그렇게 단순하지가 않다. 과거 IBM이 PC를 시장에 널리 보급하기 위해 PC의 아키텍처를 일부 공개함으로써 더 많은 수익을 창출했던 사례를 어떻게 생각하는가? 한편, 아파치(Apache) 서버, 리눅스(Linux) 운영체제, PHP(Personal Home Page Tool) 인터프리터와 같이 완전 무료로 제공하는 오픈소스 소프트웨어(Open Source Software, OSS) 사례도 있다. 우리는 과연 어떤 전략을 선택해야 할까? 자사의 혁신을 완전히 오픈하는 전략? 자사의 혁신을 철저히 보호하는 전략? 아니면 그 중간의 전략? 사실 오픈의 정도에 따라 전략은 달라질 것이다. 본 장은 바로 우리가 어떤 보호 전략을 선택해야 하는지에 대한 판단에 도움이 되는 내용들을 다루고자 한다. 이에 앞서 혁신을 보호하는 다양한 방법에 대해 먼저 설명하고자 한다.

11-1 영업 비밀

영업 비밀(trade secret)은 특허, 저작권, 상표로 보호받지 않으며, 공공연히 다른 사람 및 기업에 알려지지 않는 기업 정보를 의미한다. 대표적인 예로는 음료수 제조 공식, 고객 정보, 마케팅 전략, 제조 공정, 가격체계 등이 있다.

영업 비밀 법은 타인에 의해 부정하게 취득된 정보를 보호하는 법으로 미국은 주마다 다르게 실행하고 있으나, 통일 영업 비밀 법(Uniform Trade Secret Act)을 통해 모든 주에 걸쳐 영업 비밀 법의 일관성을 추구하고 있다. 이 법에 따르면 영업 비밀이 되기 위해서는 다음 세 가지 조건을 충족시켜야 한다.

1. 공공연히 알려져 있지 않거나 합법적 수단을 통해 쉽게 확인할 수 없는 정보여야 함
2. 정보가 비밀스럽게 유지되는 한 경제적 중요성을 갖는 정보여야 함
3. 영업 비밀 소유자는 정보의 비밀을 보호하기 위해 합리적 조치를 기울여야 함

또한, 미국의 통일 영업 비밀 법에 따르면 개인이나 단체는 아래의 조건 중 어느 하나에 해당되면 영업 비밀 소유자의 승인 없이는 복사 및 활용이 불가능하다. 그러나 아래의 조건 중에 어느 하나라도 해당되지 않는다면 영업 비밀 소유자의 승인 없이 활용 가능하다.

1. 개인 또는 단체가 영업 비밀 엄수 의무에 묶여 있는 경우(예: 고용인, 변호사)
2. 개인 또는 단체가 영업 비밀 유지 동의서(non-disclosure agreement)에 사인한 경우
3. 개인 또는 단체가 도둑 또는 뇌물과 같은 비합법적 수단을 통해서 영업 비밀을 획득한 경우
4. 영업 비밀을 알 권리가 없는 사람으로부터 정보를 획득한 경우
5. 실수에 의해 영업 비밀을 알게 되었으나, 그 정보가 보호된 영업 비밀이라는 사실을 알 수 있는 충분한 이유를 갖고 있는 경우

11-2 특허

특허(patents)는 개인 또는 조직과 국가 간의 계약이다. 즉 개인 또는 조직이 그들의 발명을 보호하기 위해 발명에 대한 상세 설명을 기술한 특허를 공개함으로써 국가는 타인이 그 발명에서 얻는 혜택을 정지시키는 법적 권한을 그 개인 또는 조직에게 부여하는 것이다. 한마디로 국가가 발명에 대한 독점권을 일시적으로 발명자인 개인 및 조직에게 주는 것인데, 그 이유는 국가의 창조성과 혁신을 촉진시키기 위해서이다. 그리고 특허를 승

더 들어가기 한국의 특허 관련 비용

한국은 특허, 실용신안, 디자인, 상표의 취득 과정에서 요구되는 비용으로 출원료, 설정 등록료 및 연차 등록료가 있으며 관련 비용은 아래와 같다. 이 밖에 우선권 주장, 우선심사 및 재심사, 심판 절차상에서 발생하는 비용도 존재한다.

<표 1> 출원료

(단위: 원)

<table>
<tr><th colspan="2" rowspan="2">구분/권리</th><th rowspan="2">특허*</th><th rowspan="2">실용신안*</th><th colspan="2">디자인*</th><th rowspan="2">상표</th></tr>
<tr><th>심사</th><th>일부심사</th></tr>
<tr><td>전자 출원 (온라인)</td><td>기본료</td><td>국어: 46,000
외국어: 73,000</td><td>국어: 20,000
외국어: 32,000</td><td>94,000
(1디자인당)</td><td>45,000
(1디자인당)</td><td>62,000
(1상품류당)
+ 지정상품 가산금**</td></tr>
<tr><td rowspan="2">서면 출원</td><td>기본료</td><td>국어: 66,000
외국어: 93,000</td><td>국어: 30,000
외국어: 42,000</td><td>104,000
(1디자인당)</td><td>55,000
(1디자인당)</td><td>72,000
(1상품류당)
+ 지정상품 가산금**</td></tr>
<tr><td>가산료</td><td>명세서·도면·요약서의 합이 20면을 초과하는 1면마다 1,000원 가산</td><td>명세서·도면·요약서의 합이 20면을 초과하는 1면마다 1,000원 가산</td><td>없음</td><td>없음</td><td>없음</td></tr>
</table>

*출원인이 면제 또는 감면대상에 해당되는 경우 출원료를 면제 또는 감면받을 수 있음.

**지정상품 가산금은 1상품류 구분의 지정상품이 20개 초과 시, 초과하는 지정상품마다 2,000원을 가산함.

인받은 특허권자(patentee)는 특허를 최초 출원일로부터 20년 동안 자신의 발명을 독점적으로 생산, 사용, 판매할 수 있다.

그러나 국가는 특정 발명으로부터 타인이 혜택을 얻지 못하도록 막을 의무는 없다. 이것에 대한 책임은 전적으로 특허를 승인 받은 특허권자에게 있다. 여기에 특허 시스템의 문제가 존재한다. 왜냐하면 특허 침해를 방어하는 데 드는 비용이 실제 너무 비싸기 때문이다. 특허의 신청, 승인, 지속을 위해서는 첫째, 20년간 독점권에 대한 대가로 특허 출원 과정에서 발생되는 모든 비용을 지불해야 된다(더 들어가기 참조). 이것보다 더 큰 비용은 발명에 대한 구체적 내용의 대중 공개(publicly disclose)로부터 발생된다. 대중 공개

더 들어가기

한국의 특허 관련 비용 <계속>

<표 2> 설정 등록료 및 연차 등록료

(단위: 원)

권리		설정등록료(1~3년)	연차등록료 4~6년	연차등록료 7~9년	연차등록료 10~12년	연차등록료 13~15년	연차등록료 16~25년
특허	기본료	15,000/년* 45,000	40,000/년	100,000/년	240,000/년	360,000/년	
특허	가산료(청구범위의 1항마다)	13,000/년* 39,000	22,000/년	38,000/년	55,000/년	55,000/년	
실용신안	기본료	12,000/년* 36,000	25,000/년	60,000/년	160,000/년	240,000/년	
실용신안	가산료(청구범위의 1항마다)	4,000/년* 12,000	9,000/년	14,000/년	20,000/년	20,000/년	
디자인	심사	1디자인당 25,000/년* 75,000	35,000/년	70,000/년	140,000/년	210,000/년	210,000/년
디자인	일부심사	1디자인당 25,000/년* 75,000	34,000/년	34,000/년	34,000/년	34,000/년	34,000/년
상표		설정 등록	1상품류 구분마다 211,000				
상표		지정상품 추가 등록	1상품류 구분마다 211,000				
상표		존속기간 갱신 등록	정상 납부: 1상품류 구분마다 310,000 갱신 추납: 1상품류 구분마다 340,000				

*출원인이 면제 또는 감면대상에 해당되는 경우 출원료를 면제 또는 감면받을 수 있음.

자료: 특허청 '특허로' 웹페이지 http://www.patent.go.kr/jsp/ka/menu/fee/main/FeeMain01.jsp

는 특허 침해와 관련된 문제를 야기하기 때문이다. 둘째, 20년간 특허를 지속시키기 위해서는 해마다 특허 갱신 비용(annual renewal fees)을 지불해야 한다(더 들어가기 참조). 셋째, 특허 신청을 위해서는 과학적 또는 공학적 지식뿐만 아니라 법적 지식과 전문성으로 무장한 특허 대리인(patent agents)이 필요하다. 대기업은 고용의 형태로 특허 대리인을 사내에 보유하지만 중소기업은 그럴 여유가 없기 때문에 외부로부터 그들을 고용함에 따라 상당한 비용을 지불해야 한다. 이들은 발명자를 대신해서 특허 신청의 전 과정과 특허 침해로 인한 소송 등에서 중요한 역할을 수행한다.

신청한 특허가 법적 보호를 받는 등록 특허가 되기 위해서는 세 가지 기준을 충족시켜야 한다. 첫째, 신규성(novelty)으로 이미 특허로 등록되었거나 1년 이상 공개 문헌 또는 공적인 사용을 위해 활용된 경우는 신규성을 인정받지 못한다.

둘째, 진보성(not obvious)으로 특정 분야에서 숙련된 사람이 보았을 때 뻔해 보이지 않아야 한다. 즉 선행기술과 다른 것이라 하더라도 그 선행기술로부터 쉽게 생각해낼 수 없는 것이어야 한다. 예를 들면 미국 바이오업체인 제넨텍(Genentech)이 혈액응고를 줄여주는 데 도움이 되는 플라스미노젠 활성화(plasminogen activator) 인자인 't-PA'에 대해서 특허를 출원했었는데 상고법원은 그 발명이 그 분야의 연구자들에게 '너무 뻔해 보인다'는 근거에 입각해 특허 승인을 거절했다.

셋째, 산업상 이용 가능한 것(industrial application)으로 특허 신청을 한 발명은 기계, 제품 또는 공정에 응용될 수 있어야 한다. 즉 특허 출원인은 발명이 어떤 용도로 사용될 수 있는지 정확히 규정해야 한다. 규정되지 않은 용도에 대해서는 다른 발명자가 출원할 수 있다. 이 같은 예로 유니레버(Unilever)의 세라마이드(ceramides)를 들 수 있는데, 이 회사는 세라마이드를 개발하고 사용 가능한 여러 용도를 지정하여 특허를 출원했다. 불행하게도 유니레버의 등록 특허에 샴푸에 대한 용도를 지정하지 않아 경쟁사가 샴푸 용도의 세라마이드 기술을 출원하게 되었다.

보편적으로 중력과 같은 자연법칙과 관련된 과학적 원칙의 발견(discovery)은 특허로 인정받을 수 없는데, 그 이유는 과학적 원칙은 발견 전에도 늘 존재해 왔던 것이기 때문이다. 특히 다음의 대상은 일반적으로 특허로 인정될 수 없는 것들이다.

1. 한 물질을 다른 물질로 대체하는 것(예: 금속을 플라스틱으로 대체)
2. 이미 존재하는 장치의 크기만을 변화시키는 것
3. 물건의 휴대성 또는 이동성을 높인 것
4. 한 성분을 등가 성분으로 대체한 것

5. 형태 및 모양만 바꾼 것

특허 괴물

기업은 때로 경쟁기업의 기술 선택을 제한할 목적으로 특허를 활용하거나 공격적 특허 소송을 통해 수익을 추구하기도 하는데, 이 같은 활동을 하는 사람 또는 조직을 특허 괴물(patent troll)로 칭한다. 특허 괴물은 기술생산력은 없지만 분쟁 대상이 될만한 특허를 저가로 매입한 후 특허 침해 소송을 제기하여 엄청난 수익을 얻는 특허 전문 회사를 경멸적으로 표현하는 용어이다. 이들은 선행 기술을 발전시키겠다거나 특허 가치의 중요성에 대해서는 전혀 관심이 없고 오로지 고발된 특허 침해자로부터 수익을 갈취하는 데 목적이 있다. 라이선싱을 통해 특허 소송을 해결하는 데 도움을 주고 있는 RPX Co.에 따르면 특허 괴물은 2012년 한 해 미국에서만 2천9백 개 이상의 특허 침해 소송을 제기했다고 한다.[1]

컴퓨터, 소프트웨어, 통신과 같이 복잡한 기술을 가지고 있는 산업에서는 겹쳐지는 특허들이 밀집된 망(web)으로 알려진 '특허 덤불(patent thicket)' 때문에 다른 기업에 의해 제기된 특허 소송에서 피해자가 되지 않고는 경쟁하는 것이 매우 어렵다고 한다. 이러한 현상은 혁신을 심각하게 억압해서 기업들은 매우 기이한 전략을 구사하게 되었다. 그 전략이란 다른 기업의 특허 공격을 저지할 목적으로 일종의 전쟁자금이 될 만한 대량의 특허를 구매하는 것이다. 이 같은 예로 2011년 파산한 노텔(Nortel)은 엄청난 양의 특허 포트폴리오를 경매에 붙였다. 그 경매의 승자는 MS, 애플, 블랙베리, 소니, 에릭슨이 포함된 록스타 비드코(Rockstar Bidco)라 칭한 컨소시엄이었다. 이 컨소시엄은 노텔의 특허 포트폴리오(전쟁자금) 구매를 위해 4십 5억 달러를 지불했으며, 4십 4억을 제시한 구글을 물리쳤다. 이후 구글은 IBM에게서 다양한 기술을 포함하는 특허 1천 23개를 구매했다. 사실 이 특허들은 구글 사업에 직접적으로 필요한 것이 아니었으며, 특허 소송을 통해 다른 기업을 공격할 보복성 위협용이었다.[2] 구글은 같은 해 모토롤라로부터 12억 5천 달러어치의 특허를 구매했는데, 이 덕택에 노텔 특허로 인해 미래에 제기될 소송에서 구글의 입지를 높여 주었다.[3] 결국, 2013년 10월 록스타 컨소시엄은 구글과 구글 안드로이드 폰을 생산하는

---

1 Jones, A. (2013). "Tech firms back Obama patent move," *Wall Street Journal*, 4 June.

2 Decker, S., and Womack, B. (2011). "Google buys 1,023 IBM patents to bolster defense of Android," *Bloomberg Business*, 15 September.

3 Hardy, Q. (2011). "Google buys Motorola of patent parts," *Forbes*, 15 August.

일곱 업체를 상대로 소송을 제기했다.[4] 구글 역시 자신의 특허를 기반으로 맞고소를 했으며, 2014년 11월 구글과 록스타는 합의에 이르게 되었다.[5] 록스타는 노텔로부터 구매한 특허 포트폴리오가 구글은 IBM과 모토롤라로부터 구매한 대량 특허가 이 두 집단 간에 치러진 특허 소송의 전쟁자금이 되었던 것이다. 특허 괴물과 특허 덤불의 현상을 보면 특허의 최초 목적이었던 발명보호를 통해 발명자의 혁신을 촉진시키고자 했던 것이 지켜지고 있는지 의문이 든다. 최근 이 같은 의문을 풀고자 많은 연구가 진행되고 있는데 특허가 혁신을 촉진하고 있는지 아니면 방해를 하고 있는지는 여전히 논쟁적이다.

혁신 수준을 측정하는 지표로서의 특허 데이터

한편, 특허는 기업, 산업, 국가의 혁신 수준을 평가하는 데 중요한 지표로 사용될 수 있는데 이때 많은 주의가 요구된다. 그 이유는 출원된 특허라고 해서 모두 상용화되리라는 법은 없어서 혁신이 완전히 실현되었다고 볼 수 없기 때문이다. 또한 특허의 양은 많지만 그 질이 떨어진다면 혁신 수준이 높다고 평가할 수 없기 때문이다. 그러나 혁신 수준을 평가하는 데 접근이 용이하고 쉽게 활용할 수 있는 데이터가 특허만한 것도 없다. 그렇다면 특허 데이터를 혁신 지표로 활용했을 때 구체적으로 어떤 장점과 단점이 있는지 그에 대해 살펴보도록 하자. 먼저 특허 활용의 장점을 살펴보면 다음과 같다.

1. 특허는 발명 과정의 결과물로 대표될 수 있다. 특히 경제적 혜택을 함유할 것으로 기대하는 발명일수록 더욱 그렇다.
2. 특허를 내는 것은 시간과 경제적 비용이 많이 드는 과정이다. 따라서 특허 출원은 이 같은 높은 비용을 초과할 정도의 경제적 혜택을 제공할 것이다.
3. 특허는 기술 분야에 따라 구분될 수 있다. 그래서 혁신율(innovation ratio)과 방향(innovation direction)에 대한 정보를 제공할 수 있다.
4. 특허 통계는 장기간 대규모 형태로 구축된 데이터로 이용하기가 쉽다.

한편 특허를 혁신 지표로 활용하는 데는 다음과 같은 단점이 지적되고 있다.

---

4 Mullin, J. (2013). "Patent war goes nuclear: Microsoft, apple-owned "Rockstar" sues Google," *Arstechnica*, 31 October.

5 Roberts, J. (2014). "Apple-backed Rockstar ends patent war on Android, deal suggests," *GIGAOM*, 20 Novemeber.

1. 모든 발명(혁신)이 특허로 출원되는 것은 아니다. 기업은 그들의 혁신을 다른 수단(예: 영업 비밀)으로 보호하기도 한다.
2. 특허의 성향은 산업과 기업에 따라 많이 다르다. 예를 들면 제약 산업에서 특허를 출원하려는 성향이 상대적으로 높은 반면 빠르게 변하는 소비재에서는 오히려 그 성향이 낮다.
3. 기업들은 시장의 매력도에 따라 각 나라마다 특허 성향을 다르게 갖는다. 아무래도 시장 매력도가 높은 나라일수록 기업은 그 나라에 적극적으로 특허 등록을 하려 할 것이다.
4. 많은 수의 등록 특허가 한 번도 다른 출원자들에 의해 활용되지 않기도 하는데 그러한 이유는 그와 같은 특허 출원의 목적은 오로지 다른 사람의 개발을 막기 위해서이다. 통계에 따르면 등록된 특허의 40~60%만이 활용된다고 한다.

11-3 상표

상표(trademark)는 자기의 제품 및 서비스와 타인의 제품 및 서비스를 구분하기 위해 사용되는 모든 표장으로서 단어, 문구, 상징, 디자인, 소리, 냄새, 입체적 형상, 홀로그램 동작, 색채 등을 포함한다. 상표의 대표적인 예로 컴퓨터에 새겨져 있는 "Intel Inside"라는 문구, 나이키 운동화에 표시된 "swoosh" 상징, 수많은 향수 제조업체가 등록한 향수 냄새, 코카콜라의 등고선 모양의 세로 홈이 있는 유리병과 같은 입체적 형상 등이 있다. 한편 2010년 레고는 여덟 개 버튼이 달린 플라스틱 블록을 상표로 등록하는 데 실패했다. 왜냐하면 유럽사법재판소(European Court of Justice)는 레고 블록은 단지 부품의 상호 연결에 불과하다고 판단하여 입체상표로 인정하지 않았기 때문이다.

상표로 인정받기 위해서는 다음과 같은 조건을 충족시켜야 한다.

1. 자기의 제품 및 서비스와 타인의 제품 및 서비스를 구분할 수 있도록 생생하게 표현된 표장이 있어야 한다.
2. 상표는 그 자체로 독특해야 한다. 보통 명사 또는 관용적 표현들은 상표로 인정되지 않는다. 예를 들어 '소고기(beef)'라는 단어를 음식 산업의 상표로 등록하는 것은 불가능하다. 왜냐하면 거래 과정에서 다른 상인들도 그 단어를 자주 사용하기

때문이다. 그러나 의류 산업에서는 '소고기(beef)'라는 동일 단어가 상표로 사용될 수 있다. 그 이유는 의류 산업의 거래 과정에서는 이 단어가 보편적으로 사용되지 않기 때문이다.

3. 대중을 속이려 해서는 안 된다. 예를 들면 1900년에 'Orlwoola'라는 상표를 등록하려는 시도가 있었다. 'Orlwoola'상표 제품은 울이 아니거나 울이 일부 함유된 옷감들이었는데 이 단어는 대중으로 하여금 옷감의 원료가 'all wool(100% 울)'이라고 믿게 만들기(속이기) 때문에 상표로 적합하지 않다는 판정을 받았다.
4. 이미 등록된 유사 제품의 상표와 헷갈려서는 안 된다. 예를 들면 페인트 상표로 'Velva-Glo'가 등록을 시도했지만 이전에 등록된 페인트 상표 'Vel-Glo'와 너무 비슷하다는 이유로 거절되었다.

상표 권리자는 자신의 상표를 동일하게 또는 다른 사람들이 보았을 때 헷갈릴 정도로 비슷하게 사용하는 것을 막을 수 있다. 그러나 동일한 제품이나 서비스라 하더라도 전혀 다른 모양의 상표를 부착해서 제조 또는 판매하는 경우 이를 막을 수 있는 권리는 없다. 상표권은 표장의 합법적 사용을 부여해주나 상품 판매를 위해 반드시 상표 등록을 해야만 하는 것은 아니다. 그러나 상표를 등록하면 상표에 대한 등록자의 소유권 주장이 대중에게 공지됨으로써 상표 침해를 막을 수 있다. 그리고 상표는 특허나 저작권과 달리 주기적으로 갱신만 해주면 사용하는 동안 계속해서 보호받을 수 있다.

11-4 저작권

저작권(copyright)은 저작물에 대한 보호 장치로서 다른 사람들이 (1) 원작을 복사하거나 기록해서 재생산하지 못하도록 하거나, (2) 원작에 기반해서 파생된 작품을 준비하지 못하게 하거나, (3) 판매, 임차, 리스의 목적으로 원작의 복사본을 유통시키지 못하게 하거나, (4) 원작을 대중에게 공연하지 못하게 하거나, (5) 원작을 대중에게 전시하지 못하게 할 수 있다. 그러나 "공정한 사용에 대한 정책(doctrine of fair use)"에 따르면 비평, 보고, 교육, 연구 등의 목적에 부합하다면 저작권이 부여된 저작물을 사용할 수 있다고 규정하고 있다. 저작권은 특허와 달리 작품이 창작되었을 때 자동적으로 저작권 보호가 작동된다.

저작권으로 보호되는 창작물은 아래 세 가지 유형으로 구분된다.

1. 문학, 드라마, 뮤지컬, 예술작품
2. 녹음물, 영화, 방송 및 케이블 프로그램
3. 인쇄 배열 또는 출판된 판본의 레이아웃

특허와 마찬가지로 저작권도 창작물에 대한 법적 권한을 일정 기간 동안 독점적으로 부여하는데 나라마다 다르지만 보통 문학, 드라마, 뮤지컬, 예술작품에 대한 저작권은 창작자의 생존기간과 사후 70년 동안 보호받을 수 있다. 그리고 나머지 유형은 최초 출판된 해로부터 50년 동안 보호받을 수 있다.

11-5 한국의 혁신 보호 활동

혁신을 보호하는 지식재산권에 대한 한국 정부의 관심은 1908년 구한말 특허령 공포로 시작되었다. 광복 이후 1946년 한국은 특허원을 창립하고 특허법을 제정했으며, 1977년 지금의 특허청이 세워졌다. 1979년 세계지식재산권기구(World Intellectual Property Office, WIPO)를 시작으로 주요 국제조약에 가입하였는데, 1980년 파리협약(Paris Convention), 1984년 특허협력조약(Patent Cooperation Treaty)이 그것이다.

한국의 지식재산권은 크게 세 가지 유형으로 분류된다. 첫 번째는 특허권, 실용신안권, 디자인권, 상표권이 포함되는 산업재산권이고, 두 번째는 저작권, 저작 인접권, 데이터베이스 제작권으로 구성된 저작권이며, 세 번째는 첨단산업재산권(예: 반도체 설계, 생명공학기술), 산업저작권(예: 컴퓨터 프로그램, 소프트웨어), 정보재산권(예: 데이터베이스, 영업비밀, 뉴미디어), 기타(예: 프랜차이징, 지리적 표시, 캐릭터, 인터넷 도메인 네임)를 포함하는 신지식재산권이 있다. 산업재산권은 특허청에서 저작권은 문화체육관광부에서 관장하고 있으나 신지식재산권은 새로운 개념으로 관장하는 특정 부처가 없이 여러 부처가 관여하고 있는 상황이다.

한국의 특허 제도의 기본 원칙은 선출원주의를 따른다. 즉 발명의 시기에 상관없이 특허를 먼저 출원한 자에게 특허권이 부여되는 것이다. 특허법은 발명을 보호대상으로 하므로, 자연법칙을 이용한 기술적 사상의 창작이 특허로 보호받을 수 있다. 따라서 새로운 기계장치, 물건, 화학물질, 미생물, 식물뿐만 아니라 사용방법, 제조방법 등 새로운 방법에 대해서도 특허를 받을 수 있으며, 새로운 비즈니스 모델에 대해서도 특허를 받을 수 있다.

특허를 받기 위한 요건은 앞서 설명한 (1) 신규성, (2) 진보성, (3) 산업상 이용가능성을 만족해야 한다. 대한민국에서 등록받은 특허권은 대한민국 내에서만 그 효력이 미치며, 특허권 설정 등록일로부터 20년 동안 보장된다.

한국의 실용신안 등록 대상은 특허와 마찬가지로 자연법칙을 이용한 기술적 사상을 보호한다. 그러나 특허와 달리 물품의 형상, 구조, 조합으로 보호대상을 한정하기 때문에 반드시 유형물에 대해서만 등록을 받을 수 있으며, 사용방법, 제조방법, 물질, 기능, 게임 등에 대해서는 실용신안 등록을 받을 수 없다. 실용신안 등록 요건은 특허에서 요구하는 것과 동일하나 진보성은 특허보다 낮은 수준을 요구하기 때문에 특허보다 상대적으로 등록 받기가 쉽다. 실용신안권은 설정등록일로부터 10년 동안 보장되며 특허권과 마찬가지로 독점 배타권으로 인정하고 있다.

한국의 디자인 등록 대상은 유체물인 물품의 외관에 표현된 디자인에 한한다. 따라서 제품디자인이 대부분 해당되며, 글자체 디자인이나 아이콘, 이모티콘 등과 같은 화상 디자인도 보호대상에 포함된다. 디자인 등록 요건은 (1) 공업상 이용가능성(공업적 생산방법으로 동일한 디자인의 물품을 반복하여 다량으로 생산할 수 있는 것), (2) 신규성(등록출원을 하려는 디자인이 그 전에 공중에게 알려지지 않은 상태), (3) 창작성(어떤 디자인이 다른 디자인과 객관적으로 명확하게 구별되는 정도)을 만족해야 한다. 디자인권은 설정등록한 날부터 발생하여 출원일부터 20년이 되는 날까지 존속한다.

삼성과 애플의 분쟁과 관련하여 2012년 8월 미국 캘리포니아 북부지방법원의 배심원단 1심 판정의 중요 쟁점은 기술이 아닌 디자인 침해였으며, 손해청구금액도 천문학적 숫자였다. 왜 이와 같은 분쟁이 발생되었는지 그 이유를 알아볼 필요가 있다. 한국 기업들에게 좋은 시사점이 될 것이다(미니사례 참조).

한국의 상표권 대상은 자기의 상품과 타인의 상품을 식별하기 위하여 사용하는 표장(標章)을 말하며, 표장이란 '기호, 문자, 도형, 소리, 냄새, 입체적 형상, 홀로그램·동작 또는 색채 등으로서 그 구성이나 표현 방식에 상관없이 상품의 출처를 나타내기 위하여 사용하는 모든 표시'를 의미한다. 2016년 서비스 표를 상표에 통합하여 규정했기 때문에 상표권 대상에는 서비스 또는 서비스의 제공에 관련된 물건도 포함된다. 상표로 등록되기 위해서 가장 중요한 요건은 식별력인데, 이는 거래자나 일반 수요자로 하여금 상표를 표시한 상품이 누구의 상품인가를 알 수 있도록 인식시켜 주는 것을 의미한다. 상표권은 설정등록일로부터 10년 동안 존속하며, 10년마다 몇 번이고 갱신할 수 있기 때문에 반영구적인 효력을 갖는다.

미니 사례

애플이 삼성을 디자인 특허 침해로 고소할 수 있었던 이유

디자인 특허의 분쟁은 주로 가구, 장난감, 보석 디자인, 패키지, 기계나 공업 디자인 등의 산업에서 볼 수 있었으나, 이번 삼성과 애플의 법정분쟁은 IT 제품의 디자인에 관한 것인데다 손해청구 금액이 1조 1천9백1십억 원이라는 천문학적 숫자로 관심을 끌게 되었다. 디자인 특허의 침해 여부는 디자인 특허를 침해한 아이템이 특허를 받은 디자인과 정확히 같지는 않더라도 상당히 비슷하다는 것을 증명할 수 있느냐에 따라 결정된다. 미국에서 디자인 특허침해를 판정하기 위해서는 두 가지 사항을 만족해야 한다. 첫 번째 조항은 일반관찰자 테스트(ordinary observer test)이고, 두 번째 조항은 신규성 항목 테스트(point of novelty test)이다. 그런데 2008년 9월 22일 손톱 연마기(fingernail buffers)의 디자인(Egyptian Goddess, Inc.vs.Swisa Inc.)을 놓고 벌어진 판례를 계기로 신규성 항목 테스트가 폐지되고 오로지 일반관찰자 테스트만으로 판가름하게 되었다. 이는 소비자의 인지와 행동의 중요성이 더욱 더 커졌음을 의미한다. 또 한 가지 중요한 변화는 디자인 특허를 위해 더 이상 글로 된 설명 없이 시각적인 표현으로만 보여주면 된다는 것이다. 이로 인해 디자인 특허를 가진 개인이나 회사들은 특허 침해 성립을 증명하는 부담과 어려움이 현저히 줄어들게 되었다.

디자인 특허 침해 여부를 결정하는 일반관찰자 테스트의 핵심은 소비자가 구매 당시 상황에서 두 제품의 디자인을 혼동하는가를 배심원이 판단하는 것이다. 이 결정의 바탕은 기능 또는 모양의 디테일보다는 주관적이고 전체적으로 소비자에게 주는 느낌에 있다는 것이다. 즉 아이폰의 모서리가 둥근 것을 삼성이 따라했다는 것에 대한 논리보다는 둥근 모서리, 사용자 인터페이스, 여러 상품외장(trade dress)의 요소가 조합된 삼성제품의 전체적인 외관이 일반 소비자의 눈에 얼마나 애플의 제품과 비슷하게 보이는지, 그로 인해 소비자가 두 제품을 혼동하게 됐는지가 쟁점이 되는 것이다.

그런데 첨단 소비자 가전제품을 디자인하면서 소비자가 주관적, 총체적으로 다르게 인지할 수 있도록 만드는 것은 상당히 어렵다. 왜냐하면 전 세계적으로 단순함을 선호하는 미니멀리즘 트렌드가 확산되다 보니 제품 디자인의 차별화를 둘 수 있는 요소가 많지 않다. 예를 들어 최근 TV디자인의 바깥 베젤(프레임) 부분이 점점 얇아지는 추세인데, 이것이 너무 얇아지고 작아지면 디자인으로 차별화할 수 있는 부분은 스탠드밖에는 남지 않게 되고 TV를 벽에 걸게 되면 디자인으로 구별하는 것이 아예 불가능해질 수도 있다.

이렇게 단순화된 디자인을 소비자가 인식할 때 부분의 독창성보다 전체적인 형태로 인지하는 경우가 많고 이 과정에서 중요한 것은 외관에 대한 주관적 해석이다. 그런데 애플의 경우 전 CEO 스티브 잡스는 본인의 강렬한 이미지, 친근성, 유용성, 자기 관련성(self-relevancy)을 강조하는 일관성 있는 마케팅과 브랜드 관리를 했고 이로 인해 미국 소비자는 해당 디자인을 애플 고유의 것이라고 인지하게 된 측면이 있다는 것이다. 이렇게 특정 브랜드 이미지와 디자인이 강하게 연동돼 있게 되면 디자인 특허를 인정받을 수 있게 되는 것이다. 그에 대한 증거로 애플이 법정에 제시한 설문조사의 결과를 보면 약 12%의 소비자가 삼성의 태블릿과 애플의 아이패드를 혼동했다고 답했으며 약 38%가 삼성의 스마트폰과 애플의 아이폰을 혼동했다고 한다. 물론 애플 측에서 제시한 데이터이기 때문에 논쟁의 여지는 있겠지만 그만큼 소비자의 주관적 해석이 디자인 특허 분쟁에 얼마나 중요한 영향을 미치는지를 이야기해주는 예라 하겠다.

자료: 에린 조(2012), "둘이 닮은 것 같아 이렇게 느끼면 특허침해?", 『동아비즈니스리뷰』, No.116, p56-60.

한국의 저작권 대상은 인간의 사상 또는 감정을 표현한 창작물로 반드시 문학, 예술 분야에 국한된 것은 아니다. 구성이나 배열에 창작성이 있는 데이터베이스는 편집 저작물로서 보호받을 수 있고, 2003년 법 개정을 통해 데이터베이스 제작자의 권리가 창설되면서 독창성 없는 데이터베이스도 보호받을 수 있게 되었다. 산업재산권과 달리 저작권은 표현된 것을 보호하는 것이지 그 아이디어 자체를 보호하는 것이 아니다. 예를 들면, 요리책을 그대로 복사하는 행위는 저작권을 침해하는 행위가 되지만, 요리책대로 요리를 하는 것은 저작권 침해와 전혀 상관이 없다. 저작권은 저작자의 생존기간과 사망 후 70년간 존속하는 것을 원칙으로 하고 있다. 공동저작물인 경우에는 맨 마지막으로 사망한 저작자를 기준으로 사후 70년간 존속한다.

마지막으로 신지식재산권은 과학기술의 발달로 기존 산업재산권이나 저작권으로 보호하기 어려운 기술 보호를 위해 등장하였다. 『지식재산기본법』 제3조 정의에 따르면, 신지식재산은 경제, 사회 또는 문화의 변화나 과학기술의 발전에 따라 새로운 분야에서 출현하는 지식재산을 칭한다. 주로 컴퓨터프로그램, 인공지능, 데이터베이스와 같은 '산업저작권', 반도체집적회로 배치설계 생명공학과 같은 '첨단산업재산권', 영업비밀, 멀티미디어와 같은 '정보재산권', 캐릭터, 특정 물품이미지(Trade Dress) 등을 보호하고자 한다. 신지식재산권의 보호는 기존 지식재산권 제도의 보호 대상 확대를 통해, 반도체집적회로의 배치설계에 관한 법률, 부정경쟁방지 및 영업비밀보호에 관한 법률, 종자 산업법 등과 같은 개별 특별법을 통해, 또는 초상사용권 및 인격 표지권과 같이 민법(일반법)을 통해 이루어진다. 신지식재산권은 새롭게 등장하는 개념으로 아직 제도적 보완이 많이 필요한 상태이다. 〈표 11-1〉은 지금까지 살펴본 한국의 지식재산권 제도를 요약한 내용이다.

11-6 혁신 보호 전략의 효과성과 활용

혁신을 보호하기 위해 어떤 산업에서는 법적 보호가 다른 방법보다 더 효과적일 수 있다.[6] 예를 들면 제약 산업의 경우 특허는 매우 강력한 보호 수단이 된다. 그러나 전자

---

[6] Bound, J. Cummins, C., Griliches, Z., Hall, B.H. and Jaffe, A. (1984). "Who does R&D and who patents?," in *R&D, Patents, and Productivity*, ed. Griliches, Z. University of Chicago Press fri the National Bureau of Economic Research, Chicago.

한국의 지식재산권 제도 요약

표 11-1

지식재산권 유형		보호대상	보호기간
산업 재산권 (특허청)	특허권	자연법칙을 이용한 기술적 사상의 창작으로써 발명 수준이 고도한 것	출원일 후 20년
	실용신안권	자연법칙을 이용한 기술적 사상의 창작으로써 물품의 형상, 구조, 조합에 관한 실용성 있는 고안	출원일 후 10년
	디자인권	물품의 형상, 모양, 색채 또는 이들이 결합한 것으로써 시각을 통하여 미감을 느끼게 하는 것	출원일로 20년
	상표권	자기의 상품과 타인의 상품을 식별하기 위하여 사용하는 표장	설정등록일로부터 10년 (10년마다 갱신 가능)
저작권 (문화체육관광부)	저작권	사람의 생각이나 감정을 표현한 결과물에 대하여 표현한 사람	저작자의 생존기간과 사망 후 70년
	저작 인접권	저작권에 인접한 권리로서 실연자(배우, 가수, 연주자), 음반제작자 및 방송사업자	실연, 음반, 방송을 한 시점부터 70년
	데이터베이스 제작권	데이터베이스의 제작 또는 소재의 갱신, 검증, 보충 등에 상당한 투자를 한 자	제작완료시점 이후, 다음 해부터 5년
신지식 재산권	첨단재산권	반도체설계, 생명공학기술 등	
	산업저작권	컴퓨터프로그램, 소프트웨어 등	
	정보재산권	데이터베이스, 영업비밀, 뉴미디어 등	
	기타	프랜차이징, 지리적 표시, 캐릭터, 트레이드드레스(trade dress), 색채상표, 입체상표, 맛, 소리, 냄새상표,(연구데이터, 임상정보, 초상사용권/인격표지권) 등	

자료: 손수정(2019). "특집 4차 산업혁명과 IP정책 이슈(3): 신지식재산의 인식과 성장," 『정보통신방송정책』, 31(7): 17~39.

산업에서 특허와 저작권은 상대적으로 보호를 해주지 못한다. 왜냐하면 전자 산업에서는 특허를 침해하지 않고도 유사 특허를 쉽게 발명할 수 있기 때문이다. 산업용 과정과 제조 기술을 특허로 보호하는 것은 더더욱 어렵다. 이처럼 특허가 보호 능력이 전혀 없는 경우 기업은 영업 비밀에 강하게 의존한다.

한편, 서두에서 이야기했던 리눅스, 아파치, PHP와 같은 오픈소스 소프트웨어 또는 무료 라이선스 전략의 활용과 같이 자사 혁신의 철저한 보호보다 개방을 택하는 경우가 더 많은 가치를 가져다 줄 수 있다. 그리고 이러한 경우 자사의 기술을 빠르게 시장에 확산시킬 수 있으며, 더 나아가 시장을 지배하는 기술로 성장하기도 한다. 그러나 자사 기술을 잠재적 경쟁자에게 확산시키는 방식은 그 기술이 지배적인 디자인이 된다 하더라도 독점적 지대(monopoly rents)를 잃어버리는 단점이 생길 수 있다. 또한 기술의 개방은 결국 기술 플랫폼(technology platform)을 여러 개로 분절시키는(fragmented) 결과를 낳게 된다. 즉 비표준화된 버전들을 시장에 많이 양산시키게 된다. 이러한 단점을 해결하기 위해 기업들은 〈그림 11-1〉에서 묘사된 것처럼 화살표 양쪽 끝에 있는 혁신의 100% 보호(Wholly proprietary)와 혁신의 100% 개방(Wholly open) 사이의 어느 한 부분을 택하게 된다.

혁신을 100% 보호하는 전략은 그 혁신을 개발한 기업이 소유하고 특허, 저작권, 영업비밀 또는 다른 수단을 통해서 자사의 혁신을 보호한다. 그와 같은 보호를 받는 기술은 법적으로 개발자에 의해서만 생산되고 개선되기 때문에 다른 제조업체가 생산된 부품과 양립할 수가 없다. 따라서 자사의 기술을 통해 얻게 되는 이익을 독점적으로 얻을 수 있다는 장점은 있지만 타사와 자사가 제조한 여러 구성부품을 짜맞춘(mix and match) 제품을 제공하는 데 어려움이 있다.

한편 혁신을 100% 개방하는 전략은 어떤 보호수단도 사용하지 않는 것으로 누구든지 그 기술을 자유롭게 사용할 수 있고, 수정할 수 있고, 다른 사람에게 배포할 수 있다. 완전히 개방되는 기술은 보통 빠르게 상업화되지만 개발자들에게 독점적인 이익을 제공하지 못한다는 단점이 있다. 사실 많은 기술이 완전히 보호되지도 않고 완전히 개방되지도 않는다. 예를 들면 대부분의 비디오게임 콘솔 제조업체들(예: 닌텐도, 소니, 마이크로

혁신의 보호 정도에 따른 예

그림 11-1

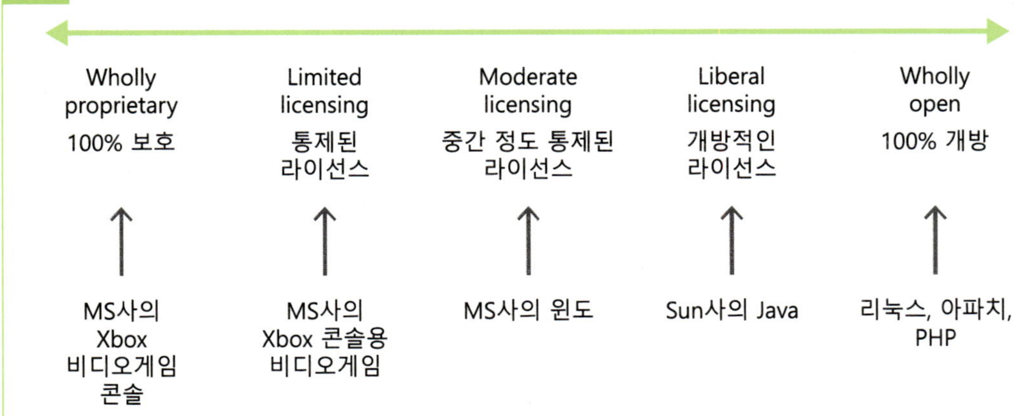

자료: Essner, D. Liao, P., and Schilling, M.(2001). "Sun Microsystems: Establishing the Java standard," Boston University teaching case no. 2001-2; Kittner, J. Schilling, M., and Karl, S.(2002). "Microsoft's Xbox," New York University teaching case 2002-45.

소프트)은 콘솔 기기에 대해서 완전한 보호 전략을 사용했지만 게임에 있어서는 통제된 라이선스 전략을 취했다. 즉 콘솔 제조업체는 게임 개발자에게 자사 콘솔 시스템에 맞는 게임을 생산할 수 있도록 정보를 줌과 동시에 생산된 게임은 상업적 판매에 들어가기 전에 콘솔 제조업체에게 반드시 승인을 받아야 했다.

마이크로소프트의 경우 Xbox 게임 개발자가 되려면 먼저 Xbox 개발자 등록 프로그램 또는 Xbox 인큐베이터 프로그램에 지원해야 한다. 이 두 프로그램 중 하나에 성공적으로 등록되면 그 개발자는 개발 툴에 접근할 수 있다. 그렇다고 개발된 게임이 모두 타이틀이 되지는 못한다. 반면 MS의 윈도우는 좀 더 개방적인 전략을 사용했는데 저작권을 통해 윈도우를 보호하고, 소프트웨어를 개선시키는 데 배타적인 권리를 행사했지만, 보완재 제공업체들에게 보완재 개발에 필요한 소스 코드의 일부를 접근할 수 있게 했다. 또한 보완애플리케이션을 개발할 수 있는 라이선스를 부여했으며, 하드웨어에 끼워서 윈도우를 유통하는 OEM(Original Equipment Manufacturer) 업체들에게도 라이선스를 부여했다. 그러나 라이선스 구매자들은 윈도우를 수정 및 개선시킬 수 있는 권리는 절대 가질 수 없다.

한편, Sun은 그들이 만들어낸 프로그래밍 언어인 Java에 대해 MS사가 윈도우에 했던 것보다 훨씬 개방적인 전략을 취했다. 그 결과 초기에 Sun은 시장 침투력과 지배력을 얻는데 성공했으나, 시간이 흐르면서 Java를 소유하고 있던 Sun과 참여자들 간에 이익을 둘러싼 갈등이 생겨나게 되어 Sun은 결국 시장 지배력을 잃게 되었다. 2010년 1월 Sun은 공식적으로 오라클에 합병되었다. 따라서 Sun은 더 이상 세상에 존재하지 않지만 Java라는 이름은 오라클의 제품 중 하나로써 여전히 남아있다.

[사례연구] 랜디 헤트릭과 TRX — 지적재산의 보호

TRX는 미해군 특수부대 SEAL 장교인 랜디 헤트릭(Randy Hetrick)이 고안한 매우 독특한 운동시스템으로 선풍적인 인기를 끌어 한동안 세 자릿수 또는 두 자릿수의 매출 성장을 이루었다. 그러나 아마존과 같은 디지털 플랫폼에서 위조 및 짝퉁 기업의 출현으로 매출이 급감했다. 아마존 한 곳에서만 200개가 넘는 위조 및 짝퉁 제품과 싸워야만 하는 상황이다. 이 상황을 벗어나기 위해서 헤트릭은 무엇을 해야만 할까? 온라인 상거래 경제에서 위조와 짝퉁으로 발생되는 매출 감소는 어쩔 수 없는 것으로 받아들이고 내부 역량을 더욱 강화하고 대외적으로 아무것도 하지 말아야 할까? 아니면 위조 및 짝퉁 기업을 대상으로 특허 및 상표 침해의 평결을 받아내는 소송을 제기하는 것이 맞을까? 과연 무엇이 TRX에게 현명한 방법일까?

랜디 헤트릭과 TRX의 탄생

랜디 헤트릭은 1987년부터 2001년까지 미 해군 특수부대 SEAL에서 장교로 복역했으며, 1999년경 가장 존경받는 특별 작전 리더십 지위인 엘리트 SEAL의 특공대원을 이끌었다. 그는 SEAL의 도전과 동지애를 좋아했고 군 생활에서 발생하는 문제를 해결하는 데도 적극적이었다. 군 생활 문제 중 하나는 현장에 주둔하는 동안 체육관 이용이 불가능해 몸을 강하게 유지하는 데 어려움이 있었다. 그래서 헤트릭은 SEAL에 있는 동안 소형의 가볍고 이동 가능한 운동 키트를 만들었다. 이 키트는 버려진 낙하산 벨트를 이용하여 사용자가 자신의 체중과 중력을 활용하여 어디서나 전신운동을 할 수 있도록 고안되었다.

2001년 헤트릭은 군대를 떠나 스탠포드 경영대학원에 입학했다. 그때까지만 해도 그는 SEAL에서 고안해낸 운동을 사업화할 생각은 전혀 없었다. 그냥 그와 그의 친구가 스탠포드 대학 체육 훈련 센터에서 그가 고안한 운동을 시작했는데, 여러 명의 코치가 그 운동을 궁금해 했고, 그들에게 방법을 알려주면서 헤트릭은 이것이 사업이 될 수 있겠다고 깨달았다. 그는 스탠포드 경영대학원의 첫해와 둘째 해 사이 여름 동안 본격적으로 사업 아이디어를 평가했다. 그리고 약 1년 후 2003년 6월 시장에 출시했다. 그는 자신의 제품에 전신 저항 운동 시스템(Total-body Resistance Excercise System, TRX system)이라는 이름을 붙였다. 헤트릭은 피트니스 산업 전문가들과의 논의를 통해 TRX가 매우 독특한 특성을 제공하고 있음을 알게 되었고, 그는 그것에 '서스펜션 훈련(suspension training)'이라는 용어를 붙였다.

TRX의 시장잠재력은 대단했다. 군대와 유료 체육관 시장에 기회가 있었기 때문에 DTC 판매(direct-to-consumer sale)(소비자 직접 판매)인 소매상이 유망했다. TRX 시스템을 사용하기 위해서는 상당한 교육이 필요했기 때문에 매출 잠재력을 증명하는 데는 시간이 좀 걸렸다. 시간이 지나면서 헤트릭은 소매용 상품에 훈련 카드를 포함시켰고, 군대용 체력단련 안내서와 트레이너를 위한 포스터, 안내서 및 비디오를 제공했다. TRX는 온라인 판매까지 대 성공이었다. 모든 시장에서 TRX는 강력한 매출 성장을 보여주었고, 2004년 9만 2천달러에서 2012년 4천2백만 달러로 수입이 증가했다. 2004년에서 2010년 사이 매해 세 자릿수 성장을 해왔으며, 2010년에는 다소 성장이 둔화되었지만 2010년에서 2012년 사이에도 두 자릿수 성장은 계속되었다.

위조품의 등장

높은 성장이 있던 바로 다음해인 2013년 TRX 수입은 갑자기 정체되었다. 사원 중 한 명이 누군가 TRX

<그림 1> TRX 운동 시스템 구성 제품

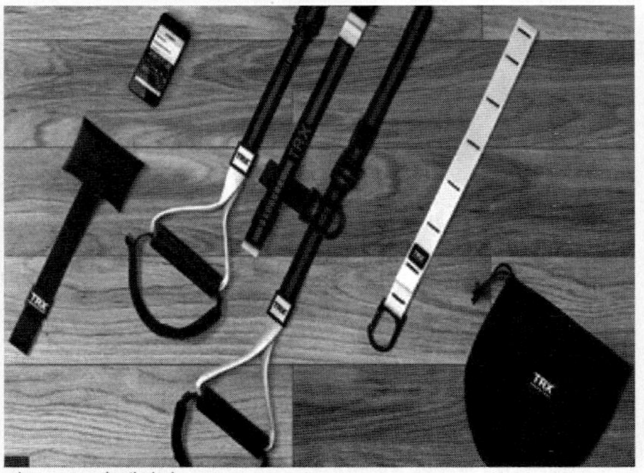

자료: TRX 홈페이지.

<그림 2> TRX 훈련 센터

자료: TRX 홈페이지.

제품을 위조하는 것 같다고 헤트릭에게 말했을 때 그는 믿지 않았다. 왜냐하면 자신의 경험에 비춰보면 TRX 제품은 판매하기가 너무 복잡했기 때문에 누가 감히 이런 어려움을 뚫고 판매하려 할까하는 생각이 들었기 때문이었다. 그런데 매출 성장이 천천히 정체되기 시작했고, 헤트릭은 문제가 있음을 인식했다. TRX는 외부 변호인을 고용해서 지적재산권(intellectual property right, IPR) 문제에 조언을 구했다. 정작 TRX 내부에는 지적재산권 업무를 전담하는 공식적 자리도 없고 담당 직원도 없었다. 따라서 2012년 헤트릭은 준법률가인 마리사 크리스티(Marisa Christie)를 TRX의 지적재산(intellectual property, IP)과 브랜드 보호 관리자로 고용하였다. 그녀는 2012년과 2013년 동안 TRX의 위조 문제의 정도가 얼마나 심각한지 알아보는 데 모든 시간을 썼는데, 그 규모는 엄청났다. 크리스티는 TRX 유통업체가 그녀에게 직접 위조 문제를 보고할 수 있는 절차를 만들었다. 그리고 그녀와 헤트릭은 가장 큰 효과를 얻을 수 있도록 각 위조 문제에 얼마의 시간과 돈을 써야 할지 를 결정했다. 위조에 대한 대응 예산은 회사 입장에서 비용으로 간주된다. TRX가 모든 위조를 방어하기 위해 돈을 쓰기로 결정했다면 수입의 최소 30%를 잃어버렸을 것이다.

2013년 초반 누군가가 헤트릭 책상 위에 상자를 놓고 갔는데, 그 상자 안에는 가짜 TRX 시스템이 있었다. 그것은 TRX 제품의 형편없는 싸구려 버전이었으며, 박스 전면에는 헤트릭 사진이 붙어있었다. 그 위조 제품 회사는 아마존 판매 리스트에서 순위가 점차 올라가고 있었다. 헤트릭에 따르면 가장 이상적인 위조 목표물이 되려면 첫째, 강력한 시장 잠재력을 가진 소비재여야 하고 둘째, 제조비용에 비해 상대적으로 고가여야 하고, 셋째, 범용(one size fits all)이어서 재고가 많지 않아야 한다. 그런데 TRX는 이 세 조건을 완벽하게 만족시켰다. 사실 헤트릭이 사업을 시작했을 때 IPR 문제는 그의 관심사가 전혀 아니었다.

온라인 소매 경제에서의 지적 재산

헤트릭이 만든 초기 의사결정 중 하나는 IP 보호에 얼마의 돈을 언제 쓸 것인 가였다. TRX는 사업 초기 수입이 많지 않았지만 특허와 상표 출원에 투자하기로 결정했고 그들의 자금에 비해서는 말도 안 되는 큰돈을 써서 특허 출원을 했다. 그러나 특허가 있어도 온라인 소매 경제에서 IP를 보호하는 것은 너무나도 어려웠다. IP 침해는 언제나 문제였지만 상거래가 온라인화 되면서 훨씬 심각해졌다. 오늘날 소비재 시장에서 경쟁의 주요 도전은 합법적인 경쟁자들이 더 나은 솔루션을 소개하는 것이 아니라 IP 침해를 위해 디지털 상거래 플랫폼인 아마존(Amazon), 크래그 리스트(Craig's List), 이베이(Ebay), 알리바바(Alibaba)를 활용하는 중국의 짝퉁 기업들의 위협이다. 이들은 구글과 아마존에 작은 요금을 지불하고 구글의 서치 엔진 마케팅(search engine marketing)과 아마존의 후원 광고(sponsored ads) 프로그램을 통해 소비자가 명품 브랜드를 검색할 때마다 짝퉁 브랜드가 같이 검색됨으로써 사이트 순위가 명품 브랜드에 가까워졌다. 그 결과 중국 짝퉁 기업은 명품 브랜드의 고객 호감도(goodwills)를 훔칠 수 있었다. 이 같은 상황에서 아이러니하게도 명품 브랜드는 어떤 보상도 받을 수 없다. 가짜 리뷰, 잘못된 광고 노출, 등록된 상표의 남용, 저작권 이미지 등장 등을 조합하는 디지털의 교묘한 술수를 통해서 짝퉁 기업은 합법적 브랜드를 마케팅 엔진으로 활용하고 있었다. 그리고 그들은 특허, 상표, 트레이드드레스 등의 권리를 침해하는 저가의 값싼 제품을 판매해서 매출을 뽑아내고 있으며, 이 같은 범죄 행위 때문에 수많은 합법적 기업이 문을 닫고 있다.

헤트릭에 따르면 유틸리티(utility) 특허는 중요하게 사용되지만 온라인 경제에서는 디자인(design) 특허가 더 가치 있다고 한다. 왜냐하면 유틸리티 특허는 너무 복잡해서 디지털 플랫폼이 단속하기 어렵기 때문이다. 따라서 디지털 플랫폼이 단속하는 유일한 특허가 디자인 특허이고, 디자인 특허 단속은 연방정부의 법적 평결 없이도 가능하다. 그런데 그 당시 대부분의 특허 대리인은 디자인 특허를 우습게 보았다. 게다가 위조기업은 이제 제품의 질을 개선시키고 있다. 그들은 품질을 개선하면 소비자가 제품을 즉시 반품하지 않을 거라는 것을 깨달은 것이다. 미국 지적재산 도용 위원회(Commission on the Theft of American Intellectual Property)의 2017년 보고서에 따르면 위조제품으로 인해 미국 기업이 입은 손해는 매년 2천2백 5십억 달러에서 6천억 달러에 달한다. 위조품의 약 63%가 중국에서 발생하고 25%는 홍콩에서 일어난다.

TRX는 변호사를 고용해서 특허권침해 경고장을 보냈지만 중국 기업은 비웃기만 하고 어떤 대답도 하지 않았다. 또한 TRX는 중국에 불시 단속을 단행했지만 전반적으로 비효과적이었다. 해외 판매도 문제가 심각했다. 해외 유통업체는 불평하기를 자기들은 원래 가격으로 TRX 시스템을 구매하지만 위조업체는 동일한 구매자를 대상으로 값싼 가짜 제품을 판매하고 있기 때문에 자신들의 판매가 저조하다고 했다. 또한 온라인 유통과 판매에서도 문제가 발생했다. 아마존의 정책은 제품 판매자는 승인받은 재판매자로서 오리지널 브랜드 제품의 페이지에 첨부가 가능하다. 따라서 TRX 위조자는 아마존이 TRX에 부가한 재고 번호를 사용해서 재판매자로 등록해서 가짜 TRX 제품을 진짜 제품 가격의 25%(180달러 대신 45달러) 수준으로 판매했다. 이 가격 차이로 가짜 TRX 제품 판매는 상승하고 진짜 TRX 매출은 감소시켰다.

TRX는 아마존에 영향력을 행사하여 위조업체를 금지시키고자 했다. 아마존의 요청에 따라 TRX는 위조 제품의 반복적 시험구매를 통해 그것이 가짜인지를 확인하고 시험구매 결과를 담은 서류를 아마존에 보내는 과정을 거쳤다. 그러면 아마존은 TRX로부터 받은 서류를 기반으로 지적재산권 위반을 한 사이트를 폐쇄하도록 조치했다. 그러나 15분 후면 이름을 약간만 바꾸어서 그들은 다시 돌아오곤 했다.

또 다른 문제는 위조업체가 TRX와 관련된 검색 용어인 "TRX", "suspension training(서스펜션 훈련)" 둘 다를 구매하는 것이 허락되었다. 이 두 용어는 오래된 TRX 등록 상표이다. 헤트릭은 다음과 같이 말했다. "우리는 잠재적 고객을 교육시키기 위해, 시장을 육성시키기 위해, 브랜드에 대한 고객 호감도를 형성시키기 위해 수백만 달러를 썼지만 위조업체는 모든 것을 생략한 채 줄 맨 앞에 서서 모든 것을 빼앗았다." 아마존은 검색 순위에서 다양성을 확보하는 것이 중요한 정책 중 하나라며 한 기업이 자신의 상표를 둘러싼 모든 광고 공간을 구매하지 못하도록 했다. TRX는 검색 순위의 최고 자리를 차지하기 위해서는 클릭당 10 달러를 아마존에 지불해야 했다. 동시에 아마존은 클릭당 10센트만 지불하면 되는 다른 기업에게도 TRX 바로 옆자리에 노출될 수 있는 기회를 주었다. 결국 TRX와 위조업체는 거의 같은 위치에 노출되었다. 헤트릭에 따르면 아마존 경영진은 처음에 위조품이 문제라는 것을 인식하는 것을 달가워하지 않았다고 한다. 아마존은 각 품목의 판매 당 15% 수익을 얻었고 헤트릭 주장에 따르면 아마존 총 매출의 약 25%에 육박하는 부분이 가짜 상품의 판매에서 나온다고 했다. 아마존이 그 문제를 고치길 원했을지 모르지만 현실적으로 그렇게 하기는 재무적 인센티브가 너무나 없었다. 또한 헤트릭은 "아마존은 판매업자가 판매한 상품에 대한 책임을 거부했고, 아마존과 구글은 그들의 판매를 제한할 수 있는 지적재산 입법에 대해 격렬하게 반대 한다"고 말했다.

아마존 브랜드 보호 팀의 느리고 말뿐인 행동을 수없이 겪다가 헤트릭은 마침내 아마존의 법률 고문에게 편지를 보냈다. 편지 내용은 다음과 같았다. "나는 내가 가지고 있는 모든 절차적 선택에 지쳤다. 당신들은 이 문제를 해결하지 않고 있고, 당신들의 위조제품 판매는 지적재산권 침해의 원인이 되고 있으며, 내 사업을 죽이고 있다. 나는 당신을 법정에 세울 수 있는 금전적 여력은 없지만 당신을 여론이라는 법정에 세울 수 있는 여력은 있다. 만약 금주 내 아무런 답변을 듣지 못한다면 나는 보고서를 작성하기 시작할 거고 어떻게 아마존이 미국 재향군인이 소유한 사업에 첫 번째 위협이 되었는지 설명할 것이다." 아마존은 마침내 헤트릭의 볼멘 소리에 반응을 했다.

이 사건은 아마존과 TRX의 관계에 전환점을 나타낸다. 아마존은 TRX와의 관계를 채무가 아니라 자산으로 전환하는 임무를 브랜드 보호 이사에게 맡겼다. 헤트릭에 따르면 "아마존이 우리가 직면한 문제를 전보다 잘 이해하고 솔루션을 함께 개발함으로써 아마존과 효과적인 파트너가 되었다. 그리고 아마존은 우리를 믿기 시작했고 우리는 사기꾼들이 아마존에서 무엇을 하고, 어떤 전술을 사용하고 있는지에 대한 통찰력을 아마존에 제공했다."고 한다. 헤트릭은 아마존이 플랫폼의 진정성과 고객을 보호할 의지가 드디어 생겼음을 믿었다. 문제는 아마존 내부 사람들로 창업자인 제프 베조스(Jeff Bezos)까지도 사기꾼들이 개방되고 자동화된 디지털 플랫폼에서 무엇을 하는지 전혀 알지 못하고 오로지 마찰 없는 고객 경험을 제공하는 것에 초점을 맞추었다.

아마존이 위조 제품에 대해 좀 더 공격적으로 단속하기 시작했을 때 위조기업은 'TRX' 라는 상표를 그들 제품에서 떼어내는 것으로 반응했다. 이로써 위조기업의 제품은 특허를 위반하고 모든 측면에서 진짜와 동일함에도 불구하고 법적으로 위조품이 아니었다. 아마존은 TRX에게 "그 제품들이 더 이상 법적으로 위조품이 아니기 때문에 연방법원에 세워 심판을 받지 않는 한 그들은 아마존에서 판매를 재개할 수 있다"고 말했다. 아마존은 특허컵은 본질적으로 불안전하기 때문에 특허 침해를 증명하는 것은 전적으로 특허소유자가 책임져야 하며, 법적 판결만이 아마존으로 하여금 IP침해자를 플랫폼에서 제거하는 조치를 취하게 만들 수 있다고 했다. 그러나 브랜드 보호 파트너십을 통해 TRX와 구축된 신용을 고려했을 때 TRX가 법적 평결을 받아오면 아마존은 모든 플랫폼에서 위조기업을 몰아낼 것이라고 표명했다. 헤트릭은 TRX가 할 일은 법정에서 IP 침해 기업을 이기는 것이라고 생각했다. 그래서 TRX 상표와 특허를 침해한 미국 기업 몇 개를 찾은 후 2013년에 두 개 기업에 소송을 제기했다. 그러나 둘 다 피해 구제로 법정 밖에서 해결되었다.

2014년 위조업체들은 위조품을 생산하는 것에서 짝퉁을 생산하는 것으로 행태를 바꾸었다. 짝퉁은 위조의 진화된 버전으로 위조는 동일한 이름과 디자인을 사용하지만 짝퉁은 동일한 상표를 사용하지 않는다. 위조업체들은 거대한 온라인 시장에서 무엇이 단속 대상이고 아닌지를 배웠다. 온라인 시장에서 짝퉁이 폭발적으로 일어났다. 그들은 가짜 제품에서 TRX 휘장을 없애고 헤트릭 사진이 없는 평범한 상자에 담아서 소비자에게 보냈다. 다른 미국 기업도 특허를 침해하면서 유사 제품을 생산하기 시작했지만 TRX라고 주장하지는 않았다. 그들은 품질이 좋지만 TRX보다 싸다고 주장했다. 아마존의 알고리듬은 그들이 검색용어로서 TRX 상표를 살 수 있도록 허락했고 그들은 TRX 바로 옆 목록에 자리를 차지했다.

게다가 "나는 로스앤젤레스에 사는 개인 트레너이고 최근 Bob's trainer를 발견했는데, 이 제품은 TRX의 높은 가격에 비해 저렴하면서 기능이 매우 좋다"라는 댓글이 엄청나게 늘어났다. 그 이유는 짝퉁업체들이 이 같은 리뷰를 구매하고 있었기 때문이었다. 개당 50센트를 받고 500개씩 리뷰를 작성해주는 사람들이 있었던 것이다. 헤트릭은 아마존에 매일같이 특허침해자들에 대한 250개의 보고서를 제출했지만 아마존 정책에 따라 그들은 하나같이 약간씩 이름과 디자인을 바꿔서 다시 돌아왔다. 불행한 진실은 배심원의 평결 없이는 온라인 플랫폼에서 특허 침해자를 잡아내는 것은 불가능하다는 것이다. 그리고 아마존은 특허 집행자가 되기를 원하지 않았다. 아마존은 "만약 TRX가 배심원단 평결을 위해 우리를 법정에 부르게 된다면 우리는 TRX 사이트를 내릴 것"이라고 말했다. 동시에 짝퉁들은 진화해서 가격을 올리기 시작했고 이제는 TRX의 25% 가격이 아니라 50~75% 가격을 붙였다. 그들은 가격을 너무 낮게 책정하면 소비자가 구매하지 않을 것이라 생각했기 때문이다. 결국 특허 침해자의 판매수입은 상승하고 TRX의 온라인 판매 수입은 해마다 20%씩 하락했다. 상황이 극도로 나빠졌다.

소송

미국 회사 중 하나인 'WOSS'라고 불리는 기업은 한동안 헤트릭과 크리스티의 레이더망 안에 있었다. WOSS는 TRX의 짝퉁으로 TRX가 하는 모든 것(예: 색깔과 틈새 마케팅)을 복제했고 TRX의 50% 가격으로 판매했다. WOSS는 아마존 검색 결과의 7번째 또는 8번째 페이지에 있곤 했는데, 약 2년 반 이상 동안 TRX 상표를 사용해서 크리스티가 WOSS에 대한 175번의 상표 침해에 대한 경고를 아마존에게 보냈지만 WOSS에 대한 법적 평결이 없었기 때문에 아마존은 어떤 조치도 취하지 않았다. 하루는 아마존 사이트에서 TRX를 검색하니까 리스트에 맨 먼저 나타나는 것이 WOSS 상품였다.

TRX는 WOSS에게 특허권침해 경고장을 보내어 WOSS가 TRX 특허를 침해하고 있기 때문에 소송을 할 수 있다는 것을 알도록 했다. 헤트릭과 크리스티는 WOSS가 TRX를 폄하하면서 WOSS 제품의 장점을 내세우는 가짜 댓글을 사고 있다는 것을 알게 되었지만 여전히 아마존에서 WOSS를 내몰 수 없었다. 2014년 초 WOSS는 대규모 군대 계약을 위해 TRX와 경쟁을 했고 결국 그 계약을 체결했다. 이 사건으로 헤트릭은 한계점에 이르게 되었고 소송을 결심하게 된다. 그러나 문제는 TRX 이사회 구성원 모두 소송을 지지하지 않는 다는 것이다. 특허 소송은 엄청난 양의 돈과 시간이 들기 때문이다. 재판까지 가지 않고 합의를 본다 하더라도 그 소송의 최종 비용이 얼마가 될지는 아무도 모른다. 두 번째 문제는 재판까지 가서 TRX가 이긴다하더라도 소송 비용을 초래할 정도의 손해를 증명해야만 한다. 진 사람은 파산을 선고하고 사업을 접어야 한다. 이것은 지나치게 많은 대가를 치른 승리가 될 것이다. 세 번째 문제는 특허 위반자에 대한 평결이 나오면 아마존에서 그 위반자는 퇴출되겠지만 나머지 다른 위반자는 여전히 아마존에 남아있을 것이다. 2백개의 다른 짝퉁 제품과 소송할 수 있는 여력이 TRX에게는 없다. 마지막 문제는 TRX는 위반자에게 당한 피해를 정량화한 정확한 숫자를 갖고 있지 않다. 헤트릭은 분명 TRX 수입 감소의 주요 원인이 IP 침해자 때문이라고 믿지만 모든 사람이 그 의견에 동의하지는 않을 것이다.

헤트릭은 아무것도 하지 않는 것을 선택할 수도 있고 수백만 달러를 써서 IP 위반자와 싸우고 해결도 만족도 아닌 불만족스러운 결과를 얻는 위험을 짊어지는 선택을 할 수도 있다. 잔인한 의사결정이 헤트릭 앞에 놓여 있는 것이다.

[토론 문제]

1. TRX 제품의 어떤 특성이 복제에 쉽게 노출되는지 설명하라.
2. 아마존과 같은 온라인 상거래에서 유틸리티 특허와 상표는 TRX의 지식재산을 보호하는 데 도움이 되었나? 도움이 되지 않았다면 그 이유는 무엇인가? 온라인 상거래에서 TRX의 지식재산을 보호하기 위해서 어떤 특허가 필요하고 그 이유는 무엇인가?
3. 온라인 상거래에서의 IP 침해와 관련해서 아마존은 어떤 역할을 하였나? 즉 아마존은 IP 침해를 어떻게 부추겼나?
4. 헤트릭은 소송을 제기해야 할까? 소송을 하는 것과 하지 않는 각 선택의 장점과 단점을 설명하라.

자료: Harmeling, S.(2019). "Randy Hetric and TRX: Protecting intellectual property rights(A)," Harvard Business Publishing.

12장

기업가정신과 사내 벤처링

도입 스토리 스타트업 투자를 통한 사내 벤처링에 성공하는 법

스타트업에 투자하는 기업의 숫자는 2013년 9백8십 개에서 2018년 2천7백9십5개로 거의 세 배가 증가했으며, GVC 애널리틱(GVC Analytics)(사내 벤처링 분석 회사)에 따르면 같은 기간 기업들의 스타트업 투자액이 1백9십억 달러에서 1천8백억 달러로 증가했다고 한다. 이처럼 스타트업과의 협력을 통해 사내 벤처링에 열을 올리는 이유는 내부적으로 생산이 불가능하거나 어려운 혁신을 쉽게 접근할 수 있기 때문이다. 그러나 이 과정에 어려움이 도사리고 있기 때문에 투자 성공률이 낮은 편이다. 줄리아 프랏(Julia Prats)과 호세마리아 시오타(Josemaria Siota)는 22개 섹터에 종사하는 120명의 혁신최고책임자(Chief Innovation Officers, CINOs)들과의 인터뷰를 통해 스타트업 투자 실패를 극복하기 위한 주요 접근법을 소개했다.

벤처링(venturing)의 가치를 전사적으로 북돋워라. CEO가 스타트업을 사들이는 것으로 그쳐서는 안 되고, 이윤과 손실을 책임지는 사업단위 리더가 열정적으로 참여하는 것이 중요하다. 기업의 주요 사업을 맡고 있는 이사들은 종종 사내 벤처링 사업부와 협력하려 하지 않는 경향이 있고 사내 벤처링 사업부는 기존 성과 매트릭스에 결합되지 않고 그것의 전략적 가치를 평가하지도 않는다. 결국 이는 사내 벤처링 사업부 노력을 약화시키게 된다. 따라서 벤처링 사업부가 최근 시장 지식을 제공함으로써 나머지 사업부에 도움이 될 수 있음을 인정하고, 벤처링 사업부의 비용을 다른 부서도 함께 공유하여 벤처링의 성공을 이룰 수 있도록 한다.

전통적 스타트업만 찾지 말고 탐색의 폭을 넓혀라. 많은 기업이 협력할 스타트업을 찾고 있기 때문에 적당한 업체를 찾는 것이 쉽지 않다. 이 같은 상황에서 아디다스는 탐색의 폭을 대학과 연구기관으로 넓혔다. 아디다스는 "3D 프리팅 원료로 런닝화를 만들어낼 수 있을까?"라는 질문에 답해줄 업체를 찾았다. 이 질문에 채플 힐의 노스캐롤라이나 대학의 화학교수이자 '카본(Carbon)'으로 불리는 실리콘 밸리 기반의 3D 생산 스타트업의 창업자인 조셉 디시몬(Joseph Desimone)이 가능하다고 대답했다. 결국 아디아스와 카본의 협력으로 '퓨처크래프트 4D(Futurecraft 4D)'라 불리는 런닝화가 탄생된 것이다.

스타트업과 기업의 사내 벤처링(CV) 부서 간의 갈등을 제거하라. 잠재적 스타트업이 발견되면 보통 구매기업의 CEO는 낮은 가격을 부르고 스타트업 소유자는 높은 가격에 팔려고 한다. 여기서 기업의 CV부서의 이사가 중간에서 양쪽의 협상을 이끌어내는 역할을 하게 되는데, CV부서 이사 입장에서는 인수가격이 높은 것이 낮은 것보다 본인의 경력과 보상측면에서 더 유리하다. 그리고 훌륭한 CV 이사는 민간 벤처 캐피탈 회사와의 경쟁 때문에 매우 높은 급여를 받는데, 동시에 그가 속한 기업의 급여 구조는 깨지 말아야 한다. 즉 CEO보다 더 높은 급여를 받을 수는 없다. 결국 CV부서 이사가 개인적 이익을 추구하지 않으면서 양측을 만족시키는 가격에서 협상을 할 수 있도록 해야 한다. 일본의 재벌 기업의 CINO는 이 문제를 해결하기 위해 두 가지를 시도했다. 첫째, 6년 임기로 CV이사의 직업 안전성을 확보함과 더불어 기본급을 올려주고 스타트업의 조직 존속성도 보장해주었다. 둘째, CV이사로부터 거래 협상과 인수 통합 관련 업무를 면제시키고 이 업무는 M&A부서가 전적으로 책임지게 했다. CV이사는 오로지 대상 스타트업을 발견하고, 끌어들이고, 협력하는 데 성공했는가의 여부에 의해서만 보상을 받고, 각 거래의 가격에 따라서 개인적 지분(보상)을 받지 못하도록 했다. 이렇게 함으로써 양쪽에서 발생되는 마찰이 효과적으로 해결될 수 있었다.

자료: Prats, J. and Siota, J.(2019). "How corporations can better work with startups," *Harvard Business Review Digital Article*, June 3.

'벤처(venture)' 하면 무엇이 떠오르는가? 허름한 창고에서 누가 뭐라고 하지 않았는데도 자신의 재능과 열정에 의지해 밤낮을 가리지 않고 새로운 것(혁신)을 만들어내려 애쓰는 모습이 그려지지 않는가? 벤처의 사전적 의미가 '모험'이듯 벤처는 남들이 가보지 않은 위험한 길을 '기업가정신(entrepreneurship)'만으로 도전하는 신생기업이다. 그리고 그들은 산업의 경계를 허물고 새로운 규칙을 써내려가는 등 변화를 만들어왔다. 이 같은 변화의 원동력인 '기업가정신' 이 무엇이고 왜 중요한지에 대해 알아보고자 한다.

구글, 페이스북, 아마존과 같이 성공한 벤처의 수익은 상상을 초월할 정도로 막대하나 그만큼 위험도 크기 때문에 대부분의 벤처기업은 시장에서 사라지기가 쉽다. 그럼에도 불구하고 대기업은 끊임없이 사내에 벤처를 만들려고 한다. 그 이유는 아마도 대기업이 어려워하는 신규 사업에 벤처는 쉽게 도전하기 때문일 것이다. 일반적으로 대기업은 기존 전략 및 사업영역에 따라 체계적으로 조직화되고, 관리되기 때문에 신기술 및 신제품의 연구개발이라 하더라도 정해진 테두리를 벗어나기가 힘들다. 그렇게 기존 시장에서 군림하고 있는 동안 벤처로부터 예측하지 못한 신기술이 등장하고, 그로 인해 고객의 니즈가 변하는 순간 시장에서 대기업이 차지하던 지배력은 순식간에 성공한 벤처에 의해 교체되고 만다.

예를 들면 MPEG-3 기술과 온라인 스트리밍 기술의 등장은 비디오를 대여해서 보던 고객의 니즈를 인터넷 사이트를 통해 영화를 다운로드 받거나 스트리밍으로 보는 형태로 바꾸어 놓았다. 이로 인해 미국 최대 비디오 대여점인 '블록버스터(Blockbuster)'와 비디오계의 김밥천국과도 같았던 한국의 '영화마을'은 시장에서 완전히 사라졌다. 이제 그 자리를 넷플릭스(Netflix)가 차지하고 있다. 지금은 넷플릭스가 창업한 지 20년이 넘었지만 변화의 초창기만 해도 완전 신생기업이었는데, 대기업인 블록버스터와 영화마을을 시장에서 사라지게 만든 것이다. 바로 이 같은 상황을 피하기 위해 대기업은 그들의 시각과 접근법에서 탈피한 형태의 '벤처'가 필요하다. 대기업이 갖고 있는 풍부한 자원을 바탕으로 사내 벤처를 잘 활용한다면 미래의 변화에 쉽게 대비할 수 있지 않을까? 하는 희망 속에서 많은 기업이 사내 벤처(internal corporate venturing)를 두고 있는 것이며, 우리는 기업가정신 다음으로 대기업의 사내 벤처에 대해서 자세히 살펴보고자 한다.

12-1 기업가정신과 혁신의 관계

기업가정신과 혁신에 대한 정의를 분리해서 밝혀내려는 노력은 순수한 학문적 활동이 되 가고 있다. 성장, 유연성, 창조성과 같은 기업가정신과 관련된 주요 특성은 혁신을 위해 필요한 것들이다. 따라서 이론가와 전문가는 이 두 개념이 동전의 양면과 같이 서로 밀접한 관계가 있음을 인식하고 있다. 과연 이 두 용어가 최초 어떻게 발생되었고 또 어떻게 서로 관련을 맺게 되었는지 간략한 역사를 통해 알아보자.

프랑스 경제학자인 장바티스트 세이(Jean-Baptiste Say)가 '기업가정신'이라는 단어를 만들고 '기업가(entreprerıeur)' 개념을 발전시킨 학자로 인정받고 있지만 이 단어를 최초로 소개한 사람은 또 다른 프랑스 경제학자인 리차드 캔틸런(Richard Cantillon)이다. 캔틸런은 1730년에 쓴 그의 저서에서 사회는 고정 임금을 버는 사람과 비고정 임금을 버는 사람 이렇게 두개의 계급으로 구분되며, 기업가는 생산 비용을 지불하지만 소득이 불확실한 비고정 임금을 버는 사람이라고 했다. 이러한 이유로 캔틸런은 기업가를 '위험을 무릅쓰는 모험가(risk-taker)'로 바라본 반면 세이는 기업가를 '계획가(planner)'로 간주했다.

한편, 1776년 유명한 저서인 국부론에서 아담 스미스(Adam Smith)는 빵집 주인이 빵을 제공하는 이유는 자비심 때문이 아니라 사리사욕을 추구하기 위한 것이라고 했다. 즉 스미스의 관점에서 기업가는 이윤을 위해 수요를 공급으로 바꿔주는 '경제적 대리인'이었다. 1848년 유명한 경제학자인 존 스튜어트 밀러(John Stuart Miller)는 기업가정신을 '개인 기업을 설립'하는 것으로 묘사했는데, 이는 신생기업을 만들기 위해 제한된 자원을 관리하면서 부를 갈망하는 개인(individual), 모험가(risk-taker), 의사결정자(decision maker)를 모두 포함하는 개념이다.

조셉 슘페터(Joseph Schumpeter)가 나타날 때까지 기업가라는 용어는 단순히 '사업가(businessman)'로 정의되었다. 1930년대 슘페터는 그의 저서에서 혁신과 기업가정신이라는 용어 사이에 분명한 관련성을 언급했다. 그에 따르면 혁신이란 '창조적 파괴(creative destruction)'를 일으키는 원인이며, 이로 인해 시장 균형이 반복적으로 파괴되는 순환의 특성을 갖게 되고, 혁신 활동의 주체가 바로 기업가정신을 가진 기업가들로서 이들 덕택에 경제발달 또는 경제적 진화가 일어난다고 했다. 이처럼 혁신과 함께 언급되는 슘페터의 기업가정신에 대한 정의가 이후로 대부분의 경제학자에게 수용되었다.

12-2 기업가정신의 정의 및 중요성

기업가, entrepreneur라는 단어는 프랑스어에서 유래된 것으로 entre는 '사이(between)'이라는 뜻을 prendre는 '취하다(to take)'라는 뜻을 갖는다. 이 단어는 원래 구매자와 판매자 사이에서 위험을 취하는 사람 또는 신생기업을 시작하는 사람을 묘사하는 데 사용되었다.[1] 그러나 발명가와 기업가는 서로 다르다. 발명가는 단지 새로운 것을 만들어내지만 기업가는 발명품을 성공할 수 있는 사업으로 변화시키는 데 필요한 모든 자원(예: 돈, 사람, 사업모델, 전략, 위험감수 능력)을 결집하고 통합해야 한다.[2]

기업가정신이란 '개인이 미래의 재화 및 서비스를 개발할 목적으로 현재 가지고 있는 자원에 관계없이 기회를 추구하는 것'으로 정의된다.[3] 좀 더 단순하게 정의하자면 '아이디어를 사업으로 바꾸는 예술'이 바로 기업가정신이다. 본질적으로 기업가들은 기회를 발견하고 유용한 아이디어를 사업화하려는 행동적 특성을 갖는다.[4] 이 같은 행동은 보통 창조성, 추진력, 위험 감수를 요구한다. 성공한 창업가의 특성에 대해서는 조금 있다 살펴보기

---

1 O'Neil, I. and Ucbasaran, D. (2016). "Balancing 'what matters to me' with 'what matters to them': Exploring the legitimation process of environmental entrepreneurs," *Journal of Business Venturing*, 31(2): 133~152.

2 Vogel, P. (2017). "From venture idea to venture opportunity," *Entrepreneurship Theory and Practice*, 41(6): 943~971.

3 Eesley, C. (2016). "Institutional barriers to growth: entrepreneurship, human capital and institutional change," *Organization Science*, 27(5): 1290~1306.

4 Mollick, E. (2016). "Filthy lucre? Innovative communities, identity, and commercialization," *Organization Science*, 27(6): 1472~1487.

로 하고, 다음은 기업가정신이 왜 중요한지에 대해 설명하고자 한다.

사실 기업가정신의 중요성은 앞서 슘페터가 언급한 기업가의 '창조적 파괴' 과정을 통해 설명될 수 있다. 왜냐하면 기업가는 신제품과 신기술을 만들어내지만 이는 기존 제품 및 기술을 교체하는 창조적 파괴를 일으키는데, 신제품 및 신기술은 보통 교체되는 제품 및 기술보다 더 나을 것이고 개선된 제품 및 기술의 이용가능성은 소비자의 수요를 증가시켜 결과적으로 경제활동을 활성화시키기 때문이다. 기업가정신의 중요성을 좀 더 면밀히 살펴보면 아래와 같이 세 가지 측면에서 설명될 수 있다.

첫째, 기업가정신은 경제를 견고하게 하고 안정화시킨다. 왜냐하면 기업가 또는 신생기업은 새로운 것을 창조하는 과정인 '혁신'을 일으키기 때문이다.[5] 여러분도 알다시피 혁신 강도가 높을수록 기업의 성과가 증대될 가능성이 높다. 그리고 혁신의 대표적 지표인 특허를 기준으로 했을 때 종업원 당 특허수가 대기업보다 소기업이 훨씬 높게 나타난다. 예를 들어 미국의 경우 스마트 그리드, 태양 에너지와 같은 신규 분야에서 소기업의 특허가 32%를 차지하며, 배터리와 연료전지 분야에서는 15%를 차지한다.[6] 또한, 신생기업 및 소기업들이 엄청난 양의 신규 일자리를 만들어내기 때문이다. 미국의 유명한 기업가정신 비영리단체인 카우프만 재단(Kauffman Foundation)의 연구에 따르면 1년이 안 된 기업들이 지난 30년 동안 1년에 평균 1백5십만 개의 일자리를 만들어냈다고 한다. 그리고 신생기업은 시장에 새로운 경쟁을 주입하고 혁신에 박차를 가함으로써 경제적 역동성을 일으키는데 공헌하고 있다.[7]

둘째, 기업가정신은 사회에 긍정적인 효과를 가지고 온다. 왜냐하면 창조된 신제품 및 신 서비스는 우리의 삶을 전보다 편안하게 해주고, 일의 생산성을 높여주고, 건강을 개선시켜주며, 즐거움까지 주기 때문이다. 스마트폰, 배달을 비롯한 각종 앱, 인터넷 쇼핑, SNS, 디지털 사진 등 이 모든 제품 및 서비스들은 21세기에 나타난 것들로 얼마 되지 않았지만, 우리는 이들이 없는 세상을 상상할 수 없다.

셋째, 기업가정신은 대기업에도 긍정적인 효과를 준다. 왜냐하면 많은 신생기업은 대

---

5 Wu, J. Si, S. and Wu, X. (2016). "Entrepreneurial finance and innovation: Informal debt as an empirical case," *Strategic Entrepreneurship Journal*, 10(3): 257~73.

6 SBA, "Small business lead the way in green technology innovation," www.sba.gov/advocacy/809/29201 (미국 중소기업청 웹페이지에서)

7 Wines, J. and Jackson, C. (2014). 'The importance of young firms for economic growth," https://www.kauffman.org/wp-content/uploads/2019/12/ entrepreneurship_policy_digest_september2014.pdf (Kauffman Foundation 웹페이지에서)

기업이 생산 및 판매하는 제품의 부품을 생산하는 주문자 상표 부착 생산자(Original Equipment Manufacturers, OEM)로서의 역할을 하기 때문에 획기적인 신제품이 강력한 브랜드파워를 가진 대기업만의 노력으로 나오는 것이 아니기 때문이다. 즉 신생기업의 혁신적인 부품 공급이 대기업의 제품 혁신성을 높여주는 데 이바지하고 있는 것이다. 또한 대기업의 글로벌 시장 진출 및 디지털화 시대에 필요한 서비스를 전문적으로 공급하는 신생기업의 등장으로 대기업의 사업 운영에 직접적인 도움을 주고 있다. 예를 들면 스피크라이크(SpeakLike)라는 스타트업은 해외 시장에 진출하는 기업들에게 실시간 온라인 통역 서비스를 제공하는데, 그 가격이 실제 통역사를 고용하는 것보다 훨씬 저렴하며, 스피크라이크 고객의 다수가 대기업이다. 그리고 박스(Box)라는 스타트업은 고객에게 클라우드에 파일을 저장할 수 있는 서비스를 제공하는데, 박스 고객의 다수가 포춘 500대 기업이다.[8]

12-3 창업의 동기와 성공한 기업가의 특성

사람들은 왜 안정적인 직업 대신 자신의 기업을 창업하려는 걸까? 그 이유는 세 가지로 요약해볼 수 있다.

첫 번째 동기는 가장 보편적인 것으로 스스로 사장이 되기 위해서이다. 그렇다고 해서 창업하는 사람들이 누군가와 함께 일하는 것을 어려워하거나 다른 사람의 권한을 인정하는 데 문제가 있음을 의미하는 것은 아니다. 대신에 이들은 자신의 회사를 만들겠다는 포부를 오랫동안 품고 있기 때문이거나 틀에 박힌 업무에 만족하지 못하기 때문이다.

두 번째 동기는 자신의 아이디어를 밀고 나가기 위해서이다.[9] 이 같은 상황은 기업 내에서, 기업 밖에서 발생되는 두 가지 경우가 있다. 보통 기업 내에서 종업원이 혁신적인 아이디어를 내면 그것을 수용하는 내부 메커니즘이 존재한다. 그러나 종종 기업은 종업원의 혁신을 거부하는데, 이때 회사 내에서 인정받지 못한 아이디어를 가진 종업원이 회사를 떠나 자신의 아이디어를 발전시켜 그것을 기반으로 창업을 하게 된다. 다른 상황은 회

---

8 Barringer, B. and Ireland, R. (2019). *Entrepreneurship: Successfully Launching New Ventures*, 6th edition, Pearson Education Limited, Harlow, UK.

9 Edelman, L. Manolova, T. Shirokova, G. and Tsukanova, T. (2016). "The impact of family support on young entrepreneurs' start-up activities," *Journal of Business Venturing*, 31(4): 428~448.

사 밖에서 일어나는 경우로 어떤 사람이 취미로, 레저로, 일상생활 속에서 시장에서 충족되지 않은 제품 및 서비스에 대한 요구를 인지하고, 사업화 가능성이 높다고 판단한 후 엄청난 시간과 열정을 들여서 그 요구를 충족시키는 파트타임(특정 몇 시간 운영) 또는 풀타임(정규 시간 운영) 회사를 설립하는 것이다.

세 번째 동기는 금전적 보상을 얻기 위한 것으로 이 동기는 보통 위에서 언급한 첫 번째와 두 번째 동기보다 순서가 뒤이다. 평균적으로 창업가가 버는 돈은 일반 직장에서 비슷한 수준의 책임감을 지고 있는 사람보다 많이 벌지 못한다. 창업가들의 금전적 유혹은 괜찮은 잠재력이 될 수 있다. 왜냐하면 이윤을 내고 기업의 가치를 증가시키는 일은 사람들을 한데 모을 수 있는 견고한 목표가 되기 때문이다. 그러나 돈이 창업의 으뜸 동기가 되는 경우는 드물다.

아마존의 제프 베조스(Jeff Bezos), 페이스북의 마크 주커버그(Mark Zuckerberg), 구글의 래리 페이지(Larry Page)와 세르게이 브린(Sergey Brin)과 같이 성공한 기업가들이 갖는 공통된 특성이 존재할까? 존재한다면 무엇일까? 당연히 이 질문에 대한 연구자들의 관심은 높았고 그에 대한 답을 얻는 데 성공했다. 결론은 성공한 기업가들은 공통적으로 다음 네 가지의 특성을 갖는 다고 한다(그림 12-1 참조).

첫 번째로 공통된 특성은 사업에 대한 열정이다. 바로 이 열정이 사업을 시작하게 만

성공한 창업가의 네 가지 주요 특성

그림 12-1

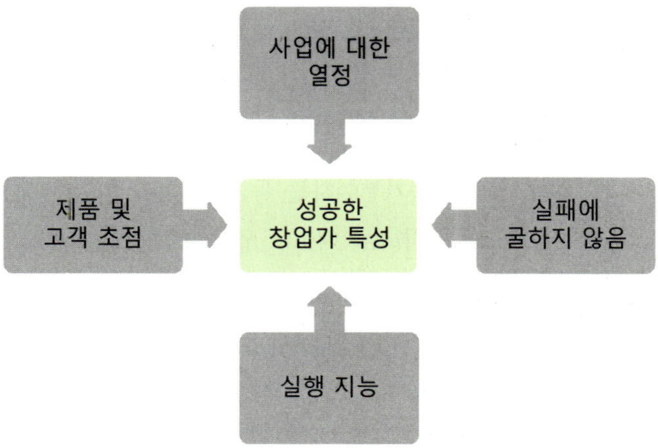

자료: Barringer, B. and Ireland, R.(2019). *Entrepreneurship: Successfully Launching New Ventures*, 6th edition, Pearson Education Limited, Harlow, UK.

들고 어려운 일이 닥쳐도 사업을 유지하는 원동력이 된다. 열정은 지속적인 학습과 반복을 가능하게 하고, 누가 뭐라 하지 않았는데도 연장근무를 하며, 문제와 부정을 극복하는 원동력이 되고, 자사와 자신의 한계에 대한 피드백을 귀담아 듣게 되며, 어려울 때 인내하고 집요하게 매달리는 원천이 된다. 이 같은 이유로 열정은 성공을 위해 창업가가 갖추어야 할 중요한 덕목이다(미니사례 참조).

두 번째 특성은 제품 및 고객 중심의 사고이다. 이 특성은 제품 기회를 알아채고 그것을 완성해내는 성실함과 관련이 있다. 이 예로 애플의 매킨토시(Macintosh)를 들 수 있다. 1980년대 초반 스티브 잡스와 애플 직원 몇 명은 제록스 연구 시설을 방문하는 동안 그래픽 아이콘, 풀다운 메뉴(화면에 표시된 항목을 선택하면 그 항목 아래에 다시 하위의 메뉴 항목이 블라인드처럼 내려져 표시되는 방식), 마우스가 사용된 컴퓨터를 보고 엄청 놀라게 된다. 잡스는 거기서 아이디어를 얻어 최초로 사용자 친화적인 컴퓨터인 매킨토시를 만들어내기로 결정한다. 그리고 2년 반 동안의 연구 개발 끝에 배우기 쉽고, 사용하기 즐겁고, 대다수의 잠재적 사용자 요구를 충족하는 고품질의 컴퓨터를 만들어내어 대성공을 거둔다.

세 번째 특성은 실패에 굴하지 않는 것이다. 기업가는 새로운 것을 만들려하기 때문에 실패의 가능성은 늘상 존재한다. 게다가 새로운 사업을 개발하는 과정은 실험실에서 화학자가 실험하는 것과 유사하다. 화학자는 최적의 화합물을 찾아내기 전까지 수많은 화학물질의 결합을 시도한다. 마찬가지로 새로운 사업 아이디어를 발전시키는 것도 성공하기 전에 어느 정도의 실험이 요구된다. 따라서 기업가는 수많은 실험 속에서 실패를 반복하는 동안 불굴의 인내가 필요하다.

네 번째 특성은 괜찮은 아이디어를 사업화시키는 능력이다. 이를 보통 '실행 지능(execution intelligence)'이라고 부른다.[10] 효과적으로 사업 아이디어를 실행하는 능력은 비즈니스 모델을 개발하고, 새로운 벤처 팀을 구성하며, 돈을 조달하고, 파트너십을 형성하고, 재정을 관리하고, 종업원을 이끌고 동기부여하는 등 모든 것을 의미한다. 즉 실행 지능은 생각, 창조력, 상상력을 행동과 주목할만한 결과로 바꾸는 능력이다. 아마존의 창업가 베조스는 "아이디어는 쉽다. 그러나 그것을 실행하는 것은 어렵다"라고 말했다. 많은 창업가에게 가장 어려운 시간은 창업하고 얼마 되지 않아서이다. 왜냐하면 최초로 해보는 다

---

10 Schemmann, B. and Herrmann, A., Chappin, M. and Hiemeriks, G. (2016). "Crowd-sourcing ideas: Involving ordinary users in the ideation phases of new product development," *Research Policy*, 45(6): 1145~1154.

미니 사례

프라임: 열정과 의지의 부족은 사업을 포기할 수 있다

프라임(Prime)의 아이디어는 세탁 사업에 파괴적 혁신을 일으켰다. 미국에는 세탁 서비스를 이용하는 사람들이 증가하고 있는데, 문제는 이 서비스가 너무 번거롭다는 것이다. 왜냐하면 고객이 세탁물 가방을 세탁소까지 가지고 와서 맡긴 후 나중에 다시 찾으러 가야 하기 때문이다. 게다가 세탁소가 바쁠 때는 대기 줄이 길어서 세탁물을 맡기거나 찾는 데 너무 많은 시간이 소요된다.

그런데 2013년 중반에 시장에 뛰어든 프라임 세탁 서비스는 이러한 번거로움을 한 번에 날려버렸다. 프라임 세탁 서비스 역시 고객이 세탁물을 가방에 챙기는 것은 똑같다. 그러나 고객이 직접 세탁물을 맡기거나 찾아올 필요 없이 프라임 웹페이지에 세탁물 배달 시간을 선택하고 결제만 하면 배달원이 와서 세탁물을 가져가거나 깨끗이 세탁된 옷을 가져 온다. 또한 배달원과 고객 간에 현금을 주고받는 일도 없이 모든 결제는 프라임 웹페이지에서 이루어진다. 프라임은 배달 서비스를 제3자에게 맡겨 기동성을 확보했으며, 수거해간 세탁물은 당일 늦게 또는 다음날 일찍 배달해주었다. 이 같은 혁신적 비즈니스 모델로 프라임은 매체로부터 조명을 받았고 초반에 기세가 등등했다. 그러나 얼마가지 않아서 문을 닫았는데, 프라임은 무엇을 잘못한 걸까?

프라임이 실패한 이유는 두 가지이다. 첫 번째는 프라임은 고객으로부터 세탁물을 받기 전까지는 혁신적이 파괴자였지만 그 이후 과정은 전통적 기업처럼 행동했다. 즉 배달업체가 가지고 온 고객의 세탁물을 세탁 서비스 업체에 맡겨버렸다. 프라임은 몇몇 세탁 서비스 업체와 수량할인을 협상했지만 구두로만 협상하고 문서화하지 않았다. 그리고 프라임은 파트너십이 틀어질 수 있다는 것을 미처 생각하지 못했다. 세탁 서비스 업체들은 처음에 프라임과의 협력을 선뜻 받아들였지만, 나중에 프라임 비즈니스 모델을 모방해서 자신의 배달 서비스를 만들고 프라임의 고객과 수입을 빨아들이기 시작했다. 바로 이 부분을 예상하고 대비하지 못한 점이 프라임 실패의 주요 원인 중에 하나다.

두 번째 이유는 창업자의 열정과 의지의 부족 때문이었다. 지역 세탁 서비스업체와의 협력은 비즈니스 모델의 취약성(모방) 때문에 공동 창업자인 인 우(Yin Wu)와 수웬 카오(Xuwen Cao)는 자신만의 세탁 서비스를 구축할지 또는 임대할지를 결정 내려야 했다. 그런데 대량의 세탁 업무를 처리하려면 더 많은 직원 고용과 설비구축을 위한 엄청난 돈이 필요하다는 것을 고려했을 때 이 사업의 전망이 밝지만은 않았다. 우와 카오 두 창업자는 2개월간의 숙고 끝에 이 사업에서 철수하기로 결정을 내린다. 그들의 계산에 따르면 5년에서 10년 후면 1천만 달러에서 1천5백만 달러의 매출을 올리는 수익성 있는 사업을 구축할 수 있겠지만 그들이 원하는 일이 아니었다. 둘 다 컴퓨터 과학을 전공하는 학생으로 세탁업에 대한 지식이 하나도 없고 그들이 원하는 것은 고객, 세탁 서비스 업체, 배달 업체의 연결자(connector)가 되는 것이지 세탁 서비스를 운영하고 싶지는 않았던 것이다. 이처럼 창업자가 꿈꾸는 미래의 방향과 사업의 방향에 차이가 나면 창업을 했다하더라도 그 사업을 지속시키고자 하는 열정과 의지가 낮아 결국 그 사업을 그만둘 수 밖에 없다.

자료: Mangalindan, J.(2014). "Prim: Anatomy of a folded startup," *CNNMoney*, 2014년 1월 22일자 기사, https://tech.fortune.com/2014/10/22-prim-anatomy-of-a-folded-startup ; Constine, J.(2014). "Prime laundary starup throw in the towel," *TechCrunch*, 2014년 3월 14일자 기사, https://techcrunch.com/2014/01/06/prim-laundary-shuts-down.

양한 업무를 처음부터 동시에 다 해내야 되기 때문이다. 창업초기에 실행 지능을 배우는 좋은 방법 중 하나는 스타트업 인큐베이터(start-up incubator)(신생기업 육성시설)와 엑셀러레이터 프로그램(accelerator program)(스타트업 성장을 위한 시드 투자, 연결, 판매, 멘토십, 교육, 및 각종 이벤트를 지원하는 프로그램)에 참여하는 것이다.

12-4 신생기업의 유형

신생기업(start-up firms)에는 (1) 생계형 기업(salary-substitute firms), (2) 라이프 스타일형 기업(lifestyle firms), (3) 기업가형 기업(entrepreneurial firms) 이렇게 세 가지 유형이 있다.

생계형은 이전 직장에 일할 때 받았던 급여와 비슷한 수준의 소득을 올리고자 하는 기업이다. 대표적인 예로 세탁소, 편의점, 식당, 회계 사무소, 소매점, 미장원 등이 있다. 대다수의 창업하는 소기업은 이 유형에 속한다. 이 유형의 기업은 보편적이고 쉽게 이용할 수 있는 것을 고객에게 제공하지 혁신적인 제품 및 서비스를 제공하지 않는다.

라이프 스타일형은 특별한 라이프 스타일을 추구하면서 동시에 생계를 꾸릴 수 있는 기업이다. 대표적인 예로 개인 트레이너, 골프 및 테니스 프로선수, 여행가이드, 민박집 주인 등이 있다. 이 유형의 기업은 전혀 혁신적이지 않고 빠른 성장도 기대하기 어렵다. 보통 이 유형은 특정 스포츠, 취미, 오락을 홍보하고, 1인 기업이거나 소수의 사람을 고용한다.

기업가형은 기회를 만들고 잡음으로써 신제품 및 신 서비스를 시장에 소개하는 기업이다. 기회를 알아보는 기업가는 보통 이 유형의 기업을 만들어 고객에게 가치 있고 중요한 제품 및 서비스를 제공한다. 앞에서 살펴본 내용의 대부분이 이 유형의 기업 및 창업가에 대한 이야기이다. 매우 잘 알려진 기업가형 기업으로는 페이스북, 우버, 구글, 아마존, 네이버, 카카오톡 등이 있다.

12-5 사내 벤처 설립 동기

지금부터는 신생 벤처를 설립하는 것이 아닌 기업 내부에서 일어나는 벤처 활동에 대해 살펴보고자 한다. 사실 활동 내용만을 본다면 기업의 사내 벤처와 연구개발 및 제품 개발부서는 별 차이가 없어 보인다. 왜냐하면 사내 벤처 또한 새로운 사업을 위해 연구개발 및 제품 개발 활동을 하고 있으니까 말이다. 그러나 추구하는 바가 극명하게 다름을 알아야 한다. 연구개발 및 제품 개발 부서는 기존 기술과 기존 시장에서 발생되는 경쟁력을 좀 더 새롭게 개발하는 활동이라면 사내 벤처는 다른 경쟁력을 배우고 구축하는 것이 주요 목적이다. 왜 기업은 사내 벤처 활동에 애쓰는 걸까? 거기에는 아래와 같은 다양한 이유가 있다.

1. 기업은 성장을 지속적으로 확보하고 유지하기 위해 사내 벤처를 설립한다. 특히 그들의 핵심 사업이 성숙되어 성장률의 증가를 더 이상 기대할 수 없을 때 사내 벤처 설립에 대한 동기부여는 커진다.
2. 사업다각화를 위해 사내 벤처를 설립하기도 한다. 즉 사업다각화를 통해 성장을 시도하는 것으로 수직적 다각화(예: 부품업체가 소매업체로 진출하거나 소매업체가 부품업체로 진출)를 통해 부가가치를 높이고자 하거나, 수평적 다각화(예: 국내시장에서 해외시장으로 진출)를 통해 기존의 경쟁력을 활용해 시장을 확장하기도 한다.
3. 새로운 경쟁력을 학습할 수 있는 기회를 확보하기 위해서이다.
4. 충분히 활용되지 않은 기술 및 인적자원을 새로운 방식으로 이용하기 위해서이다. 유휴자원을 가진 기업은 보통 두 가지 선택지가 있다. 즉 그 자원을 처분하고 아웃소싱으로 대체하거나, 외부 고객에게 제공하는 데 자원을 활용하는 것이다. 그런데 기업이 그 자원을 직접, 내부에서 통제하고 싶다면 외부 고객에게 서비스를 제공하는 사내 벤처를 설립할 수 있다.
5. 비핵심 사업을 처분하기 위해서 사내 벤처를 활용하는데, 사내 벤처 팀은 중요하지 않은 사업 활동에 책임을 지지만 관리 및 재무활동은 사내 본부의 통제를 받게 된다.
6. 그 밖에 내부 공급업체에 압력을 행사하기 위해서 또는 관리자의 야망을 만족시키기 위해서 사내 벤처를 활용한다.

12-6 사내 벤처 조직 구조

사내 벤처를 설립하기로 결정했으면 가장 적합한 조직 구조를 선택해야 한다. 이 선택

사내 벤처 조직 구조 유형

그림 12-2

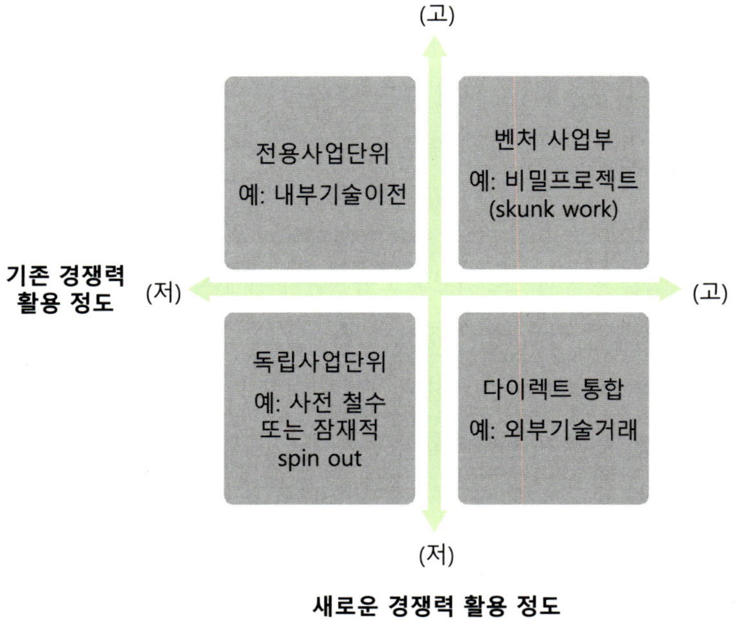

자료: Tidd, J. and Taurins, S.(1999). "Learn or leverage? Strategic diversification and organizational learning through corporate ventures," *Creativity and Innovation Management*, 8(2): 122~129.

에 영향을 미치는 요소는 매우 다양할 수 있겠지만, 여기서는 사내 벤처의 주요 목표가 새로운 경쟁력의 습득인지 또는 기존 경쟁력의 활용인지에 따라 조직 구조가 분류되는 방식을 설명하고자 한다. 〈그림 12-2〉에서 보듯이 사내 벤처의 유형은 기존 경쟁력의 활용 정도와 새로운 경쟁력의 학습 정도에 따라 크게 네 가지로 분류될 수 있다.

사내 벤처의 주요 목표가 새로운 경쟁력을 학습하기보다 기존 경쟁력을 활용하는 데 있거나, 제품 및 공정에 급격한 변화가 일어나 기업의 주요 사업에 상당한 영향을 줄 때 다이렉트 통합(direct integration)이 가장 적합하다. 다이렉트 통합은 모기업 주요 사업의 추가 활동으로 간주된다. 그리고 모기업의 주요 사업과 밀접한 관련이 있기 때문에 모기업의 통제를 지속적으로 받으면서 응급 상황을 해결하고 특정 미션을 완료할 때까지만 일부 독립성을 보장받는다. 다이렉트 통합의 대표적인 예로 영국의 자연사 박물관(Natural History Museum, NHM)을 들 수 있다. 1980년대 말 박물관에 유입되던 자금이 급격히 줄자 박물관은 충분한 수입원을 창출하면서 동시에 정리 해고와 대폭적인 연구역량 삭감을 피하는 방법을 찾는 것이 주요 목표가 되었다. 그래서 NHM은 3백 명의 과학자를 모아 그들의 기존 지식(경쟁력)을 활용하여 외부에 컨설팅을 제공하는 사내 벤처 팀을 구성했다. 지금 NHM은 이 과학컨설턴트 업무를 통해 매년 1백만 파운드 이상을 벌어들이고 있으며, 연구에 필요한 새 장비도 맘대로 구입할 수 있게 되었다.

사내 벤처의 중심 활동이 모기업의 주요 사업과 밀접한 관련이 있어 기존 경쟁력의 활용도가 높지만 시장이나 기술 면에서 낯설기 때문에 새로운 경쟁력을 학습해야 하는 경우 벤처 사업부(new venture department)의 형태가 적합하다. 벤처 사업부는 새로운 경쟁력을 학습하기 위해 별도의 관리 감독 권한과 어느 정도 자율성을 부여받지만, 모기업의 핵심 사업을 발전시키기 위한 것이기 때문에 모기업의 전반적인 운영 통제 범위를 벗어나지는 못한다. 단지 그 관계가 느슨할 뿐이다. 벤처 사업부의 적절한 예로 브리티시 가스(British Gas)가 있는데, 이 회사는 내부와 외부의 기술을 탐색하는 부서를 별도로 설립했다. 그 부서는 기업 내에 있는 기존 기술을 기반으로 라이선스 측면, 새로운 적용 및 시장 측면에서 상업적으로 어떻게 활용할 지에 대해 해결책을 내놓는 것이 목적이었다. 결국 그 부서는 기업의 주요 기술지식을 강화시킬 수 있는 외부 기술을 규명하는 데 성공하였다.

사내 벤처의 중심 활동이 모기업의 주요 사업과 관계가 멀어 기존 경쟁력의 활용도가 낮고, 기술 및 시장 측면에서도 낯설어 새로운 경쟁력을 학습해야 하는 경우 전용사업단위(dedicated business unit)의 형태가 적합하다. 전용사업단위는 모기업에 의해 전액 출자되고, 전략적 관련성이 높아 모기업으로부터 강력한 행정적 통제가 행사되며, 핵심 인물 역시 모기업의 주요 운영진에 의해 결정된다. 그리고 전용사업단위가 하는 활동은 독립할 수 있을 정도로 충분한 잠재력을 보유하는 경향이 있기 때문에 독립된 사업단위로서 평가되고 운영된다.

마지막으로 사내 벤처의 중심 활동이 모기업의 주요 사업과 관계가 멀어 기존 경쟁력의 활용도가 낮고, 기술 및 시장 측면에서도 새로운 경쟁력을 학습해야 할 필요성이 적은 경우 독립사업단위(independent business)의 형태가 적합하다. 이와 같은 형태의 사내 벤처를 설립하는 데는 두 가지 이유가 있다. 첫 번째는 주요 사업과 관련성이 먼 활동들로 인해 발생하는 관리 및 기술적 부담을 줄임으로써 핵심 사업에 집중할 수 있기 때문이다. 두 번째는 관련 활동에 있어서 새로운 경쟁력을 외부로부터 쉽게 획득할 수 있기 때문이다. 독립사업단위에 대한 모기업의 소유권(ownership)은 그 사업단위에 대한 통제를 어느 선까지 하느냐에 따라 자회사부터 소수 지분 참여까지 다양한 형태가 있을 수 있다. 독립사업단위의 사내 벤처는 모기업과 벤처 모두에게 다음과 같은 혜택을 준다.

- 모기업은 위험부담을 줄이고, 벤처는 더 많은 자유를 누림
- 모기업은 감독관리 부담을 줄이고, 벤처는 간섭을 덜 받음
- 모기업은 경영에 방해되는 것을 줄이고, 벤처는 집중도가 높아짐
- 모기업은 재정수익을 지속적으로 공유할 수 있고, 벤처는 재정적 보상을 담보로 경영자에게 더 큰 헌신을 끌어냄
- 모기업은 공정개선 및 제품 개발과 같은 재분배가 이루어질 수 있고, 벤처는 학습에 대한 잠재력이 주어짐

[사례연구] 알카텔-루슨트의 사내기업가정신

2014년 여름 글로벌 통신장비 제조업체인 알카텔-루슨트(Alcatel-Lucent)의 개방형 혁신과 사내기업가정신(Open Innovation & Intrapreneurship) 부서의 이사인 올리비에 르클렉(Olivier Leclerc)은 회사의 신병훈련소(boot camps)를 다시 시작할지 고민하고 있었다. 이것은 2006년 벨기에에서 시작해서 2008년에 다른 지역으로 확산된 것으로 다음 세 가지를 목표로 했다. 첫째, 종업원의 혁신적 아이디어로 가치를 창출하는 것이다. 둘째, 종업원들에게 기업가정신을 고무시키는 것이다. 셋째, 종업원의 자기발전 기회를 증대시키는 것이다.

신병훈련소는 2012년 말 다음과 같은 이유로 회사 전체에서 중단되었다. 2008년 이후 영업비용은 상승한 반면 매출은 감소함으로써 순손실을 발생시켰기 때문이다. 또한 알카텔-루슨트는 2013년 말까지 총 1십2억5천만 유로를 절약하기 위해서 2012년 7월 '성과 프로그램(Performance Program)'이라는 비용감축계획을 실천하던 중이었기 때문이다. '성과 프로그램'은 수익성 없는 사업부(예: 네트워크 응용 사업)와 시장(예: 관리 서비스)을 구조조정하고, 종업원을 5천5백 명까지 감축하며, 하도급업체를 1천4백 개로 줄이는 내용을 담고 있다. 게다가 재정적으로 좋지 못한 상황에서 알카텔-루슨트와 같은 대기업이 소규모 사업을 하는데 적합하지 않다는 견해가 증가했기 때문이다.

2013년 2월 새 CEO가 등장하면서 '성과 프로그램'은 '변화 계획(Shift Plan)'으로 대체되었으며, 변화 계획은 성장과 현금 양쪽을 추구하면서 핵심 목표는 기업의 레거시 제품을 신세대 제품으로 교체하는 것이었다. 르클렉은 이 같은 변화는 중지했던 신병훈련소를 소생시켜야 하는 신호라고 인식했다. 그는 현재 신병 훈련소를 재점화할 것을 고려하고 있지만, 다음과 같은 세 가지 난제에 부딪혔다. 첫째, 어떻게 대기업의 실패에 대한 비관용성과 실패하기 쉬운 사내기업가정신과 조화시킬 수 있을까? 둘째, 미래지향적인 요소를 어떻게 사내기업가정신에 담아낼 수 있을까? 셋째, 신병훈련소의 설계와 구조를 완전 새롭게 변경할 수 있을까?

르클렉은 신병훈련소를 소생시켜야 할까? 세 가지 난제는 어떻게 극복할 수 있을까?

통신 장비 산업

2013년 기준 통신장비산업의 세계 매출은 3천5백1십억 달러에 이른다. 이 산업의 제품 및 서비스는 생활하고, 일하고, 소통하는 방식을 변화시키고 있는 IT섹터의 백 엔드(back-end) 지원을 제공한다. 통신장

비산업 변화의 주요 동인은 통신장비가 최종소비자에게 일종의 연료 역할을 할 것이라는 기대 때문이다. 예를 들면 최근 소비자는 연결에 중독되어 있고, 그들이 사용하는 디지털 장치 숫자는 증가하고 있으며, 그들은 더 빨리 더 향상된 품질로 연결되기를 원하고 있다. 이 상황을 해결하는 데 통신장비는 중요한 역할을 한다. 또한 통신장비 산업의 주요 고객인 통신 서비스업체에게 신제품 및 신 서비스를 제공해야 한다는 압박 때문에 통신장비 산업은 규칙적으로 변화하고 있다.

최근 통신장비 산업에 나타나는 경향중 하나는 공급업체, 고객, 장비업체등 가치사슬 전반에 걸쳐 합병이 일어나고 있다는 것이다. 즉 네트워킹 장비 공급업체 숫자가 점차 줄어들고 있다. 또한 산업의 경쟁 특성이 다음과 같이 변하고 있다. 첫째, 저가 제품 및 서비스 시장은 아시아 기업에 의해 점유되고 있으며, 이들은 신흥시장뿐만 아니라 유럽, 미국과 같은 선진시장도 침투하고 있다. 둘째, IT 섹터의 주류에 있던 기업들이(예: IBM, HP, Accenture 등) 장비시장에 진입하여 새로운 경쟁자가 되고 있다. 이들은 기존 통신장비기업의 안정성 및 품질 수준에는 미치지 못하지만 표준화된 인프라스트럭처와 개방플랫폼의 강점을 살려 비용 및 신제품 출시속도 면에서 이점을 발휘하고 있다.

알카텔-루슨트 역사

2006년 11월 프랑스의 알카텔 SA와 미국의 루슨트 테크놀로지가 합병한 알카텔-루슨트는 글로벌 통신 솔루션 제공업체이다. 본사는 파리에 있고 2013년 12월말 기준 1백9십9억 달러의 수입을 올렸다. 그리고 매년 수입의 15% 이상을 R&D에 사용하고 있으며, 6만2천 명의 종업원 중 약 9천 명이 R&D에 종사하고 있고, 연구자들 중 12명이 노벨 물리학상을 받았다.

1996년 국가통신망 구축에 참여했던 AT&T가 제조 시설을 분할시켜 형성된 것이 루슨트였다. AT&T는 그 당시 세계적으로 유명한 R&D 시설이었던 벨 랩(Bell labs)을 포함하여 전설적인 사내 벤처를 가지고 있었다. 벨 랩은 나중에 독립적이기는 하지만 루슨트의 일부가 되었다. 알카텔과의 합병은 시장, 제품 포트폴리오, R&D비용 측면에서 시너지를 발생시켰다. 예를 들면 알카텔은 유럽지역에서 지배적 사업자였고 여러 신흥시장에서 강력한 지위를 확보하고 있었던 반면 루슨트는 북미에서 유명했다. 알카텔은 기업 시장에 잘 알려진 반면 루슨트는 IP기반 솔루션에 전문성을 갖고 있었다. 알카텔은 영업중심의 조직인 반면 루슨트는 글로벌 서비스 제공업체로 유명했다. 두 기업 모두 R&D가 강했고, 합병 이후 중복되는 R&D 프로젝트를 제거함으로써 비용을 감축했다.

알카텔-루슨트는 주로 다음 두 가지 형태의 R&D를 추구했다. 첫째, 벨 랩이 이끄는 것으로 새롭고 파괴적인 시장 기회를 규명하는 데 초점을 둔 연구다. 둘째, 개별 사업부서에서 이끄는 것으로 제품 개념(아이디어)를 상용화시키는 데 초점을 두는 연구다. 알카텔-루슨트의 비전은 세상이 소통하는 방식을 변화시킴으로써 사람들의 삶을 풍요롭게 만드는 것이기 때문에 보이스-데이터-이미지 이렇게 세 가지 기술에 초점을 두었다. 이는 대규모 고객에게 공급하는 장비공급업체에서 멀티미디어 콘텐츠 유통 사슬의 전반을 커버하는 시스템 공급업체로 변화하고 있는 중임을 의미한다. 2013년 6월, 이 회사는 통신 제너럴리스트에서 IP네트워킹, 클라우드 기술, 초 광대역 중심의 스페셜리스트로 포지셔닝을 바꾸기 위해 설계한 '변화 계획'이라는 3년짜리 전략 프로그램을 시작했다. 변화 계획에 맞춰서 세 가지 전략적 사업인, 코어 망(core networking), 접속(Access), 기타로 재구성되었다.

알카텔-루슨트의 조직 구조는 세 개의 지원 부서로, 운영(전달과 유통), 영업(고객 관계), 전략 및 혁신(미래 의제 창출)이 있다. 그리고 세 개의 기능 부서로 금융, 인사, 마케팅이 있다. 그리고 소수의 전자제조서비스(electronic manufacturing service, EMS) 기업에 제조의 주요 부분을 아웃소싱하고 있다. EMS는 알카텔-루슨트가 제공한 설계 명세서를 사용하고 있으며 품질보증 표준에 맞춰 그들의 플랫폼을 시험하고 있다. 그들은 알카텔-루슨트의 수요예측을 바탕으로 부품 및 하위 조립 부품을 조달하고 있다.

사내기업가정신

'사내기업가(intrapreneuer)'는 1980년대 경영 컨설턴트인 기포드 핀초트(Gifford Pinchot)가 사내기업가정신의 10계명과 함께 소개된 용어이다. 이는 대기업 내에서 혁신을 하고 그 혁신을 현금화하기 위해 기업의 자원을 활용하는 종업원을 의미한다. 위험을 감수하고 그들 스스로 자원을 구하여 자신의 기업을 세우는 기업가와 달리 사내기업가는 일하고 있는 조직의 변화를 위해 새로운 아이디어를 개발하는 임무가 있으며, 주로 대기업에서 일한다.

영국의 인재개발원(Chartered Institute of Personnel and Development, CIPD)의 연구에 따르면 대기업이 사내 신생기업을 만들어낸다면 국가의 경제 성장을 신장시킬 수 있다고 한다. 그 연구 결과는 종업원의 37%는 조직 내에서 사내기업가가 될 기회를 원했지만 단지 12%의 기업만이 그 기회를 제공했음을 보여주었다.

창업주의 후계자가 운영하는 기업 간 공통점은 기업가정신이 약화되었다는 것이다. 이러한 현상은 자본의 소유와 경영이 서로 분리된 대기업에서 실제 일어나고 있다. 기업들이 규모가 커지면 전문 경영인들이 성과를 획득하기 위해 엄격한 절차에 더욱 의존한다. 자원 활용에서 효율성을 확보하고 비용을 줄이기 위해 표준화를 선택하지만 표준화는 규칙이 깨졌을 때만 작동할 수 있는 혁신과 상충된다. 따라서 많은 대기업이 혁신의 날을 세우기 위해 사내기업가정신을 선택하고 있다.

신병훈련소

2006년 봄 알카텔은 R&D 부지가 있는 벨기에 에서 '혁신 신병훈련소(Innovation Boot Camp)'를 시작했다. 알카텔은 연구자들이 시장에 가깝게 다가갈 수 있는 방법, 특허를 상용화할 수 있는 방법을 찾고 있었다. 신병훈련소의 초기 아이디어는 연구자 중에서 지원자를 모아 그들에게 단기 집중 코스의 코칭을 제공하고 사업계획을 스스로 만들 수 있도록 했다. 그리고 그들

<그림> 알카텔-루슨트의 사내기업가적 신병훈련소의 4단계

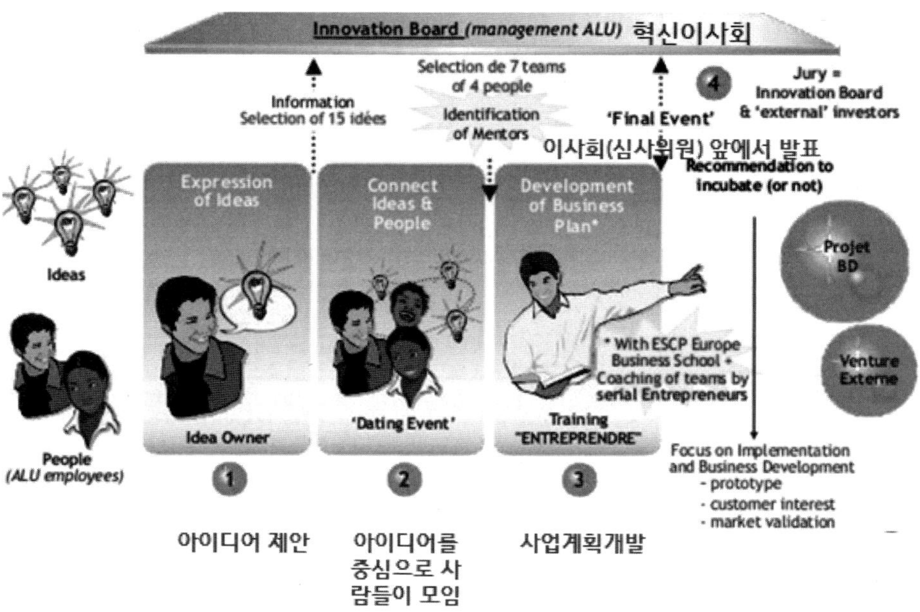

의 사업계획을 전문가그룹 앞에서 발표하게 하고, 그 중 최고를 골라 제품화했다. 주요 목적은 R&D 대비 기업 매출을 전보다 더 빨리 개선시키기 위한 것이었다.

알카텔은 인재들의 뛰어난 잠재력과 상관없이 자원의 고립된 활용은 위험하다는 것을 깨닫게 되었다. 즉 다른 부서로부터 고립된 채, 내부를 향해 개발하는 사업계획은 대부분 실패함을 안 것이다. 따라서 알카텔은 개인의 아이디어를 중심으로 다학제적 프로젝트 팀을 구성하기로 했다. 프로젝트팀은 필요한 경우 연구자 외에 설계, 제조, 마케팅, 고객 관리 전문가를 모아 구성했다.

최초 신병훈련소는 하나의 아이디어를 중심으로 모인 5명으로 구성된 5개 팀이었다. 그들은 정규 업무를 유지하면서 브뤼셀 근처 시골 여관에서 열리는 주말 수련회에 참석했다. 알카텔은 기업가적 스킬을 구축하는 것을 목표로 하는 교과과정을 개발하기 위해서 벨기에 앤트워프(Antwerp)에 있는 플랑드르 경영대학원(Flander Business School) 교수들의 도움을 요청했다. 각 팀에는 세분 시장을 정의하고, 사업계획서를 준비하고, 짧은 시간의 홍보를 개발하고, 공식 발표를 준비하는 것을 도와줄 수 있는 선임관리자를 배치했다. 마지막 주에는 알카텔 벨기에 CEO, 최고경영진, 지역 벤처 캐피탈리스트(CV), 플랑드르대학 교수로 구성된 심사위원단 앞에서 각 팀의 사업계획서를 발표하는 '슈퍼 금요일(Super Friday)'이라는 행사를 진행했다. 15분짜리 발표가 있은 뒤 혹독한 질문과 답변의 세션이 이어졌고 각 팀은 시장의 수요와 재무적 수익뿐만 아니라 알카텔을 위한 가치 창출의 관점에서 프로젝트의 비전까지도 심사위원단을 설득해야만 했다. 최종까지 올라간 사업계획 팀은 잠재적 고객과 만나서 추가적인 피드백을 받는 인큐베이션 단계로 넘어간다. 만약 고객의 피드백이 긍정적이면 알카텔은 경험 있는 관리자의 지휘 아래 그 프로젝트를 운영하게 된다.

2006년 11월 알카텔이 루슨트와 합병될 즈음, 알카텔은 벨기에에 6개의 신병훈련소를 운영했고 20개의 잠재적 프로젝트를 발견했다. 몇 개 프로젝트는 상업화 초기 단계였다. 합병 이후 약간의 변화가 있었지만 신병훈련소는 계속되었다. '혁신 신병훈련소'라는 이전 이름에서 '기업가적 신병훈련소(Entrepreneurial Boot Camp)'로 바꾸었으며, 벨기에 이외 프랑스, 중국, 인도, 미국으로 확장했다. 각 지역 신병훈련소에 대한 본사의 간섭은 약했고 지사에 의해 자율적으로 운영되었다. 신병훈련소의 프로젝트 발표는 혁신이사회(Innovation Board) 앞에서 이루어졌는데, 이사회는 그 지역 임원들로 구성되었다. 시너지, 사업과의 조율을 고려해서 최종단계에 올라간 프로젝트는 알카텔-루슨트 사업 그룹 안으로 흡수되거나, 알카텔-루슨트 벤처(Alcatel-Lucent Venture)의 일부가 되거나, 외부 VC(venture capitalist)에 인수되었다.

르클렉은 신병훈련소에 변화를 주어 연구자뿐만 아니라 혁신적 아이디어를 가진 회사 사람이라면 누구든지 참여할 수 있는 프랑스판 신병훈련소(D fi entreprendre)의 문을 열었다. 르클렉은 교육을 위해서는 유럽 경영대학원인 ESCP-EAP에 있는 교수들의 지원을, 팀 코치역할을 할 일련의 기업가를 얻기 위해서 율리시스 컨설팅 기업(Ulysses Consulting SA)의 지원을 요청했다.

결과

2012년 말경 프랑스판 신병훈련소인 'D fi entreprendre'는 32개의 프로젝트를 운영하고 있었다. 그중 두 개는(MOSAR와 Dekaps)는 상업화 중이었고, 세 개는(Contact Me My Way, SCANER, Tivizio)는 알카텔-루슨트 내 사업부서로 이전되었고, 하나(Broadcast over Cellular)는 분할(spin-off)되었다.

'MOSAR'는 나중에 '대체 에너지 프로그램(Alternative Energy Program)'으로 명칭을 바꾸어 순조롭게 출발한 최초의 프로젝트이다. 이 프로젝트는 무선 네트워크 제품(Wireless Network Products) 부서와 함께 서비스 그룹이 이끌었다. 태양 및 바람과 같은 대체 에너지에 의해 동력을 공급받는 기지국은 이미 전 세계에 보급되었지만, 'MOSAR'는 표준 도달 시간에 맞추는 한편 세계적으로 규모를 확대할 수 있는 역량을 시장에 최초로 소개한 프로젝트이다. MOSAR은 상업적 계약을 땄으며, 2012년 신병훈련소 중단의 일환으로 MOSAR 운영을 보류하기 전인, 2009년부터 2011년까지 2천만 유로의 수입을 발생시켰다.

'Dekaps'는 다양한 멀티미디어 콘텐츠, 특히 지리-위치 정보를 해독하고 전송하는 데 사용되는 소프트웨어 프로그램이다. 이것은 알카텔-루슨트 자회사인 '모바일 뉴스 채널(Mobile News Channel)'이 운영했다. 이 프로젝트는 MOSAR와 마찬가지로 2012년 신병훈련소 중단 이전인 2009년부터 2011년까지 1백만 유로의 수입을 발생시켰다. 그러나 2014년 알카텔은 그 자회사의 자산을 매각했다.

사업 부문(business units)에 흡수된 프로젝트 중에서 개별적으로 재정상황이 추적되지 않는 것은 'Contact Me My Way'로 사용자들이 자신의 통신 접근을 관리할 수 있도록 하는 서비스이다. 이것은 응용 사업 부문으로 이전되었다. 'SCANER'는 소규모 셀(cells)로 구성되었는데, DSL(Digital Subscriber Line)(일반 전화 회선망)망과 유사한 것으로 이 프로젝트는 벨랩에 흡수되었다. 마지막으로 'Tivizio'는 비디오를 스마트하게 공유하고, 많이 소유하는 것으로 자회사인 'AL Entrerprises'에 이전되었다.

'Broadcast over Cellular' 프로젝트는 원격 라디오 헤드(remote radio head)를 가지고 방송하는 데 무선통신 기술을 제공하는 것이다. 이 프로젝트는 신병훈련소 시즌 6에서 최고 프로젝트 상을 받았지만 알카텔-루슨트가 계획하는 사업과 특별히 연관성이 없어 기업에서 분할하게 된다. 이 프로젝트를 기업에서 분할시켜 신생기업을 만들도록 도와준 세 명의 종업원은 알카텔-루슨트에 사표를 쓰고 IP 권리를 양도받았다. 그러나 그들이 세운 벤처는 2014년 문을 닫게 되었다. 주요 이유는 아마도 알카텔-루슨트라는 브랜드 자산이 사라졌기 때문이다.

D fi entreprendre는 세 가지 통찰력을 주었다. 첫째, 신병훈련소를 위한 대상의 원천은 R&D 부서만이 아니라는 것이다. 왜냐하면 신병훈련소에서 낸 아이디어와 프로젝트의 40%는 마케팅에서, 33%는 R&D에서, 12%는 프로젝트 관리에서, 7%는 영업부서에서, 4%는 법무부서에서, 3%는 재무부서에서 1%는 인사관리부서에서 왔다. 둘째, 참여자의 연령대는 놀랍게도 다양했다. 5%는 25~30세였고, 14%는 30~35세, 36%는 35~40세, 20%는 40~45세, 25%는 45~50, 5%는 50~55세였다. 셋째, 신병훈련소는 알카텔-루슨트의 잠재력 높은 종업원들의 수치를 48%에서 66%로 증대시켰다. 그러나 레클렉은 신병훈련소가 갖고 있는 몇 가지 한계점에 주목했다. 첫째, 중간관리자에게 신병훈련소 프로젝트를 위해 재원을 마련해줄 것을 설득하는 것이 문제였다. 둘째, 훈련받고 있던 종업원들 중 상당수는 신병훈련소가 그들을 해고하기 위한 준비과정이 아닌가 하고 우려했다. 마지막으로 신병훈련소의 훈련기간이 끝난 후 참여자들의 성과를 어떻게 평가하고 기업의 핵심성과지표 및 보상시스템에 그들의 활동을 어떤 식으로 조화시킬지가 고민이다.

2014년 6월 레클렉이 신병훈련소를 재개하기 전 문제점

레클렉은 신병훈련소의 재시작을 위한 준비를 하는 동안 그는 몇 가지 난제에 부딪혔다.

다음 세 가지 이유 때문에 대기업의 실패에 대한 비관용성과 실패하기 쉬운 사내 창업 간의 조화가 필요하다. 첫째, 알카텔-루슨트는 조직의 규모가 큰 반면 사내 창업의 규모는 작기 때문에 서로 맞지 않을 수 있다. 둘째, 재정적 여유가 없음에도 불구하고 사내 벤처에 투자하고 입증되지 않은 소규모 프로젝트에 투자하는 것을 관리자는 탐탁지 않게 생각할 수 있다. 셋째, 운영관리자들은 점진적인 개선을 통해 효율성 확보를 중요하게 생각하는데, '성과 프로그램'과 '변화 계획'과 같이 조직의 새로운 구상이 계속되는 상황은 운영의 효율성을 해친다고 생각할 수 있다.

사내 창업은 몇 가지 이점을 가지고 있는데, 일단 종업원으로부터 나온 최고의 아이디어를 구현한 것이고, 아이디어를 만들어낸 종업원은 내부 시스템에서 어떻게 일할지 잘 알고 있는데다 내·외부 협력을 구축하는데도 익숙하다. 또한 그들은 고성장 기회와 가치 창조에 초점을 두고 있으며, 민첩하고, 날렵하고, 개방적으로 사업을 운영한다.

프로젝트 출구 전략에 대한 설계도 중요하다. 왜냐하면 대다수의 사내 창업가는 사내에서 일하는 것을 선호하지만, 'Broadcast over Cellular' 프로젝트처럼 예외적으로 기업에서 분할되는 경우도 있기 때문이다. 한편 사내 창업가를 기업에 붙들어두려면 그들의 진로 설계를 마련해줄 필요가 있다. 새로운 기회를 발견하고 인큐베이팅에 탁월한 사람이라고 해서 자동적으로 사업부서의 장 또는 일반 관리자가 되는 것을 갈망하지도 않고, 그들의 포부와 그들이 가지고 있는 스킬은 다를 수 있기 때문이 다. 또한 단순한 결과보다는 성과와 혁신을 연결하는 활동 기반의 평가 시스템이 필요하다. 이 평가 시스템은 본질적으로 혁신의 실험적 특성을 반영해야 하고, 열정을 장려하는 평가지표도 포함해야 한다.

[토론 문제]

1. 알카텔-루슨트의 신병훈련소는 무엇을 잘했고 무엇을 잘못했는지 평가해보라.
2. 알카텔-루슨트의 신병훈련소와 같이 대기업의 사내기업가정신 프로젝트를 성공시키기 위한 핵심 요소는 무엇이라고 생각하는가?
3. 레클렉이 신병훈련소를 재개하는 것이 옳다고 생각하는가, 아니면 옳지 않은 결정이라 생각하는가? 그 이유는 무엇인가?

자료: Chandraskhar, R.(2014). "Intrapreneurship at Alcatel-Lucent," Harvard Business Publishing.

● 참고문헌 ●

김위찬, 르네 마보안 (2017). 「블루오션 시프트(Blue Ocean Shift)」, 비즈니스북스.

김정연, "11년 뒤 온실가스 24% 감축, 기업 또 다른 규제 경영 타격," 중앙일보 2019년 10월 23일자. https://news.joins.com/article/23612103

"노동시간 단축," 정책위키 — 한눈에 보는 정책, 최종수정일 2019년 2월 20일. http://www.korea.kr/special/policyCurationView.do?newsId=148855270&pWise=sub&pWiseSub=B12

손수정 (2019). "특집 4차 산업혁명과 IP정책 이슈(3): 신지식재산의 인식과 성장," 『정보통신방송정책』, 31(7): 17-39.

신태영 (2002), 『연구개발투자와 지식축적량의 국제비교』, 과학기술정책연구원.

에린 조 (2012), "둘이 닮은 것 같아 이렇게 느끼면 특허침해?", 『동아비즈니스리뷰』, No.116, p56-60.

이투데이 뉴스, "시인이 보는 경제: 야채세탁기, 감자세탁기," 2013년 8월 19일자.

특허청 '특허로' 웹페이지 http://www.patent.go.kr/jsp/ka/menu/fee/main/FeeMain01.jsp

한국과학기술기획평가원, 교육과학기술부(2010). 『2010 연구개발 활동조사 보고서』.

한국일보, "더 검소하게 더 유연하게 인도의 '주가드'에 주목하다," 2015년 11월 8일자.

KISTEP (2017). 『KISTEP 통계 Brief』, 21호.

Abernathy W. and Utterback, J. (1978). "Patterns of industrial innovation," *Technology Review*, 80(7): 40-47.

Adler, P. (1999). "Building better bureaucracies," *Academy of Management Executive*, 13(4): 36-50.

Amabile, T. (1983). *The Social Psychology of Creativity*, Springer-Verlag.

Ansoff, I. (1965). "The firm of the future," *Harvard Business Review*, Sept-Oct: 162-178.

Antony, S. Viguerie, P., Schwartz, E., and Landeghem, J. (2018). 2018 Corporate Longevity Forecast: Creative Destruction is Accelerating, Innosight, https://www.innosight.com/insight/creative-destruction

Argote, L. (1993). "Group and organizational learning curve: Individuals, system and environmental components," *British Journal of Social Psychology*, 32(1): 31-52.

Ashkenas, R. Ulrich, D. Jick, T. and Kerr, S. (1995). *The Boundaryless Organization: Breaking the Chains of Organizational Structure*, Jossey-Bass Publishers, San Francisco.

Baldwin, C. and Clark, K. (2000). *Design Rules Volume 1: The Power of Modularity*, MIT Press, Cambridge, MA.

Baloff, N. (1971). "Extensions of the learning curve: Some empirical results," *Organization Research Quarterly*, 22(4): 329-240.

Barney, J. (1991). "Firm resources and sustained competitive advantage," *Journal of Management*, 17(1): 99-120.

Barringer, B. and Ireland, R. (2019). *Entrepreneurship: Successfully Launching New Ventures*, 6th edition, Pearson Education Limited, Harlow, UK.

Bartlett, C. and Ghosal, W. (1990). "Managing innovation in the transnational corporation," in *Managing the Global Firm*, eds. Bartlett, C. Doz, Y., and Hedlund, G. Routledge, London and New York.

Bartton, J. and Gold, J. (2003). *Human Resource Management: Theory and Practice*, 3rd ed., Palgrave Macmillan, Basingstoke.

Baum J. Calabrese, T. and Silverman, B. (2000). "Don't go it alone: Alliance network composition and startups's performance in Canadian biotechnology," *Strategic Management Journal*, 21(3): 267-294.

Becker, E. (1983). "Putting the s-curve concept to work," *Research Management*, 26(5): 31-33.

Bleeke, J. and Ernst, D. (1995). "Is your strategic alliance really a sale?" *Harvard Business Review*, 73(1): 97-105.

Boden, M. (1992). *The Creative Mind: Myths and Mechanisms*, New York, Basic Books.

Bohem, B.(1988). "A spiral model of software development and enhancement," *Computer*, 21(5): 61-72.

Boulding, W. and Christen, M. (2001) "First-mover disadvantage," *Harvard Business Review*, 79(9): 20-21.

Bound, J. Cummins, C., Griliches, Z., Hall, B.H. and Jaffe, A. (1984). "Who does R&D and who patents?," in *R&D, Patents, and Productivity*, ed. Griliches, Z. University of Chicago Press fri the National Bureau of Economic Research, Chicago.

Bower, J. and Christensen, C. (1995). "Disruptive technologies: Catching the wave," *Harvard Business Review*, January-February Issue.

Brown, R. (1991). "Managing the 's' curves of innovation," *Journal of Consumer Marketing* 7(2): 189-202.

Bruton, G and White, M. (2011). *Strategic Management of Technology and Innovation*, 2nd ed., South-Western Cengage Learning.

Buckely, P., Clegg, J. and Tan, H. (2006). "Cultural awareness in knowledge transfer to China — The role of quanxi and mianzi," *Journal of World Business*, 41(3): 275-288.

Cardinal, L. and Opler, T. (1995). "Corporate diversification and innovative efficiency: An empirical study," *Journal of Accounting & Economics*, 19(2-3): 365-382.

Chan, S. Kensinger, J. Keown, A. and Marin, J. (1997). "Do strategic alliances create value," *Journal of Financial Economics*, 46(2): 199-221.

Chandraskhar, R.(2014). *Intrapreneurship at Alcatel-Lucent*, Harvard Business Publishing.

Chesbrough, H. and Teece, D. (2002). "When is virtual virtuous? rganizing for innovation" *Harvard Business Review*, 74(1): 65-73.

Chesbrough, H. (2003). *Open Innovation*, Harvard Business Press.

Christensen, C. (1997). *The Innovator's Dilemma: When New Technologies Cause Great Firms to Fail*, Harvard Business School Press.

Christensen, C. (1999). *Innovation and the General Manager*, New York: McGraw-Hill/Irwin.

Christensen, M., Allworth, J. and Dillon, K. (2012). *How Will You Measure Your Life?* HaperCollins.

Clarkt, K. and Wheelwright, S. (1992). "Organizing and leading 'heavyweight' development teams," *California Management Review*, 34(3): 9-28.

Coen, C. and Maritan, C. (2011). "Investing in capabilities: The dynamics of resource allocation," *Organization Science*, 22(1): 199-217.

Cohen, W. and Levin, R. (1989). "Empirical studies of innovation and market structure," in *Handbook of Industrial Organization, vol. II*, eds. Schmalensee, R. and Willig, R., Elsevier Science Publisher, Amsterdam.

Cohen, W. and Levinthal, D. (1990). "Absorptive capacity: A new perspective on learning and innovation," *Administrative Science Quarterly*, 35(1): 128-152.

Constine, J. (2014). "Prime laundary starup throw in the towel," *TechCrunch*, 2014년 3월 14일자. https://techcrunch.com/2014/01/06/prim-laundary-shuts-down.

Cooper, R. (1988). "The new product process: A decision guide of managers," *Journal of Marketing Management* 3(3): 238-255.

Cooper, R. (2011). "The stage-gate idea to launch system," *Wiley International Encyclopedia of Marketing: Product Innovation & Management Vol. 5*: 248-158, Bayus, B. eds., Wiley, West Sussex, UK.

Corey, E.R. (1996). *Technology Fountainheads: The Management Challenge of R&D Consortia*, Harvard Business School Press, Boston, MA.

Corning Incorporated, www.corning.com/innovationventure

Corsig, A. Soloway, T. and Stanaro, R. (1995). "Glaxo holdings PLC: Xantac," in *New Product Sucess Stories*, ed. Thomas, R., p. 242-252, John Wiley & Sons, New York.

Cristiano, J. Liker, J. and White, C. (2001). "Key factors in the successful application of quality function deployment (QFD)." *IEEE Transactions on Engineering Management*, 48(1): 81-95.

Crump, J. (1997). "Strategic alliance fit pattern of industry innovation," *Oil & Gas Journal*, March 31, p. 59.

Damanpour, F. (1992). "Organizational size and innovation," *Organization Studies*, 13(3): 375-402.

Dannels, E. (2008). "Organizational antecedents of second-order competences, *Strategic Management Journal*, 29(5): 519-543.

Das, T. and Teng, B. (1998). "Between trust and control: Developing confidence in partner cooperation in alliances," *Academy of Management Review*, 23 (3): 491-512.

Das, T. and Teng, B. (1999). "Managing risks in strategic alliances," *Academy of Management Executive*, 13(4): 50-62.

De Meyer A. and Van Hooland, B.(1990). "The contribution of manufacturing to shortening design cycle times," *R&D Management*, 20(3): 229-239.

Decker, S., and Womack, B. (2011). "Google buys 1,023 IBM patents to bolster defense of Android," *Bloomberg Business*, 15 September.

Dewar, R. and Dutton, J. (1986). "The adoption of radical and incremental innovations: An empirical analysis," *Management Science*, 32(11): 1422-1433.

Djellal, F. and Gallouj, F. (2001). "Innovation surveys for service industries: A review," in B. Thuriaux, E. Arnold and C. Couchot (eds) *Innovation and Enterprise Creation: Statistics and Indicators*, p.74.

Dosi, G. (1988). "Sources, procedures, and microeconomic effects of innovation,"

Journal of Economic Literature, 26(3): 1120-1171.

Duchesneau, T., Cohn, S., and Dutton, J. (1979). A Study of Innovation in Manufacturing: Determinants, Processes and Methodological Issues, Vol. 1, Social Science Research Institute, University of Maine.

Duhigg, C. and Bradsher, K. (2012). "How U.S. lost out in iPhone work," *The New York Times*, January 22: 20-21.

Dumaine, B. (1989). "How managers can succeed through speed," *Fortune*, 13(February).

Edelman, L. Manolova, T. Shirokova, G. and Tsukanova, T. (2016). "The impact of family support on young entrepreneurs' start-up activities," *Journal of Business Venturing*, 31(4): 428-448.

Eesley, C. (2016). "Institutional barriers to growth: entrepreneurship, human capital and institutional change," *Organization Science*, 27(5): 1290-1306.

Efrati, A. and Anti, SE. (2011). "Google's 12.5$ billion gamble: Web giant pays big for Motorola's phone business, patents, risks alienating allies," *Wall Street Journal*, August 16.

Essner, D. Liao, P., and Schilling, M. (2001). "Sun Microsystems: Establishing the Java standard," Boston University teaching case no. 2001-2.

Fahey, L. and Narayanna, V. (1986). *Macroenvironmental Analysis for Strategic Management*, West Publishing Company, Minnesota.

Ferguson, C. and Morris, D. (1993). *Computer Wars*, Random House, New York.

Filatotchev, I. Stephan, J. and Jindra, B. (2008). "Ownership structure, strategic controls and export intensity of foreign invested firms in emerging economies," *Journal of International Business Studies*, 39(7): 1133-1148.

Fossett, J. Gilchrist, D. and Luca, M. (2018). "Using experiments to launch new products," *Harvard Business Review Digital Article*, November 5.

Foster, R. (1986). *Innovation: The Attackers' Advantage*, New York, Summit Books.

Foster, R. and Kaplan, S. (2001). *Creative Destruction: Why Companies That are Build to Last Under-perform the Market — and How to Successfully Transform Them*, Currency, New York.

Frensch, P. and Sternberg, R. (1989). "Expertise and intelligent thinking: When is it worse to know better?" in edited by Sternberg, R. Advanced in *the Psychology of Human Intelligence*, pp.157-158, Erlbaum.

Gartner 웹페이지 https://www.gartner.com

Garud, R. and Rappa, M. (1994). "A socio-cognitive model of technology evolution: The case of cochlear implants," *Organization Science*, 5(3): 344-362.

Gary Hamel and C. K. Prahalad (1989), Strategic intent, *Harvard Business Review*, 67(3): 63-76.

Gilder, G. (1998). "The revitalization of everything: The law of the microcosm," *Harvard Business Review*, 66(2): 49-61.

Goffin, K. and Mitchell, R.(2017). *Innovation Management: Effective Strategy and Implementation*, 3rd ed., Palgrave, London, UK.

Golder, P. (2000). "Insights from senior executives about innovation in international markets," *Journal of Product Innovation Management*, 17(5): 326-340.

Golder, P. and Tellis, G. (1993). "Pioneer advantage: Marketing logic or marketing legend," *Journal of Marketing Research* 30(2): 158-170.

Gómez, J. and Vargas, P. (2012). "Intangible resources and technology adoption in manufacturing firms," *Research Policy*, 41(9): 1607-1619.

Govindarajan, V. and Srivastava, Anup (2016). "Strategy when creative destruction accelerates," Working Paper.

Grant, R. (1991). *Contemporary Strategy Analysis*, Blackwell Business, Cambridge, U.K.

Grant, R. (1998). *Contemporary Strategy Analysis*, Blackwell Publishers, Malden, MA.

Graves, A. (1987). "Comparative trends automotive research and development," DRC Discussion Paper No.54, Science Policy Research Unit, Sussex University, Brighton, Sussex.

Griffin, A. (1997). "PDMA research on new product development practices: updating trends and benchmarking best practices," *Journal of Product Innovation Management*, 14(6): 429-458.

Griliches, Z. (1990). "Patent statistics as economic indicators: A survey," *Journal of Economics Literature*, 28(4): 1661-1707.

Gulati, R. (1995). "Does familiarity breed trust? The implications of repeated ties for contractual choice in alliances," *Academy of Management Journal*, 38(1): 85-112.

Hagedoorn, J. (2002). "Inter-firm R&D partnerships: An overview of major trends and patterns since 1960," *Research Policy*, 31(4): 477-492.

Hagedoorn, J. Link, A. and Vonortas, N. (2000). "Research partnerships," *Research Policy*, 29(4-5): 567-586.

Hagel, J. and Singer, M. (1999). "Unbundling the corporation," *Harvard Business Review*, 77(2): 133-141.

Hardy, Q. (2011). "Google buys Motorola of patent parts," *Forbes*, 15 August.

Hargadon, A. and Sutton, R.(2000). "Building an innovation factory," *Harvard Business Review*, May-June Issue: 157-166.

Harmeling, S. (2019). *Randy Hetric and TRX: Protecting intellectual property rights(A)*, Harvard Business Publishing.

Hatch, N. and Mowery, D. (1998). "Process innovation and learning by doing in semiconductor manufacturing," *Management Science*, 44(11): 1461-1477.

Hayes, R. and Abernathy, W.J. (1980). "Managing our way to economic decline," *Harvard Business Review*, July-August Issue.

Henderson, R. and Clark, K. (1990). "Architectural innovation: the reconfiguration of existing product and the failure of established firms," *Administrative Science Quarterly*, 35(1): 9-30.

Henderson, R. and Clark, K. (1990). "Architectural innovation: the reconfiguration of existing product and the failure of established firms," *Administrative Science Quarterly*, 35(1): 9-30.

Heyes, N. (2002). *Managing Teams: A Strategy for Success*, London, Thompson Learning.

Hitt, M., Ireland, R., and Hoskisson, R. (2015). *Strategic Management: Competitiveness &*

Globalization, 11th ed., Cengage Learning, Boston.

Hoetker, G. (2006). "Do modular products lead to modular organizations?" *Strategic Management Journal*, 27(6): 501-518.

Holmes, J. (1986). "The organization and locational structure of production subcontracting," in *Production, Work, Territory: The Geographical Anatomy of Industrial Capitalism*, eds. Storper, M. and Scott, A., pp. 80-106, Allen and Unwin, Boston.

Huang, S. K. (2014). "The emergence of the outsourcing market and product technological performance," *Technological Forecasting and Social Change*, 82 (February): 132-139.

Hyatt, D. (2017). *Delta Plastics of the South: Product innovation in a resistant market*, Harvard Business School Publishing.

ISI Emerging Markets Group, CEIC의 홈페이지 https://www.ceicdata.com/ko/countries.

Joe Tidd와 John Bessant의 "Managing Innovation (5e) 중 Case Study 1.1 "The changing nature of the music industry."

Jones, A. (2013). "Tech firms back Obama patent move," *Wall Street Journal*, 4 June.

Kale, P. and Singh, H. (2009). "Managing strategic alliances: What do we know now, and where do we go from here?," *Academy of Management Perspectives*, 23(3): 45-62.

Katz, M. and Shapiro, C. (1986). "Technology adoption in the presence of network externalities," *Journal of Political Economy*, 94(4): 822-841.

Kay, J. (1993). *Foundations of Corporate Success: How Business Strategies Add Value*, Oxford University Press, Oxford.

Kennedy, C. (1992). "Medicine man to the world," *Director*, 46(4): 106-110.

Khan, B. and Sokoloff, K. (1993). "Schemes of practical utility: Entrepreneurship and Innovation among 'Great Inventors' in the United States, 1790-1865," *Journal of Economic History*, 53(2): 289-307.

Kittilaksanawong, W. and Winkler, V. (2019). *Tesla, Inc.: The strategic partnership for a new gigafactory in China*, Harvard Business Publishing.

Kittner, J. Schilling, M., and Karl, S.(2002). "Microsoft's Xbox," New York University teaching case 2002-45.

König, K. and Ostendorf, A. (2015). *Optically Induced Nanostructures: Biomedical and Technical Applications*, Saarbrücken, Germany, De Gruyter.

Laplante, A. Alter, A. (1994). "Corning, Inc: The stage-gate innovation process," *Computer World*, 28(44): 81.

Lei, D. and Hitt, M. (1995). "Strategic restructuring and outsourcing: The effect of mergers and acquisitions and LBOs on building firm skills and capabilities," *Journal of Management*, 21(5): 835-859.

Leonard, D. (1996). *Well-springs of Knowledge: Building and Sustaining the Sources of Innovation*, Harvard Business School Press, Boston.

Levy, F. (1965). "Adaptation in the production process," *Management Science*. 11(6): B-136-153.

Lubart, T. (1994). *Product-Centered Self-Evaluation and The Creative Process, Doctoral Dissertation*, Yale University Press.

Lutchen, K. (2018). "Why companies and universities should forge long-term collaborations", *Harvard Business Review Digital Article*, January 24.

Mahmood, I., Dieleman, M., and Banu, N. (2017). *bKash: Financial technology innovation for emerging markets*, Harvard Business Publishing.

Mangalindan, J. (2014). "Prim: Anatomy of a folded startup," CNNMoney, 2014년 1월 22일자. https://tech.fortune.com/2014/10/22-prim-anatomy-of-a-folded-startup

Menon, A. Chowdhury, J. and Lukas, B. (2002). "Antecedents and outcomes of new product development speed: An interdisciplinary conceptual framework," *Industrial Marketing Management*, 31(4): 317-328.

Miles, M. Covin, J. and Heeley, M. (2000). "The relationship between environmental dynamism and small firm structure, strategy, and performance," *Journal of Marketing Theory and Practice*, 8(2): 63-75.

Miller, D. (1992). "The Icarus paradox: How exceptional companies bring about their own downfall," *Business Horizons*, 35(1): 24-35.

Mintzberg, H. (1978). "Patterns in strategy formulation," *Management Science*, 24(9): 877-975.

Mintzberg, H. (1987). "Crafting strategy," *Harvard Business Review*, July-August: 66-75.

Mollick, E. (2016). "Filthy lucre? Innovative communities, identity, and commercialization," *Organization Science*, 27(6): 1472-1487.

Moon, Y. M. (2017). *Uber: Changing the way the world moves*, Harvard Business School Publishing.

Moore, G. (2006). *Crossing the Chasm: Marketing and Selling High-Tech Products to Mainstream Customers*, Revised version, Harper Business.

Mowery, D. Oxley, J. Silverman, B. (1998). "Technological coverlap and interfirm cooperation: Implications for the resource-based view of the firm," *Research Policy*, 27(5): 507-523.

Mowery, D. C. and Rogenberg, N. (1979). "The influence of market demand upon innovation: A critical review of some recent empirical studies," *Research Policy*, 8(2): 102-153.

Mullin, J. (2013). "Patent war goes nuclear: Microsoft, apple-owned "Rockstar" sues Google," *Arstechnica*, 31 October.

Nemeth, C. (1997). "Managing innovation: When less is more," *California Management Review*, 40(1): 59-74.

O'Neil, I. and Ucbasaran, D. (2016). "Balancing 'what matters to me' with 'what matters to them': Exploring the legitimation process of environmental entrepreneurs," *Journal of Business Venturing*, 31(2): 133-152.

Österle, H., and Winter, R. (2003). *Business Engineering: On The Way to Becoming a Company in the Information Age*, Berlin, Springer-Verlag.

Pisano, G. (1990). "The R&D boundaries of the firm: An empirical analysis," *Administrative Science Quarterly*, 35(1): 153-176.

Pisano, G. (2019). "The hard truth about innovative cultures," *Harvard Business Review*, 97(1): 62-71.

Porter, M. (1990). *The Competitive Advantage of Nations*, Basingstoke, Macmillan.

Porter, M. (1998). "Clusters and the new economics of competition," *Harvard Business Review*, November-December: 10-24.

Porter, M. (1998). *Competitive Advantage: Creating and Sustaining Superior Performance*, Free Press.

Porter, M. (1998). *Competitive Strategy: Techniques for Analyzing Industries and Competitors*, Reprinted version, Free Press.

Porter, M. (2006). "Strategy and the internet," *Harvard Business Review*, 79(3): 62-78.

Prahalad, C. and Hamel, G. (1990). "The core competence and corporation," *Harvard Business Review*, 68(3): 79-91.

Prats, J. and Siota, J. (2019). "How corporations can better work with startups," *Harvard Business Review Digital Article*, June 3.

Prid'homme, D. (2019). "3 Myths about China's IP regime," *Harvard Business Review Digital Article*, October 24.

PwC Consultants (2013), Breakthrough Innovation and Growth, Available at: www. pwc. com/gx/en/innovationsurvey

Radjou, N. and Prabhu, J. (2015). Frugal Innovation: How to Do More with Less, *The Economist*.

Rao Barsh, J. Capozzi, M. and Davidson, J.(2008). "Leadership and innovation," *The McKinsey Quarterly*, 20(1): 37-47.

Rao, J. and Weintraub, J. (2013). "How innovative is your company's culture," *MIT Sloan Management Review*, 54(3): 29-37.

Rauch, M. Stanske, S. and Canato, A.(2020). "The power of defining what your company isn't", *Harvard Business Review Digital Article*, January 27.

Reichstein, T. and Salter, A. (2006). "Investigation the sources of process innovation among UK manufacturing firms," *Industrial and Corporate Change*, 15(4): 653-682.

Roberts, J. (2014). "Apple-backed Rockstar ends patent war on Android, deal suggests," *GIGAOM*, 20 Novemeber.

Rogers, E. (2003). *Diffusion of Innovation*, 5th Edition, Free Press.

Rosenkopf, L. and Almeida, P. (2003). "Overcoming local search through alliances and mobility," *Management Science*, 49(6): 683-837.

Rotemberg, J. and Saloner, G. (1994). "Benefits of narrows business strategies," *American Economic Review*, 84(5): 1330-1349.

Rothwell, R. (1994). "Towards the fifth-generation innovation process," *International Marketing Review*, 11(1): 7-31.

Rothwell, R. and Dodgson, M.(1992). "European technology policy evolution: Convergence towards SMEs and regional technology transfer," *Technovation*, 12(4):223-238.

Rugman, A. (1981). "Research and development by multinational and domestic firms in Canada," *Canadian Public Policy*, 7(4): 604-616.

"Supercharging Android: Google to acquire Motorola Mobility," Google Press Release, August 15, 2011.

Sanchez, R. and Mahoney, J. (1996). "Modularity, flexibility and knowledge management in product and organization design," *Strategic Management Journal*, 17(S2): 63-76.

SBA, "Small business lead the way in green technology innovation," www.sba.gov/advocacy/809/29201 (미국 중소기업청 웹페이지)

Schaan, J. L. and Ramasastry, C. (2014). *Electrolux AB: Managing innovation*, Harvard Business Publishing.

Schemmann, B. and Herrmann, A., Chappin, M. and Hiemeriks, G. (2016). "Crowd-sourcing ideas: Involving ordinary users in the ideation phases of new product development," *Research Policy*, 45(6): 1145-1154.

Schere, F. (1983). "The propensity to patent," *International Journal of Industrial Organization*, 1(1): 107-128.

Schilling, M. (1998). "Technological lock out: An integrative model of the economic and strategic factors driving technology success and failure," *Academy of Management Review*, 23(2): 267-284.

Schilling, M. (1999). "Winning the standards race: Building installed base and the availability of complementary goods," *European Management Journal*, 17(3): 265-274.

Schilling, M. (2000). "Toward a general modular systems theory and its application to interfirm product modularity," *Academy of Management Review*, 25(2): 312-334.

Schilling, M. (2002). "Technology success and failure in winner-take-all markets: Testing a model of technological lock out," *Academy of Management Journal*, 45(2): 387-398.

Schilling, M. (2003). "Technological leapfrogging: lessons from the U.S. video game console industry," *California Management Reviews*, 45(3): 6-32.

Schilling, M. (2017), *Strategic Management of Technological Innovation*, 5th Ed., McGraw-Hill Education, New York.

Schilling, M. "The global technology collaboration network: Structure, trends and implications," New York University Working Paper.

Schilling, M. and Steensma, K. (2001). "The use of modular organizational forms: An industry-level analysis," *Academy of Management Journal*, 44(6): 1149-1168.

Schilling, M., Vidal, P. and Marangoni, A. (2003). "Learning by doing something else: Variation, relatedness, and the learning curve," *Management Science*, 49(1): 39-56.

Schumpeter, J. (1934). *The Theory of Economic Development*, Boston, MA, Harvard University Press.

Schumpeter, J. (1942). *Capitalism, Socialism and Democracy*, Harper & Brothers, Publisher, New York.

Schumpeter, J. (1950). *Capitalism, Socialism and Democracy*, 3rd ed., Harper and Row, New York.

Scuria-Fontana, C. (1990). "The slide rule today: Respect for the past, history of the slide rule," *Mechanical Engineering-CIME*, 122-124.

Segil, L. (1998). " Strategic alliances for the 21st century," *Strategy & Leadership*, 26(4): 12-16.

Shah, S., Smith, S., Reedy, E.(2012). "Who are user entrepreneurs? Findings on innovation, founder characteristics, and firm characteristics(The Kauffman Firm Survey)", available at SSRN: https://ssrn.com/abstract=2018517 or http://dx.doi.

org/10.2139/ssrn.2018517

Simon, H. (1962). “The architecture of complexity,” *Proceedings of American Philosophical Society*, 106: 467-482.

Singh, J. and Schilling, M. “The loosely coupled production of Boeing’s 787 Dreamliner,” New York University teaching case.

Slevin, D. and Covin, J. (1990). “Juggling entrepreneurial style and organizational structure: How to get your act together,” *Sloan Management Review*, 31(2): 43-53.

Smith, B. (2002). “OMA starts ringing in the future,” *Wireless Week*, 8(42).

Soman, D. (Fall, 2014). “The innovator’s challenge: Understanding the psychology of adoption,” Rotman Management, University of Toronto.

StatCounter 웹페이지 https://gs.statcounter.com

Sternberg, R. and Lubart, T. (1999). “The concept of creativity: Prospects and Paradigms,” in edited by Sternberg, R., *Handbook of Creativity*, pp. 3-16, Cambridge University Press.

Takahashi, D. (2002). *Opening the Xbox: Inside Microsoft’s Plan to Unleash an Entertainment Revolution*, Roseville, CA, Prima Publishing.

Teece, D. (1987). *The Competitive Challenge: Strategies for Industrial Innovation and Renewal*, Ballinger, Cambridge, MA.

Tellis, G. and Golder, P. (1996). “First to market, first to fail?: Real causes of enduring market leadership,” *MIT Sloan Management Review*, 37(2): 65-75.

Teo, T. Chua, K. Yong, Z, Lim, T, Boon, J. (2015). *Google Glass: Development, marketing and user acceptance*, Harvard Business Publishing.

Tidd, J. and Bessant, J. (2013). *Managing Innovation: Integrating Technological, Market and Organizational Change*, 5th ed., Wiley, West Sussex, UK.

Tidd, J. and Taurins, S. (1999). “Learn or leverage? Strategic diversification and organizational learning through corporate ventures,” *Creativity and Innovation Management*, 8(2): 122-129.

Tripas, M. and Gavetti, G. (2000). “Capabilities, cognition, and inertia: evidence from digital imaging,” *Strategic Management Journal*, 21(10/11): 1147-1161.

Tripsas, M. (2001). *Adobe systems incorporated*, Harvard Business Publishing.

Trott, P. (2017). *Innovation Management and New Product Development*, 6th ed., Harlow, UK, Pearson Education.

Tushman, M. and O’reilly, A. (1996). “Ambidextrous organizations: Managing evolutionary and revolutionary change,” *California Management Review*, 38(4): 8-31.

Tushman, M. and Smith, W. (2002). “Organizational technology: Technological change, amdextrous organizations and organizational evolution,” in *Companion to Organizations*, ed. Baum, J., Blackwell Publishers, New York.

Utterback, J. (1994). *Mastering the Dynamics of Innovation*. Harvard Business School Press, Boston.

Vamjaverbeke, W. and Chesbrough, H.(2014). “A classification of open innovation and open business models,” in edited by Chesbrough, H., Wim Vanhaverbeke, W., and West, J., *New Frontier In Open Innovation*, pp. 50-70, Oxford University Press.

Vandaie, R. and Zaheer, A. (2015). "Alliance partners and firm capability: Evidence from the motion picture industry," *Organization Science*, 26(1): 22-36.

Vogel, P. (2017). "From venture idea to venture opportunity," *Entrepreneurship Theory and Practice*, 41(6): 943-971.

von Hippel, E. (2005). *Democratizing Innovation*, MIT Press.

Wanger, K. Taylor, A. Zablit, H. and Foo, E. (2014). The Most Innovation Companies: Breaking Through is Hard to Do, Boston Consulting Group Report.

Wines, J. and Jackson, C. (2014). 'The importance of young firms for economic growth." https://www.kauffman.org/wp-content/uploads/2019/12/ entrepreneurship_policy_digest_september2014.pdf (Kauffman Foundation 웹페이지)

Woodman, R., Sawyer, J. and Griffin, R. (1993). "Toward a theory of organizational creativity," *Academy of Management Review*, 18: 293-321.

Wu, J. Si, S. and Wu, X. (2016). "Entrepreneurial finance and innovation: Informal debt as an empirical case," *Strategic Entrepreneurship Journal*, 10(3): 257-73.

Yoffie, D. and Alcáer, J. and Kim, R. (2012), *HTC Corp. in 2012*, Harvard Business Publishing.

Yoon, E. and Deeken, L. (2013). "Why it pays to be a category creator," *Harvard Business Reviews*, March 1.

Yoon, E., Lochhead, C., and Cole, N. (2019). "The difference between a first mover and a category creator," *Harvard Business Review Digital Articles*, November 21.

●찾아보기●

ㄱ

가치사슬 180
가치사슬 분석 111, 112, 129, 131
가치의 비례 구성 155
간소한 혁신 66, 76, 77, 78
개발 52
개발주기 시간 229
개방형 혁신 38
개방형 혁신 모델 29, 37, 38
개선 및 수정 제품 227
개인 창조성 45, 46
거래 모델 171, 172
게이레츠 182
결합형 열린 혁신 40
경량형 팀 구조 211, 212, 213
경쟁 강도 116, 117
경쟁금지 조항 245
경쟁력 강화 혁신 66, 70
경쟁력 파괴 혁신 66, 70
경쟁우위 111, 124
경제 환경 121
경화기 148, 149
공공 기술 지원 정책 30
공급 관계 178, 179
공급자의 협상력 117
공식적 구조 96
공식화 201, 202, 203
공정한 사용에 대한 정책 254
공정 혁신 66, 67, 149
관계 모델 171, 172
관계적 지배 186, 187
관료적 관성 198
관리 통제 198
관성 198
관찰가능성 94, 95
교차기능팀 232
구매자의 협상력 118
구조적 실업 33
구조 지식 71
구조 혁신 66, 71, 72
규모의 경제 198
글로벌 센터 215, 216
글로벌 연결 센터 216
급진성 68, 69
급진적 제품 혁신 148
급진적 혁신 66, 68, 69, 71
긍정적 망 외부성 146
기계적 구조 207
기계적 조직 구조 203, 204
기능형 팀 구조 211, 212
기술 가치의 다차원 152, 153
기술 개발 131
기술의 독립 가치 152, 154
기술의 총가치 152
기술이전사무소 55
기술 점진주의 체제 32
기술주도 모델 30, 31
기술 지식 185
기술 환경 122
기업가 271, 272
기업가정신 270, 271, 272, 273
기업가형 기업 278
기업 간 네트워크 58
기업 기반시설 131
기업 외부 분석 115
기업 전략 111
기업 최초 제품 227
기존 라인 추가 제품 227
기초연구 52
기회 115, 116

ㄴ

나선형 모델 233, 234
내부 분석 123
내재적 동기 45
느림보 96, 97, 98
느슨하게 결합된 생산 방식 210
느슨하게 결합한 조직 구조 207, 208, 209

ㄷ

다이렉트 통합 280
닫힌 혁신 27, 28, 39, 40
닫힌 혁신 모델 27
대체재 119
대체재의 위협 119
데이터베이스 제작권 255, 259
데카콘 15, 16, 17
독립사업단위 280, 281
독자 노선 173
독점적 이익 18
돌파구 마련 프로젝트 214
동종선호 95
디자인권 255, 256, 259
디자인 특허 257

ㄹ

라이선서 178, 179
라이선시 178, 179
라이선싱 178, 179
라이프 스타일형 기업 278
레드오션 전략 65

ㅁ

마케팅 129
망 외부성 143, 146, 152
망 외부성 가치 152, 154
면도날 사업 모델 130
모듈화 207, 208
모듈화 생산 시스템 207
무어의 법칙 88
무작위 대조 실험 225
무형 자원 125
물리 자산 125

ㅂ

밖으로 열린 이 41, 42
밖으로 열린 혁신 40
반 전략 109
반 정체성 109, 110
반 챔피언 238
발명 22, 23, 24
발명가 23, 24, 48, 49
법률 환경 123
베이돌법안 55
베이퍼웨어 156
벤처 270
벤처 사업부 280, 281
변화 대리인 96, 97
보완자 53
보완재 119, 147, 161
보완재 이용가능성 가치 154
보완적 자원 185
보충적 자원 185
복잡성 93, 94
부분 병렬 개발 과정 230, 231
부분 병렬 과정 231
부정적 망 외부성 146
불연속 혁신 89, 90
블루오션 전략 65
비공식적 구조 96
비용우위 67

ㅅ

사내 벤처 271, 278, 279
사내 벤처링 269
사업부제 201
사용자 49
사용자 기반 147
사용자 기반 가치 154
사용자 창업 51
사용자 혁신 43, 44, 50
사회 시스템 96
사회 환경 121
산업의 매력도 115, 117
산업의 진화 148
산업재산권 255, 258, 259
산업저작권 258, 259
산업 클러스터 178, 183
상대적 우위 93, 94
상업 지식 185
상표 246, 253, 254
상표권 255, 256, 258, 259
생계형 기업 278
생산 129
서비스 130
서비스 혁신 25
선구자 158
선도 사용자 50
선도자 이점 141
선발자 142, 143, 158, 161, 162, 229
선발자의 단점 160
선발자의 장점 158
선출원주의 255
성능 개선율 86
세계 최초 제품 227
수확 체감 143
수확 체증 143
순차적 개발 과정 230, 231
순차적 과정 231
스태그플레이션 33
스테이지-게이트 과정 232
승자가 독식하는 시장 152
시그널 전달 157
시장견인 모델 31, 32
시장 진입자 158
시장 진입 전략 157
시험가능성 93
시험성 94
신데렐라 활동 67
신생기업 278
신제품 라인 227
신지식재산권 255, 258, 259
실용신안 256
실용신안권 255, 259
실제 정보 가치 155
실행 지능 276

ㅇ

아웃소싱 20, 132, 133, 178, 180
안으로 열린 혁신 40
애자일 개발 과정 233
양립성 93, 94
양립형 조직 구조 206, 207
여론 주도성 96, 97, 99
역량 123, 124, 125
역량 함정 199
역혁신 76, 77, 78
연구 52
연구개발 52
열린 혁신 27, 28, 39, 40, 41
열린 혁신 모델 27
영업 비밀 246, 247, 260
예상 정보 가치 155
오픈소스 소프트웨어 246, 260
와해성 기술 73, 74, 75
와해성 혁신 66
요소 지식 71
요소 혁신 66, 71, 72
우연한 발견 29
원가 절감 제품 228
위탁 생산 180
위협 115, 116
유기적 구조 207
유기적 조직 구조 203, 204
유니콘 17
유동기 148, 149
유연한 합의 208
유입 물류 129
유출 물류 129
유형 자원 125
응용연구 52
의도적 전략 74
의사소통 경로 92, 95
이종선호 95
이카루스 역설 199
인적자원 125

인적자원 관리 131
인지 정보 가치 155
일반 환경 분석 111, 120

ㅈ

자기 강화 사이클 147, 158
자기 파괴 사이클 158
자기 효능감 45
자연독점 151
자원 123, 124, 125
자원의 적합성 185
자율형 팀 구조 212, 213, 214
잠금 효과 151, 159
잠재적 진입자의 위협 117
재무 자원 125
재발명 45
재벌 182
재포지셔닝 제품 228
저작권 246, 254, 255, 258, 259
저작 인접권 255, 259
적정기술 76, 78
전략적 구조 129
전략적 사업단위 128
전략적 의도 111, 132
전략적 적합성 185, 186
전략적 제휴 177
전략적 제휴 3단계 과정 184
전략적 헌신 198
전문 사용자 창업 51
전방수직통합 118
전용사업단위 280, 281
전유성 174
전환기 148, 149
전환비용 117, 118, 159
점진적 혁신 66, 68, 69, 71, 149
점진주의 접근법 114, 115
점진주의학파 111, 113
정보재산권 255, 258, 259
정치 환경 120
제품 혁신 66, 67, 149
제휴계약 186
조기 다수자 96, 97, 98
조기 선도자 158, 160
조기 수용자 96, 97, 98
조기 후발자 158
조달 131
조인트벤처 178, 181, 182
조직 구조 201
조직 문화 217
조직 창조성 45, 46
존속성 기술 73, 75
존속성 혁신 66
주문자 상표 부착 생산자 274
주요 활동 129, 131
중량형 팀 구조 212, 213
지배구조 186
지배적 디자인 143, 148, 149, 150, 151, 156
지배적 디자인 형성 전략 152, 153
지배적 표준 151
지분소유 186, 187
지속 가능한 경쟁우위 124, 126
지식의 이전 176
지식재산 245
지식재산권 255, 259
지식중개인 59
지역 센터 215, 216
지역클러스터 55
지역 활용 센터 216
지원 활동 129, 130, 131
진입장벽 117
집중화 201, 202, 203, 214
집중화 R&D 조직 구조 204, 205

ㅊ

창발적 전략 74
창업의 동기 274
창조성 45
창조적 파괴 15, 18, 19, 272, 273
채택률 92, 96
첨단산업재산권 255, 258
첨단재산권 259
촉매적 혁신 76
최적 진입 시기 163
최종 사용자 창업 51

ㅋ

카테고리 창조자 141
캐스케이딩 효과 19
캐즘 98, 100, 101
캐즘 마케팅 101
클러스터 184

ㅌ

탈집중화 202, 203, 214
탈집중화 R&D 조직 구조 203, 204, 205
특허 246, 248
특허 괴물 245, 251
특허권 255, 259
특허 대리인 250
특허 덤불 251
특허 데이터 252
특허 비용 248, 249
팀 구조 211

ㅍ

파괴적 혁신 15
파생 프로젝트 211, 213
패스트 패션 26
포용적 혁신 76
표준화 201, 202, 203
품질 기능 전개 234
품질 기능 전개 방법 236
프로젝트 챔피언 236, 237
플랫폼 프로젝트 213, 214

ㅎ

학습곡선 144, 145
학습률 145
학습효과 143, 144, 145, 198
합리주의 접근법 114, 115
합리주의학파 111, 112
핵심역량 123, 124, 126
핵심역량 분석 111, 123, 124

혁신 23, 24, 25, 26
혁신가 22, 23, 24, 48, 49
혁신 모델 27, 28
혁신 문화 217, 218
혁신 보호 전략 259
혁신성 87, 95, 96, 98
혁신 수용자 87, 98, 99
혁신-의사결정 과정 95, 96
혁신의 생명주기 86, 87
혁신의 생명주기 S곡선 88, 91
혁신의 채택률 95
혁신의 확산 86, 92, 94, 97
혁신자 96, 97
혁신적 문화 195
혁신 전략 111
혁신 지표 252, 253
혁신 채택률 86, 93
협력 175
협력네트워크 58, 59
협력 모델 172
협력의 동기 177
협력의 유형 177
협력 전략 171
혼합형 창업 51
환경보호 환경 122
후기 다수자 96, 97, 98
후발자 142, 162, 230
후발 진입자 158
후방수직통합 118, 119
흡수능력 54, 145

기타

1세대 선형 모델 28, 30
2세대 선형 모델 28, 31, 32
3세대 커플링 모델 28, 33, 34
4세대 기능적 통합 모델 28, 34, 35
5세대 시스템 통합 및 네트워킹 모델 28, 36, 38
5세대 시스템 통합 및 네트워킹 혁신 모델 37
5포스 분석 111, 112, 115, 116
BOP 혁신 76
JIT 시스템 34
PESTEL 분석 120
R&D 컨소시엄 178, 182, 183
SWOT 분석 112
S곡선 87, 90, 97

A

absorptive capacity 54, 145
actual information value 155
adoption rate 92
adoption rate of innovation 86
alliance contracts 186
anti-champion 238
anticipated information value 155
anti-identity 109
anti-strategy 109
applied research 52
appropriate technology 76
architectural innovation 66, 72
attractiveness 115

B

backward vertical integration 118, 119
bargaining power of buyers 118
bargaining power of suppliers 117
basic research 52
Bayh-Dole Act 55
Blue Ocean Strategy 65
bottom of pyramid innovation 76
breakthrough projects 214
bureaucratic inertia 198

C

capabilities 123
capability 125, 132
cascading effect 19
catalytic innovation 76
category creator 141
center for global 215
centralization 201
chaebols 182
change agents 96
chasm 98, 100
cinderella activity 67
closed innovation 39
commercial knowledge 185
communication channel 93, 95
compatability 93, 94
competence-destroying 66
competence-destroying innovation 70
competence-enhancing 66
competence-enhancing innovation 70
competence trap 199
competitive advantage 111
complementary goods 147
complementors 53
complements 119
complexity 93, 94
component innovation 66, 72
contract manufacturing 180
copyright 246, 254
core competence 123, 126
core competence analysis 111
corporate strategy 111
cost leadership 67
coupled OI 40
coupling model 28
creative destruction 15, 18, 272
creativity 45
cross-functional team 232
culture of innovation 217

D

decacorn 15, 16
decentralization 202
decreasing return 143
dedicated business unit 281
degree of existing rivalry 116
deliberate strategy 74
derivative projects 211

development 52
development cycle time 229
diffusion of innovation 86
direct integration 280
disruptive innovation 15, 66
disruptive technology 73
doctrine of fair use 254

E

early adopters 96, 97
early follower 158
early leaders 158, 160
early majority 96, 97
economic environment 121
economies of scale 198
emergent strategy 74
end user entrepreneurship 51
entrant 158
entrepreneur 271, 272
entrepreneurial firms 278
entrepreneurship 270
environmental environment 122
equity ownership 186
execution intelligence 276

F

fast fashion 26
financial resource 125
firm infrastructure 131
first mover 142, 143, 158, 230
first mover's advantage 141, 158
first mover's disadvantage 160
five-force analysis 111
flexible arrangements 208
fluid phase 148
follower 142
formalization 201
formal structure 96
forward vertical integration 118
frugal innovation 66, 76
functional integration model 28

G

general environment analysis 111
governance mechanism 186

H

heterophily 95
homophily 95
human resource management 131
human resources 125

I

Icarus paradox 199
improvement rate of performance 86
inbound logistics 129
inclusive innovation 76
increasing return 143
incrementalist 111
independent business 281
individual creativity 45
industrial evolution 148
industry cluster 178
inertia 198
informal structure 96
innovation-decision process 95
innovativeness 87, 95, 98
innovators 22, 48, 96, 97
inside-in OI 40
installed base 147
intangible resources 125
Intellectual Property(IP) 245
inter-firm networks 58
internal corporate venturing 271
intrinsic motivation 45
invention 22
inventor 48

J

joint venture(JV) 178, 181
Just In Time 34

K

keiretsus 182
knowledge brokers 59

L

laggards 96, 97
late entrant 158
late majority 96, 97
lead user 50
leaning curve 145
learning effect 143, 144, 198
legal environment 123
licensee 178
licensing 178
licensor 178
life cycle of innovation 86
lifestyle firms 278
linear model 28
local for local 215
lock-in effect 151, 159
loosely-coupled organization structure 208

M

managerial control 198
marketing 129
market pull model 32
models of innovation 28
modularity 207
modular production system 207
monopoly profits 18
Moor's law 88
multi-divisional 201
multiple dimensions of value 152

N

natural monopoly 151
negative network externality 146
network externality 143, 146
network externality value 152
new venture department 281
non-compete agreement 245

O

observability 94, 95
open innovation model 29
open innovation(OI) 37, 38, 39
Open Source Software(OSS) 246
operation 129
opinion leadership 96, 99
organizational creativity 45
organizational culture 217
organizational structure 201
Original Equipment Manufacturers(OEM) 274
outbound logistics 129
outside-in OI 40
outsourcing 20, 132, 178, 180

P

partly parallel development process 230
partly parallel process 231
patent agents 250
patents 246, 248
patent thicket 251
patent troll 245, 251
perceived information value 155
PESTEL analysis 111
physical assets 125
pioneer 158
platform project 213
political environment 120
positive network externality 146
primary activities 129
procurement 131
professional user entrepreneurship 51
public technology support policies 30

Q

Quality Function Deployment (QFD) 234

R

radicalness 68
randomized controlled trials (RCT) 225
rate of learning 145
rationalist 111
razor blade business model 130
R&D consortia 178
red ocean strategy 65
regime of technological incrementalism 32
reinvention 45
relational governance 186
relationship model 171
relative advantage 93, 94
research 52
resource 123, 125, 132
resource fit 185
reverse innovation 76

S

salary-substitute firms 278
second-mover 230
self-efficacy 45
self-reinforcing cycle 147
sequential development processes 230
sequential process 231
serendipity 29
service 130
social environment 121
social system 96
specific phase 148
spiral model 233
stage-gate process 232
stagflation 33
stand-alone value 152
standardization 201
start-up firms 278
strategic alliance 177
strategic architecture 129
strategic business unit(SBU) 128
strategic commitment 198
strategic fit 185
strategic intention 111
strength-weakness-opportunity-threat analysis 112
structural unemployment 33
substitute 119
supplier relations 178, 179
support activities 129
sustainable competitive advantage 124
sustainable innovation 66
sustainable technology 73
switching cost 117
system integration and networking model 28

T

tangible resources 125
technical knowledge 185
technological environment 122
technology development 131
technology-push model 31
threat of potential entrants 117
threat of substitutes 119
trademark 246, 253
trade secret 246, 247
transaction model 171
transfer of knowledge 176
transitional phase 148
trialability 93, 94

U

user entrepreneurship 51
users 49

V

value chain 180
value chain analysis 111, 129
vaporware 156
venture 270

W

winner-take-all markets 152

■저자 소개■

저자 **박태영**은 한양대학교 경영학과 교수, 한국과학기술원(KAIST)에서 경영학 박사 학위를 취득하였고, 현재 국민경제자문회의 혁신분과 위원으로, 기술경영경제학회 이사로 활동하고 있다. 주요 연구 분야는 기술추격, 복합제품시스템 혁신, 기술혁신전략, 사용자창업, 여성창업 등이다. 저서로는 『사례를 통한 기술경영의 이해』(2014), 『산업의 추격, 추월, 추락』(2014), 『한국경제 대전망』(2017, 2018, 2020), 『중국을 뛰어넘고 4차산업혁명을 이끄는 미래 산업 전략 보고서』(2018), 『디지털 사회 2.0: 분권화 트렌드와 미래 한국』(2019), 번역서로 Hitt 외 2인이 지은 『글로벌 시대의 경쟁력 강화를 위한 전략경영』(2017)이 있다. 또한, 다수의 논문이 World Development, Industrial and Corporate Change, IEEE Transactions of Engineering Management, Asian Journal of Technology Innovation, Development Policy Review, Int. J. Entrepreneurship and Small Business, Technology Analysis & Strategic Management, Scientometrics 등에 실렸다.